Adobe InDesign

2022

F. Javier Gómez Laínez

SOBRE EL AUTOR

F. Javier Gómez Laínez es el director y fundador de Nousmedis, una empresa especializada en la optimización de procesos de producción editorial que exprime todas las características avanzadas de InDesign para acortar los tiempos de producción de libros, revistas, manuales, catálogos y folletos. Ostenta los títulos *Adobe Certified Expert* y *Adobe Certified Instructor* en InDesign e Illustrator desde hace más de 15 años. Ha publicado numerosos libros y artículos, siempre en el ámbito del diseño gráfico y edición profesionales. Colabora como profesor y ponente en cursos, postgrados y másteres impartidos por universidades públicas y privadas de toda España. En sus ratos libres nada, sube y baja montañas o pasea por la ciudad, siempre con una cámara al hombro y un perrito al lado.

javier@nousmedis.com

javier_g_lainez

@JavierGLainez

javier-g-lainez

gracias

Mi más sincero agradecimiento a Ian White y Mark Haden, creadores de EasyCatalog —el mejor plugin de InDesign para la automatización de catálogos— por desarrollar para Nousmedis todos los «caprichos» que se nos han ocurrido a lo largo de estos años.

La estrecha colaboración con 65bits nos ha permitido ser la empresa que somos y mirar al futuro con otros ojos.

Índice de contenidos

Contenido

.Cear documentos

.Guías y cuadrículas

.Crear y modificar objetos

.Organizar y manipular objetos

16. Preferencias

17. Añadir nuevas funciones a InDesign

18. Índice alfabético

Cómo usar este libro

- **Visualice el proyecto final acabado.** En la carpeta Final encontrará los documentos de InDesign definitivos en los que se basan la mayoría de ejercicios. Se trata de un extracto de la obra original en la que se han sustituido fuentes y eliminado páginas, con el fin de no incrementar innecesariamente el tamaño de archivo. Utilícelos como referencia cuando trate de hacer los ejercicios.
- **Solución de los ejercicios.** Muchos de los ejercicios se acompañan de la solución. Los documentos con terminación _solo _final son los ejercicios acabados. Tenga en cuenta que un mismo problema tiene varias soluciones, por lo que los documentos finales que entrego no son la única forma de resolver el ejercicio.

1 Antes de empezar

¿Qué es InDesign?

InDesign es un programa de composición de páginas por ordenador, lo que en la jerga del sector se conoce como «aplicación de maquetación». Permite combinar gráficos y texto en una o varias páginas para componer documentos compatibles con sistemas de impresión profesional y con formatos de distribución electrónica: HTML, ePub y PDF. Se integra a la perfección con el resto de programas gráficos de Adobe Creative Cloud —Adobe Photoshop y Adobe Illustrator— para agilizar la creación y edición de diseños en papel, web o dispositivos móviles.

InDesign ha adaptado al medio digital el método de trabajo de los antiguos maquetadores: sobre un papel en blanco colocaban recortes de texto —llamados galeradas— imágenes e ilustraciones, los alineaban con la ayuda de reglas y tenues marcas de lápiz hasta componer una página y, finalmente, los fijaban con cola; con una especie de cámara fotográfica de enormes proporciones creaban un negativo de la hoja que, mediante un proceso químico, se convertía en una plancha de imprenta.

En InDesign, el texto no fluye libremente de una página a la siguiente —como en un procesador de textos— sino que reside dentro de un «contenedor» que puede moverse libremente, llamado marco. Del mismo modo, gráficos, tablas e ilustraciones se colocan dentro de sus propios marcos. Puede manipular los marcos como si de recortes de diario se tratase: alinearlos, apilar unos sobre otros, rotarlos, etc.

InDesign se utiliza principalmente para acometer proyectos de edición complejos —catálogos, libros de texto, periódicos y revistas— pero, gracias a su facilidad de uso y enorme flexibilidad, puede utilizarse también en trabajos técnicamente más sencillos, como el diseño de tarjetas de visita, anuncios o folletos. Aunque la aplicación dispone de cientos de comandos y herramientas para acometer los trabajos más exigentes, puede añadir funciones adicionales mediante la instalación de extensiones (denominadas *plugins*) y scripts.

Novedades de la versión 2022

Si ya es usuario de una versión anterior de InDesign, el icono **NUEVO** le indicará las nuevas características incorporadas en las versiones 2020, 2021 y 2022. La siguiente lista le muestra algunas de las más destacadas:

- Librerías de Creative Cloud. Comparta elementos creativos entre InDesign, Photoshop e Illustrator. También podrá acceder desde las aplicaciones móviles de Adobe (página 290).
- Mejoras de rendimiento y estabilidad de la aplicación, gracias a una versión optimizada para ejecutarse de forma nativa en ordenadores Macintosh dotados del nuevo procesador Apple Silicon (según Adobe, un incremento en el rendimiento de hasta el 59 % con respecto a las versiones Intel) (página 390).
- Edición colaborativa online. El diseñador puede seleccionar determinados artículos de un documento para que un editor realice cambios accediendo a los mismos

mediante una plataforma online, sin necesidad de instalar ningún software adicional (esta característica todavía sigue en beta privada y se espera su lanzamiento definitivo durante el año 2022).

- Interfaz de usuario adaptativa. Ahora es posible ajustar el tamaño de los iconos y paneles para que resulte cómodo trabajar en pantallas de gran tamaño y alta resolución (página 366).
- La ventana «Inicio» ofrece acceso directo a los últimos documentos abiertos, tutoriales y un buscador que permite realizar búsquedas en foros de ayuda, documentos y otros recursos útiles (página 28).
- Se ha eliminado el soporte para animaciones Flash.
- El antiguo formato Adobe DPS se ha sustituido por la función Publish Online: genera una versión en formato HTML 5 con características interactivas, accesible desde navegadores Web en plataformas móviles, portátiles y ordenadores de sobremesa (página 353).
- InDesign ahora admite Fuentes variables, un nuevo formato de fuente OpenType que admite atributos personalizados, como grosor, anchura, inclinación, tamaño óptico, etc. (página 178 y 367).
- Opción para controlar el espacio entre párrafos del mismo estilo (página 180)
- Compatibilidad con formatos gráficos SVG, SVGZ, y SMIL, todos ellos considerados estándares de facto en la publicación Web (capítulo 11).
- Reglas de columna: filetes verticales que se pueden insertar en el espacio entre columnas (página 146).
- Mejoras en la combinación de datos: ahora es posible seleccionar opciones de colocación de contenido en marcos gráficos y se añade soporte para textos delimitados por punto y coma.
- Compartir para revisión: permite publicar una copia del documento actual en los servidores de Adobe para que otros usuarios puedan realizar directamente sugerencias y anotaciones que luego se mostrarán en el panel Revisión (página 354).
- La opción Ceñir alrededor de forma de objeto detecta, mediante el uso de inteligencia artificial, objetos y personas en un marco de imagen, de forma que es capaz de dibujar automáticamente el contorno al que se ceñirá el texto (página 159).
- Nueva opción de búsqueda por color (página 254).
- Soporte del modo de color HSB (tono, saturación y brillo) a la hora de definir muestras de color (capítulo 10).
- Cambio de nombre de las *páginas maestras*, que ahora pasan a llamarse *páginas principales*.
- El comando Extraer de Imagen, que utiliza la inteligencia artificial para extraer de una imagen un tema de color, formas o la fuente tipográfica (si la imagen contiene texto). Acceda desde el menú contextual o desde Objeto>Extraer de imagen.
- El nuevo panel Propiedades muestra las opciones más relevantes de forma contextual y, en parte, viene a ser una primera propuesta de sustitución del panel Control. Es una manera fácil de introducirse en el programa, pensada para usuarios noveles, pero también permite maximizar el área de trabajo vertical (capítulo 2).

Si ya dispone de un abono, acceda al Centro de descargas (`https://creative.adobe.com/products`). Seleccione y descargue InDesign CC pulsando el botón Descargar. Si es la primera vez que instala una aplicación Creative Cloud, se descargará el archivo de instalación del panel Creative Cloud, que será el encargado de gestionar el resto del proceso.

La instalación vincula el programa a un máximo de dos ordenadores. Si desea utilizar InDesign en otro ordenador, antes deberá desactivar una de las dos copias. Para ello, abra InDesign, y seleccione Ayuda>Cerrar sesión... Nuevamente, será necesaria una conexión a Internet para completar el proceso correctamente. Más adelante podrá volver a activar el programa siguiendo el mismo procedimiento en orden inverso.

Hardware / Software	Mínimo (Recomendado)
WINDOWS	
Procesador	Intel® Pentium® 4 o AMD Athlon® de 64 bits
Sistema operativo	Windows 10
Memoria	4 GB de RAM (se recomiendan 8 GB)
Disco Duro	3,6 GB de espacio disponible en el disco duro para la instalación; se necesita espacio libre adicional durante la instalación.
Pantalla	1024 x 768 (se recomiendan 1280 x 800) con tarjeta de vídeo de 32 bits; compatibilidad con pantallas HiDPI
Pantalla táctil	Monitor/tablet con pantalla táctil y Windows 10 (o posterior)
Conexión a Internet	Necesaria para descargar la aplicación y activar su cuenta
MACINTOSH	
Procesador	Procesador Intel multinúcleo o Apple Silicon
Sistema operativo	Mac OS versión 10.15 (Catalina) o superior
Memoria	4 GB de RAM (se recomiendan 8 GB)
Disco Duro	4,5 GB de espacio disponible en el disco duro para la instalación; se necesita espacio libre adicional durante la instalación.
Pantalla	1024 x 768 (se recomiendan 1280 x 800) con tarjeta de vídeo de 32 bits; compatibilidad con pantallas Retina
Opcional	Para utilizar las funciones de rendimiento de GPU, el Mac debe tener un mínimo de 1024 MB de VRAM (se recomiendan 2 GB) y el equipo debe ser compatible con Metal
Conexión a Internet	Necesaria para descargar la aplicación y activar su cuenta.

Tabla 1.1. Requisitos para la instalación de InDesign CC 2022.

Utilización de la ayuda

Puede que esté leyendo este libro precisamente porque no es un *fan* del menú Ayuda. Pero voy a aconsejarle encarecidamente que aprenda a utilizarla con eficacia, porque le sacará las castañas del fuego en más de una ocasión. Para empezar, la aplicación está mejorando constantemente en forma de actualizaciones automáticas, de manera que lo que hoy es cierto, puede que mañana, tras el último parche, deje de serlo. La ayuda de la aplicación se mantiene actualizada constantemente (siempre que tenga una conexión a Internet) y, lo que es más importante, Adobe incluye los comentarios, consejos y trucos de otros usuarios sobre un tema en concreto, aportando un gran valor añadido.

Para acceder a la ayuda de InDesign, escoja Ayuda>Ayuda de InDesign... o, si lo prefiere, utilice el cuadro de búsqueda situado en el extremo derecho de la Barra de aplicación.

Desde la versión CC, Adobe ya no incluye una aplicación específica para consultar la ayuda; en su lugar, utilizará el navegador Web que haya configurado por defecto en su ordenador.

La figura 1.2 muestra la página de ayuda de Adobe InDesign tal y como se visualiza en un navegador. Puede utilizar el cuadro Buscar —para encontrar los temas de la ayuda que incluyan un término concreto— o navegar por el contenido en el orden propuesto, como si estuviese consultando un libro impreso. Tras realizar una

Figura 1.2. Páginas de ayuda de InDesign CC 2022.

pero que, al cortar el papel a su tamaño definitivo, se descarta. Cuando uno o más bordes de una imagen se sitúan fuera de los límites de la página, se dice que se ha colocado «a sangre».

- **Tinta plana.** Tinta que se imprimirá directamente sin utilizar el proceso de separación por cuatricromía. Las tintas plantas más conocidas son de la marca PANTONE.
- **Tracking.** Similar al *kerning*, pero esta vez teniendo en cuenta todas las letras de una palabra. También conocido como interletraje.
- **Trazo.** Línea o raya que delimita los bordes de un objeto. En InDesign puede modificar su aspecto, color y grosor. Si especifica un grosor de 0 puntos, el trazo será invisible cuando se imprima.
- **Versalitas.** Tipografía de letras mayúsculas cuyo tamaño es similar al de las minúsculas, con proporciones ligeramente distintas.
- **Viuda.** Es el nombre que recibe una línea cuando es la última de un párrafo y aparece sola al principio de una página o de una columna.

Contenido actualizado en la Web

Como complemento a la información contenida en este libro, consulte nuestra página Web (`https://www.nousmedis.com`) o síganos en Twitter (`@nousmedis`). Publicamos artículos, tutoriales y noticias que le resultarán de gran ayuda para profundizar y asentar sus conocimientos en esta excelente aplicación.

Ejercicios

1. La característica más notable de la nueva versión de InDesign es su conexión a la red Adobe Creative Cloud. Abra su navegador Web y escriba la siguiente dirección: `https://creative.adobe.com`, inicie sesión con su Adobe ID y recorra todas las opciones que le ofrece, como el área de almacenamiento en la nube (Archivos), la posibilidad de instalar nuevas aplicaciones (Centro de descarga) o el acceso a cientos de tutoriales (Más información).
2. Acceda a la ayuda de InDesign (Ayuda > Ayuda de InDesign...) y repase las novedades incorporadas en esta nueva versión.
3. Utilice el cuadro de búsqueda de la página de ayuda de InDesign y encuentre información acerca de las guías, qué son y para qué se utilizan.

2 Primeros pasos

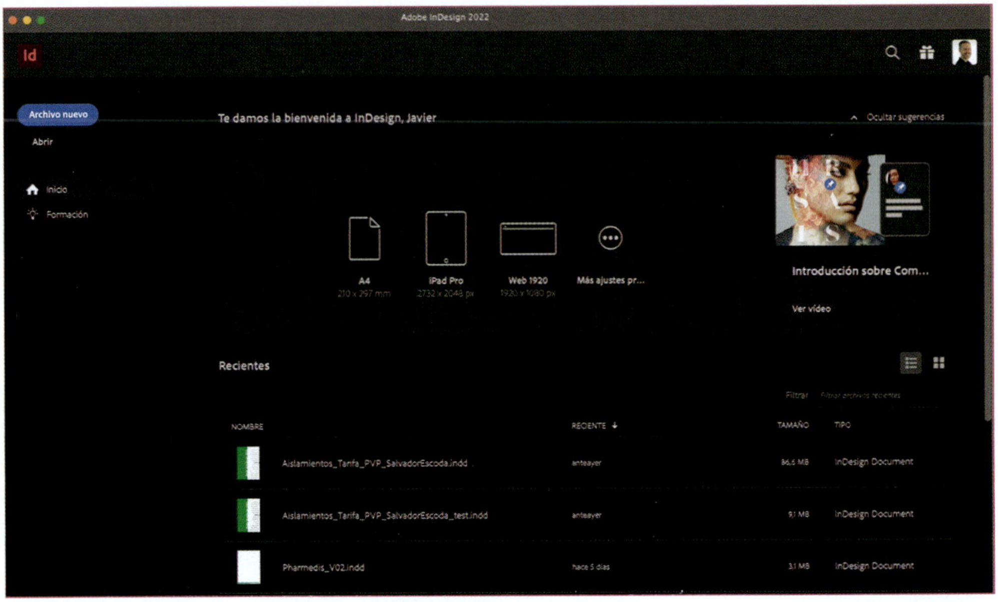

Figura 2.1. Pantalla Inicio.

Ejecutar InDesign

Puede ejecutar InDesign de varias maneras, dependiendo de la plataforma que esté utilizando. En Windows se habrá creado un icono de acceso directo a la aplicación en el menú Inicio o en la Barra de tareas. En Macintosh, InDesign se instala por defecto en la carpeta Aplicaciones. Puede arrastrar el icono de la aplicación al Dock para acceder más rápidamente a ella.

NUEVO Nada más abrir la aplicación, InDesign muestra la ventana de Inicio.

Pantalla de Inicio

La pantalla Inicio se mostrará:

- Cuando inicie la aplicación.
- Cuando no haya ningún documento abierto.

Desde esta ventana podrá acceder a los documentos en los que haya trabajado recientemente. Haga clic en el icono de un documento para seguir trabajando en él.

Puede escoger ocultar la pantalla de Inicio y que no se muestre cada vez que ejecute InDesign. Para ello, seleccione Edición>Preferencias>General (InDesign>Preferencias>General) y desmarque la casilla Mostrar pantalla de inicio si no hay documentos abiertos.

Crear un nuevo documento

NUEVO Para acceder a todas las opciones y paneles del programa, necesitará crear un nuevo documento o abrir uno ya existente. Seleccione Archivo>Nuevo>Documento o bien pulse la combinación de teclas Control+N (Comando+N). En todos los casos, se abrirá el cuadro de diálogo Nuevo documento. En el capítulo 3 estudiaremos con detenimiento todas las opciones de este cuadro de diálogo; por lo pronto, haga clic en el botón Aceptar (OK) —o pulse la tecla ENTER— para crear un documento por defecto. InDesign le presentará el área de trabajo y, en el centro, esperando pacientemente, una página en blanco.

NOTA

Si el área de trabajo difiere mucho de la figura 2.1, puede seleccionar Ventana>Espacio de trabajo>[Aspectos esenciales] *para restaurar el espacio de trabajo por defecto.*

Como puede observar, el área central de la aplicación está dedicada a la mesa de trabajo, sobre la que reside la hoja del documento. A ambos lados se apilan, ocupando el menor espacio posible, el Cuadro de Herramientas y diversos paneles. En la parte superior, se ubican la Barra de aplicación, con controles que le permitirán modificar el nivel de ampliación o la disposición de las ventanas de varios documentos abiertos simultáneamente, y el cuadro de búsquedas, para acceder rápidamente a un término de ayuda. Justo debajo de esta, el panel Control, una amalgama de botones y cuadros de lista desplegables que irán cambiando «de forma contextual» para ofrecer las opciones oportunas según el objeto seleccionado.

Por último, en la parte inferior de la ventana se encuentran los botones que le permitirán desplazarse entre las páginas del documento o comprobar posibles errores de composición en el área de notificación de Comprobación preliminar. En el panel Preferencias puede cambiar el color por defecto de la aplicación y el de la mesa de trabajo.

TRUCO

En su afán por maximizar el área de trabajo, InDesign oculta el panel Control *en el espacio de trabajo* Aspectos esenciales, *y en su lugar incorpora un nuevo panel, denominado* Propiedades, *desde el que podrán acceder a la mayoría de comandos de forma contextual. Si desea volver a la antigua configuración por defecto, seleccione el espacio de trabajo* Aspectos esenciales clásicos.

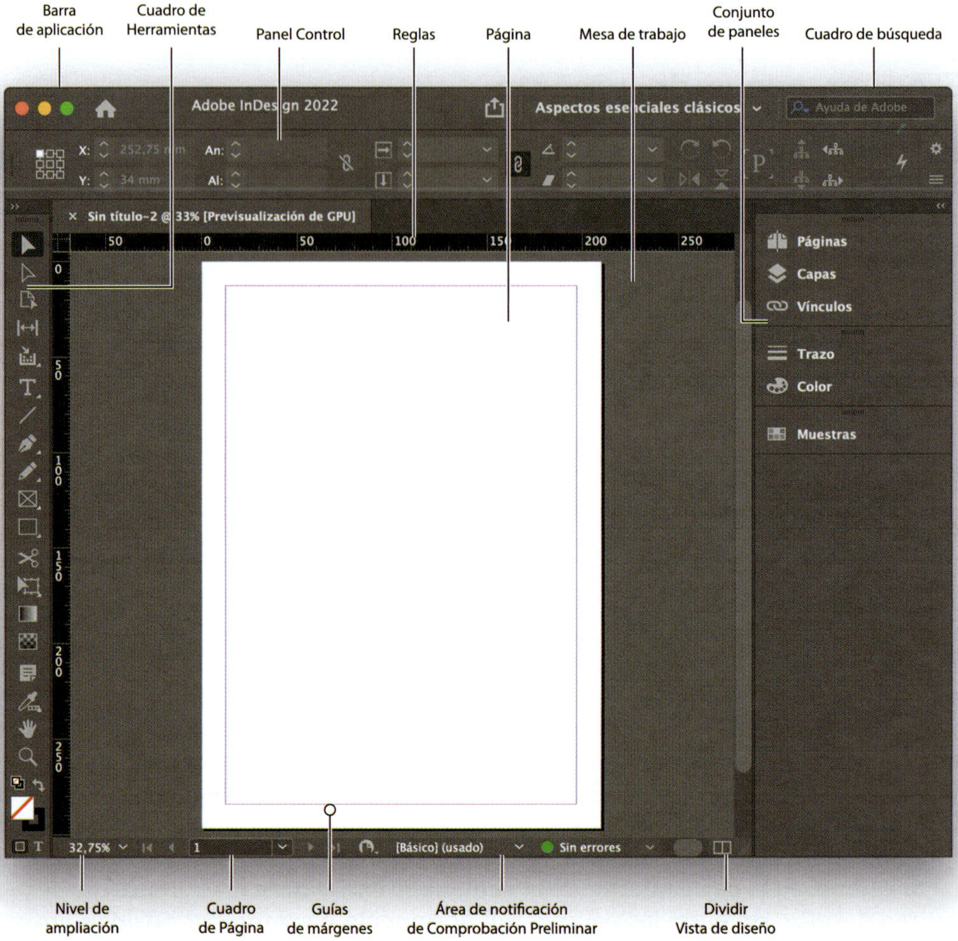

Figura 2.2. Espacio de trabajo Aspectos esenciales.

Principales elementos del espacio de trabajo

Para perder el *respeto* a la aplicación, no hay nada como familiarizarse con el nuevo entorno lo antes posible. Empezaremos, pues, describiendo los elementos de la interfaz que más se utilizan en el día a día.

Reglas

La ventana del documento muestra, por defecto, una regla horizontal en la parte superior y otra vertical en el lado izquierdo. Son referencias útiles para controlar visualmente el tamaño y la posición de los objetos en una página. Para ocultar las reglas, escoja Ver>Ocultar reglas, o pulse el atajo Control+R (Comando+R); si están ocultas, seleccione Ver>Mostrar reglas o pulse de nuevo el atajo anterior.

Las reglas permiten medir el ancho y alto del objeto seleccionado y muestran marcadores que siguen al cursor cuando desplaza el ratón. Arrastre desde una regla al centro de la ventana para añadir guías a la página, que le facilitarán la correcta ubicación y distribución de elementos.

El número de divisiones de una regla y el valor de cada incremento dependen del porcentaje de ampliación del documento y de las unidades de medida especificadas en Preferencias>Unidades e incrementos. Puede cambiar rápidamente las unidades de medida en el menú contextual que aparece al hacer clic derecho sobre una de las reglas.

Por defecto, el origen de las reglas es el pliego completo, es decir, el cero se coloca sobre la esquina superior izquierda de la página izquierda. Pero puede escoger que cada página tenga su propia regla, o que su origen se sitúe en el centro del pliego (lomo). Para ello, haga clic derecho sobre la regla horizontal y escoja una de las tres opciones: Regla por pliego, Regla por página o Regla sobre lomo.

Punto cero

El lugar de intersección entre ambas reglas, en la esquina superior izquierda de una página, se denomina *punto cero*. La posición de los objetos que muestra el panel Control se basa en la distancia con respecto al punto cero. Por defecto se sitúa en la esquina superior izquierda de una página. Los objetos por encima o a la izquierda del punto cero muestran valores de X (horizontales) e Y (verticales) negativos, y positivos si se sitúan por debajo o a su derecha. Así, si un objeto indica que su posición X es de 10 mm, querrá decir que su lado más izquierdo se sitúa a 10 mm del punto cero.

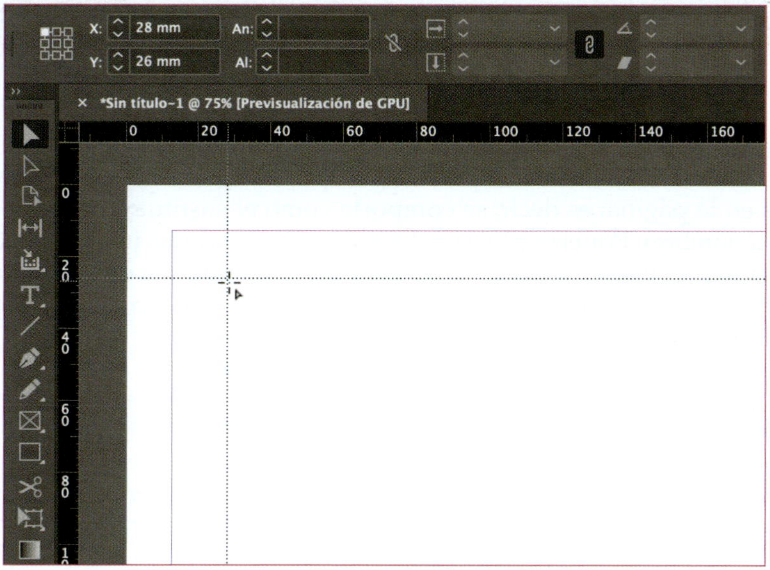

Figura 2.3. Cambio del punto cero.

El punto cero es móvil. Haga clic en el punto de intersección entre las reglas y arrastre para cambiar su posición. Verá que acompañan al ratón en su movimiento dos líneas, una horizontal, que corresponde a la coordenada Y del punto cero (la distancia vertical), y otra vertical, que marca la coordenada X (la distancia horizontal). De esta manera, puede tomar como referencias X e Y de un objeto cualquier punto de una página. Por ejemplo, para colocar un objeto a 5 cm a la derecha de otro, basta con colocar el punto cero en el borde derecho del primer objeto y mover el segundo a una posición X de 5 cm.

Cuando modifica la posición del punto cero, los objetos conservan su posición en la página, aunque sus coordenadas X e Y cambian, puesto que ha modificado la referencia a partir de la cual se calculan las distancias horizontal y vertical. La nueva posición del punto cero afecta a todos los pliegos del documento. Para que el punto cero vuelva a situarse en la esquina superior izquierda de la página, haga doble clic en la intersección de las reglas; y si quiere impedir que se desplace de forma accidental, haga clic sobre él con el botón derecho del ratón y escoja Bloquear punto cero.

TRUCO

Para facilitar la colocación del punto cero en una posición exacta de un objeto, selecciónelo antes; InDesign mostrará sus 8 puntos de control. Si la opción Ver>Cuadrículas y guías>Ajustar a guías *está marcada (lo está por defecto), al aproximar el cursor del ratón, este se detendrá exactamente sobre el punto que seleccione. Marque también la opción* Ver>Cuadrículas y guías>Guías inteligentes *para que el cursor del ratón se detenga en los lados de un objeto, además de en los puntos de control.*

Mesa de trabajo

Es el área no imprimible que rodea a un pliego. Se utiliza, básicamente, como un espacio de almacenamiento temporal en el que se colocan los elementos antes de situarlos en la página; es decir, se comporta como el sustituto digital de una mesa (de ahí su nombre). Por ejemplo, si debe escoger entre varias imágenes pero aún no se ha decido por una en concreto, lo mejor es que coloque una en la página y el resto en la Mesa de trabajo, de forma que siempre las tenga a mano. Cada pliego tiene su propia Mesa de trabajo.

NOTA

Los elementos que coloque en la Mesa de trabajo *se guardan con el documento y ocupan memoria, así que asegúrese de borrarlos cuando ya no los necesite.*

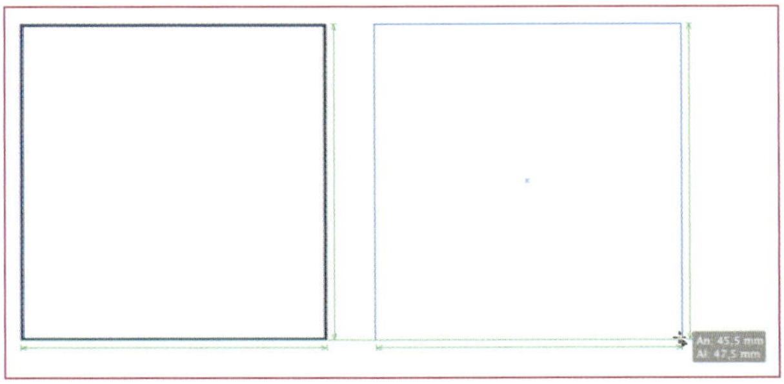

Figura 2.4. Guías inteligentes en acción. He dibujado el rectángulo de la izquierda y ahora estoy dibujando el de la derecha. Observe cómo, al coincidir las dimensiones horizontal y vertical con el rectángulo existente, InDesign dibuja una guía horizontal y otra vertical, además de guías que conectan ambas figuras. Si suelto el ratón en este instante, tendré dos rectángulos de dimensiones idénticas, sin necesidad de conocer previamente el ancho y el alto de la primera figura.

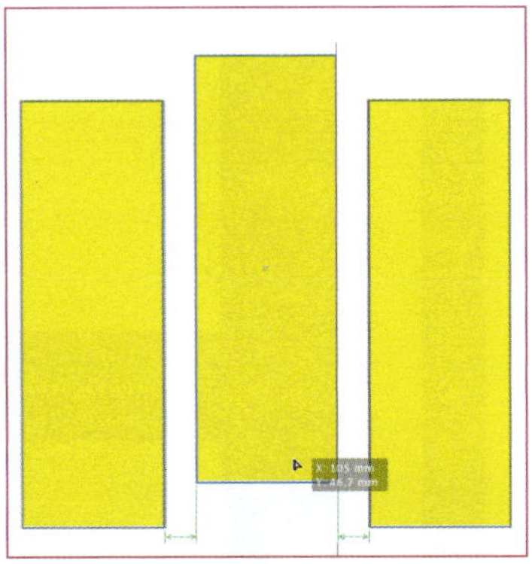

Figura 2.5. Espaciado inteligente. Al mover el rectángulo del centro, InDesign muestra guías inteligentes cuando la distancia entre los tres es la misma.

Páginas, márgenes y guías

Las páginas se muestran por defecto como un enorme rectángulo blanco delimitado por líneas de color negro. Si ve dos o más páginas tan próximas que se tocan, entonces está contemplando lo que se conoce como pliego.

Márgenes

InDesign utiliza líneas no imprimibles para indicar los márgenes y las columnas de una página. Las guías de color magenta —rosa para los no iniciados— indican los márgenes de la página, y las de color violeta, los espacios entre columnas. Como las páginas se crean por defecto con una sola columna, las guías de columna se superponen a los márgenes izquierdo y derecho, y por lo tanto estos se ven de color violeta.

En cualquier momento puede cambiar los márgenes y el número de columnas de una página si selecciona Maquetación>Márgenes y columnas.

Guías

Explicar qué son las guías y para qué se utilizan es más sencillo si nos remontamos a su tierna infancia... Cuando en el colegio alineaba dibujos o fotografías en un mural, supongo que usaba un lápiz para trazar una línea de referencia; luego, con la goma de borrar, se deshacía de ella. Esta misma táctica se puede emplear en InDesign. Para ello, trate de arrastrar una de las dos reglas al centro de la página; verá cómo, acompañando al ratón, aparece una línea de color cian (azul claro). Se trata de una guía.

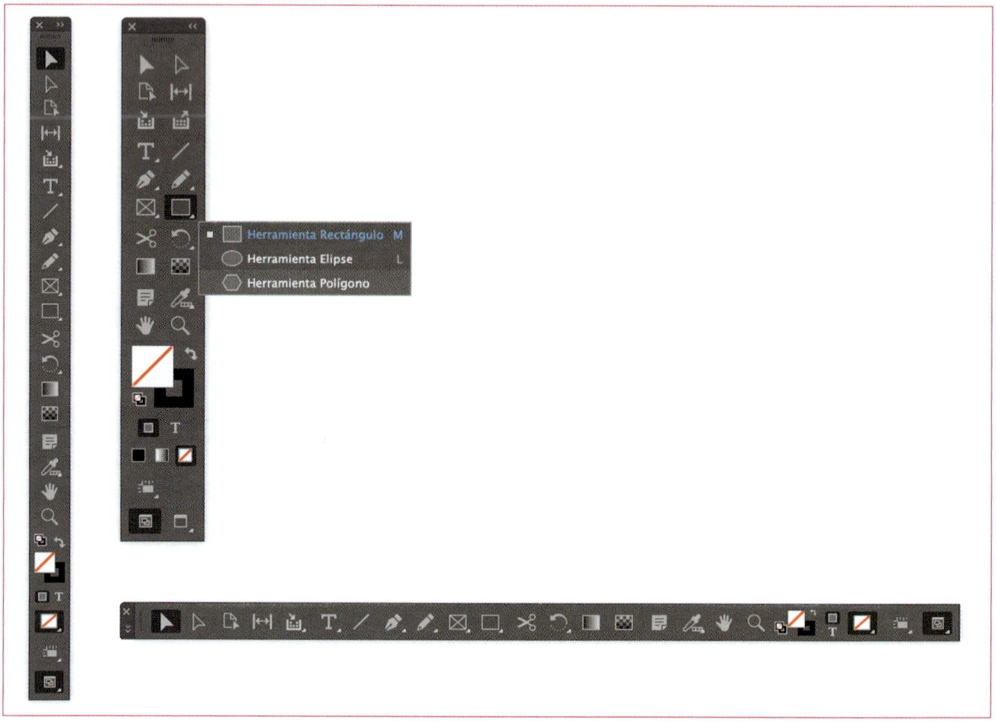

Figura 2.6. El cuadro de herramientas, en el modo de una columna vertical, doble columna y columna horizontal. Algunas herramientas están ocultas a simple vista: mantenga el botón del ratón pulsado unos instantes para desplegarlas.

Una vez creadas, las guías pueden moverse libremente por la página. Y cuando ya no las necesite, las puede eliminar seleccionándolas primero y pulsando la tecla Borrar. Las guías no se imprimen nunca.

La opción Ver>Cuadrículas y guías>Ajustar a guías, marcada por defecto, permite que los objetos sean atraídos por las guías, como si de un imán se tratase. De esta forma podrá posicionar elementos en la página a mano alzada y con total precisión.

TRUCO

Puede eliminar todas las guías de un documento si hace clic con el botón derecho del ratón sobre una de las reglas y selecciona Eliminar todas las guías del pliego.

Guías inteligentes

Esta característica le permitirá alinear, rotar, distribuir y cambiar el tamaño de los objetos con precisión matemática y sin necesidad de crear guías. De hecho, Adobe considera que son tan útiles que la opción Ver>Cuadrículas y guías>Guías inteligentes está marcada por defecto. Las guías, dimensiones, opciones de rotación y coordenadas X e Y se muestran de forma dinámica para facilitar el ajuste del objeto en relación con otros elementos de la composición.

Si algunas de las funciones de las guías inteligentes le distraen, seleccione Preferencias>Guías y mesa de trabajo>opciones de guías inteligentes y active o desactive cualquiera de las siguientes opciones:

- **Alinear con centro de objeto** y **Alinear con bordes de objeto**. Facilita la alineación de objetos al centro o al borde de otros elementos de la página. Al arrastrar un objeto, se dibujan de forma automática guías que delimitan el objeto de referencia.
- **Dimensiones inteligentes**. Cada vez que crea, cambia de tamaño o rota un elemento, sus dimensiones aparecerán en un rectángulo gris, indicando los valores X e Y —al mover o escalar un objeto—, o los grados de inclinación —al rotarlo—.
- **Espaciado inteligente**. Las guías inteligentes aparecen temporalmente cuando el espaciado entre objetos es uniforme (ver figura 2.5).

El cuadro de herramientas

Es el centro de operaciones de InDesign. Sus herramientas le permitirán realizar el trabajo más importante en un documento: crear, seleccionar, mover y transformar elementos. Para saber el nombre de una herramienta y su atajo de teclado, mantenga el cursor del ratón sobre su icono unos segundos; aparecerá una etiqueta con la ansiada información.

TRUCO

Puede escoger una herramienta pulsando la letra correspondiente a su atajo de teclado; y puesto que se trata de letras, si está editando un texto, en vez de seleccionar una herramienta, escribirá la letra correspondiente a la tecla pulsada. No obstante, tiene dos alternativas: pulse primero la tecla Esc *para salir de la edición de texto o modifique el atajo añadiendo otras teclas de modificación (*Edición>Atajos de teclado*). Consulte la ayuda del programa para saber cómo modificar los atajos de teclado por defecto.*

Es posible modificar el aspecto del cuadro de herramientas (una o dos columnas) haciendo clic alternativamente en el pequeño botón con forma de doble flecha de la esquina superior izquierda del panel. Puede cambiar la posición del panel si arrastra de la pequeña barra situada en la parte superior. Cuando el panel esté flotando, pulse la doble flecha nuevamente para que este se presente en disposición horizontal. Para devolver el panel a su posición original, arrástrelo al borde izquierdo de la ventana de la aplicación.

Algunas de las herramientas muestran una pequeña flecha en la esquina inferior derecha; si hace clic con el ratón sobre ellas y lo mantiene pulsado, verá cómo aparecen otras herramientas relacionadas con la primera. En la figura 2.6 puede ver el nombre de todas las herramientas.

No es necesario que se preocupe por memorizarlas de inmediato. Ahora veremos solo aquellas que utilizará de forma más habitual, y le presentaré al resto conforme vayamos avanzando.

Herramientas de selección

Para manipular los objetos de una página, debe seleccionarlos antes. InDesign ofrece dos herramientas de selección que permiten escoger diferentes *aspectos* de un objeto.

Para entender por qué es necesaria más de una herramienta de selección, utilizaré un sencillo ejemplo... Piense en una fotografía enmarcada. Podemos considerar que el marco y la fotografía forman un todo, un único objeto. Si cambia de lugar el marco, con él se desplazará también la fotografía. Pero para enderezar o recortar la fotografía, antes deberá abrir el marco y acceder a su contenido. InDesign utiliza una metáfora similar. Puede considerar al objeto como un todo o bien como un conjunto de contenedor y contenido, dependiendo de la herramienta de selección que utilice. La herramienta Selección le permitirá mover el contenedor (el marco de nuestro ejemplo) junto con el contenido; la herramienta Selección directa, acceder directamente al contenido (la fotografía). Aunque en un principio pueda parecerle extraño e innecesariamente complejo, pronto se desenvolverá con soltura y sabrá escoger la mejor herramienta para cada ocasión.

Herramienta Selección

Esta es la herramienta más utilizada en InDesign. Permite seleccionar texto y marcos de gráficos —para moverlos o modificar sus propiedades— y trabajar con un objeto mediante su cuadro delimitador. Su funcionamiento es el siguiente:

- Para seleccionar un objeto, haga clic sobre él. Si no puede, compruebe que no esté en una página maestra, en una capa bloqueada o detrás de otro objeto.
- Para seleccionar un objeto situado en una página maestra, pulse Control+MAYÚSCULA (Comando+MAYÚSCULA) y haga clic en él.
- Para seleccionar un objeto que está detrás de otro, pulse Control (Comando) y haga clic.
- Para cambiar el tamaño de un marco, haga clic y arrastre uno de sus ocho manipuladores de selección (los cuadrados blancos que aparecen en los vértices y en el centro de cada uno de los lados del cuadro delimitador de un objeto).

Al pasar por el centro de un marco de imagen, la herramienta Selección cambia momentáneamente al cursor Mano de arrastre, y sobre la imagen aparecen superpuestos dos círculos concéntricos que emulan la mirilla de enfoque de una antigua cámara; si

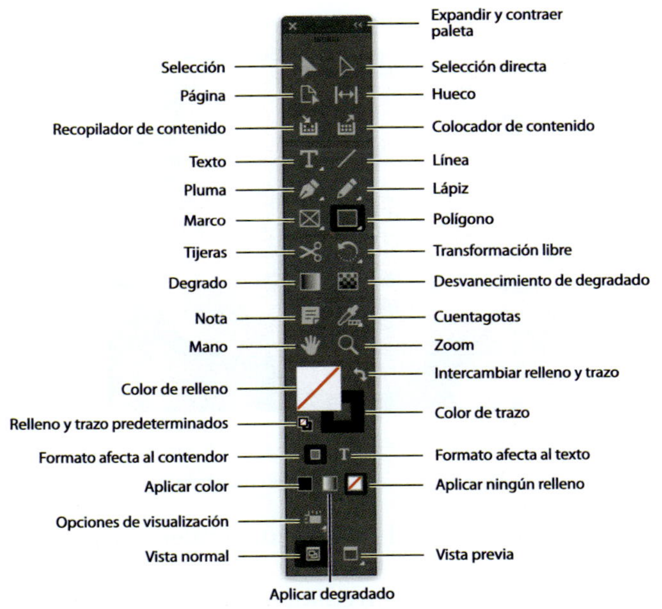

Figura 2.7. Nombre de las herramientas.

ahora hace clic y arrastra, podrá modificar el encuadre de la imagen. Para volver a la herramienta Selección basta con hacer clic nuevamente fuera del marco de imagen. Este comportamiento recibe el nombre de Capturador de contenido. Si desea desactivarlo (a veces puede producir reencuadres indeseados de forma accidental) escoja Ver>Extras>Ocultar capturador de contenido.

Herramienta Selección directa

Permite seleccionar el contenido de un marco —no el marco en sí— o los puntos que forman un objeto vectorial. Utilícela para mover un gráfico colocado en un marco o para acceder a los puntos de control (pequeños cuadradillos blancos que puede seleccionar individualmente) de objetos editables, como trazados o rectángulos, y modificar así su forma. El funcionamiento de esta herramienta es el siguiente:

- Para mover un gráfico dentro de su marco (encuadrar), haga clic dentro del marco y arrastre.
- Para cambiar el tamaño de un gráfico sin cambiar el tamaño del marco, haga clic en la imagen y arrastre uno de sus ocho manipuladores de selección.

Figura 2.8. Capturador de contenido.

- Para mover un marco sin mover el gráfico que contiene, haga clic en el borde del marco y arrastre.
- Para modificar la forma de un objeto editable, haga clic para mostrar sus puntos de control. A continuación, arrastre un punto de control.

TRUCO

Al mover un marco de imagen, InDesign muestra una previsualización del objeto durante la acción. Esto puede ralentizar bastante su trabajo si no dispone de un ordenador de última generación. En Preferencias>Interfaz>Dibujo en pantalla interactiva *seleccione* Con retraso. *De esta forma, podrá mover rápidamente los marcos de imagen. Si desea ver la imagen de un marco en concreto, mantenga pulsado el botón del ratón durante un segundo antes de empezar a arrastrar.*

Herramienta Texto

- Tiene dos comportamientos en función del contexto: editar texto o crear un nuevo marco de texto.
- Para seleccionar texto en un marco de texto, un trazado o una tabla, haga clic y arrastre.
- Para introducir texto, haga clic en un marco de texto o en un marco vacío y empiece a escribir.
- Para crear un marco de texto rectangular, haga clic sobre un área vacía de la página y arrastre; mantenga pulsada la tecla MAYÚSCULA para crear un cuadrado perfecto.

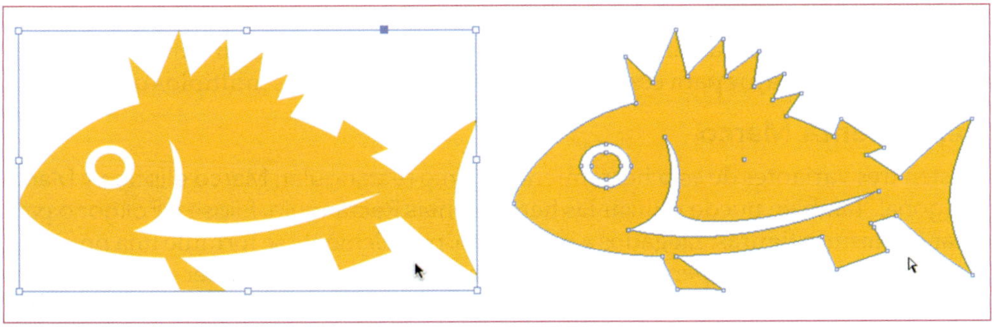

Figura 2.9. Un objeto seleccionado con la herramienta Selección muestra su cuadro delimitador (izquierda); seleccionado con la herramienta Selección directa muestra sus puntos de control (derecha).

TRUCO

Si hace doble clic en un cuadro de texto con cualquiera de las herramientas de selección, cambiará rápidamente a la herramienta Texto *y podrá editar el contenido; pulse la tecla* ESC *para volver a la herramienta* Selección.

Herramientas de creación de objetos

En este apartado haré una presentación formal de las herramientas de creación de objetos, y en capítulos posteriores las estudiaremos exhaustivamente. Las utilizará para crear marcos que contengan texto o gráficos, o directamente para dibujar ilustraciones sencillas.

Herramienta Pluma

Si ya ha utilizado otros programas de ilustración vectorial, verá que el comportamiento es similar al de la herramienta equivalente. Con la pluma puede:

- **Crear líneas rectas**. Haga clic en el documento, desplace el ratón y vuelva a hacer clic. Para acabar su dibujo: haga doble clic al crear el último punto, cambie a otra herramienta o haga clic mientras pulsa la tecla Control (Comando) en un área libre del documento. Si quiere que los puntos formen entre sí ángulos de 45, mantenga pulsada la tecla Mayús al hacer clic entre dos segmentos.
- **Crear líneas curvas**. Proceda igual que en la creación de líneas rectas, pero esta vez, en vez de hacer clic para crear un punto, haga clic y arrastre el ratón; suéltelo cuando la curva tenga la forma deseada.
- **Crear trazados cerrados** (que pueden ser coloreados, o contener texto e imágenes). Realice cualquiera de los pasos anteriores y haga clic en el primer punto para concluir el trazado.

Herramienta Línea

Utilícela para crear líneas simples. Haga clic y arrastre para crear una línea. Mantenga pulsada la tecla Mayús para crear líneas inclinadas en ángulos múltiplos de 45 grados.

Herramienta Marco

Existen tres variantes de esta herramienta: Marco rectangular, Marco elíptico y Marco poligonal. También puede utilizar las herramientas Rectángulo, Elipse o Polígono para crear las mismas figuras. Llegados a este punto, posiblemente se formule una pregunta: si resulta que InDesign permite colocar texto y gráficos en cualquier marco o figura, entonces, ¿por qué duplicar las herramientas? Verá, la diferencia fundamental estriba en que las diferentes versiones de la herramienta Marco crean figuras que muestran una enorme X en el centro. En el mundo de la edición profesional, una figura con una X en el centro representa un marcador de posición, es decir, un elemento que deberá contener un gráfico o un texto. Así, cuando esté maquetando un documento y sepa de antemano la posición que deberán ocupar los gráficos y los textos, cree marcos para indicar su posición; si lo que desea es crear un elemento gráfico tal cual —por ejemplo, un círculo de color rojo—, cree una figura.

- Para crear un marco rectangular o elíptico, haga clic y arrastre. Si quiere introducir dimensiones precisas, haga un simple clic; un cuadro de diálogo le permitirá introducir las medidas exactas.
- Para crear un marco poligonal, haga primero doble clic en la herramienta Marco poligonal. Escoja el número de lados del polígono o, si quiere dibujar una estrella, seleccione un porcentaje en la casilla Margen de estrella; este valor especifica la distancia entre el cuadro delimitador del objeto y los vértices internos de la estrella (observe la figura 2.10). Proceda como en el caso anterior para crear el polígono.

Desplazarse por el área de trabajo

Cuando un documento contenga más de una página, pasará gran parte del tiempo desplazándose de una a otra para copiar y pegar texto, mover fotografías, comprobar el estado de la maquetación, etc. Por eso, los desarrolladores de Adobe han dado tanta importancia a un aspecto, en principio, tan banal. Así, comprobará que InDesign le ofrece al menos cuatro formas de navegar por un documento.

Barras de desplazamiento

Para moverse de arriba abajo y de izquierda a derecha en una página puede utilizar las barras de desplazamiento de la ventana del documento. Puesto que las diferentes páginas de un documento se apilan verticalmente, verá que el límite del desplazamiento horizontal lo marca el ancho de la mesa de trabajo, mientras que el desplazamiento vertical le permitirá moverse no solo dentro de la página actual sino también cambiar de una a otra.

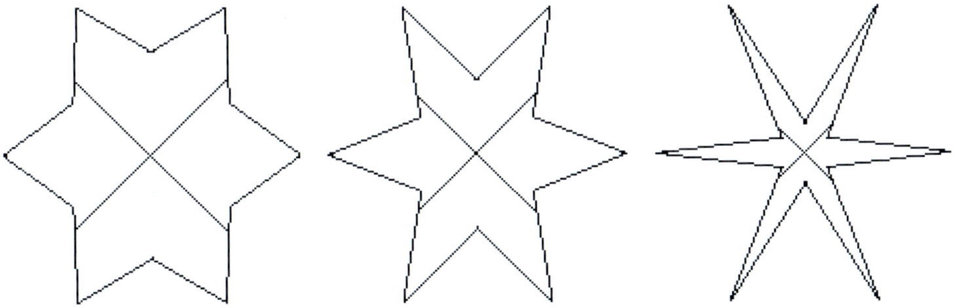

Figura 2.10. Estrellas con diferentes valores de Margen de estrella. De izquierda a derecha, 30 %, 50 % y 80 %.

Herramienta Mano

Para desplazamientos dentro de una misma página, lo más práctico es utilizar la herramienta Mano, que reconocerá enseguida porque su icono tiene la forma de una... ¡lo ha adivinado! Haga clic y arrastre en cualquier dirección para mover el documento. Esta herramienta es tan útil y se utiliza con tanta frecuencia que lo mejor es aprender este sencillo atajo: cada vez que mantenga pulsada la Barra espaciadora, cualquier herramienta seleccionada se transformará en la herramienta Mano; arrastre la página y, cuando acabe, suelte la Barra espaciadora para retornar a la herramienta anterior. Probablemente nunca más vuelva a utilizar las barras de desplazamiento.

TRUCO

Si está editando un texto, al pulsar la Barra espaciadora *no aparecerá la herramienta* Mano, *sino un espacio en blanco; utilice en su lugar la tecla* ALT (Opción) *para cambiar temporalmente a la herramienta* Mano *sin modificar el texto.*

Controles de avance y retroceso de página

Similares a los mandos de un reproductor musical, permiten avanzar y retroceder por el documento «saltando» de página en página.

El campo de texto Página muestra el número de la página activa. Puede seleccionarlo, teclear el número de página al que quiera desplazarse y pulsar ENTER. Si desea desplazarse de página en página, use los botones Pliego siguiente y Pliego anterior. Utilice los botones Primer pliego o Último pliego para saltar rápidamente al principio o al final del documento.

El cuadro desplegable Páginas le mostrará una lista con todas las páginas del documento; haga clic en una de ellas para desplazarse rápidamente. Y más rápido todavía: pulse CTRL+J (Comando+J), teclee el número de página en el cuadro de diálogo que aparece y pulse ENTER para desplazarse hasta ella.

TRUCO

InDesign utiliza el número de página de un documento para referirse a cada una de las hojas de este. Por defecto, todos los documentos empiezan por la página 1. Pero si ha modificado la numeración de páginas inicial y quiere desplazarse a la primera página del documento, puede utilizar una referencia absoluta colocando el signo + delante del número de orden; por ejemplo, +1 nos llevará a la primera página de un documento, sea cual sea el número de página asignado. +2 nos desplazará a la segunda página, y así sucesivamente..

El panel Páginas

El panel Páginas cumple múltiples funciones en InDesign, como crear y ordenar páginas y pliegos, asignar páginas principales o modificar la numeración del documento. De momento nos centraremos en sus cualidades como herramienta de navegación visual. Por defecto, el panel muestra una vista en miniatura de todas las páginas que componen el documento. Si quiere modificar el tamaño de las miniaturas, escoja la opción que más le guste en el menú desplegable Tamaño, que encontrará en Opciones de panel... del menú del panel Páginas.

Si hace doble clic en la miniatura de una página, esta se mostrará ajustada a la ventana del documento. Para ver un pliego completo en la ventana del documento, haga doble clic en el número de página, situado justo debajo de la miniatura del pliego.

Ahora estoy cerca. Ahora estoy lejos

Como me enseñaron los amigos de *Barrio Sésamo*, es de vital importancia acercarse y alejarse del documento con agilidad. InDesign le permite aumentar el porcentaje de ampliación para ver hasta el más mínimo detalle de una letra, o bien alejarse lo suficiente para mostrarle varias páginas de un documento al mismo tiempo. Como es una tarea que se realiza con frecuencia, dispone de diferentes métodos para alcanzar el mismo objetivo; según su forma de trabajar o la tarea que esté realizando en ese momento, unos le convendrán más que otros.

Nivel de zoom

Encontrará esta utilidad en la esquina inferior izquierda del documento. El Nivel de zoom muestra el porcentaje de ampliación actual de la página. Puede teclear cualquier

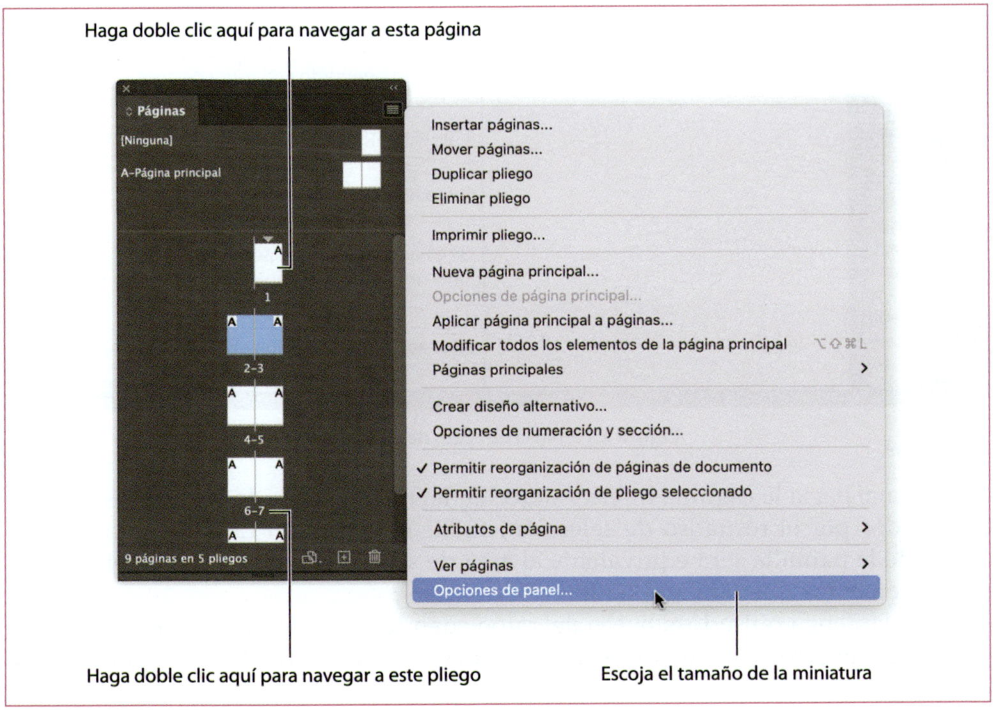

Figura 2.11. El panel Páginas.

valor y pulsar ENTER para acercarse o alejarse de la página. Los valores permitidos oscilan entre 5 y 4000 en incrementos de 0.01.
También puede seleccionar uno de los valores por defecto del cuadro desplegable que se encuentra a su derecha.

Herramienta Zoom (Lupa)

Reconocerá su icono inmediatamente en el cuadro de herramientas. Puede utilizarla de dos formas: haciendo clics de ratón o mediante la técnica de arrastrar y soltar.

La primera, más sencilla pero menos útil —por ser poco precisa— consiste en hacer clic consecutivamente en el área que se quiere ampliar hasta alcanzar el tamaño deseado. Si, por el contrario, pretende que la lupa disminuya el porcentaje de ampliación, mantenga pulsada la tecla ALT (Opción) al hacer clic. En el modo de reducción de ampliación, la lupa muestra un signo – (menos) en su centro.

La segunda forma es más práctica. Consiste en realizar una selección rectangular alrededor de los objetos que quiere ampliar, utilizando la herramienta Zoom. El procedimiento, más difícil de explicar que de realizar, es el siguiente: imagine la posición y dimensiones de un rectángulo capaz de envolver a los objetos que desea ampliar; haga clic en la esquina superior izquierda de ese rectángulo imaginario y arrastre

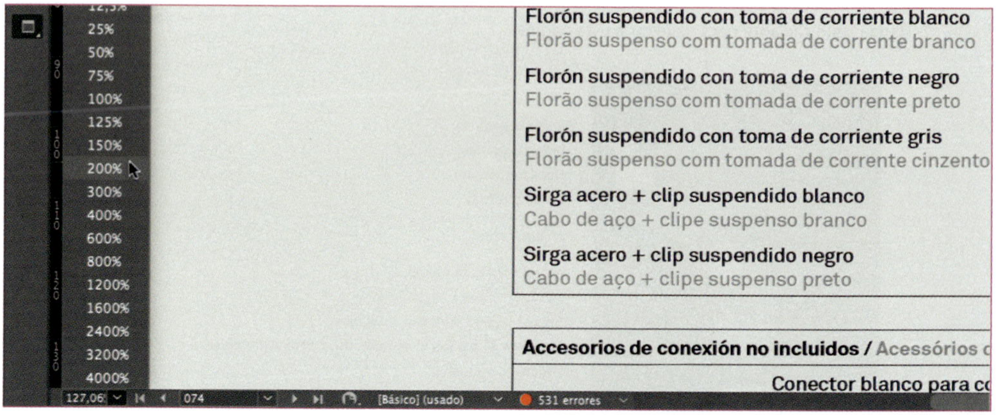

Figura 2.12. Nivel de zoom desplegado.

en diagonal hacia la esquina inferior derecha del mismo; cuando los objetos queden englobados por el recuadro de selección, suelte el botón del ratón. Ahora, el área visible de la pantalla será equivalente al área de selección y, por lo tanto, el tamaño de los elementos quedará ampliado.

NUEVO Mantenga pulsado el botón del ratón cuando utilice la herramienta lupa para aumentar progresivamente (acercarse) el tamaño del documento; añada la tecla Alt para alejarse.

Para activar momentáneamente la Lupa sin perder la herramienta actual, pulse CTRL+Barra espaciadora (Comando + Barra espaciadora).

Atajos de teclado

Utilice atajos de teclado si quiere trabajar rápido como el viento. ¡No se arrepentirá!

- CTRL+= (Comando+=): aumentar.
- CTRL+- (Comando+-): reducir.
- CTRL+0 (Comando+0): ajustar página actual en la ventana de documento.
- CTRL+ALT+0 (Comando+Opción+0): encajar el pliego actual en la ventana de documento.
- CTRL+1 (Comando+1): mostrar el documento a tamaño real (escala de ampliación del cien por cien).
- CTRL+2 (Comando+2): mostrar el documento a una escala de ampliación del doscientos por cien.

TRUCO

Para mí, el atajo más lógico para ampliar es utilizar el signo + junto con la tecla CTRL (Comando). *Nada más sencillo: utilice el menú* Edición>Atajos de teclado... *En menú desplegable* Área de producto *seleccione* Menú Ver. *Haga clic en la entrada* Aumentar. *Ahora, en el cuadro* Nuevo atajo, *teclee la combinación de teclas* CTRL +. *Pulse* OK *para*

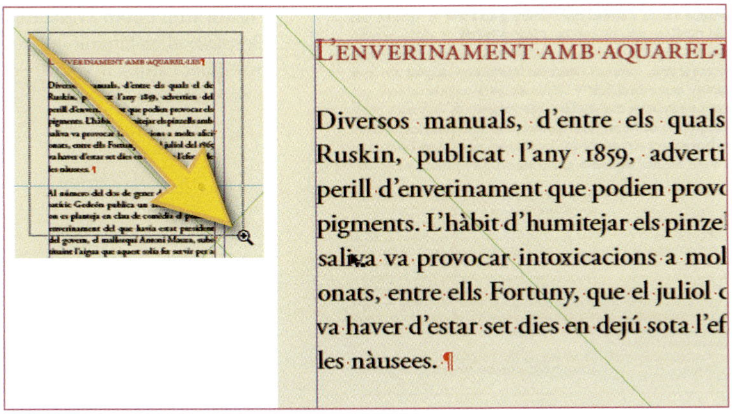

Figura 2.13. Ampliación mediante la técnica de arrastrar y soltar con la herramienta Lupa. A la izquierda, el rectángulo punteado muestra el área que se verá ampliada (derecha). La flecha muestra el inicio, sentido y final de la operación de arrastre.

guardar los cambios. Si es la primera vez que modifica los atajos de teclado, InDesign le pedirá que los guarde con un nuevo nombre.

Zoom avanzado

La herramienta Mano esconde un as en la manga: si mantiene pulsado el botón izquierdo del ratón durante un segundo, cambiará al modo Zoom avanzado. El documento reduce de forma progresiva su tamaño hasta mostrar el pliego completo y mostrará un rectángulo de color rojo que abarca el área sobre la que está trabajando; desplace el rectángulo al área que quiera ampliar y suelte el botón del ratón para volver al porcentaje de ampliación inicial.

Cuando se encuentre en modo Zoom avanzado, pulse las teclas del cursor ARRIBA o DERECHA (o gire la rueda de desplazamiento del ratón hacia abajo) para aumentar el tamaño del rectángulo rojo; use las teclas del cursor ABAJO o IZQUIERDA (o gire la rueda de desplazamiento del ratón hacia arriba) para disminuir el tamaño del rectángulo rojo. Cuanto menor sea el tamaño del rectángulo rojo, mayor será el porcentaje de ampliación del documento una vez suelte el botón del ratón.

La barra Aplicación

En la parte superior de la ventana de la aplicación encontramos un conjunto de controles denominado barra Aplicación. De izquierda a derecha:

- Acceso directo a la ventana Inicio.
- NUEVO **Compartir**. Este menú contiene opciones que le permitirán compartir una versión de su documento en diversos formatos, entre ellos, la nueva opción de Compartir para revisar, que almacena una copia de su documento en los servidores

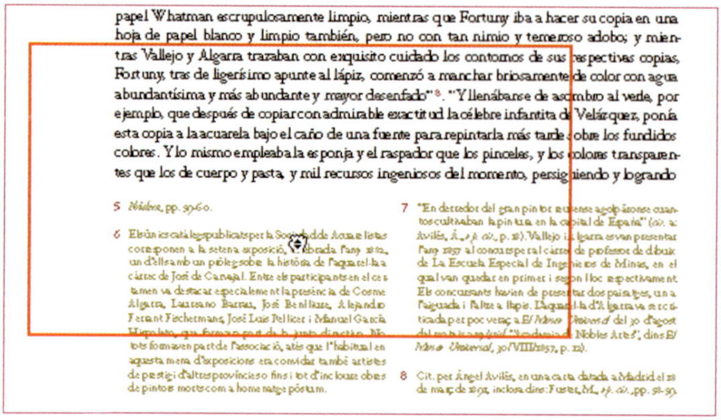

Figura 2.14. Zoom avanzado. Desplace el rectángulo al área que quiera ampliar y suelte el botón del ratón.

de Adobe y permite comentar su contenido mediante el uso de herramientas de revisión. Solo podrán acceder a dicho documento las personas que usted designe.

- **Espacios de trabajo**. Acceso rápido a los espacios de trabajo por defecto y a los definidos por usted.
- Cuadro de Búsqueda. Puede buscar elementos de diseño en Adobe Stock o bien realizar rápidas consultas a la ayuda del programa. Pulse la lupa para seleccionar el modo Ayuda de Adobe, escriba el término sobre el que desee recibir ayuda y pulse la tecla ENTER. Se abrirá su navegador Web por defecto con el resultado de la búsqueda.

El panel Control

El panel Control ofrece un acceso rápido a opciones, comandos y otros paneles relacionados con el elemento de página actual o los objetos seleccionados. Por ejemplo, si selecciona un marco de texto con la herramienta Selección, el panel Control ofrecerá un compendio de opciones para modificar su posición, tamaño o rotación de forma numérica; si selecciona texto, entonces mostrará opciones para cambiar el tipo de letra, su estilo o la alineación del párrafo. De forma predeterminada, el panel está acoplado a la parte superior de la ventana del documento, aunque puede acoplarse a la inferior, convertirse en panel flotante u ocultarse.

Para abrir los cuadros de diálogo asociados con los iconos del panel Control, haga clic en uno de ellos mientras mantiene pulsada la tecla ALT (**Opción**). Por ejemplo, con un marco de texto seleccionado, mantenga pulsada la tecla **ALT** (**Opción**) y haga clic en el icono Ángulo de rotación para abrir el cuadro de diálogo Rotar.

Puesto que se trata de un «panel de paneles», estudiaremos con más detenimiento todas sus opciones cuando revisemos los paneles correspondientes.

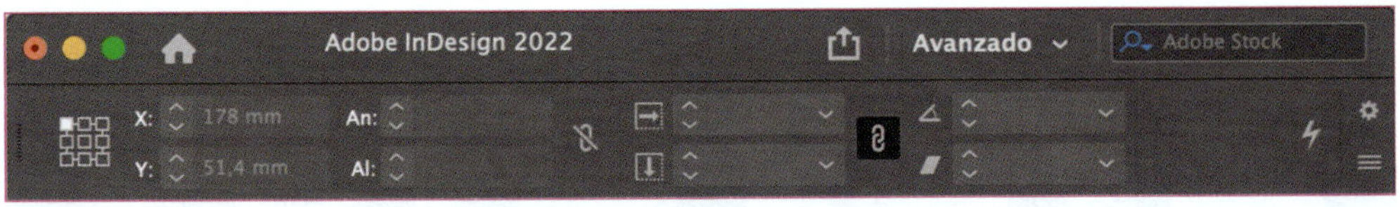

Figura 2.15. Barra Aplicación.

Figura 2.16. El Panel Control. Con un texto seleccionado (arriba) y con un objeto seleccionado (abajo).

Modos de visualización

Cuando comience un nuevo documento en InDesign, todo el elenco de guías, cuadrículas, indicaciones y caracteres ocultos que le ofrece el programa mejorarán la precisión de su trabajo. Pero conforme este vaya tomando forma y se acerque a la versión definitiva, querrá eliminar de la pantalla cualquier elemento no imprimible. InDesign permite controlar la forma en que se muestra el documento en pantalla mediante la utilización de los denominados modos de visualización.

Puede cambiar el modo de visualización con los botones de modo, situados en la parte inferior del Cuadro de Herramientas, mediante los comandos del menú Ver>Modo de pantalla o mediante los atajos de teclado correspondientes.

- **Modo Normal.** Muestra el documento en una ventana estándar con las cuadrículas y guías visibles, objetos no imprimibles y una mesa de trabajo que reconocerá por su color gris. Es el modo más utilizado, de ahí su nombre.
- **Modo Previsualización.** Muestra el documento tal y como se imprimirá. Cambie a este modo para ocultar momentáneamente las guías, marcos, retículas y otros elementos no imprimibles —ya sabe, esos árboles que no le dejan ver el bosque— y tener, de este modo, una visión lo más aproximada posible al aspecto final del documento impreso. La mesa de trabajo se muestra, por defecto, en color gris oscuro.
- **Modo Sangrado.** Es similar a la vista previa pero también muestra los objetos imprimibles dentro del área de sangrado del documento.
- **Modo Anotaciones.** Con las mismas características que el modo anterior, pero incluyendo también todos los objetos imprimibles dentro del área de anotaciones.
- **Modo Presentación.** En este modo, InDesign oculta la interfaz de la aplicación y muestra, sobre un fondo negro, el documento, sin guías ni otros elementos no imprimibles. Para salir del modo presentación, pulse la tecla ESC de su teclado.

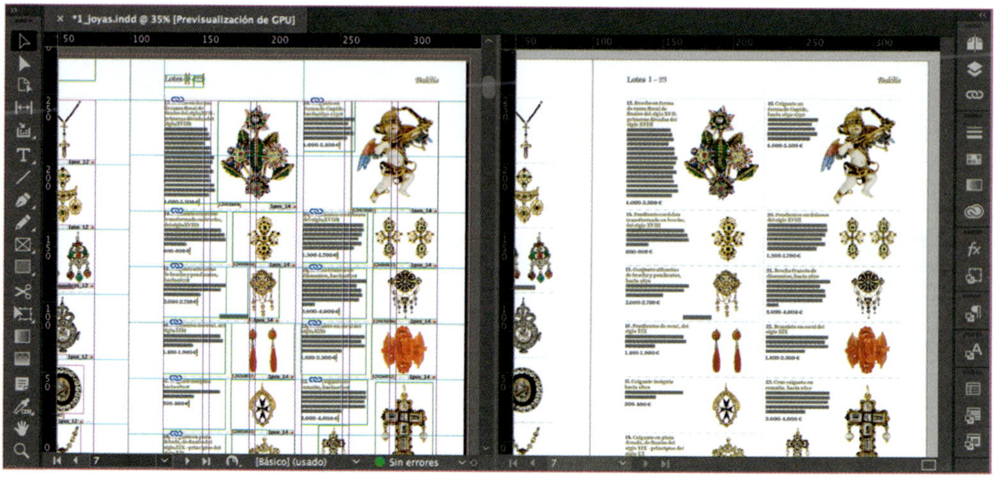

Figura 2.17. El mismo documento en modo Normal (izquierda) y Previsualización (derecha).

Trabajar con paneles

Son tantos y tan variados los comandos que ofrece InDesign, que los menús han dejado de ser una forma cómoda de acceder a ellos. En su lugar, la mayoría de características de la aplicación se encuentran reunidas por familias en pequeñas ventanas denominadas paneles. Es más, hay opciones de la aplicación tan solo accesibles a través de un determinado panel. Hay paneles específicos para tablas, texto, objetos, colores, trazados, etc.

Encontrará todos los paneles (excepto el panel Aplicación rápida) en el menú Ventana. Muchos de ellos tienen asociada una combinación de teclas; apréndala si quiere ahorrarse unos cuantos viajes a la barra de menús. La mayoría de paneles comparten una serie de elementos en común, a saber:

- Menú del panel: ofrece un conjunto de opciones relevantes al comportamiento del panel y otras relacionadas con las acciones asociadas al mismo.
- Botón de cierre del panel o conjunto de paneles: los paneles flotantes (es decir, no acoplados a un conjunto apilado) tienen, a la derecha de la barra de título, un botón en forma de X; haga clic en él para cerrarlo.
- Algunos paneles tienen dos estados: colapsado (muestra solo las opciones más frecuentes del panel) y expandido (muestra también opciones alternativas). Para alternar entre ambos estados, pulse el botón con forma de doble flecha situado a la izquierda del título de la pestaña del panel.
- Botón contraer (icono >>). Para paneles acoplados a un conjunto apilado, un clic en este botón los contrae nuevamente en el conjunto apilado. Para paneles o conjuntos de paneles flotantes, los contrae a iconos.

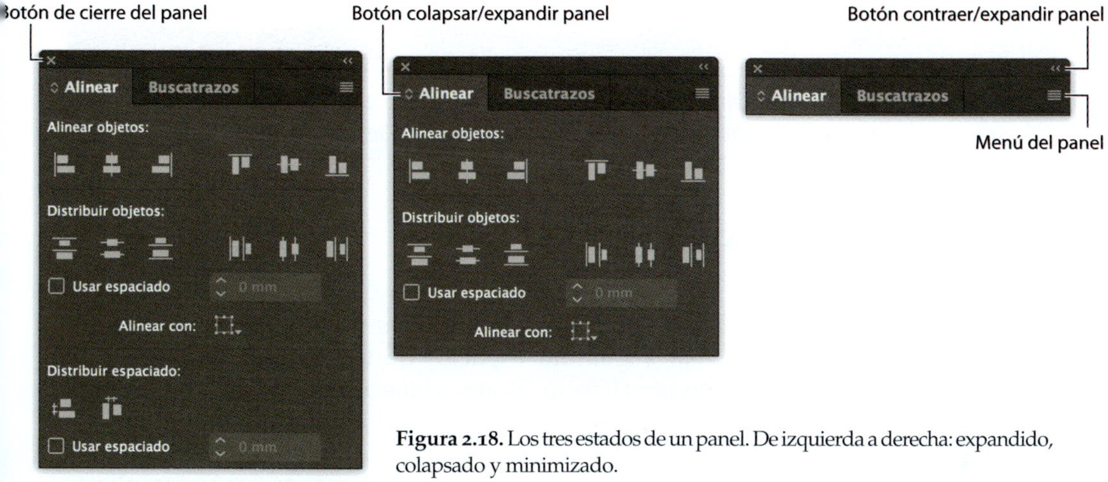

Figura 2.18. Los tres estados de un panel. De izquierda a derecha: expandido, colapsado y minimizado.

Cuando un panel está activado, manipule sus controles de la siguiente forma:

- Para mostrar y seleccionar una opción al mismo tiempo, haga clic en un menú desplegable o en el icono correspondiente.
- Para modificar el valor de un campo, selecciónelo y escriba el nuevo valor. Para resaltar el valor de un campo, haga clic y arrastre dentro del campo, haga doble clic en el valor o, mejor todavía, haga clic en el icono o texto a la izquierda del campo. Por ejemplo, para introducir rápidamente un número en el campo Ancho del panel Control, haga clic en el texto An: y teclee un número.
- Para incrementar o disminuir el valor de un campo, use las flechitas Arriba y Abajo a la izquierda del campo; mantenga pulsada la tecla Mayúsculas si quiere que aumente el valor de cada incremento.
- Puede realizar operaciones aritméticas sencillas en los campos de texto numéricos. Por ejemplo, para reducir a la mitad el tamaño de un objeto, basta con introducir al final del valor del campo Ancho: «/2» y pulsar ENTER; InDesign realizará una división por 2. Los operadores de suma, resta, multiplicación y división son, respectivamente, +, -, * y /. También puede usar porcentajes. Por ejemplo, para mover un objeto que está a 100 mm del borde izquierdo de la página a una posición de 150 mm, escriba en el campo X: «+50 %».
- Puede introducir valores en cualquier unidad de medida. Por ejemplo, para hacer que un texto tenga 10 mm de tamaño —la unidad de medida por defecto del texto es el punto— teclee 10 mm en el campo Tamaño de fuente y pulse ENTER. InDesign convertirá automáticamente el valor a su equivalente en puntos. Por supuesto, puede realizar las operaciones aritméticas que necesite especificando unidades de medida (como +10pt). Las contracciones de unidades de medida más frecuentes son: mm (milímetros), cm (centímetros), pt (puntos) y " (pulgadas).

TRUCO

Si quiere despejar el área de trabajo para concentrase en su diseño, pulse la tecla TABULADOR. *Vuelva a pulsarla para que aparezcan de nuevo los paneles y barras de herramientas.*

Espacios de trabajo

Cualquier disposición de paneles, herramientas, menús y ventanas se denomina Espacio de trabajo. Puede crear y guardar espacios de trabajo personalizados, o utilizar las opciones que vienen por defecto. Veamos cómo.

Manipular paneles y ventanas

Se trata de una serie de procedimientos relativamente sencillos, pero que se complican debido a los términos utilizados para denominar las diferentes disposiciones que puede adoptar un panel en el área de trabajo. Así que lo primero que haremos será aclararle unos cuantos conceptos:

- Un panel puede flotar libremente en el espacio de trabajo, similar a como lo hace cualquier otra ventana de aplicación.
- Cuando dos o más paneles comparten la misma ventana, se denomina grupo de paneles.
- Los paneles pueden apilarse unos sobre otros. Una pila de paneles está formada, pues, por dos o más paneles apilados.
- Tanto los paneles individuales como los grupos de paneles pueden organizarse en un área especial a la derecha o izquierda del espacio de trabajo, denominada conjunto acoplado.

Conjuntos acoplados

InDesign incluye dos conjuntos acoplados de paneles, uno a la izquierda para el cuadro de herramientas y otro a la derecha para los paneles por defecto. Un conjunto acoplado puede contener paneles o grupos de paneles. Puede expandir o contraer un conjunto acoplado si hace clic en el botón en forma de doble flecha (>>) de la parte superior del conjunto.

El cuadro de herramientas tiene dos posiciones: contraído (una fila de iconos) o expandido (dos filas de iconos). El conjunto de paneles tiene tres posibles posiciones (ver figura 2.19): contraído en forma de iconos, contraído en forma de iconos con el nombre del panel a la derecha y expandido. Para pasar del modo contraído con texto al modo que solo muestra iconos, arrastre del agarre del conjunto acoplado.

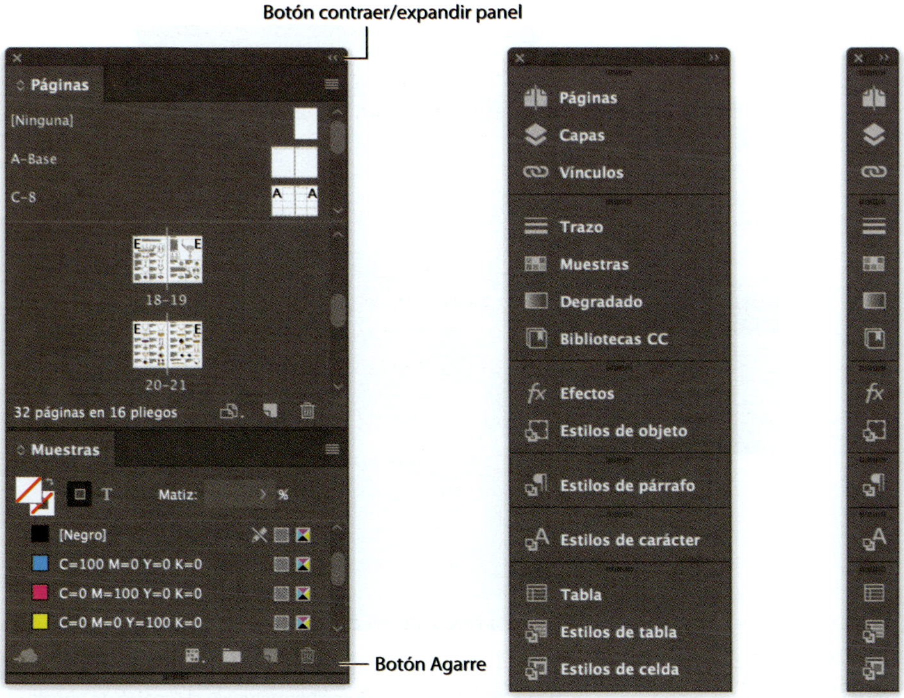

Figura 2.19. Conjunto acoplado de paneles. De izquierda a derecha: Expandido, Contraído con texto y Contraído.

Grupos de paneles

Dentro del conjunto acoplado de paneles del espacio de trabajo Aspectos esenciales existe un grupo de paneles formado por tres paneles. Puede arrastrar cualesquiera de ellos por su pestaña para moverlo a otro grupo de paneles o para hacer que flote libremente en el espacio de trabajo (ver figura 2.20).

Para crear un grupo de dos paneles, arrastre uno sobre otro hasta que aparezca una gruesa línea azul en torno al primero; suelte entonces el botón del ratón. Para añadir más paneles al grupo, repita el proceso.

Pilas de paneles

También puede apilar unos paneles sobre otros. Para ello, arrastre un panel o un grupo de paneles hasta el borde inferior de otro (ver figura 2.21); cuando aparezca una gruesa línea de color azul, suelte el botón del ratón. Una de las ventajas de apilar paneles es que una pila comparte el mismo botón colapsar/expandir, de modo que es posible colapsar toda una pila de paneles con un solo clic de ratón.

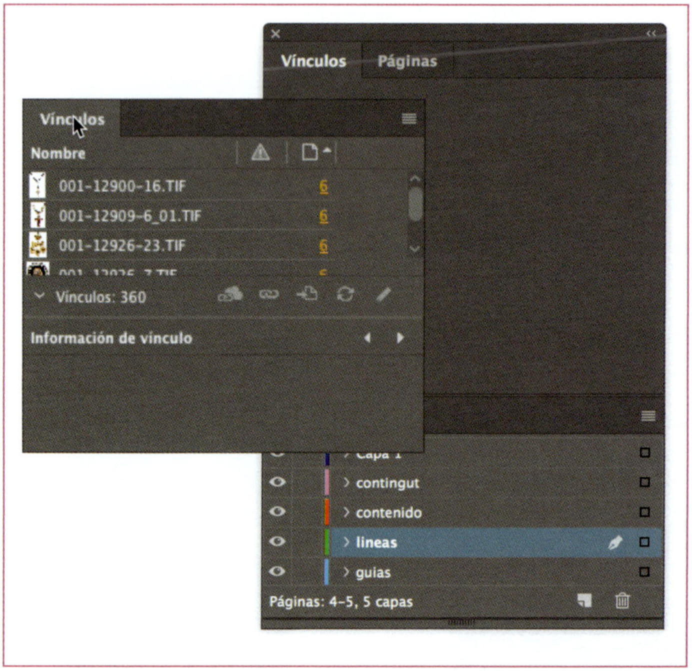

Figura 2.20. Arrastre la pestaña de un panel para hacer que flote libremente en el espacio de trabajo.

Organizar espacios de trabajo

Para crear un nuevo espacio de trabajo, mueva y organice los paneles y las barras de herramientas o modifique los menús (Edición>Menús...) hasta adaptar el interfaz de la aplicación a su gusto. Luego, seleccione la opción Ventana>Espacio de trabajo>Nuevo espacio de trabajo..., escriba un nombre y pulse Aceptar (OK). En el menú Ventana>Espacio de trabajo o en el menú desplegable Espacio de trabajo de la barra Aplicación aparecerá el suyo como la primera opción de la lista. Puede crear tantos como necesite.

Si le da un arrebato y manipula los grupos de paneles con frenesí hasta no saber ya ni dónde han ido a parar las opciones más elementales, mantenga la calma; siempre puede deshacer el entuerto si selecciona Ventana>Espacio de trabajo>Restaurar Aspectos Esenciales; todo volverá a ser como al principio.

Para modificar un espacio de trabajo existente, selecciónelo primero, haga las modificaciones pertinentes y, a la hora de guardarlo, escriba el mismo nombre. InDesign le advertirá de la existencia de un espacio de trabajo con el mismo nombre; pulse Aceptar para reemplazarlo y listo.

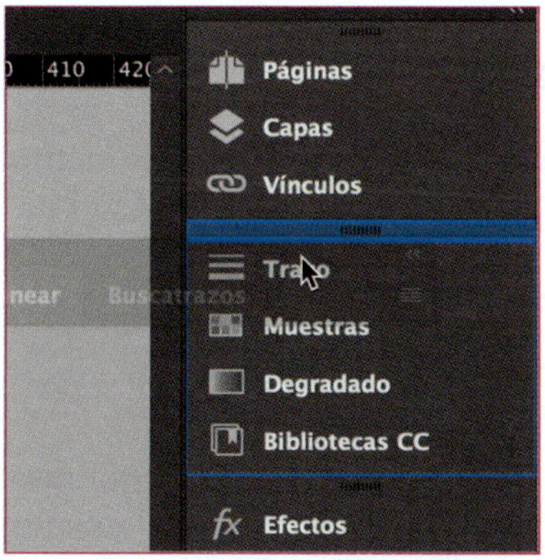

Figura 2.21. Apilamiento de dos paneles.

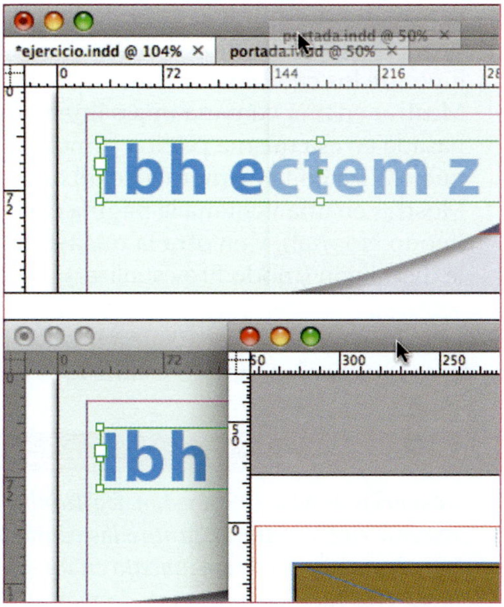

Figura 2.22. Desacoplando dos ventanas de documento. Fíjese en el asterisco a la izquierda de la pestaña titulada «ejercicio.indd»; significa que este documento se ha modificado pero los cambios todavía no se han guardado.

Cuando quiera eliminar un espacio de trabajo, seleccione Ventana>Espacio de trabajo>Eliminar espacio de trabajo..., escoja el nombre del espacio a eliminar en el menú desplegable y haga clic en Aceptar (OK).

Trabajar con múltiples ventanas

InDesign puede trabajar con múltiples documentos abiertos al mismo tiempo, lo cual le permitirá compararlos entre sí o copiar y pegar elementos entre ellos. Puede cambiar de un documento abierto a otro mediante la barra de pestañas. Las pestañas pueden reorganizarse arrastrando la ficha de un documento abierto a otra posición. Para convertir la ficha de un documento en una ventana flotante, arrastre la ficha correspondiente fuera de la barra de pestañas. Para acoplarla nuevamente, arrastre la barra de título del documento hasta la posición que desee en la barra de pestañas. En el menú Ventana>Disposición puede escoger diversas configuraciones para las ventanas de documento abiertas, lo que le permitirá, por ejemplo, enfrentarlas entre sí para navegar cómodamente entre ellas y arrastrar elementos de una a otra.

Para trabajar con diferentes vistas del mismo documento, escoja Ventana>Disposición>Nueva ventana. InDesign creará una nueva ventana del documento con el mismo título que la original pero acabado en :1. Puede moverse entre las diferentes ventanas seleccionando su pestaña, haciendo clic en cualquier elemento dentro de ella o, si no son visibles porque unas se apilan sobre otras, seleccionando su nombre en la lista de ventanas abiertas que encontrará al final del menú Ventana. Puede abrir más de una ventana del mismo documento para:

- Ver diferentes ampliaciones de la misma página, lo que le permite trabajar con precisión en pequeños detalles y al mismo tiempo mantener una visión de conjunto de los cambios.
- Mostrar en una ventana una página principal y en otra una página del documento basada en esa misma página principal, de forma que podrá ver cómo los cambios que realiza en la primera afectan a la segunda.
- Mostrar en una ventana la página con guías, márgenes y sangrado del documento (modo Normal), y en otra la misma página con el aspecto final sin elementos que le distraigan (modo Previsualizar).

Si cierra la ventana de un documento con múltiples vistas, InDesign no le preguntará si desea guardar los cambios realizados hasta que cierre la última ventana del mismo.

NOTA

Los usuarios de Mac OS X están acostumbrados a que la ventana de un documento «flote» libremente en el escritorio, junto a las ventanas de otras aplicaciones. Por defecto, InDesign integra las ventanas de documento en un solo espacio, denominado Marco de aplicación. *Si desea «liberar» sus ventanas, desmarque* Ventana>Marco de aplicación.

Puede dividir rápidamente una ventana de documento si hace clic en el icono Dividir vista de diseño, situado en la esquina inferior derecha de la ventana del documento. Púlselo nuevamente para volver a la vista de ventana única.

Ejercicios

1. Abra el documento Ejercicios>Final>catalan.indd. Estudie el documento con detenimiento, utilizando las herramientas Zoom y Mano, el panel Páginas, los controles de avance y retroceso y el cuadro Nivel de zoom del panel Control.
2. Modifique la disposición y apilamiento de los paneles y cree un nuevo espacio de trabajo. Alterne entre su nuevo espacio de trabajo y los valores por defecto de la aplicación.
3. Utilice el botón Dividir vista de diseño para dividir la ventana del documento; utilice diferentes modos de visualización en cada una de las ventanas y compare el aspecto del documento, la posición de las guías, los márgenes y otros elementos de diseño.
4. Cierre el documento catalan.indd y, sobre todo, no guarde los cambios.

3 Cear documentos

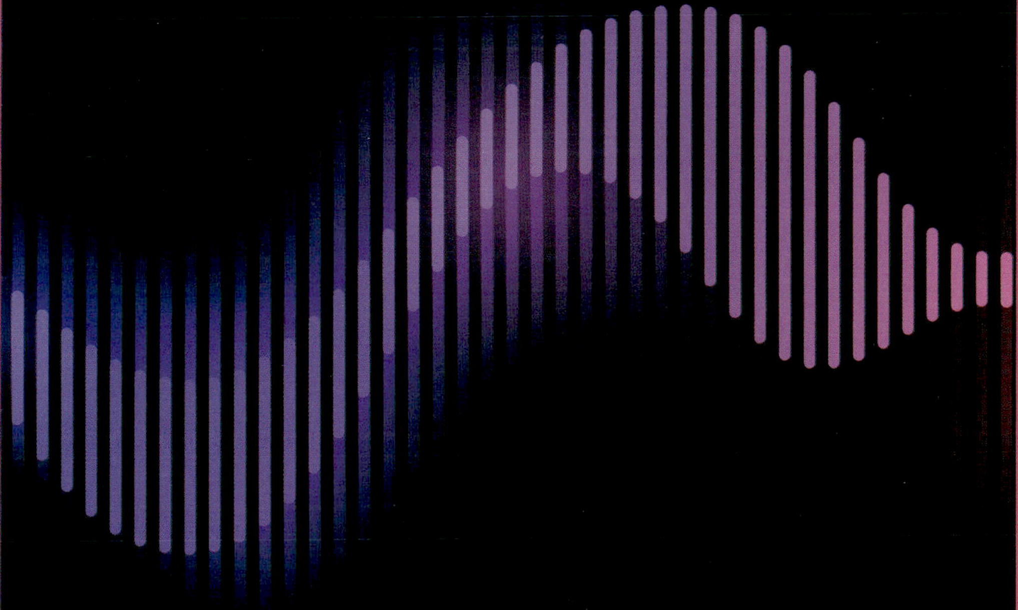

Crear nuevos documentos

A estas alturas del libro ya debe estar ansioso por entrar en materia. En este capítulo estudiaremos la función primordial del programa: crear, modificar y guardar documentos. Veamos cómo crear un documento paso a paso.

Seleccione Archivo>Nuevo>Documento, o pulse la combinación de teclas Control-N (Comando-N).

NUEVO Aparecerá el cuadro de diálogo que muestra la figura 3.1.

TRUCO

Si ha utilizado versiones anteriores de InDesign y echa de menos el antiguo cuadro de diálogo al crear nuevos documentos, seleccione Preferencias>General>Usar el diálogo "Nuevo documento" heredado.

Valor de documento

Las opciones que puede escoger en el cuadro de diálogo Nuevo documento son múltiples, y acordarse de los valores correctos para cada tipo de publicación, engorroso. Por eso, los buenos programadores de Adobe se han acordado de nosotros, pobres mortales de flaca memoria, y han hecho que sea posible guardar los conjuntos de ajustes con un nombre que, a partir de ahora, aparecerá en la pestaña Guardado. De manera que, si ya sabe el tipo de publicación que va a crear, basta con hacer doble clic en su icono desde la pestaña Guardado.

Para crear sus propios valores de documento, complete las opciones que considere oportunas en el cuadro de diálogo y pulse el icono Guardar valor de documento (). Escriba un nombre y haga clic en Guardar.

Si más adelante decide modificar un Ajuste preestablecido, acceda a la pestaña Guardado y haga clic en el icono de papelera que aparece en la esquina superior derecha de la miniatura que representa el ajuste. Una vez eliminado, seleccione las nueva opciones y guarde el nuevo ajuste con el mismo nombre.

Recientes

El cuadro de diálogo Nuevo documento recuerda los ajustes de documento que ha utilizado recientemente. Así que basta hacer doble clic en uno de ellos para crear un nuevo documento con las mismas opciones que el anterior.

Plantillas

NUEVO La versión 2022 de InDesign proporciona un interesante conjunto de plantillas de Adobe Stock que puede utilizar como punto de partida para sus diseños. Están divididos en tres grupos según la salida final que vaya a dar al documento: Imprimir, Web y Móvil. Haga clic en la pestaña correspondiente para acceder a las diferentes propuestas. Acceda a su cuenta de Creative Cloud para adquirir todavía más plantillas

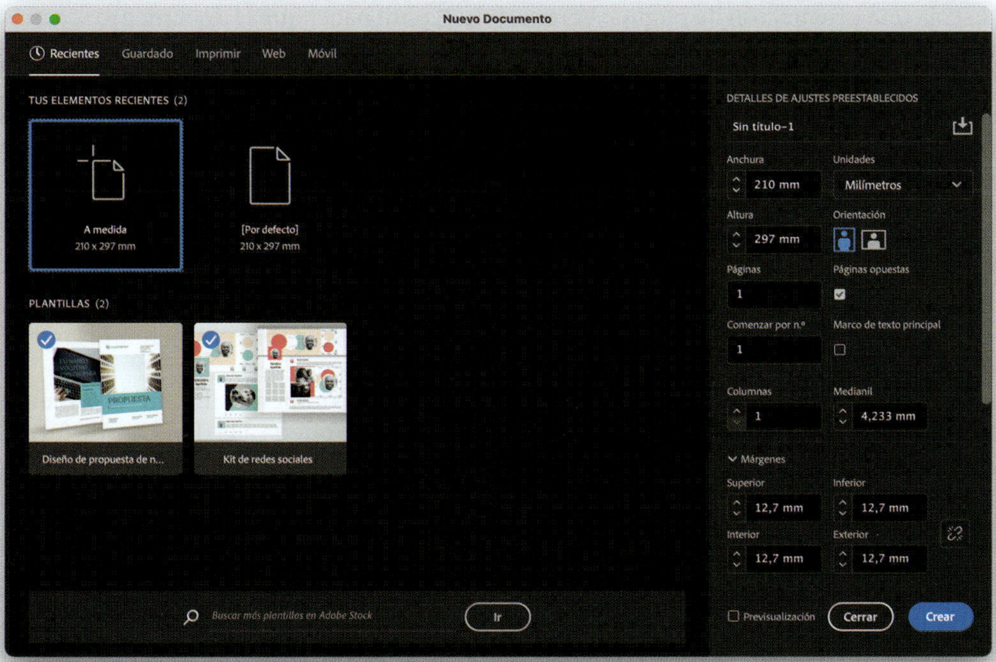

Figura 3.1. Cuadro de diálogo Nuevo documento.

(tenga en cuenta que muchas son de pago). Si hace clic sobre el icono de una plantilla, el cuadro de diálogo mostrará todas sus características, como el autor, una descripción de uso recomendado, el tipo de licencia (gratis o de pago) y un botón, Vista previa, que le permitirá examinar la plantilla antes de descargarla.

Según la pestaña seleccionada, los ajustes de documento, como las unidades de medida, cambiarán para adecuarse al nuevo formato. Por ejemplo, si escoge las pestaña Web o Móvil, las unidades de medida se expresarán en píxeles.

Tamaño de página y orientación

Para crear un documento con medidas estándar, escoja una de las opciones que ofrece la pestaña Imprimir. Para crearlo con medidas personalizadas, introduzca los valores oportunos en los campos Anchura y Altura. InDesign utilizará la unidad de medida por defecto, milímetros en el caso de documentos impresos o píxeles en documentos Web o publicaciones digitales. Para indicar otra, basta con seleccionarla en el menú desplegable Unidades. Para ir más rápido, puede escribir una unidad de medida tras el número (en Ayuda>Maquetación y diseño>Reglas y unidades de medida>Cambio de las reglas y unidades de medida>Cambio de las unidades de medida predeterminadas encontrará una tabla con las unidades de medida soportadas por el programa y sus abreviaturas).

Escoja una orientación de página: Vertical (alto), para hacer que el documento sea más alto que ancho, o Apaisado (horizontal), para que el documento sea más ancho que alto.

Número de páginas

Si ya conoce el número de páginas que tendrá su nuevo documento, introdúzcalo aquí; si no se ha decidido todavía, más adelante podrá crear tantas como necesite.

Como sabe, la lectura de un libro o revista comporta la visualización simultánea de dos páginas. Seleccione la casilla de verificación Páginas opuestas para utilizar un pliego formado por dos páginas enfrentadas cuando diseñe su documento. De esta forma podrá extender elementos de una página a otra, como por ejemplo una fotografía que ocupe el pliego completo. Esta opción es también muy importante si el documento final debe encuadernarse.

La primera página del documento es, por defecto, la número 1. En un documento con páginas opuestas, la primera página impar siempre queda a la derecha, de forma que se trata de una página sin su opuesta. Si necesita crear un documento en el que la primera página tenga ya su opuesta –por ejemplo, porque es la continuación de otro documento– escriba un número de página par en el campo Comenzar por nº.

Marco de texto principal

Para introducir texto en un documento, antes debe crear un marco de texto que lo contenga. Sin embargo, ciertos tipos de publicaciones, por ejemplo, una novela, consisten principalmente en un flujo de texto que pasa de una a otra página, de principio a fin. En estos casos es muy útil contar con un marco de texto que aparezca de forma automática en cada nueva página, y que tenga la característica de estar enlazado con los marcos de texto de las páginas anterior y siguiente. Marque esta casilla si desea importar un documento de texto y quiere que el programa se encargue de crear automáticamente las páginas necesarias para acomodarlo o si desea utilizar la característica Reflujo de texto inteligente.

Columnas

Especifique el Número de columnas y el espacio de separación entre ellas (Medianil). InDesign creará automáticamente guías de columna, dividiendo equitativamente el espacio comprendido entre los márgenes izquierdo y derecho.

NOTA

Para trabajar con marcos de texto divididos en columnas no basta con introducir aquí un valor mayor que 1; este campo solo indica las guías de columna que tendrá cada página del documento. Utilizarlas o no depende de usted. En capítulos posteriores veremos cómo trabajar con texto en varias columnas.

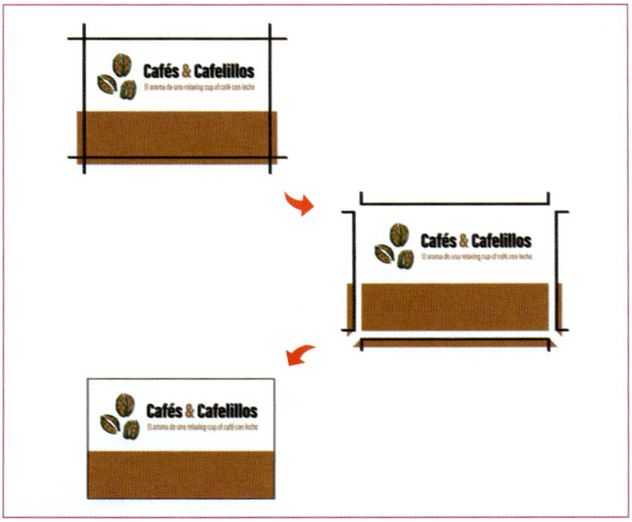

Figura 3.2. Una tarjeta de visita diseñada con el fondo de color marrón «a sangre», antes y después del corte a su tamaño definitivo.

Márgenes

Introduzca un valor para cada margen. Si marcó la casilla de verificación Páginas opuestas, los márgenes izquierdo y derecho pasarán a denominarse interior y exterior. Para introducir rápidamente el mismo valor en los cuatro campos, haga clic en el icono de la cadena que se encuentra a la derecha.

Sangrado y anotaciones

El área de Sangrado permite imprimir elementos más allá de los límites de una página. Esta área se utiliza para compensar los errores de corte que son frecuentes en la impresión comercial, y evitar así que quede un área blanca entre el borde de la página cortada y un objeto colocado justo en uno de los límites del papel. Un valor de 2 mm será suficiente en la mayoría de los casos.

El área de Anotaciones se extiende más allá del área de Sangrado; se utiliza para colocar marcas de corte personalizadas, cruces de registro y cualquier información útil para el impresor.

NOTA

Por si no lo sabía, las imprentas no utilizan folios de un tamaño determinado, sino enormes bobinas de papel (¡como gigantescos rollos de papel higiénico!) o bien láminas tan grandes como una sábana. Las páginas del documento se imprimen unas al lado de otras y luego se cortan a su tamaño definitivo mediante un proceso denominado guillotinado. Las marcas de corte de un documento indican a la máquina por dónde cortar el papel. El área de sangrado compensa los errores de calibración de las guillotinas, causados sobre todo cuando el papel se estira o encoge como consecuencia de la impresión.

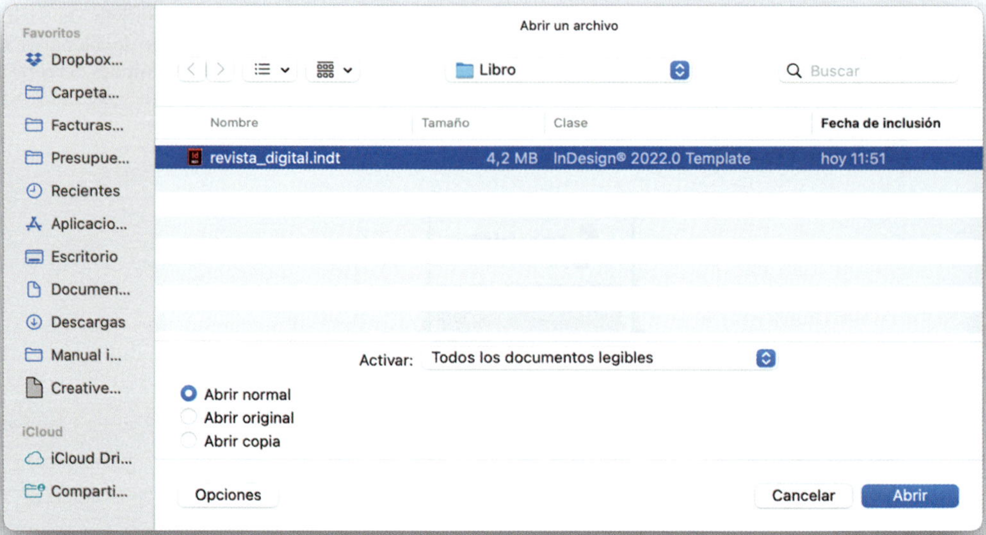

Figura 3.3. El procedimiento para crear un documento nuevo a partir de una plantilla es tan sencillo como abrir un archivo ya existente.

Crear un nuevo documento desde una plantilla

Si utiliza con frecuencia una dimensiones de documento especiales y desea, además, contar ya con un conjunto personalizado de páginas maestras, estilos y muestras de color, lo más práctico es partir de una plantilla.

A efectos prácticos, una plantilla es idéntica a un documento de InDesign, pero en su sistema operativo se muestra con la extensión de documento .INDT (*InDesign Template*), en lugar de .INDD (*InDesign Document*) y con un icono diferente. A diferencia de un documento convencional, cuando selecciona una plantilla, InDesign no abre el archivo original, sino que crea una copia exacta del mismo. De este modo, cualquier modificación posterior que introduzca se guardará como un nuevo documento, preservando íntegramente las propiedades del original.

Ajustar documento

En el momento de crear un documento, puede que todavía no hubiera decidido los valores de cada una de las opciones del cuadro de diálogo Nuevo documento, o bien que, después de realizar las primeras pruebas impresas, quiera cambiar el tamaño y la orientación de las páginas. Para modificar los ajustes del documento, seleccione el menú Archivo>Ajustar documento.

Como podrá observar, se trata de una versión reducida —con menos opciones— del cuadro de diálogo Nuevo documento, en el que podrá modificar el número de páginas, su tamaño, orientación y las áreas de sangrado y anotaciones.

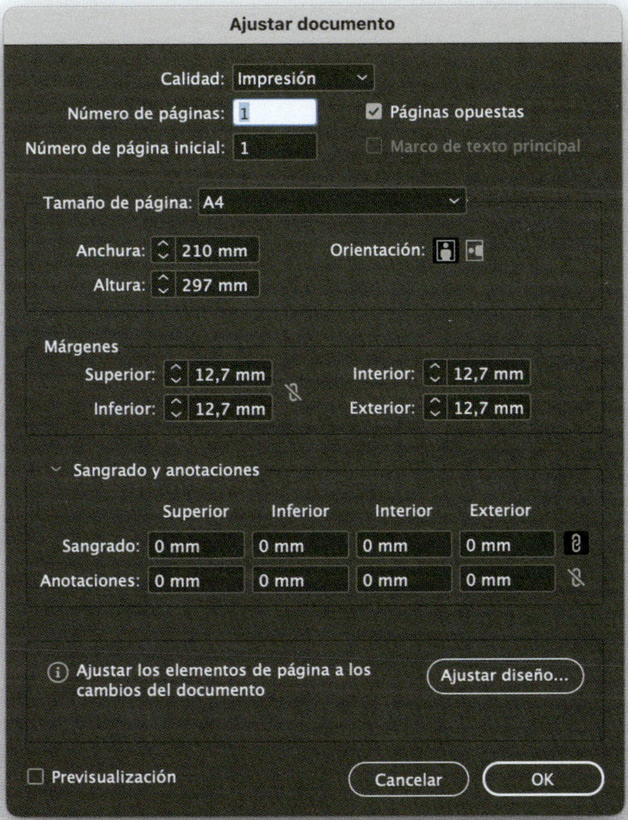

Figura 3.4. Cuadro de diálogo Ajustar documento.

Cambiar valores de márgenes y columnas

Seleccione Maquetación>Márgenes y columnas para ver el cuadro de diálogo de la figura 3.5. Aquí podrá introducir un nuevo valor para los márgenes y columnas.

Si marca la casilla de verificación Previsualizar, verá cómo afectan los cambios al documento antes de realizarlos.

Al especificar un número de columnas, InDesign se limita a dividir equitativamente el espacio comprendido entre los márgenes, creando, por lo tanto, columnas de ancho idéntico. Podrá crear columnas desiguales —arrastrando a mano las guías de columna— si la opción Ver>Cuadrículas y guías>Bloquear guías de columnas no está seleccionada.

La consecuencia inmediata de modificar las dimensiones de márgenes y columnas de una página es el cambio del espacio libre disponible, que pasa a ser mayor o menor que el original. Esto puede resultar un problema si ha dedicado bastante tiempo a

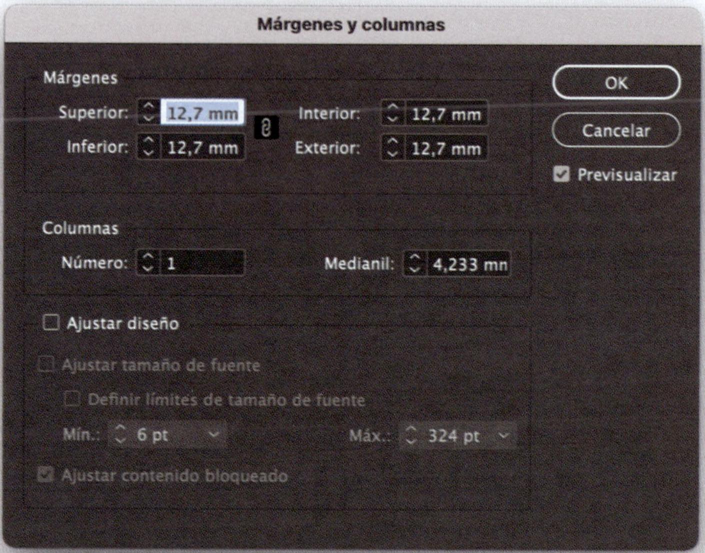

Figura 3.5. Cuadro de diálogo Márgenes y columnas.

ajustar los distintos elementos de la página a los márgenes y columnas anteriores. Por suerte, las opciones que se activan al marcar el cuadro de verificación Ajustar diseño permiten que InDesign se encargue de componer nuevamente la página. Marque la casilla Ajustar tamaño de fuente para permitir a InDesign modificar el tamaño del texto de forma que ocupe el nuevo espacio. Use los valores Definir límites de tamaño de fuente para establecer el tamaño más pequeño y más grande que puede utilizar InDesign para tal fin. Si desea que también se ajustes los objetos previamente bloqueados, marque la casilla de verificación Ajustar contenido bloqueado.

Añadir y eliminar páginas

Sería extraño encontrar un usuario que trabajase exclusivamente con documentos de una página en InDesign. La mayoría de los documentos que genere serán libros, revistas, folletos, catálogos y, en general, publicaciones con múltiples páginas. Conocer a fondo cómo añadir, mover, configurar y eliminar páginas en InDesign es fundamental para su trabajo diario.

El panel páginas

El panel Páginas es el centro de operaciones de todas las tareas relacionadas con páginas. Lo utilizará para crear, eliminar y mover páginas, pero también para dividir

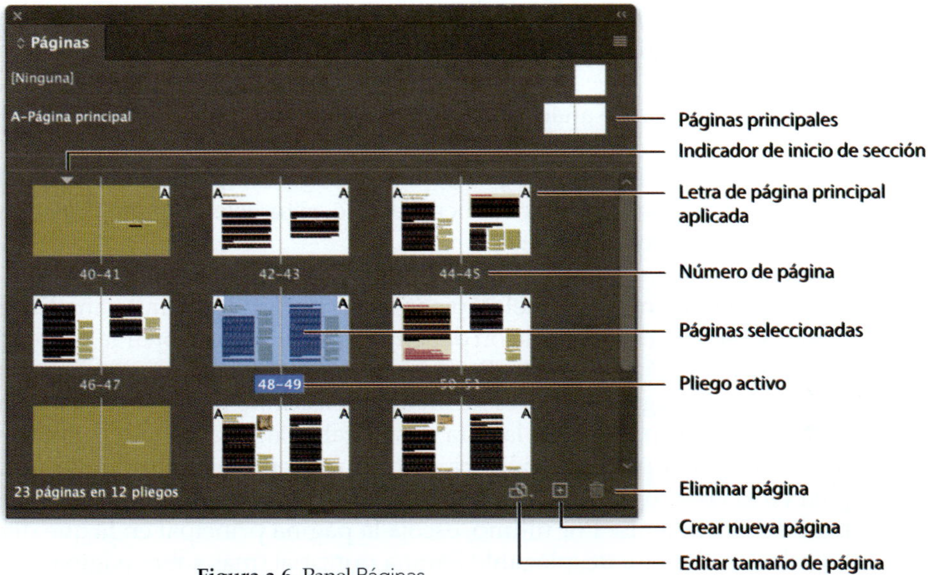

Figura 3.6. Panel Páginas.

documentos largos en secciones o especificar un estilo de numeración de páginas. Aunque muchas de las funcionalidades de este panel las puede encontrar en el menú Maquetación, le aseguro que lo visitará muy poco (si es que alguna vez lo hace). La figura 3.3 muestra el aspecto del panel en un documento con múltiples páginas. Para mostrar u ocultar rápidamente el panel Páginas, utilice el atajo Control-F12 (Comando-F12).

Añadir páginas

Un documento de InDesign puede contener hasta 9999 páginas. Sin embargo, es más práctico no llegar a ese límite y dividir un trabajo extenso en varios documentos de menor tamaño.

El formato de publicación impresa más habitual es el formado por páginas enfrentadas, como un libro o una revista; al crear las páginas para este tipo de archivos debe tener en cuenta que:

1. La publicación siempre debe tener un número par de páginas (a no ser que quiera que la última quede totalmente en blanco).
2. Por norma general, el número de páginas debe ser como mínimo múltiplo de 4, aunque lo ideal es que lo sea de 8 o incluso 16. Para encuadernar la publicación, las imprentas deben cortar las páginas de 4 en 4, de manera que una «doble hoja» tenga impresas dos páginas por delante y otras dos por detrás (coja cualquier

revista que tenga a mano y compruébelo usted mismo). Como el tamaño de papel de la imprenta permite un número mayor de hojas por plancha, ese límite subirá a 8 o a 16 dependiendo de su impresor.

Existen varias formas de añadir páginas a un documento:

- Seleccione Maquetación>Páginas>Añadir página. Aparecerá una nueva página en el panel Páginas al final del documento o, si ha seleccionado previamente una página, justo después de esta.
- Seleccione Maquetación>Páginas>Insertar páginas... (o seleccione Insertar páginas... en el menú del panel Páginas). Esta opción le permite añadir dos o más páginas, escoger en qué posición deben insertarse y seleccionar la página principal que se les aplicará por defecto. En el cuadro de diálogo Insertar páginas introduzca el número de páginas que quiere añadir. Seleccione luego la posición que desee para las nuevas páginas en la lista desplegable Insertar; puede añadirlas antes o después de una página específica (introduzca entonces el número de dicha página en el cuadro de texto a la derecha del menú desplegable), al principio o al final del documento. Por último, escoja la página principal en la que deben estar basadas en el menú desplegable Página principal (más sobre páginas principales en el siguiente capítulo).

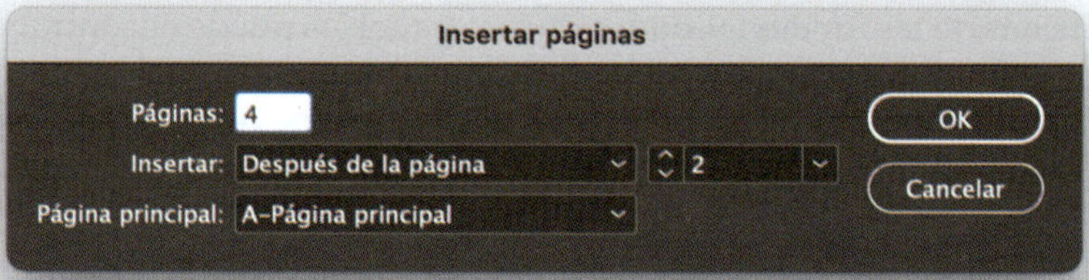

Figura 3.7. Cuadro de diálogo Insertar páginas.

- Haga clic en el icono Crear nueva página, en la parte inferior del panel Páginas.
- En el panel Páginas, arrastre el icono de una página principal desde la parte superior del panel (apartado de páginas principales) hasta el inferior (apartado de páginas de documento). Cuando suelte el botón del ratón, aparecerá una página en la posición del cursor, basada en la página principal que haya arrastrado. Vea la figura 3.8.

Para duplicar páginas ya existentes puede:
- Seleccionar una o más páginas en el panel Páginas y arrastrarlas hasta el icono Crear nueva página, en la parte inferior del panel Páginas.
- Seleccionar una página o pliego en el panel Páginas y escoger Maquetación>Páginas>Duplicar página/pliego.

- Escoger la opción Duplicar página/pliego del menú contextual del panel Páginas.

En cualesquiera de los casos, tenga en cuenta que al añadir nuevas páginas entre las ya existentes, aquellas situadas después de las nuevas cambiarán de número y/o de lado. Por ejemplo, si en un documento con tres páginas enfrentadas añade una página después de la primera, las páginas 2 y 3 pasarán a ser la 3 y 4, y así sucesivamente; además, la página 3 que antes era derecha, ahora será izquierda, y la 2, que era izquierda, será derecha.

Para evitar que un pliego cambie la posición de sus páginas, actívelo haciendo clic en los números que hay debajo del mismo en el panel Páginas. Seleccione en el menú del panel la opción Permitir reorganización del pliego seleccionado, para que no muestre la marca que aparece por defecto (a la izquierda de la entrada de menú). Verá que ahora los números del pliego se muestran entre corchetes (figura 3.6).

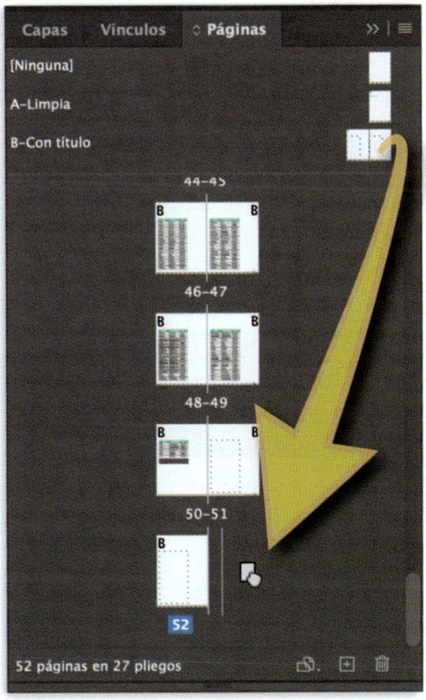

Figura 3.8. Insertar páginas de forma manual con el panel Páginas

NOTA

Las acciones del menú del panel Páginas *se aplican solo al/los pliegos activos. Un pliego activo se distingue de los demás porque el color de sus páginas está resaltado con color cian. Un pliego visible en el área de trabajo se distingue por el color «en negativo» de su número de página. Un pliego puede ser activo y visible, solo visible o solo activo. Para activar y hacer visible al mismo tiempo un pliego, haga doble clic en su número de página. Haga un simple clic si solo desea activarlo.*

Crear pliegos de más de dos páginas

Hay casos en los que el número de páginas por pliego es mayor que 2 —que es el número por defecto en una publicación con páginas enfrentadas— como, por ejemplo un tríptico. Para añadir más de dos páginas a un pliego debe realizar los siguientes pasos:

1. Seleccione el pliego al que va a añadir las páginas.

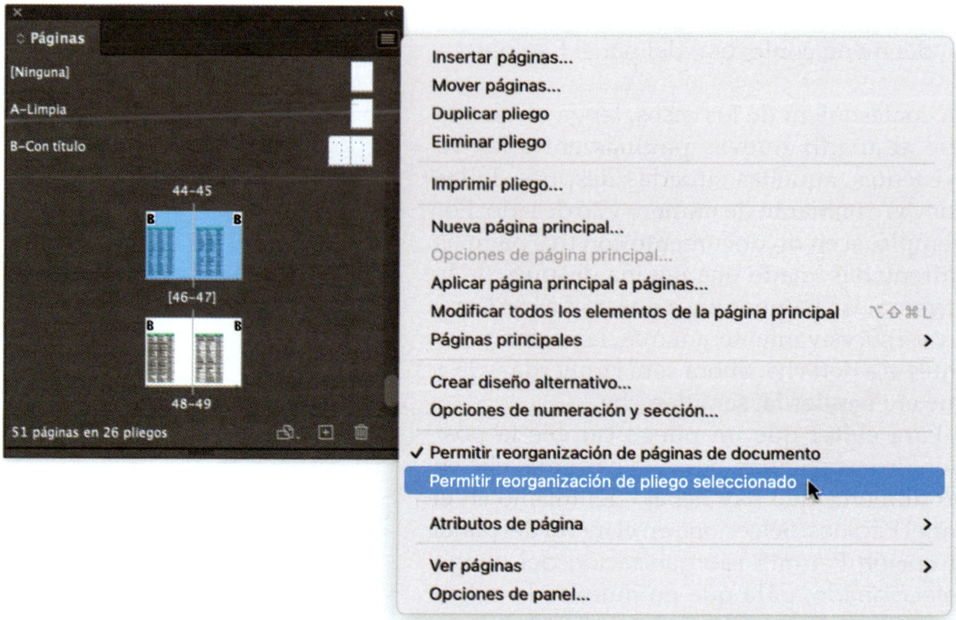

Figura 3.9. Un pliego de dos páginas que no se reorganizará cuando añada nuevas hojas al documento. Como es un pliego «inmovilizado», sus números de página se muestran entre corchetes.

2. En el menú del panel Páginas, desactive la marca de verificación de la opción Permitir reorganización del pliego seleccionado. Si lo ha hecho correctamente, el pliego mostrará ahora los números de página entre corchetes.
3. Arrastre una página principal desde la parte superior del panel Páginas hasta el borde izquierdo o derecho del pliego; asegúrese de que aparece una línea gruesa en forma de corchete antes de soltar el botón del ratón (figura 3.10).
4. Repita el mismo procedimiento para añadir nuevas páginas al pliego.
5. Si se ha excedido y ahora su pliego tiene más páginas de las que quería inicialmente, arrastre la página sobrante hasta el icono de la papelera, en la parte inferior del panel Páginas.
6. Para deshacer completamente un pliego de más de dos páginas, vuelva a seleccionar la opción Permitir reorganización del pliego seleccionado.

Eliminar páginas

Existen diversas formas de hacerlo; utilice la que más le convenga en cada ocasión:

- Escoja Maquetación>Páginas>Eliminar páginas e introduzca el intervalo de páginas que quiera eliminar; por ejemplo, para deshacerse de las páginas 3, 4 y 5, introduzca 3-5.

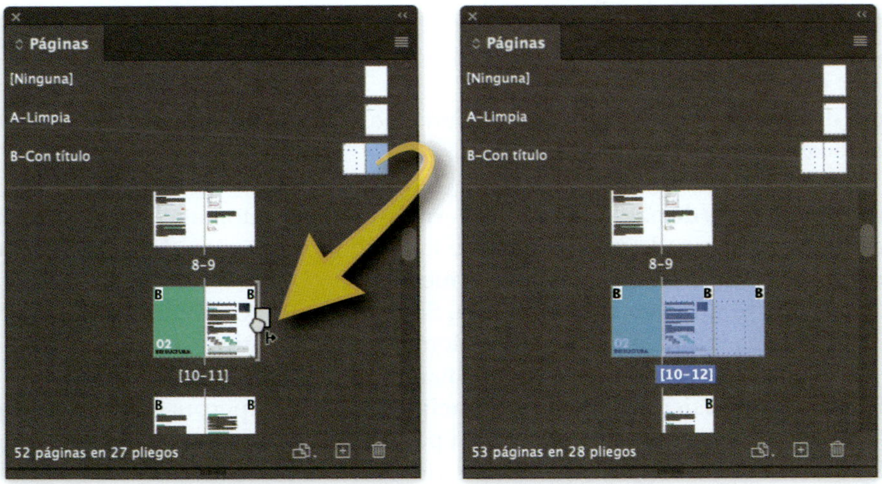

Figura 3.10. Creación de un pliego de tres páginas. Arrastre una página maestra hasta el borde de un pliego existente (izquierda); cuando aparezca una línea gruesa, suelte el ratón. El pliego resultante tendrá tres páginas (derecha).

- Seleccione un pliego en el panel Páginas y escoja la opción Eliminar pliego del menú del panel o haga clic en el icono con forma de papelera de la parte inferior del panel.
- Arrastre las páginas que quiera eliminar hasta el icono de la papelera en la parte inferior del panel Páginas.

Múltiples tamaños de página en un mismo documento

En ciertas ocasiones es necesario utilizar varios tamaños de página en una misma publicación, como el diseño de todos los elementos gráficos de una imagen corporativa (cartas, sobres y tarjetas de visita), un desplegable en una revista, etc. Para cambiar el tamaño de una página, puede modificar el tamaño de su página principal —pero entonces cambiará también el tamaño de todas las páginas del documento basadas en esta— o bien modificarla de forma individual:

1. Con la herramienta Página, seleccione una o varias páginas principales o de maquetación cuyas dimensiones desee modificar (mantenga pulsada la tecla Mayúsculas para realizar selecciones múltiples).
2. Arrastre de cualquiera de los 8 manejadores mientras mantiene pulsada la tecla Alt (Opción). Si prefiere introducir valores exactos, utilice el panel Control para modificar los valores X (posición horizontal con respecto a otras páginas del pliego), Y (posición vertical con respecto a otras páginas del pliego), An (ancho de página) o Al (Alto de página).

3. Opcionalmente, seleccione un valor predeterminado del menú desplegable situado en el panel Control o en el panel Páginas.
4. Escoja una orientación: Vertical o Apaisado.

Además de modificar el tamaño, orientación y posición de una página, puede escoger varias de las siguientes opciones:

- **Activar las reglas de página flotante.** Permite el ajuste automático de los elementos de una página cuando esta cambia de tamaño u orientación. Más adelante estudiaremos esta opción con más detenimiento.
- **Los objetos se mueven con la página.** Si desea que, al cambiar la posición X e Y de una página también lo hagan los elementos que contiene, marque esta casilla. Si no lo hace, la posición de estos permanecerá inalterada.
- **Mostrar superposición de página principal.** Muestra superpuestos los elementos de la página principal aplicada a cada página que seleccione con la herramienta Página. De esta forma podrá controlar visualmente cómo afectan a la posición de los elementos principales las nuevas dimensiones de la página.

También puede aplicar rápidamente un tamaño de página predefinido desde el panel Páginas. Para ello, seleccione una o más páginas en el panel Páginas y escoja un nuevo tamaño de página en el menú Editar tamaño de página de la parte inferior del panel (figura 3.11).

Mover páginas

La gran virtud de un programa de maquetación como InDesign es la facilidad con que replantear el orden de lectura de un documento, modificando la posición de las páginas, creando pliegos de múltiples páginas o copiando páginas desde otro documento.

Mover páginas en un mismo documento

Para mover una página en un documento, arrastre su icono en el panel Páginas hasta situarlo entre dos pliegos o entre las páginas de un pliego. Una gruesa barra vertical indicará la nueva ubicación de la página. Suelte el botón del ratón cuando la línea esté en la posición que desea. Si lo que quiere es mover el pliego completo, arrastre entonces de los números de página que aparecen debajo del icono de pliego. Si el lugar de destino de la página no aparece en el panel (por ejemplo, si quiere mover la página 2 a la posición 45), coloque el cursor en el borde inferior del panel Páginas para activar el desplazamiento automático.

Si arrastrar iconos no es lo suyo, puede mover páginas de forma numérica. Para ello, seleccione las páginas o pliegos que desee mover y escoja Maquetación>Paginas>Mover páginas (o acceda desde el menú del panel Páginas). En el cuadro de diálogo Mover páginas (figura 3.12) verá que ya están introducidos el número de página —o el intervalo de páginas— que seleccionó con anterioridad en el panel Páginas; puede escribir cualquier otro número o intervalo. En el menú desplegable Destino seleccione si desea moverlas al principio del documento o al final, o bien antes o después de una página concreta. En el menú desplegable Mover a deje marcada la opción Documento actual.

Tenga en cuenta que, si mueve páginas individuales, el documento se reorganizará, es decir, las páginas derechas posteriores a la nueva página se convertirán en izquierdas, y sucederá lo mismo con las izquierdas, pero a la inversa. Esto puede desbaratar el diseño de su documento.

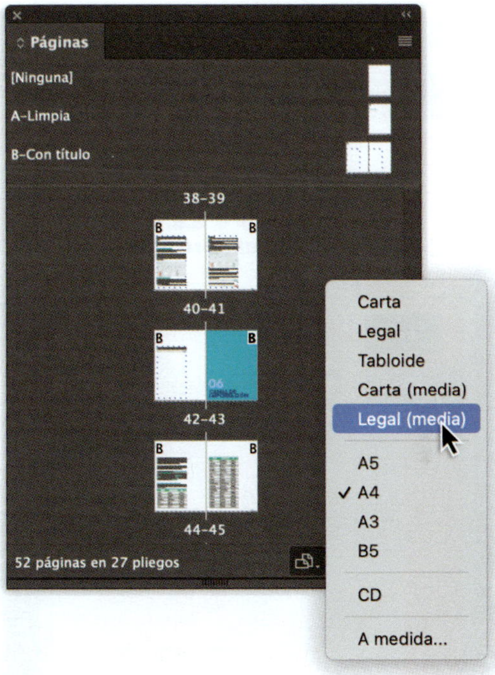

Figura 3.11. Cambio rápido del tamaño de una página desde el panel Páginas.

Mover páginas entre documentos

El proceso es bastante similar a mover páginas dentro de un documento, pero requiere un poco de planificación. Para empezar, ahora deberá tener abiertos al menos dos documentos de InDesign, uno será el origen de las páginas y otro el destino. Veámoslo paso a paso:

1. Redimensione y/o mueva las ventanas de documento para poder ver ambas, si no completamente, al menos de forma parcial. Una forma rápida de hacerlo es escoger la opción Vertical de 2 hojas en el menú Ventana > Disposición.

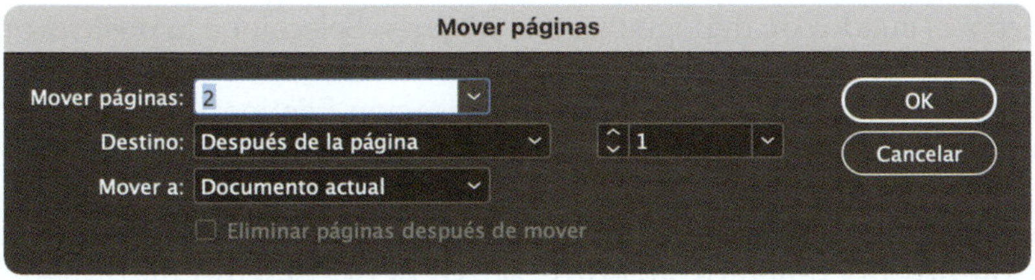

Figura 3.12. Cuadro de diálogo Mover páginas.

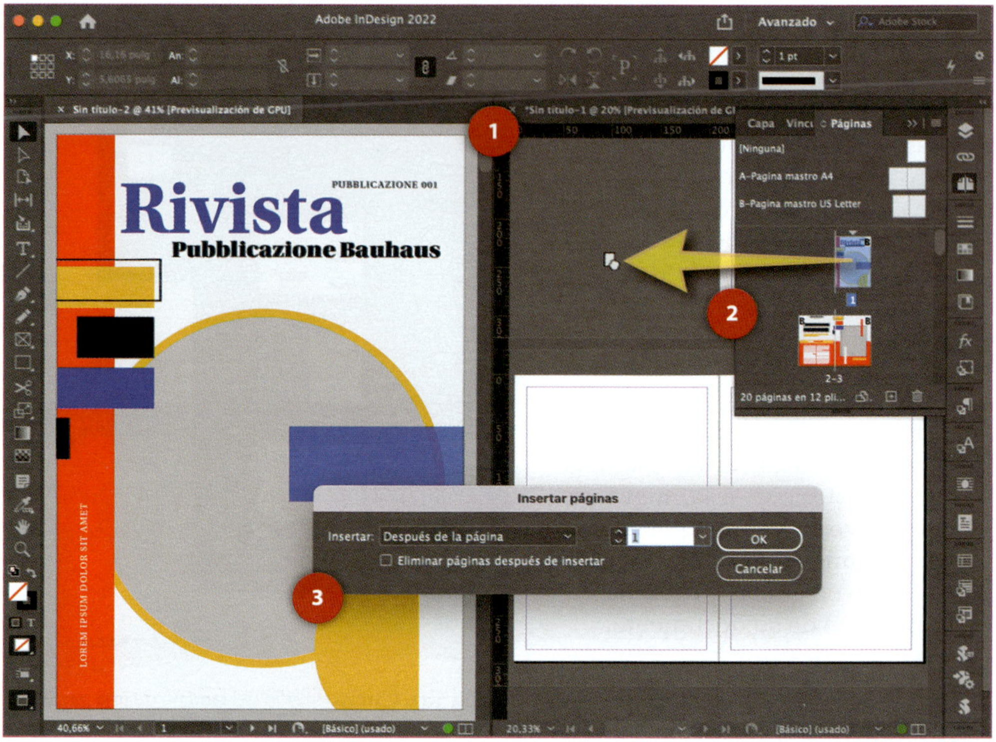

Figura 3.13. Para copiar una página de un documento a otro: **1.** Organice ambos documentos con la opción Vertical de 2 hojas en el menú Ventana>Disposición. **2.** Active el documento de origen (a la izquierda) y arrastre el icono de la página desde el panel Páginas hasta el documento de destino (a la derecha). **3.** Confirme el lugar en el que desea insertar las páginas.

2. Active la ventana del documento de origen. Para ello basta con hacer clic en su barra de título o en cualquier parte del área de trabajo. El panel Páginas mostrará la estructura de páginas del documento activo.
3. Arrastre las páginas que quiera mover desde el panel Páginas hasta la ventana del documento de destino. Puede hacer una selección múltiple si mantiene pulsada la tecla Mayúsculas mientras hace clic en diferentes páginas.
4. Aparecerá el cuadro de diálogo Insertar páginas. Seleccione la posición en la que quiere que aparezcan las páginas que arrastra en el menú desplegable Insertar. Opcionalmente, marque la casilla de verificación Eliminar páginas después de insertar para eliminar las páginas arrastradas del documento original.

Por supuesto, también puede realizar todo el proceso sin necesidad de arrastrar iconos. Con dos documentos abiertos, active el documento de origen y escoja Maquetación>Paginas>Mover páginas. Las opciones son idénticas a las del apartado

Figura 3.14. Pliego rotado 90° a la derecha. Observe la doble flecha que aparece a la derecha del icono en el panel Páginas.

anterior, solo que esta vez debe escoger el nombre del documento de destino en el menú desplegable Mover a.

Rotación de la vista de pliego

La orientación del contenido de una página puede estar girada con respecto al resto del documento. Piense, por ejemplo, en un póster central desplegable. En estos casos estaremos de acuerdo en que es más cómodo rotar la vista del pliego que trabajar con la cabeza girada y acabar la jornada con tortícolis. Rotar un pliego de esta forma no gira la página del documento final; se trata de una ayuda visual que no afecta a la impresión. Para rotar una página o un pliego:

1. En el panel Páginas seleccione la página o el pliego que desea rotar.
2. En el menú del panel Páginas escoja Atributos de página>Rotar vista de pliego>90° a la derecha, 90° a la izquierda o 180°. Puede acceder a los mismos comandos en el menú Ver>Rotar pliego>90° a la derecha, 90° a la izquierda o 180°.
3. Puede distinguir un pliego rotado por el icono de rotación que aparece a la derecha de su icono en el panel Páginas.

NOTA

Antes de imprimir el documento o exportarlo a PDF es aconsejable que elimine la rotación del pliego para evitar confusiones o problemas de última hora.

Guardar y exportar documentos

Cuando crea nuevos documentos, InDesign les asigna automáticamente los nombres Sin título-1, Sin título-2... y así sucesivamente. Guárdelos en la ubicación definitiva y, a partir de entonces, vaya haciéndolo regularmente. Este es el mejor seguro frente a algún imprevisto: un apagón, una taza de café sobre el teclado, un gato que juega con el ratón, etc. Veamos ahora las diferentes formas de conservar su trabajo para la posteridad.

Guardar un documento

Un atajo de teclado que debe memorizar es, sin lugar a dudas, Control-S (Comando-S). Púlselo tantas veces como sea necesario; hágalo antes y después de realizar cambios importantes en un documento, antes de ir al lavabo, antes de ir tomar un café o si tiene que coger una llamada de teléfono. Nunca es suficiente. Como en otras aplicaciones, la primera vez que invoca este comando su comportamiento es idéntico a la opción Archivo>Guardar como.

Escoja una ruta en la que guardar el archivo, introduzca un nombre en el recuadro Guardar como y pulse el botón Guardar. Así de fácil. Si quiere que, junto al documento, se guarde una imagen de vista previa, marque la casilla de verificación Guardar siempre imágenes de previsualización con documentos. Esta imagen es útil si utiliza Adobe Bridge para gestionar sus archivos.

Para guardar una versión del documento con otro nombre, puede utilizar el habitual método de seleccionar Archivo>Guardar como... y escribir un nombre diferente o bien seleccionar Archivo>Guardar una copia..., que realiza el proceso automáticamente con la grandísima ventaja de que mantiene el archivo actual abierto.

Si quiere que un documento sirva de base para otros, guárdelo como una plantilla (terminación de archivo .indt). Cuando abre una plantilla, InDesign crea automáticamente una copia del documento sin título, de forma que al guardarlo por primera vez le obligará a asignarle un nuevo nombre. Para crear plantillas, escoja Plantilla de InDesign 2022 en el menú desplegable Formato del cuadro de diálogo Guardar como. Por último, para abrir el documento con una versión anterior de InDesign seleccione InDesign CS4 o posterior (IDML).

Si después de guardar un documento sigue trabajando en él pero las modificaciones que ha hecho no le convencen, seleccione Archivo>Volver para regresar a la versión

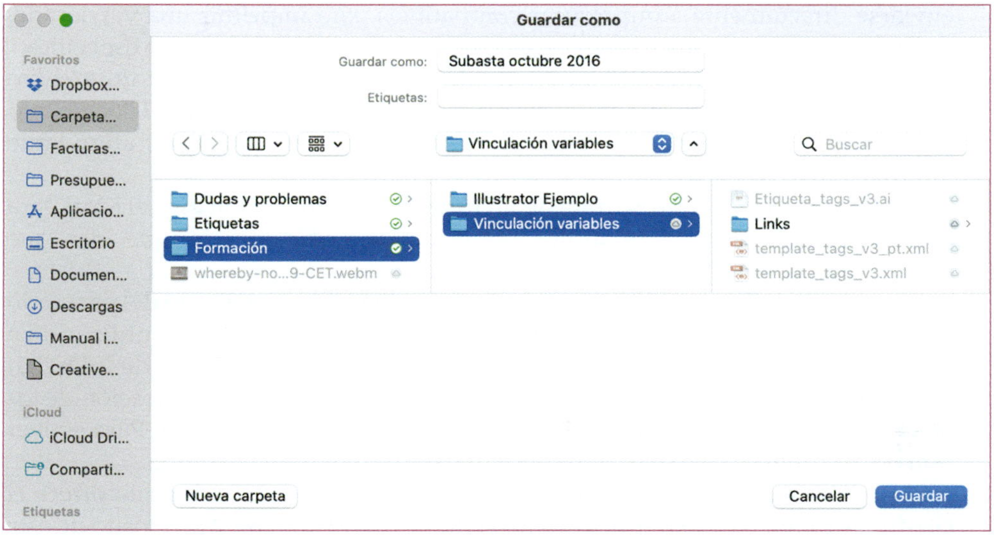

Figura 3.15. Cuadro de diálogo Guardar como en Mac OS X.

guardada del documento y deshacer todos los cambios de un plumazo (plumazo digital, se entiende).

Exportar el contenido de un documento

La principal diferencia entre guardar y exportar es que, mientras la primera crea archivos que solo InDesign puede abrir, exportar es capaz de guardarlos en formatos compatibles con otras aplicaciones. Seleccione Archivo>Exportar y escoja uno de los siguientes formatos en el menú desplegable Formato:

- **Adobe PDF (imprimir).** Utilícelo para generar una copia exacta del documento que cualquier usuario puede abrir e imprimir gracias a cualquier aplicación compatible con archivos PDF. El documento PDF se puede optimizar para que ocupe poco espacio (ideal para distribuirlo vía Web o por correo electrónico) o para la salida profesional en una imprenta. Es más seguro (y legal) enviar un PDF de alta resolución que un documento InDesign abierto —junto con las fuentes y los gráficos que necesita— a un servicio de impresión. Veremos con más detalle esta opción en el capítulo 14.
- **Adobe PDF (interactivo).** Si su documento InDesign contiene elementos interactivos que quiere conservar en el PDF final (como botones, hipervínculos, sonidos o películas), deberá escoger esta opción.
- **EPS.** Es un formato gráfico de alta resolución. Utilícelo si necesita colocar una página en otro documento —de InDesign o de otra aplicación— que luego se imprimirá en alta calidad. Los archivos EPS (PostScript Encapsulado) pueden

enviarse directamente a impresoras compatibles para imprimir una versión del documento a alta resolución sin necesidad de utilizar una aplicación específica.

- **EPUB (ajustable).** Para obtener resultados de calidad al exportar un archivo InDesign en formato EPUB, antes debe realizar una serie de ajustes en el documento. En mi página web (`https://www.nousmedis.com`) encontrará abundante información al respecto.
- **EPUB (maquetación fija).** Se trata de un formato de publicación digital ideal para libros ilustrados (cuentos infantiles, por ejemplo) o ediciones enriquecidas, que admite características multimedia avanzadas.
- **Fragmento de InDesign.** Imagine que pudiese guardar el resultado del comando Edición>Copiar en un archivo, con el fin de almacenarlo y poder utilizarlo en otros documentos. Esta es, básicamente, la función de un fragmento de InDesign, con la ventaja añadida de que, además de mantener el aspecto y ubicación de los objetos, también «recuerda» la posición que ocupaban en la página. Para activar esta opción, antes debe seleccionar uno o varios objetos en la página.
- **HTML**. Las opciones de exportación a HTML son similares a las que ofrece el cuadro de diálogo de exportación a formato EPUB. El tamaño y propósito de esta guía no nos permiten ahondar en ellas, pero puede encontrar más información al respecto en mi página web (`https://www.nousmedis.com`).
- **InDesign Markup (IDML)**. Permite guardar documentos de InDesign que se pueden abrir por la versión CS4 o posterior del programa. La terminación del archivo será .idml. Para que InDesign CS4 pueda abrir archivos .idml generados con InDesign 2022 es necesario instalar los plugins de compatibilidad (Ayuda>Actualizaciones o bien acceda a la Web de Adobe, página Soporte>Actualizaciones).

NOTA

Para abrir un documento de la versión 2022 en InDesign CS3, primero debe exportarlo al formato IDML, abrirlo desde InDesign CS4 y exportarlo a su vez al formato de intercambio INX. Asegúrese de actualizar todas las versiones de InDesign.

- **Texto etiquetado de Adobe InDesign.** Esta opción solo aparecerá si ha seleccionado el contenido de un marco de texto. Se trata de un filtro de exportación de texto que conserva toda la información de formato —como estilos de carácter y párrafo, espacios antes y después, muestras de color, etc.— mediante la utilización de etiquetas similares a las que se utilizan en los lenguajes HTML y XML. Es un formato sumamente útil para ciertos flujos de trabajo que requieren un alto grado de automatización.
- **JPEG y PNG.** Si quiere una imagen que sea la copia exacta del documento (para usar en una página Web, por ejemplo), utilice uno de estos formatos. Son formatos de mapa de bits con una resolución fija. En el caso de PNG puede exportar el fondo como transparente. No es necesario exportar la página completa: seleccione los elementos de la página que quiera exportar antes de escoger el comando Exportar.

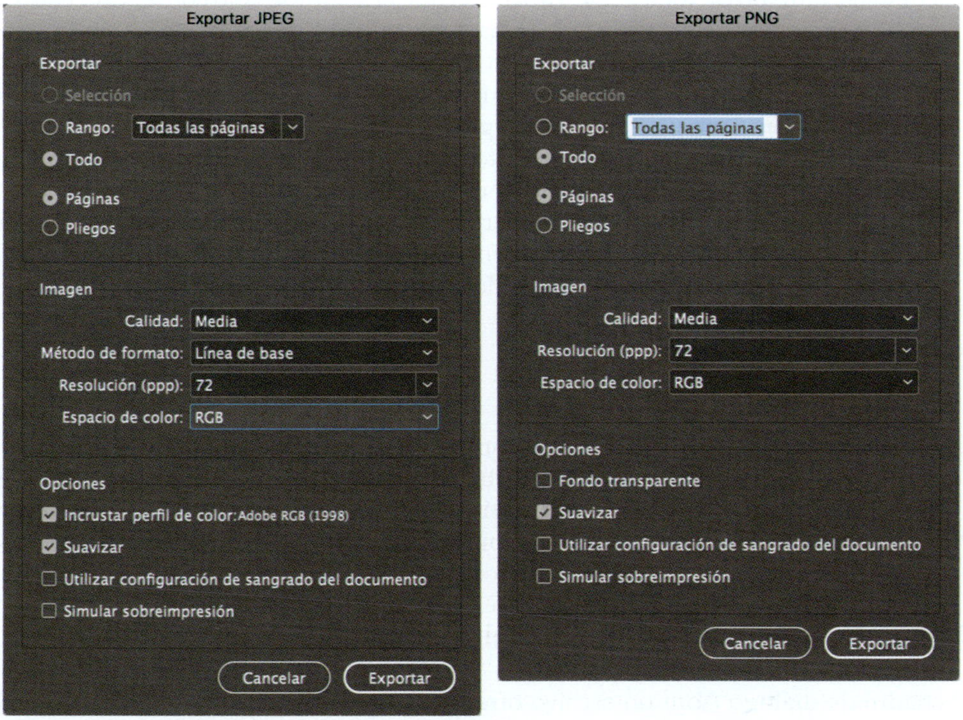

Figura 3.16. Cuadros de diálogo Exportar JPG y Exportar PNG.

En el cuadro de diálogo escoja un rango de páginas, la Calidad de imagen (a más alta, mejor calidad pero también mayor tamaño de archivo), un Método de formato —progresivo para que la imagen jpeg se vea progresivamente conforme se va descargando o línea de base para que se solo se muestre a toda calidad cuando se haya descargado completamente— y una Resolución (si el archivo solo se va a mostrar en pantalla, 72 es un valor más que suficiente; utilice 300 para impresión de alta calidad). Decida si la imagen se exportará en el modo de color RGB, CMYK o Gris. Si utiliza un sistema de color gestionado, puede marcar la casilla Incrustar perfil de color, pero cuidado, porque al hacerlo aumentará considerablemente el tamaño del archivo resultante. Para que la imagen no se vea pixelada —con bordes rectos— puede seleccionar el cuadro de verificación Suavizar, encargado de generar un efecto antialiasing al archivo exportado. Si quiere que el color del archivo resultante sea lo más parecido a la versión impresa del documento, marque también la casilla Simular sobreimpresión.

- **Formatos RTF y Solo texto**. Si previamente ha seleccionado un marco de texto, puede exportar su contenido como texto editable. La diferencia entre los formatos **RTF** y **Solo texto** es que el primero mantendrá el formato básico del texto (negritas, cursivas, tamaño de fuente, etc.) mientras que el segundo solo conservará el texto en su forma más básica, es decir los caracteres que forman las palabras y poco más. InDesign solo permite exportar el texto de artículo en artículo (un artículo lo forma todo el texto que contiene un marco de texto o un conjunto de marcos de texto vinculados). Sin embargo, existen plugins y scripts de terceros que le permitirán exportar todo el texto de un documento en un único archivo. A mí personalmente me encanta `TextExporter 4`, de Rorohiko.

- **XML**. Es un formato avanzado que permite exportar el contenido del documento junto con su estructura. De hecho, el formato de intercambio de InDesign es una variante de XML. Se utiliza en flujos de trabajo altamente automatizados.

Abrir documentos

Utilice el comando Archivo>Abrir para abrir archivos nativos de InDesign —desde la versión 1.x— archivos de intercambio de InDesign (.inx), archivos InDesign MarkUp (.idml), Adobe PageMaker® 6.0 y posterior, QuarkXPress 3.3 y 4.1 y QuarkXPress Passport 4.1. Además, diversos proveedores de *software* han creado *plugins* (complementos) que permiten abrir otros formatos de archivo.

Abrir documentos de InDesign CS6

El cuadro de diálogo Abrir un archivo ofrece tres opciones poco habituales en otros programas. Por defecto los archivos se abren en modo Normal, es decir, abre el documento original de un archivo o una copia de una plantilla. El modo Original es útil si quiere abrir una plantilla y no una copia de esta. Por último, seleccione el modo Copia si quiere mantener intacto el archivo original y abrir una copia de este.

Gestionar fuentes y enlaces ausentes

En el proceso de apertura de un archivo, InDesign comprueba que todas las fuentes utilizadas en el mismo, así como todos los archivos gráficos y de texto enlazados, se encuentren en la ruta que indica el documento. De no ser así, le ofrecerá la forma de solventar el problema.

Gestionar fuentes que faltan

Si en su sistema no están instaladas las fuentes utilizadas por el documento, InDesign le presentará un cuadro de diálogo como este:

El cuadro de diálogo Fuentes no disponibles muestra un listado con los nombres de las fuentes utilizadas en el documento que no se encuentran instaladas en el sistema. Si ignora la advertencia, el programa utilizará una fuente de sustitución y la marcará de color rosa para advertirle que posiblemente el ajuste de texto se modifique si más adelante se sustituye por la fuente correcta. Si no edita el texto sustituido, puede

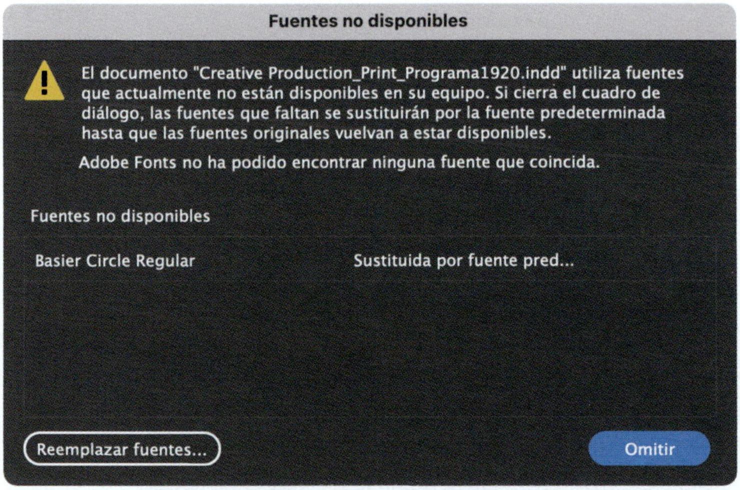

Figura 3.17. Cuadro de diálogo Fuentes no disponibles.

ignorar la advertencia y continuar realizando cambios en el documento. Aunque guarde el archivo, InDesign sabe qué fuente es la original, y en cuanto instale la fuente que falta, la volverá a utilizar. A veces, el simple hecho de cambiar de plataforma (abrir un documento creado en un sistema Mac OS X en Windows) hace que InDesign no encuentre el nombre exacto de la fuente que busca, aunque usted sepa que sí está instalada.

NUEVO Si la fuente forma parte de la colección Adobe Typekit —incluida en su suscripción a Adobe Creative Cloud— pulse el botón Sincronizar fuentes; InDesign descargará y activará las fuentes faltantes para abrir correctamente el documento.

En el caso de utilizar fuentes de otras colecciones, pulse el botón Buscar fuentes... para indicar al programa la localización del archivo de fuentes. También puede utilizar este cuadro de diálogo (Texto>Buscar fuente) para sustituir definitivamente una fuente por otra. En cualquier caso, se abrirá el cuadro de diálogo de la figura 3.18.

El cuadro principal, Fuentes en documento, muestra un listado con todas las fuentes que está utilizando el archivo; un signo de admiración amarillo a su derecha marca las fuentes no encontradas. Seleccione la primera fuente que falta y pulse el botón Buscar primera para saber en qué lugar del documento está utilizando la fuente (a veces se trata de un simple carácter, un espacio en blanco o un retorno de carro). Si ha decidido sustituir la fuente por otra —o indicar el nombre correcto que asigna a la fuente su sistema— escoja una Familia de fuentes y un Estilo de fuente en los menús desplegables del apartado Reemplazar con. Pulse ahora el botón Cambiar para reemplazar la primera ocurrencia de la fuente que falta por la fuente de sustitución; pulse Cambiar/Buscar para ir reemplazando cada una de las ocurrencias o Cambiar todo si quiere cambiar todas las ocurrencias de golpe. Si pulsa la casilla Redefinir el

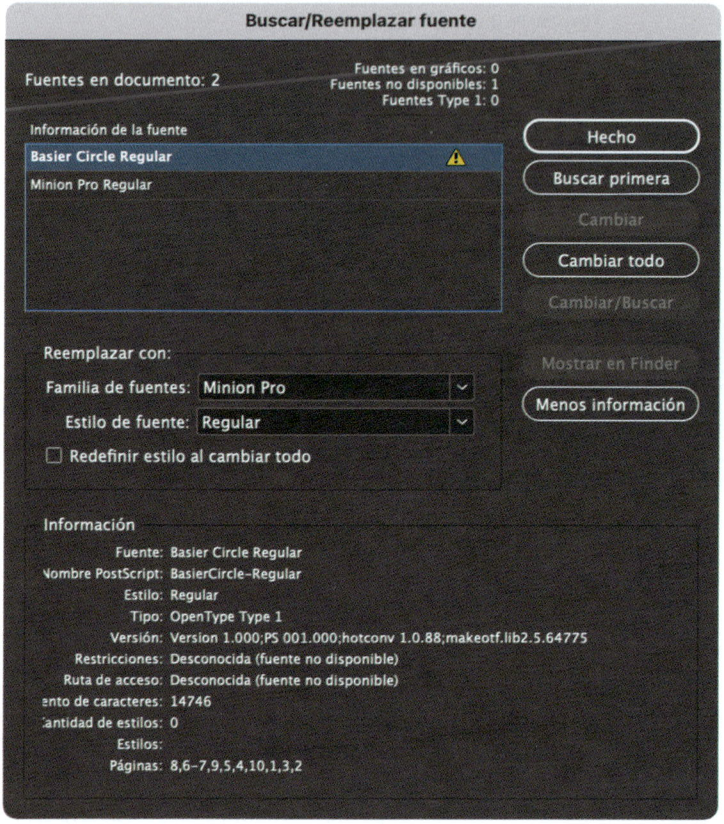

Figura 3.18. Cuadro de diálogo Buscar fuente.

estilo al cambiar todo, InDesign actualizará el nombre de la fuente en los estilos de párrafo y carácter que la utilizan. Si se trata de un tipo de letra disponible en Adobe TypeKit, el botón Sinc. fuentes localizará y descargará los archivos de fuente necesarios.

Puede obtener más información acerca de una fuente, como la versión o el nombre PostScript, si pulsa el botón Más información. Por último, puede localizar el archivo de fuente en su sistema operativo (por ejemplo, para copiarlo en otra ubicación) si lo selecciona en la lista Fuentes en documento y pulsa el botón Mostrar en Explorador (Windows) o Mostrar en Finder (Macintosh).

TRUCO

Si crea una carpeta con el nombre Document fonts *en la misma ubicación que el documento de InDesign y copia en ella las fuentes que utiliza, la aplicación utilizará estas fuentes en vez de las que tenga cargadas en el sistema. Es una forma rápida de intercambiar archivos o de evitar problemas de sustitución de fuentes.*

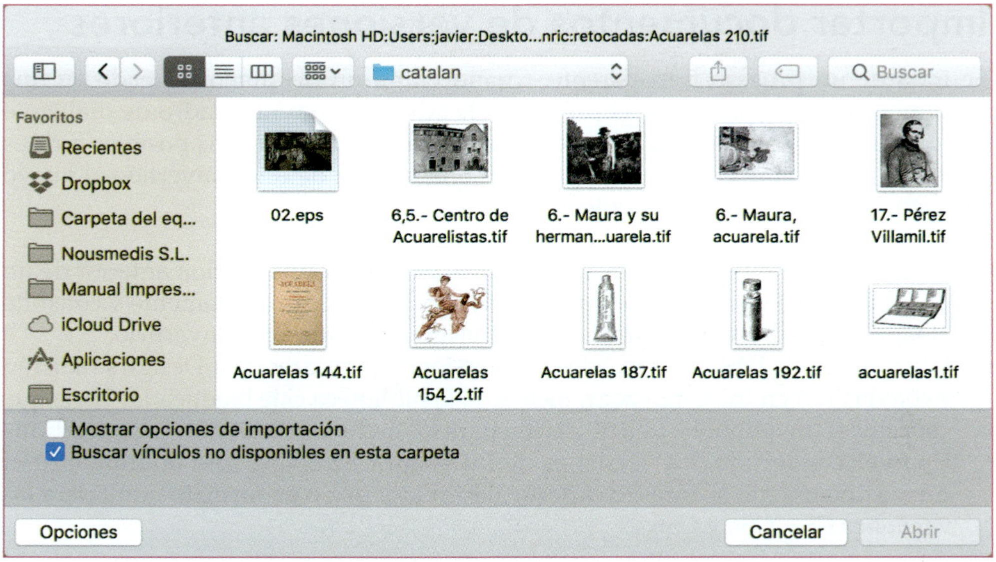

Figura 3.19. En busca del vínculo perdido.

Gestionar enlaces que faltan

Cuando coloca un archivo en un documento de InDesign, el programa crea, por defecto, un enlace, es decir, almacena la ruta en la que se encuentra el archivo original en vez de insertarlo directamente en el documento. Si, al grabar el documento en un lápiz USB o enviarlo por correo electrónico, olvida incluir los archivos enlazados, InDesign le mostrará una advertencia al abrirlo.

Puede dejar los enlaces «rotos» o tratar de repararlos mediante el panel Vínculos, que intentará adivinar dónde están los archivos que faltan con un poco de su ayuda. Si opta por no reparar los vínculos, podrá seguir trabajando con el documento; verá incluso una vista previa de los archivos en su posición original, pero a la hora de imprimir, estos quedarán en una resolución inferior, la que utiliza el programa para previsualizarlos.

Si selecciona Volver a vincular en el menú del panel Vínculos, InDesign mostrará un cuadro de diálogo similar al utilizado para colocar archivos (figura 3.19). En la barra de título aparecerá la ruta del primer archivo que está buscando.

Localícelo en el sistema y pulse Abrir. Si ha marcado la casilla Buscar vínculos no disponibles en esta carpeta y en la misma carpeta encuentra otros archivos que faltan, los enlazará automáticamente. Una vez concluido el proceso, el documento se abrirá normalmente y, la próxima vez que lo guarde, recordará la nueva ubicación de los archivos.

Importar documentos de versiones anteriores

Se trata de un proceso transparente. Cuando abra un documento creado en una versión anterior de InDesign, el programa le advertirá con un cuadro de diálogo e, inmediatamente, comenzará la conversión automática. Para evitar posibles errores, InDesign nunca abre el archivo original, sino una copia de este convertida al nuevo formato. Tenga en cuenta lo siguiente:

- Si ha utilizado plugins de otros fabricantes para crear una versión anterior de un documento, compruebe si los plugins se han instalado correctamente y consulte al fabricante si son compatibles con InDesign 2022 antes de convertirlo.
- Los archivos de biblioteca creados con versiones anteriores de InDesign se abrirán y convertirán en InDesign 2022, incluso si la biblioteca esté bloqueada. Tiene que especificar un nombre y una ubicación para los archivos de biblioteca convertidos.
- Una vez convertido, las versiones de InDesign CS2 o CS3 solo podrán abrir el nuevo documento si antes lo exporta al formato .inx; o en formato .idml para las versiones CS4, CS5 y CS6.

Ejercicios

1. Cree un nuevo documento con 3 páginas, marque la opción Páginas enfrentadas y especifique el tamaño 220,133x232,833 mm con orientación vertical. Escriba los siguientes valores para los márgenes: 33,867 mm (superior), 20,197 mm (inferior), 33,867 mm (Interior) y 33,867 mm (exterior). En Número de columnas, escoja 2. Guarde los ajustes con el nombre «Libro de arte» antes de pulsar el botón OK.
2. Abra el cuadro de diálogo Ajustar documento..., escriba 2 mm en el primer recuadro del apartado Sangrado y marque el icono en forma de cadena para que las cuatro medidas sean la misma. 2 mm es una sangre suficiente para un trabajo de imprenta.
3. Utilice el panel Páginas para añadir 2 páginas al final del documento.
4. Utilice el panel Páginas para crear un pliego de 3 páginas.
5. Rote la vista del segundo pliego; luego, vuelva al valor de rotación original.
6. Guarde el documento como ejercicio1.indd.
7. Cree una carpeta con el nombre Document fonts en la misma ubicación que el ejercicio del punto anterior. Descargue un archivo de fuentes desde la página Web `https://www.fontsquirrel.com` o desde `https://fonts.google.com`, en formato Open Type y añádala a la carpeta. Ahora abra el documento, escriba cualquier texto y aplique la fuente recién descargada.
8. Cierre el documento modificado en el paso 7. Mueva la fuente descargada a otra carpeta. Vuelva a abrir el documento y solucione el problema con las fuentes que no encuentra.
9. Trate de reproducir un ejercicio similar al planteado en los puntos 8 y 9, pero utilizando un archivo de imagen.

4 Guías y cuadrículas

¿Qué son las guías y las cuadrículas?

Como ya vimos —reconozco que muy por encima— en el primer capítulo, las guías son el equivalente informático a esas finas líneas que, a buen seguro, usted ha trazado más de una vez en una hoja para ayudarle a dibujar elementos con precisión; son finas porque su propósito no es quedarse allí para siempre, con el dibujo final, sino desaparecer a golpe de goma de borrar cuando su cometido haya sido satisfecho. Como sus congéneres del mundo real, las guías en InDesign nunca se imprimen, y es tan fácil crearlas como deshacerse de ellas. Utilizará las guías para alinear elementos de forma rápida, mientras que solo activará la cuadrícula si los elementos de su documento deben respetar unas medidas y proporciones exactas.

Guías

InDesign incorpora tres tipos de guías:

1. **Guías de regla.** Son guías móviles que le ayudarán a alinear y colocar con precisión elementos en una página.
2. **Guías de márgenes y de columnas.** Son parte de los ajustes de una página. Las guías de márgenes son el espacio que queda entre los bordes de una página, y las guías de columna indican el espacio entre dos columnas contiguas.
3. **Guías inteligentes.** Aparecen de forma automática al arrastrar o crear un objeto, e indican si el objeto en cuestión está alineado con un borde, con el centro de la página o con otro elemento adyacente. Son temporales y desaparecen tan pronto suelta el botón del ratón. Están activadas por defecto.

Guías de regla

Las guías de regla se denominan de esta forma porque, para crearlas, es necesario arrastrar desde una de las dos reglas al centro del área de trabajo. Puede crear dos tipos de guía de regla: Guía de página, si la guía va de un borde a otro de la página, o Guía de pliego si abarca la mesa de trabajo y todas las páginas que forman el pliego. Suelte el botón del ratón cuando el cursor esté sobre una página para crear una guía de página; suéltelo sobre la mesa de trabajo para crear una guía de pliego.

TRUCO

También puede crear guías de pliego si mantiene pulsada la tecla Control (Comando) cuando arrastra una guía desde la regla, independientemente de si el cursor está sobre una página o sobre la mesa de trabajo.

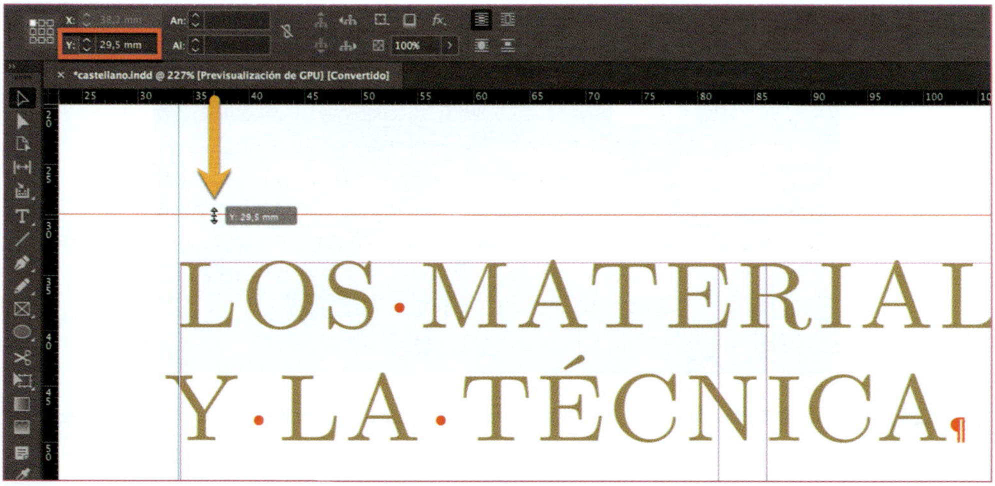

Figura 4.1. Creación de una guía de página horizontal. Fíjese en su posición Y en el panel Control y en la etiqueta al lado del cursor; se actualizan en tiempo real.

Para trabajar con cierta precisión en la colocación de guías, observe la etiqueta que aparece a la derecha del cursor o el campo Y del panel Control; cuanto mayor sea el nivel de zoom del documento, con más precisión podrá colocar la guía; y si mantiene pulsada la tecla Mayúsculas, la guía se moverá en incrementos de 1 mm.

Si quiere crear al mismo tiempo una guía horizontal y otra vertical, pulse la tecla Control (Comando) y arrastre el punto cero.

Las guías pertenecen a la capa en las que se crean. Esto le permite crear una capa solo con guías y alternar su visibilidad para activarlas o desactivarlas.

Creación automática de guías

Para subdividir el área de trabajo en espacios regulares, la mejor opción es utilizar guías, y la forma más rápida de crearlas es mediante el comando Maquetación>Crear guías.

Las opciones del cuadro de diálogo Crear guías (figura 4.2) son:

- **Número**. En los apartados filas y columnas escriba el número de filas y de columnas que desee delimitar con guías.
- **Medianil**. Espacio entre dos columnas; InDesign crea dos guías para cada columna, y las separa entre sí según la cantidad que introduzca en este campo.
- **Encajar guías a**. Seleccione si quiere que las guías tomen como referencia los bordes de la página o los márgenes.
- **Quitar guías**. Marque esta casilla de verificación para quitar todas las guías de la página de un plumazo.

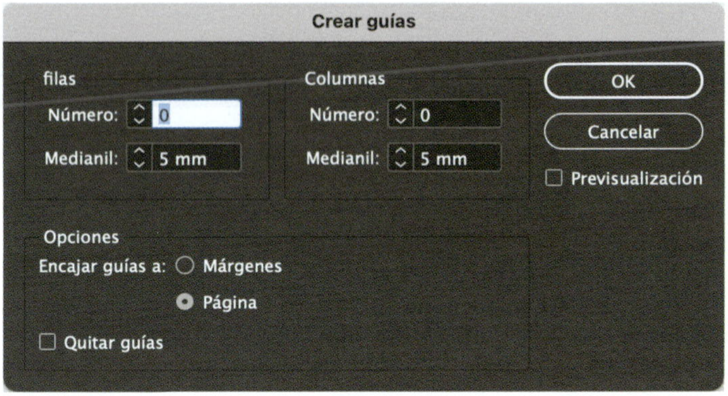

Figura 4.2. El cuadro de diálogo Crear guías es la forma más rápida de dividir el documento en espacios regulares.

- **Previsualización**. Si marca este cuadro de verificación, podrá ver en tiempo real el aspecto de su documento y la posición de las guías antes de crearlas. Pulse OK cuando esté conforme.

Trabajar con guías

Puede mostrar u ocultar, copiar y pegar, mover y borrar las guías. Veamos cómo:

- **Para mostrar u ocultar las guías**. Escoja Ver>Cuadrículas y guías>Mostrar/Ocultar guías.
- **Para personalizar la apariencia de las guías**. Escoja Maquetación>Guías y seleccione el Color por defecto en el cuadro desplegable del mismo nombre. Escriba un porcentaje para el umbral de visualización: nivel de ampliación por debajo del cual no deben aparecer las guías; impide que se vean demasiado juntas a niveles de ampliación bajos.
- **Para bloquear o desbloquear las guías**. Si quiere evitar mover las guías de forma accidental, las puede bloquear escogiendo Ver>Cuadrículas y guías>Bloquear guías.
- **Para ajustar los objetos a las guías**. La gran virtud de las guías es que, cuando un objeto está suficientemente próximo a ellas, se ve atraído (se ajusta) hasta alcanzar su posición. Si no quiere que este sea el comportamiento de las guías, desmarque la opción Ver>Cuadrículas y guías>Ajustar a guías. En Preferencias>Guías y mesa de trabajo>Opciones de guías>Ajuste magnético puede determinar la distancia mínima entre un objeto y una guía para que este se sienta atraído por una guía.
- **Para seleccionar una guía**. Haga clic en ella. El color de una guía seleccionada pasa del cian (color por defecto) al color especificado en la capa. Existe una forma muy rápida de seleccionar varias guías: cuando arrastra el recuadro de selección, si este solo engloba guías, seleccionará las guías; si contiene guías y objetos, entonces solo serán seleccionados los objetos.

- **Para mover una guía**, arrástrela o, si quiere hacerlo con precisión, selecciónela e introduzca su nueva posición en los recuadros X e Y del panel Control. Si quiere mover las guías de una página a otra, selecciónelas primero, cópielas y péguelas en la página de destino. Seleccione Edición>Pegar en el mismo lugar si quiere conservar la ubicación original.
- **Para eliminar una guía**, selecciónela y pulse la tecla Borrar o Suprimir. Para eliminar todas las guías de una página, utilice el cuadro de diálogo Maquetación>Crear guías y marque la casilla Quitar guías.

Guías de márgenes y columnas

Como ya hemos comentado con anterioridad, puede especificar los márgenes y el número de guías de columna en el momento de crear un documento (cuadro de diálogo Nuevo documento) o mediante el comando Maquetación>Márgenes y columnas.

Por defecto, las guías de columna están bloqueadas. Si quiere que su documento tenga columnas de anchos diferentes, deberá ajustarlas de forma manual. Para moverlas, desactive la opción Ver>Cuadrículas y guías>Bloquear guías de columna. Modifique su posición y, cuando acabe, vuelva a activarla.

Cuadrículas

Existen dos tipos de cuadrículas: Cuadrícula base —con el aspecto del papel de rayas de un cuaderno de caligrafía— para alinear el texto, y Cuadrícula de documento —similar al papel milimetrado— para alinear objetos. Tenga en cuenta que:

- La cuadrícula base abarca pliegos enteros, es decir, no puede crear una cuadrícula base individual para cada página. La cuadrícula de documento ocupa toda la mesa de trabajo. Tampoco puede crear cuadrículas base ni cuadrículas de documento

Figura 4.3. Cuadrícula de documento (izquierda) y cuadrícula base (derecha).

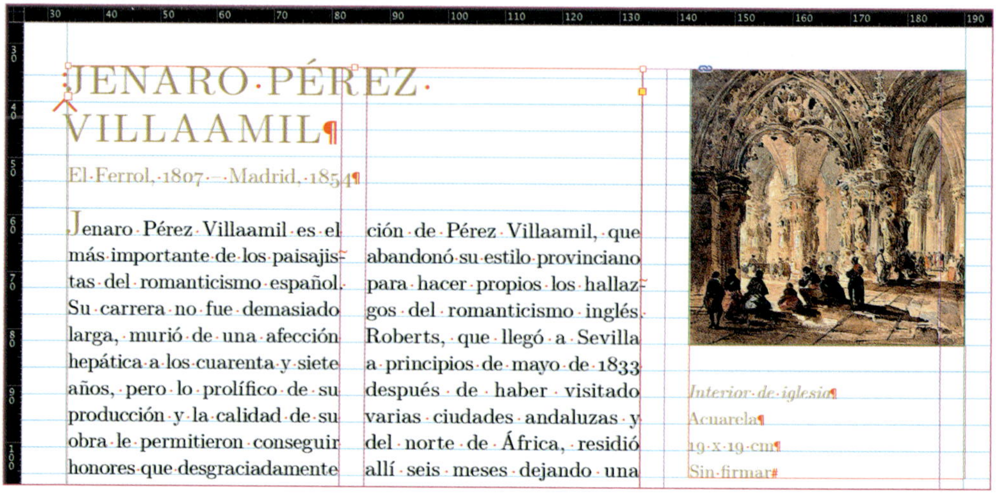

Figura 4.4. Tres columnas de texto contiguas alineadas a la cuadrícula base. Observe cómo, para este diseño, se ha decidido no alinear el titular.

en las páginas principales; se configuran para todas y cada una de las páginas del documento.

- La cuadrícula de documento puede aparecer delante o detrás de todos los objetos de un documento, pero no puede asignarla a una capa concreta.

Cuadrícula base

Su principal cometido es igualar las líneas de base del texto de dos o más marcos de texto, de forma que si existe más de una columna, las líneas de todas ellas comiencen a la misma altura y tengan el mismo intervalo (interlineado). Cuando las líneas base de dos columnas contiguas no coinciden, el efecto es el de columnas desplazadas (hacia arriba o hacia abajo).

Ajustar la cuadrícula base

En InDesign, todos los documentos tienen una cuadrícula base por defecto. Sin embargo, deberá ajustarla a las características particulares del texto de su documento para que resulte útil:

1. Escriba o coloque una o varias columnas de texto con el formato definitivo en la hoja del documento y apunte el valor del interlineado, lo usaremos más adelante.
2. Arrastre una guía horizontal desde la regla superior hasta colocarla, con la mayor precisión posible, en la línea base de la primera línea de texto de la página. Puede

ser extremadamente preciso si amplía la página a un 4000 %. Seleccione la guía y anote su posición vertical, o el valor Y en el panel Control (figura 4.5, paso 1).

3. Escoja Preferencias>Cuadrículas e introduzca el valor Y que anotó en el paso anterior en el campo Inicio, y el interlineado del texto que anotó en el paso 1, en el campo Incremento cada (figura 4.5, paso 2). Seleccione Principio de la página en el cuadro desplegable Respecto a si el punto 0,0 de su documento está en su posición por defecto (es decir, en la esquina superior izquierda del pliego).
4. Pulse Aceptar para cerrar el cuadro de diálogo Preferencias. Ahora ya está ajustada su cuadrícula base. Para verla, escoja Ver>Cuadrículas y guías>Mostrar cuadrícula base.
5. Por último, haga que sus párrafos se alineen con la cuadrícula base. Para ello, seleccione uno o más párrafos y haga clic en el icono Alinear con cuadrícula base en el panel Control o en el panel Párrafo (figura 4.5, paso 3).

Cuando un párrafo está alineado a la cuadrícula base y su valor de interlineado no coincide con el de la cuadrícula base, siempre primará el incremento especificado en la cuadrícula. Por ejemplo, un párrafo con interlineado de 10 puntos ajustado a una cuadrícula base con incrementos cada 12 puntos tendrá un interlineado efectivo de 12 puntos.

Como la cuadrícula base es única para todas las páginas, en documentos complejos (por ejemplo, en revistas con cuadros destacados) puede que necesite una cuadrícula base específica para un marco de texto concreto. No hay problema. Seleccione el marco de texto y escoja Objeto>Opciones de marco de texto. En la segunda pestaña del cuadro de diálogo, Opciones de línea de base encontrará los mismos ajustes de cuadrícula base, pero aplicados en exclusiva para este marco.

Cuadrícula de documento

Utilice la cuadrícula de documento cuando quiera trabajar en diseños con muchos elementos y mantener la proporción entre ellos, tanto de alineación como de tamaño. Su

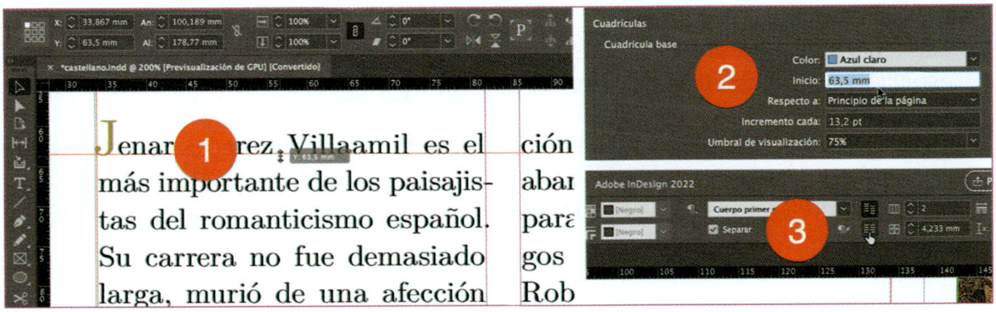

Figura 4.5. Especificación de una cuadrícula base personalizada para un marco de texto.

uso no entraña ningún misterio: actívela escogiendo Ver>Cuadrículas y guías>Mostrar cuadrícula de documento.

Para que la cuadrícula sea verdaderamente útil, deberá ajustar las divisiones y subdivisiones según los requerimientos de su trabajo. En Preferencias>Cuadrículas, apartado Cuadrícula de documento, encontrará las opciones para hacerlo (si quiere una explicación de cada campo, consulta el Apéndice A. Preferencias). Yo suelo utilizar una precisión máxima de un milímetro. Para ello introduzco 10 mm en el campo Línea de cuadrícula cada, y 10 en el campo Subdivisiones. De esta forma, las líneas gruesas marcarán centímetros y las finas, milímetros.

Por último, puede hacer que las líneas de cuadrícula se comporten como imanes que atraen los objetos que están a una distancia concreta si escoge Ver>Cuadriculas y guías>Ajustar a cuadrícula de documento. Para modificar la distancia a partir de la cual los objetos son atraídos por las líneas de la cuadrícula, seleccione Preferencias>Guías y mesa de trabajo>Opciones de guías>Ajuste magnético y especifique un valor en píxeles. A menor valor, menor será la distancia a partir de la cual los objetos serán atraídos por las líneas de la cuadrícula.

Guías inteligentes

Utilizadas de forma *inteligente* —de ahí su nombre— permiten alinear y distribuir objetos a mano alzada y prescindir, en la mayoría de los casos, del panel Alinear.

Si solo le gustan algunas de las funciones de las guías inteligentes y otras le molestan, seleccione Preferencias>Guías y mesa de trabajo>opciones de guías inteligentes y marque o desmarque cualquiera de las siguientes casillas:

- **Alinear con centro de objeto y Alinear con bordes de objeto**. Facilita la alineación de objetos al centro o al borde de otros elementos de la página. Al arrastrar un objeto, se dibujan de forma automática guías que señalan el objeto al cual nos estamos ajustando.
- **Dimensiones inteligentes**. Cada vez que crea, cambia de tamaño, desplaza o gira un elemento en la página aparece un recuadro de información relativa a las dimensiones (ver figura 4.6).
- **Espaciado inteligente**. Las guías inteligentes aparecen temporalmente cuando el espaciado entre objetos es uniforme (ver figura 4.6).

Son una opción tan útil que Adobe ha decidido activarlas por defecto. Si nota que distraen su trabajo, puede desactivarlas momentáneamente si selecciona Ver>Cuadrículas y guías>Guías inteligentes o, mejor aún, aprende el siguiente atajo de teclado: Control-U (Comando-U).

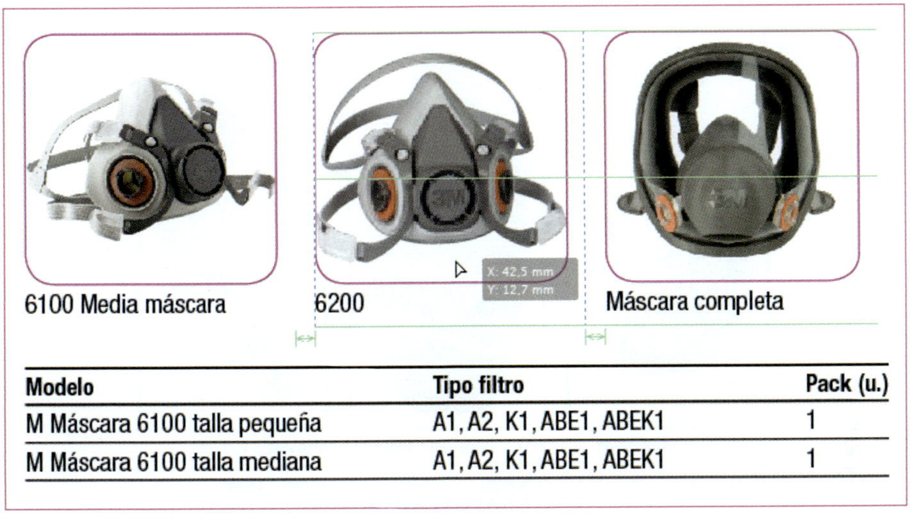

Figura 4.6. Espaciado inteligente. Al mover la figura del centro, InDesign muestra guías inteligentes cuando la distancia entre las tres es la misma.

Herramienta hueco

Una tarea frecuente es la distribución uniforme de huecos (espacios) entre los objetos de una página. Puede hacerlo de forma numérica utilizando los comandos de alineación y distribución, pero la ventaja de la herramienta Hueco es que los cambios se realizan de forma interactiva, algo totalmente imprescindible cuando se está en la fase inicial de diseño. Esta herramienta ignora los elementos bloqueados y los elementos de página principal.

Para utilizar la herramienta Hueco, sitúela sobre el espacio entre dos objetos y realice una de las siguientes acciones:

- Arrastre para mover el hueco. Esto cambiará también el espacio de los objetos alineados a lo largo del hueco. El tamaño del hueco se mantendrá constante.
- Mantenga pulsada la tecla **Mayúsculas** y arrastre para mover el hueco y modificar solo el tamaño de los dos objetos más próximos a lo largo del hueco. Mientras que en el paso anterior se modificaban todos los objetos alineados a lo largo del hueco, la tecla **Mayúsculas** limita esa transformación al par de objetos más próximos a la posición de la herramienta.
- Pulse **Control** (**Comando**) mientras arrastra para cambiar el tamaño del hueco en lugar de moverlo.
- Pulse **Alt** (**Opción**) y arrastre para mover el hueco y los objetos al mismo tiempo y en la misma dirección. Combinado con la tecla **Mayúsculas** solo se mueven los objetos más próximos a la posición de la herramienta.

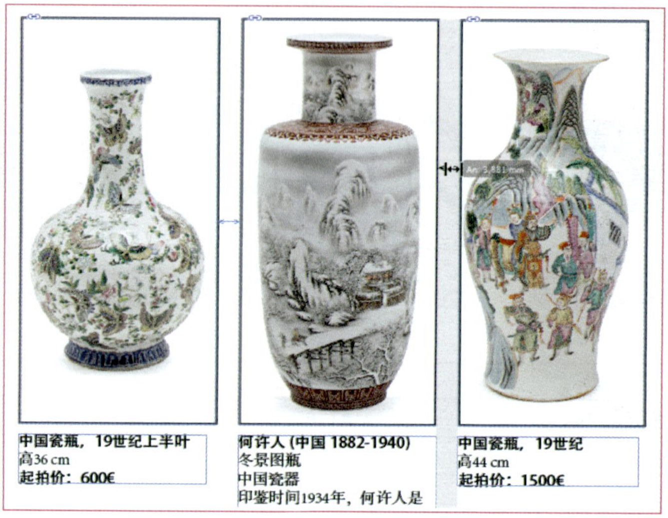

Figura 4.7. La herramienta Hueco en combinación con las guías inteligentes permite igualar el espacio entre objetos de forma interactiva.

- Pulse **Control-Alt** (**Comando-Opción**) y arrastre para cambiar el tamaño del hueco al tiempo que modifica también el tamaño de los objetos. Combinado con la tecla **Mayúsculas** solo se mueven los objetos más próximos a la posición de la herramienta.

Ejercicios

1. Abra el documento cap4>cuadricula.indd. Haga doble clic en el marco de texto y anote los valores de interlineado que muestra el panel Control.
2. Acérquese a la primera línea del texto (utilice la herramienta Zoom); arrastre una guía hasta colocarla con la mayor precisión posible en la línea de base del texto. Anote el valor Y que muestra el panel Control.
3. Utilice el cuadro de diálogo Preferencias>Cuadrículas para establecer los valores correctos de la Cuadrícula base.
4. Seleccione todos los párrafos del texto: utilice la herramienta Texto, haga clic en cualquier punto del marco de texto y escoja Edición>Seleccionar todo; ahora puede activar la opción Alinear con cuadrícula base del panel Control.
5. Abra el documento cap4>guias.indd. Con la herramienta Selección, seleccione y arrastre las figuras de la parte superior del documento para, mediante el uso de las Guías inteligentes (Ver>Cuadrículas y guías>Guías inteligentes), conseguir la misma distribución que los elementos de la mitad inferior. Trate de hacer el mismo ejercicio desactivando las Guías inteligentes y utilizando guías de regla en su lugar. Por último, repita el mismo ejercicio utilizando la herramienta Hueco.

5 Crear y modificar objetos

Introducción

Ahora que ya conoce la estructura básica de un documento, ha llegado el momento de dotarlo de contenido. InDesign permite crear multitud de elementos, desde simples rectángulos hasta complejas ilustraciones vectoriales formadas por curvas Bézier. Una vez creados, puede girarlos, deformarlos, combinarlos entre sí, aplicar sofisticados efectos —como sombras o bordes difuminados— modificar su opacidad... y un largo etcétera.

Creación de marcos y figuras

Todas las páginas diseñadas en InDesign se componen, básicamente, de un conjunto de marcos y figuras. ¿Cuál es la diferencia entre ambos? Mientras que la principal función de los marcos es contener texto e imágenes, las figuras —o trazados— se utilizan como elementos de diseño. A efectos prácticos, diferenciará un marco de una figura porque los primeros muestran un aspa en el centro. Pero, dado que convertir un marco en una figura o una figura en un marco es un procedimiento banal, en la práctica no se suele distinguir entre ambos. Yo suelo utilizar marcos como marcadores de posición, y creo figuras exclusivamente cuando cumplen una función de diseño, como un fondo de color o una serie de líneas onduladas.

Creación de marcos

Puede crear marcos vacíos con las herramientas de creación de marcos del panel Herramientas o, si lo prefiere, colocar directamente un texto o una imagen para que InDesign cree de forma automática el marco que los incluirá. Puede designar si un marco recién creado contendrá texto, gráficos o ninguno de los dos (contenido sin asignar) en el menú Objeto>Contenido.

Para crear un marco, seleccione una de las herramientas de creación de marcos (figura 5.1) y a continuación realice una de las siguientes acciones:

- **Para crear marcos**. Mueva el puntero sobre la página o la mesa de trabajo, haga clic y arrastre en cualquier dirección. El cursor se convertirá en una cruz y aparecerá un rectángulo delimitador de color azul (o de cualquier otro color, dependiendo de las preferencias de la capa activa). Suelte el botón del ratón cuando esté conforme con el tamaño. Si mantiene pulsada la tecla Mayúsculas durante la operación, obtendrá una figura con las proporciones de anchura y altura idénticas, como un círculo o un cuadrado perfectos. Para determinar el número de lados de un polígono o el tamaño de las puntas de una estrella, haga doble clic en la herramienta Marco poligonal.
- **Para crear marcos con unas medidas concretas**. Mueva el puntero sobre la página o la mesa de trabajo, haga clic y suelte el botón del ratón. Aparecerá un cuadro de diálogo en el que podrá escribir el ancho y el alto del marco. Si ha seleccionado

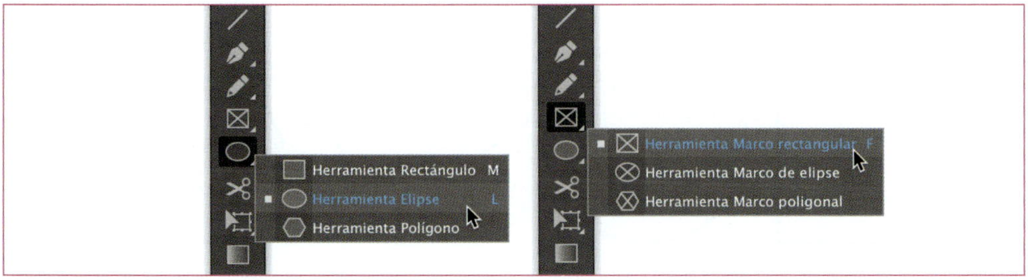

Figura 5.1. Mantenga pulsado el botón del ratón sobre la herramienta Rectángulo (izquierda) para mostrar el resto de opciones. A la derecha, herramientas de creación de marcos.

la herramienta Marco poligonal, tendrá la opción de escribir el Número de lados del polígono y el Margen de estrella, que determina la longitud de las puntas de la estrella; para crear una típica estrella, introduzca un valor igual o mayor que 50.

- Para crear un marco de texto, realice uno de los pasos anteriores con la herramienta Texto seleccionada.

Creación de figuras geométricas

El proceso de creación de figuras es idéntico al de marcos, solo que utilizando en su lugar una de las herramientas de creación de figuras: Rectángulo, Elipse o Polígono. Recuerde que, en cualquier momento, puede convertirlos en marcos gráficos o de texto, y viceversa.

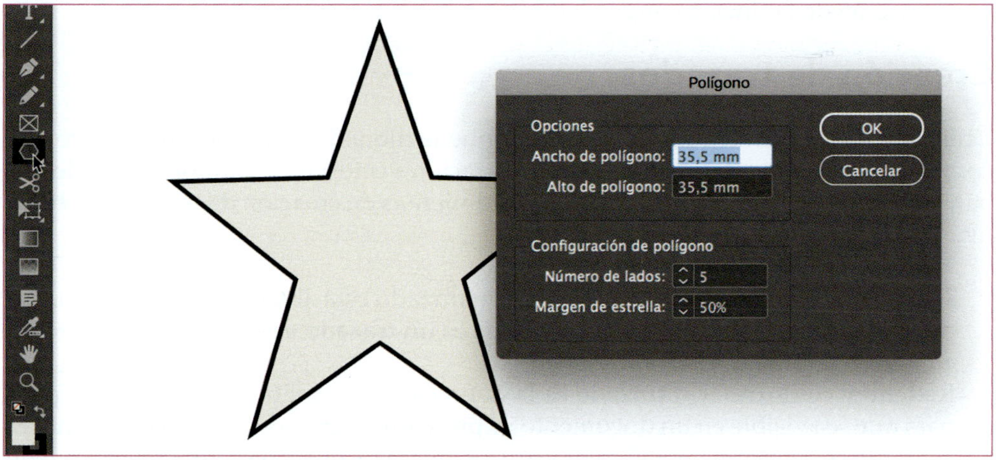

Figura 5.2. Dibujando una estrella de forma numérica con la herramienta Marco poligonal.

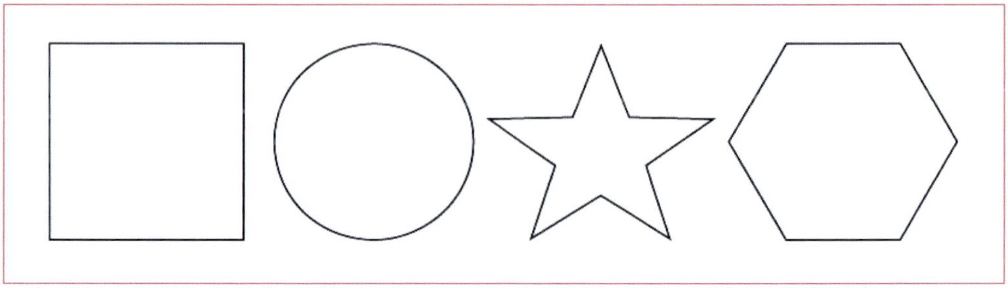

Figura 5.3. Ejemplo de figuras básicas que se pueden dibujar en InDesign con las herramientas de creación de figuras.

Creación de líneas y trazados

Para InDesign todas las líneas son trazados, pero no todos los trazados son líneas. Una línea es un trazado recto formado por dos únicos puntos de control, uno en cada extremo. Según la posición de estos puntos, la línea variará en longitud e inclinación.

Un trazado está formado por dos o más puntos, puede ser recto o curvo, y puede estar cerrado —los puntos inicial y final coinciden— o abierto —los puntos inicial y final no coinciden.

Creación de líneas

Como la línea es un elemento de diseño muy utilizado, InDesign dispone de una herramienta exclusiva para tal fin.

Para dibujar líneas, seleccione la herramienta Línea, coloque el cursor sobre cualquier parte del documento, haga clic y arrastre; suelte el botón del ratón cuando esté conforme con la línea recién creada. Mantenga pulsada la tecla Mayús para restringir la inclinación de la línea en ángulos de 45 grados.

Creación de trazados

Utilizando las herramientas Pluma o Lápiz puede dibujar figuras de cualquier forma, como las creadas con la aplicación de ilustración vectorial Illustrator. Antes de embarcarse en el uso —y disfrute— de las herramientas de creación de trazados debería tener claros una serie de conceptos:

- **Trazado cerrado y abierto**. Se dice que un trazado está abierto cuando sus puntos de origen y final no coinciden. Una línea es un trazado abierto, mientras que un círculo es un trazado cerrado.
- **Relleno y contorno**. Un trazado es la definición matemática de una curva, pero para que sea visible en un documento impreso debe tener contorno y/o relleno. El contorno se determina por el color y grosor del trazo, mientras que el relleno puede ser un color sólido o un degradado. ¿Tiene sentido crear un trazado sin relleno ni

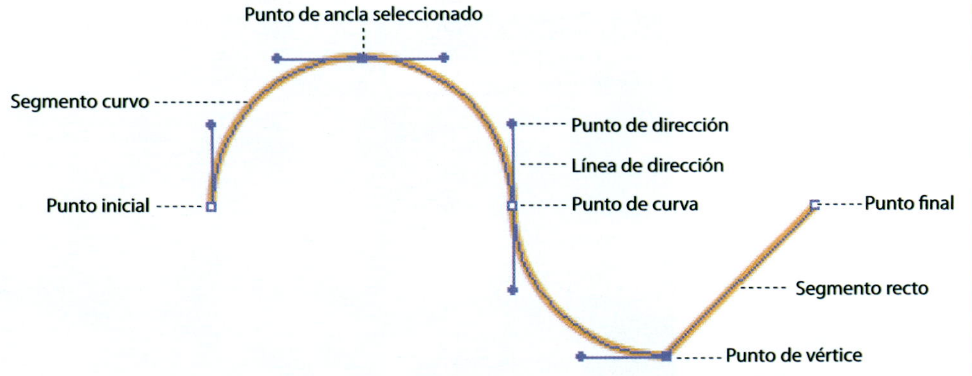

Figura 5.4. Partes de un trazado y tipos de punto.

contorno, es decir, invisible? Pues sí. Por ejemplo, para colocar una imagen o para hacer que un bloque de texto adopte una forma no rectangular.

- **Contenido**. Puede colocar un gráfico en cualquier trazado, excepto en una línea recta creada con la herramienta **Línea**. Aunque es posible colocar contenido en trazados abiertos o cerrados, si el trazado está cerrado el aspecto final del contenido será más previsible que si está abierto.

Independientemente de su complejidad, todos los trazados se componen de (ver figura 5.4):

- **Segmentos**. Un trazado consta de uno o más segmentos, que pueden ser rectos o curvos.
- **Puntos de ancla**. Marcan el inicio y el fin de cada segmento.
- **Puntos finales**. Son los puntos de ancla inicial y final de un trazado abierto.
- **Líneas de dirección**. Son líneas que atraviesan los puntos de ancla. Tienen un «manejador» en cada extremo, denominado punto de dirección.
- **Puntos de vértice**. Son puntos con líneas de dirección asimétricas, lo que resulta en un cambio brusco en la dirección del trazado. Un ejemplo es cada una de las esquinas de un cuadrado.
- **Puntos de curva**. Son puntos con líneas de dirección simétricas, lo que produce segmentos curvados. Un ejemplo son los puntos de ancla de un círculo.

Herramienta Lápiz

La forma más sencilla de crear un trazado es utilizar la herramienta Lápiz. Selecciónela, haga clic en cualquier parte de la página y arrastre para comenzar a dibujar. El resultado será un trazado abierto de forma irregular. Si quiere cerrar el trazado, mantenga pulsada la tecla ALT (Opción) mientras dibuja, y suéltela después de haber soltado el botón del ratón.

Como podrá comprobar, es realmente difícil crear un trazado medianamente suave con esta herramienta. Ello se debe, en gran parte, a la utilización del ratón como instrumento de dibujo, cuya precisión dista mucho de ser perfecta. No obstante, puede mejorar la calidad de tus trazados si accede a las opciones de la herramienta haciendo doble clic sobre su icono en el panel Herramientas (figura 5.5):

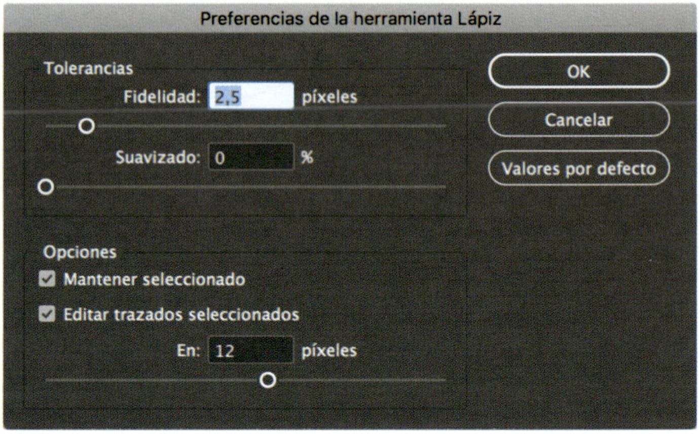

Figura 5.5. Haga doble clic en la herramienta Lápiz para ver sus opciones.

- **Fidelidad**. El valor puede oscilar entre 0,5 y 20 píxeles. Controla la distancia que debe recorrer el cursor para añadir un nuevo punto de ancla al trazado. Cuanto menor sea el valor, con más precisión seguirá la curva el movimiento del puntero, se crearán más puntos... ¡y la forma final será tan irregular como su pulso! Un valor alto tendrá el efecto contrario: menos puntos y curvas más suaves pero menos fieles al recorrido.
- **Suavizado**. Su valor oscila entre 0 y 100 %. Controla la suavidad del trazado final. A mayor suavidad, menor número de puntos, pero curvas más definidas.
- **Mantener seleccionado**. Marque esta casilla si desea mantener seleccionado el trazado después de dibujarlo. De esta forma, y en combinación con la siguiente opción, podrá perfeccionar o modificar el trazado interactivamente, pasando el Lápiz repetidas veces por el mismo lugar hasta conseguir la forma deseada.
- **Editar trazados seleccionados**. Actúa en conjunción con la opción anterior. Si marca ambas casillas, puede volver a dibujar la misma sección de la ilustración una y otra vez hasta que alcance el resultado deseado, siempre y cuando el nuevo trazo se encuentre a una distancia igual o inferior a la indicada en el campo En... píxeles.

NOTA

Cuando la herramienta Lápiz *se encuentra lo suficientemente cerca de un trazado como para poder editarlo, la pequeña x que muestra el cursor desaparecerá; del mismo modo, cuando pulse la tecla* Alt (Opción) *para dibujar un trazado cerrado, la x se tornará un pequeño círculo.*

Herramientas Suavizar y Borrador

Las herramientas Suavizar y Borrador complementan a la herramienta Lápiz, pues permiten la edición a mano alzada de trazados ya existentes.

Herramienta Suavizar

Permite simplificar trazados eliminando puntos de control sin cambiar apenas su aspecto; el resultado final son trazados de formas más redondeadas. Para utilizarla siga los siguientes pasos:

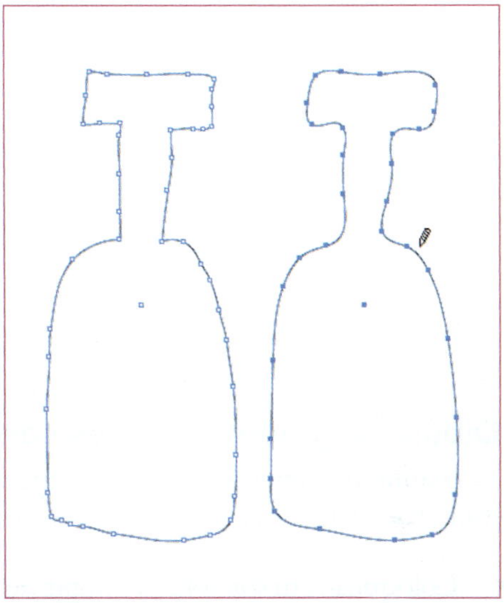

Figura 5.6. Suavizado de un trazado con la herramienta Suavizar. A la izquierda, la imagen original, y a la derecha la suavizada. Observe cómo el trazado es bastante fiel al original pero sus curvas son más suaves y tiene menos puntos de ancla.

- Seleccione el trazado que quiera suavizar con la herramienta Selección directa.
- Seleccione ahora la herramienta Suavizar. Arrastre el ratón a una distancia suficientemente próxima al trazado. Repita la operación hasta obtener el resultado deseado.
- Haga doble clic en el icono de la herramienta para modificar las opciones Fidelidad y Suavizado, idénticas a las de la herramienta Lápiz.

Herramienta Borrador

Utilícela para eliminar de forma total o parcial un trazado. Su funcionamiento es similar al de la herramienta Suavizar, solo que esta vez el resultado es la desaparición de segmentos completos de un trazado.

Herramienta Pluma

La herramienta Pluma es la navaja suiza de la ilustración vectorial: le permitirá crear cualquier dibujo o figura, por complejos que puedan parecer. Como toda herramienta de precisión, requerirá una inversión de tiempo considerable para controlarla con efectividad. En esta breve guía le mostraré los principios básicos que rigen la herramienta, pero recuerde que debe ser usted quien, con paciencia y tesón, acabe por dominarla.

Debido a la naturaleza matemática que subyace tras la mecánica de creación de trazados vectoriales, la herramienta Pluma se transformará para realizar diversas operaciones, dependiendo de la tarea que precise realizar (figura 5.7).

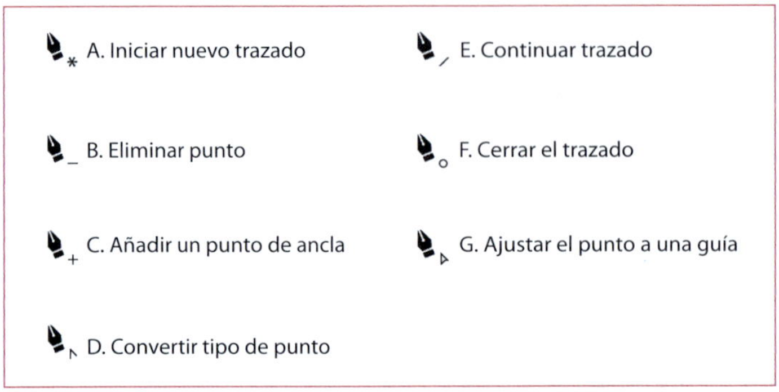

Figura 5.7. Con la herramienta Pluma, el cursor irá cambiando su aspecto según la tarea que realice.

Dibujar segmentos rectos con la Pluma

Es realmente sencillo crear una figura con segmentos rectos. Para ello, siga los siguientes pasos:

- Coloque el cursor sobre el lugar de la hoja en el que quiera comenzar su dibujo. El cursor de la pluma muestra un pequeño asterisco a su derecha, como indicación de que va a comenzar un nuevo trazado (cursor A de la figura 5.7).
- Haga clic para crear el primer punto de ancla.
- Coloque el cursor donde quiera crear el segundo punto y vuelva a hacer clic.
- Repita los pasos 2 y 3 hasta que el trazado tenga el aspecto que desee.
- Para finalizar el trazado y dejarlo abierto, seleccione cualquier otra herramienta del panel Herramientas o pulse Control (Comando) y haga clic en cualquier lugar de la página.
- Para acabar el trazado y cerrarlo, coloque el cursor sobre el primer punto que dibujó hasta que la pluma muestre un pequeño círculo (cursor F de la figura 5.7); haga clic. El cursor vuelve a ser el mismo que en el paso 1, indicativo de que la pluma está lista para empezar un nuevo trazado.

Dibujar segmentos curvos con la herramienta Pluma

El procedimiento es sencillo, aunque dominar la técnica hasta que la curva adquiera la forma deseada es cuestión de práctica.

- Con la herramienta Pluma seleccionada, coloque el cursor donde quiera comenzar su trazado.
- Haga clic y, sin soltar el botón del ratón, arrastre (ver figura 5.8). Verá que, siguiendo al cursor, aparecen las líneas de dirección del punto. Puede alejarse o acercarse al punto para alargar o acortar las líneas de dirección; muévase de izquierda a derecha para cambiar la dirección del segmento curvo. Si mantiene pulsada la tecla Mayúsculas, las líneas de dirección limitarán su movimiento en ángulos de 45 grados.
- Suelte el botón del ratón para terminar el primer punto.

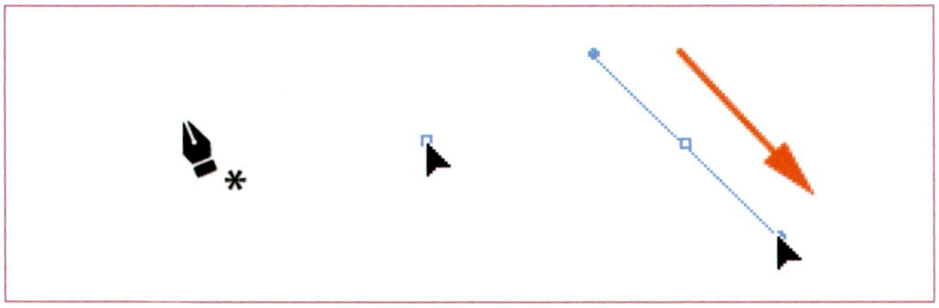

Figura 5.8. Para crear un punto de curva, haga clic y arrastre; aparecerán dos líneas de dirección simétricas.

- Mueva el ratón hacia el lugar en el que quiera hacer el segundo punto, y repita los pasos anteriores. Si quiere alternar entre trazados rectos y curvos, haga clic en otro punto sin arrastrar el ratón. De este modo creará puntos de ancla sin líneas de dirección.
- Para terminar el trazado y dejarlo abierto, seleccione cualquier otra herramienta del panel Herramientas o pulse Control (Comando) y haga clic en cualquier parte de la página.
- Para terminar el trazado y cerrarlo, coloque el cursor sobre el primer punto que dibujó hasta que la pluma muestre un pequeño círculo (cursor F de la figura 5.7); haga clic. El cursor vuelve a ser el mismo que en el paso 1, como señal de que la pluma está lista para empezar un nuevo trazado.

Dibujar trazados con segmentos rectos y curvos

Ahora que ya hemos explicado las técnicas para dibujar trazados rectos y curvos, vamos a combinar ambas.

- Dibuje un segmento recto haciendo clic en dos puntos distintos con la herramienta Pluma. Mantenga pulsada la tecla Mayúsculas si quiere que el segmento esté restringido en ángulos de 45 grados.
- Coloque la Pluma sobre el segundo punto de anclaje; el cursor cambia al modo Convertir tipo de punto (cursor D de la figura 5.7).
- Haga clic y arrastre para que aparezca una línea de dirección; suelte el botón del ratón cuando tenga la longitud y medidas deseadas.
- Coloque el cursor en otra zona de la página y arrastre para hacer un punto de curva. El segmento recién creado es curvo.
- Para hacer el siguiente segmento recto, coloque el cursor sobre el punto final. Cuando este se convierta en el cursor Convertir de tipo de punto, haga clic. Ahora el punto de ancla, de tipo curva, se ha convertido en un punto de vértice.
- Haga clic en otro lugar de la página para acabar el segmento recto.
- Siga combinando ambas técnicas hasta que la figura tenga la forma deseada.
- Si le resulta más cómodo, puede cambiar puntos de vértice en puntos de curva y viceversa mediante la opción de menú Objeto>Convertir punto. También puede utilizar el conjunto de botones Convertir punto del panel Buscatrazos, que encontrará en el menú Ventana>Objeto y maquetación>Buscatrazos.

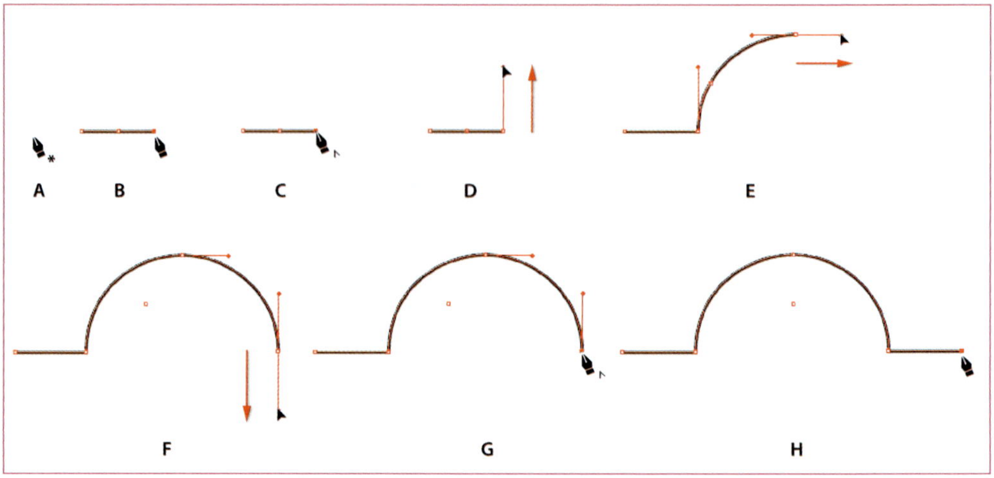

Figura 5.9. Pasos para dibujar un segmento curvo entre dos segmentos rectos.

Trazados compuestos

A caballo entre la creación libre y automática de figuras, existe un tercer método que consiste en la combinación de dos o más trazados para generar un tercero. Los trazados compuestos se utilizan para añadir un hueco a un trazado cerrado —como el agujero de la letra O— o aplicar un relleno que abarque varios trazados.

Cuando crea un trazado compuesto, todos los trazados originales se convierten en *subtrazados* del nuevo trazado compuesto. Si el relleno y contorno de los subtrazados no es el mismo, cuando se crea el trazado compuesto se heredan las propiedades del trazado situado más al fondo, esto es, por debajo de los demás.

Para crear trazados compuestos, seleccione dos o más trazados y escoja Objeto>Trazados>Crear trazado compuesto.

Para descomponer un trazado compuesto en subtrazados individuales, seleccione Objeto>Trazados>Liberar trazado compuesto. Contrario a lo que podría esperar, los trazados recién liberados heredan las propiedades de relleno y contorno del trazado compuesto, y pierden las que tenían originalmente.

Operaciones con trazados: formas compuestas

Si se fija con detenimiento, las figuras complejas que le rodean son en realidad fruto de la interacción entre dos o más formas simples. Sin ir más lejos, piense en la luna creciente, con forma de plátano. Para dibujarla basta con restar un círculo a otro. Con el panel Buscatrazos podrá crear figuras realmente complejas a partir de otras muy simples. La figura 5.12 muestra un ejemplo de cada una de las operaciones aplicadas a los dos trazados originales (**A**) Las operaciones con trazados son cinco, a saber:

Figura 5.10. Izquierda: el cristal del vehículo es un trazado independiente. Derecha: se ha creado un trazado compuesto con el cristal y el chasis del vehículo; ahora se puede ver el fondo.

1. **Añadir**. Combina los objetos seleccionados en una única figura. En otros programas de ilustración vectorial se denomina unión.
2. **Restar**. Elimina la porción de los objetos situados delante que coincide con el objeto situado más al fondo. Coloquialmente se podría denominar «morder» o «agujerear», pues es lo que hacen los trazados del frente con los del fondo. Si el objeto que está al fondo engloba completamente al objeto del frente, el resultado será un trazado compuesto con un hueco.
3. **Formar intersección**. Elimina todas las porciones de los trazados que no son comunes, y crea una nueva forma que es el resultado de las áreas solapadas.
4. **Excluir superposición**. Es la operación inversa a la anterior. Elimina las áreas solapadas y el resultado es una figura con las porciones que no se superponen.
5. **Menos fondo**. Operación similar a Restar, solo que esta vez es el objeto del fondo el que perfora a los trazados situados al frente.

El panel Buscatrazos le ofrece además otras opciones:

- **Nueve botones** que le permiten convertir una forma en otra. Por ejemplo, puede convertir un círculo en un triángulo. La nueva forma se ajustará al ancho y alto del trazado original.

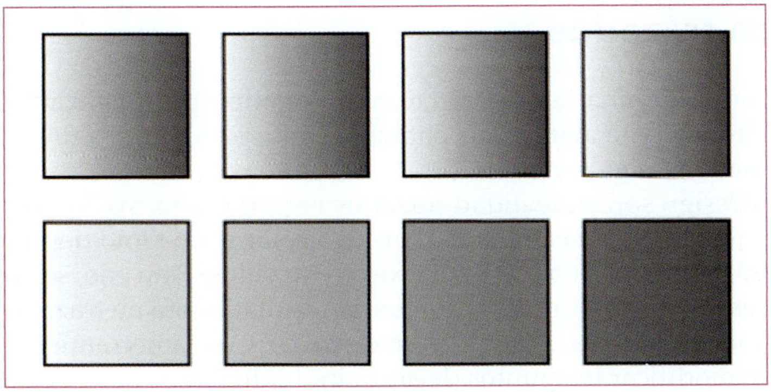

Figura 5.11. Arriba: cuatro trazados independientes con un relleno degradado aplicado. Abajo: los cuatro trazados unidos forman un trazado compuesto; ahora el degradado es uno para todos (¡y todos para uno!).

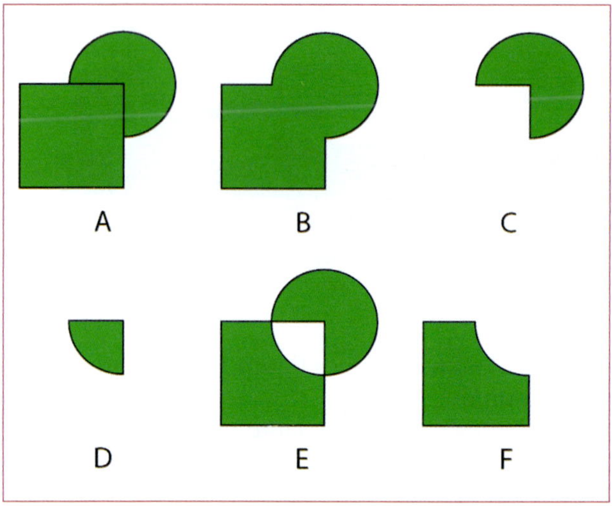

Figura 5.12. A. Los dos trazados originales. **B.** Añadir. **C.** Eliminar. **D.** Formar intersección. **E.** Excluir superposición. **F.** Eliminar de fondo.

- **Unir trazado**. Conecta dos puntos finales, del mismo trazado o de dos trazados diferentes, para crear un nuevo trazado o cerrar un trazado abierto.
- Botones **Abrir** y **Cerrar trazado**. Como su nombre indica, abren un trazado cerrado o cierran un trazado abierto.
- **Invertir trazado**. Aunque parezca mentira, los trazados tienen dirección. La dirección de un trazado está determinada por el sentido en que lo dibuja, de izquierda a derecha, de arriba abajo, y viceversa. Cambie la dirección de un trazado cuando el resultado de unir dos trazados para crear uno compuesto no sea el esperado, y se perforen las áreas no deseadas. Esta herramienta eliminará un hueco creado por un subtrazado o rellenará un subtrazado que ha creado un hueco.
- **Cuatro botones** para convertir puntos en trazados y curvas Bézier. Podrá convertir puntos de curva en puntos de vértice, y viceversa. También podrá crear puntos simétricos, es decir, puntos de curva con las dos líneas de dirección simétricas y de idéntica longitud.

Convertir texto en trazados

¿Le gustaría cambiar la forma de una letra para crear un logotipo personalizado? ¿Deformar la letra M mayúscula para alargar sus patitas? ¿Quitarle el punto a una i? Si las respuestas son afirmativas, siga leyendo.

Las letras que utiliza InDesign son en realidad trazados vectoriales formados por puntos de ancla y segmentos. Si quiere cambiar su forma o colocar una foto dentro de las letras de una palabra, antes debe convertir el texto en trazados. Para ello, seleccione un marco de texto y escoja Texto>Crear contornos. El resultado será un trazado compuesto formado por todas las letras contenidas en el marco. Con la herramienta de selección directa puede modificar los puntos de ancla individuales.

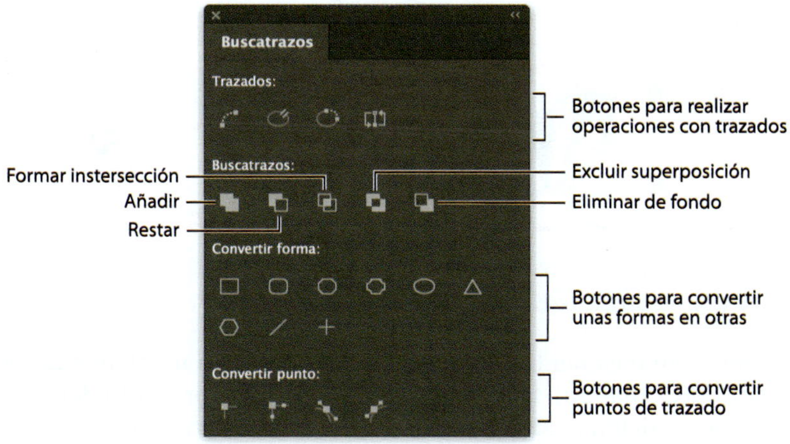

Figura 5.13. Panel Buscatrazos.

Para separar las letras, antes deberá deshacer el trazado compuesto escogiendo Objeto>Trazados>Liberar trazado compuesto. Si al ejecutar este comando alguna letra «pierde el agujero» (como la o), seleccione los trazados que la forman y escoja Objeto >Trazados>Crear trazado compuesto.

Editar trazados

A no ser que sea un genio con el ratón, es verdaderamente difícil dibujar correctamente un trazado a la primera. Por eso es tan importante que sepa cómo modificarlos, bien para rectificar la posición de un punto mientras dibuja, bien para cambiar un trazado ya existente.

Como ya vimos en apartados anteriores, puede modificar trazados a mano alzada con las herramientas Lápiz, Suavizar y Borrar. Para hacerlo con precisión utilizará el cursor de Selección directa y las herramientas Pluma y Convertir punto de dirección (última opción en el desplegable del botón de la herramienta Pluma).

Rectificar un trazado mientras lo dibuja

Puede suceder que un punto de ancla está mal situado o que sus líneas de dirección no tengan la longitud y orientación adecuadas cuando, al crear el siguiente punto de ancla, la forma del segmento resultante no sea la esperada. A continuación encontrará una serie de atajos y trucos que le ayudarán a trabajar con más efectividad con la herramienta Pluma:

Figura 5.14. Ilustración colocada en un texto que previamente se ha convertido en trazados.

- Cambie momentáneamente al cursor Selección directa manteniendo pulsada la tecla Control (Comando). Seleccione entonces cualquier punto del trazado para modificar su posición o, si se trata de un punto de curva, también las líneas de dirección. Suelte la tecla Control (Comando) cuando haya acabado para retornar a la herramienta Pluma y continuar con su dibujo.
- Si quiere convertir un punto de vértice en punto de curva, coloque el cursor sobre el punto hasta que la Pluma cambie al cursor Convertir tipo de punto (cursor **D** de la figura 5.7) y arrastre para «sacar» sus líneas de dirección.
- Para convertir un punto de curva en punto de vértice, coloque el cursor sobre el punto hasta que la Pluma cambie al cursor Convertir tipo de punto (cursor **D** de la figura 5.7) y haga clic en el punto. La línea de dirección de salida desaparecerá.
- Para hacer que dos líneas de dirección de un punto de curva sean independientes y convertirlo así en un punto de vértice, mantenga pulsada la tecla Alt (Opción) y sitúe el cursor sobre el punto de dirección de una de las líneas de dirección. El cursor cambiará momentáneamente a la herramienta Convertir punto de dirección; ahora arrastre hasta que la curva sea de su agrado (figura 5.15).
- Para quitar un punto de ancla entre dos segmentos, coloque el cursor sobre este hasta que aparezca un signo menos (cursor **B** de la figura 5.7). Haga clic y desaparecerá.
- Para añadir un punto de ancla en un segmento, coloque sobre este el cursor hasta que aparezca un signo más (cursor **C** de la figura 5.7). Haga clic para crear un punto. Con tal de no modificar la forma del segmento, InDesign colocará un punto de curva si el segmento es curvo y de vértice si es recto. Cambie a la herramienta Selección directa para editarlo y, cuando acabe, siga con su dibujo.

Modificar trazados existentes

Utilice las siguientes técnicas para editar sus propios trazados o modificar los marcos y figuras creadas con las herramientas específicas de InDesign. El primer paso consiste en seleccionar el trazado con la herramienta Selección directa, de forma que podamos ver sus puntos de ancla. A continuación:

- Para modificar la posición de un punto de ancla, arrástrelo con la herramienta Selección directa.
- Para convertir un punto de vértice en un punto de curva, arrastre el punto con la herramienta Convertir punto de dirección para «sacar» las líneas de dirección.
- Para hacer que dos líneas de dirección de un punto de curva sean independientes y convertirlo así en un punto de vértice, arrastre de uno de los dos puntos de dirección con la herramienta Convertir punto de dirección.
- Para esconder las dos líneas de dirección de un punto de curva, haga clic en él con la herramienta Convertir punto de dirección.
- Para dividir un trazado o un marco, haga clic con la herramienta Tijeras en cualquier punto de ancla. Si quiere separar un trazado cerrado en dos abiertos, debe cortar por dos sitios diferentes; si corta solo por un punto, obtendrá un único trazado abierto.
- Para añadir puntos de ancla a un segmento, haga clic con la herramienta Añadir punto de ancla en el lugar del segmento en que quiera situar el punto. Con tal de no modificar la forma del segmento, InDesign colocará un punto de curva si el segmento es curvo y de vértice si es recto.
- Para eliminar un punto de ancla, haga clic sobre él con la herramienta Eliminar punto de ancla.

Seleccionar objetos

Antes de manipular un objeto, debe seleccionarlo para que InDesign sepa a qué elemento aplicar los comandos que escoja y las acciones que realice. Para seleccionar un objeto junto con su contenido, haga clic en este con la herramienta Selección. Un elemento seleccionado muestra su Cuadro delimitador, un rectángulo con ocho manipuladores de selección que permiten mover, duplicar y escalar el objeto sin

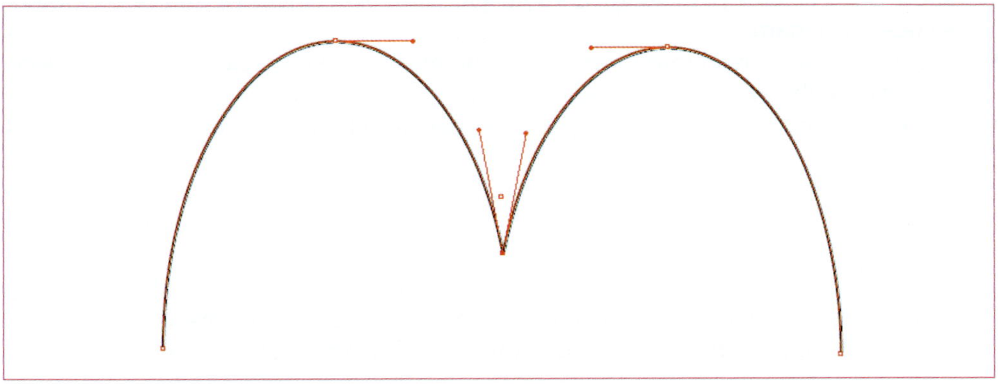

Figura 5.15. Punto de vértice con dos líneas de dirección independientes.

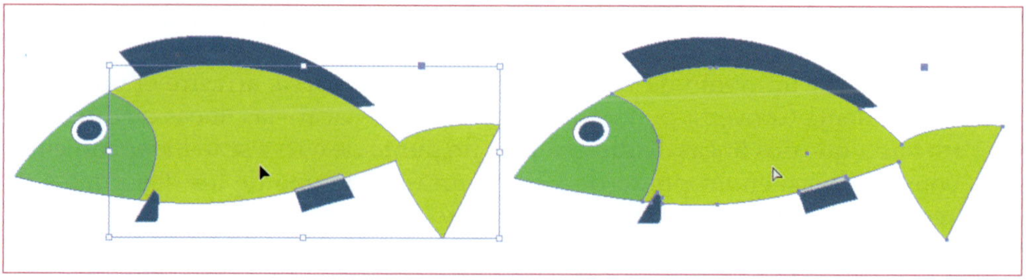

Figura 5.16. Diferencia entre la selección de un elemento con las herramientas Selección y Selección directa. A la izquierda, con la herramienta Selección muestra su Cuadro delimitador. A la derecha, con la herramienta Selección directa podemos editar los puntos de ancla individuales.

tener que utilizar otra herramienta. Si no puede ver el cuadro delimitador, escoja Ver>Extras>Mostrar bordes de marco. En el caso de un trazado, podrá trabajar con todo el objeto sin modificar accidentalmente los puntos de anclaje que determinan su forma.

Sin embargo, si quiere seleccionar el contenido de un objeto contenedor o cualesquiera de los puntos de ancla que forman su trazado, deberá utilizar la herramienta Selección directa (figura 5.16).

Si el elemento que quiere seleccionar pertenece a una página maestra, deberá mantener pulsadas las teclas Control-Mayús (Comando-Mayús) al hacer clic sobre él.

Selección múltiple

Utilice uno de los siguientes métodos para seleccionar más de un objeto:

- Seleccione el primer objeto y mantenga pulsada la tecla Mayúsculas al hacer clic sobre otros objetos para añadirlos a la selección. Si el objeto ya está seleccionado, se deseleccionará.
- Haga clic y arrastre el ratón para crear una marquesina de selección que englobe a todos los objetos que quiera seleccionar.
- Escoja Edición>Seleccionar todo para seleccionar todos los objetos del pliego activo.

Por supuesto, puede combinar cualquiera de los anteriores métodos para seleccionar múltiples objetos. Por ejemplo, si quiere seleccionar la mayoría de los objetos de un pliego exceptuando unos pocos, escoja Edición>Seleccionar todo y luego haga Mayúsculas-Clic en los elementos que quiera excluir.

Para deseleccionar todos los objetos, simplemente haga clic con la herramienta Selección en cualquier área vacía del documento o escoja Edición>Deseleccionar todo.

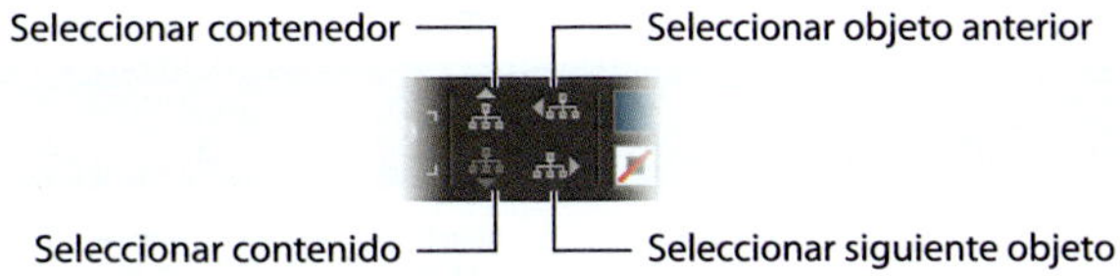

Figura 5.17. Botones para seleccionar objetos anidados o superpuestos.

Seleccionar objetos anidados

Un objeto anidado es el que está dentro de un contenedor o marco. Hay tres tipos de objetos anidados: trazados dentro de un marco, marcos dentro de otros marcos y grupos dentro de grupos.

Existen diferentes técnicas para seleccionar objetos anidados, dependiendo del tipo de contenedor:

- Para seleccionar un objeto anidado en un grupo, utilice la herramienta Selección directa.
- Si se trata de un grupo formado por dos o más objetos, selecciónelo con la herramienta Selección y luego pulse el botón Seleccionar contenido del panel Control. Seleccionará el primer objeto del grupo (el que se sitúa por encima de los demás). Para seleccionar secuencialmente el resto de objetos del grupo, vaya pulsando el botón Siguiente objeto. Para invertir el orden de selección, pulse el botón Seleccionar objeto anterior (figura 5.17)
- Dispone de las mismas opciones en el menú Objeto>Seleccionar o desde el menú contextual si hace clic con el botón derecho del ratón (Control-clic para los usuarios de Macintosh con ratones de un solo botón).

Figura 5.18. Diferencia entre dimensiones de marco y contenido. Izquierda: imagen original. Centro: tamaño de marco contenedor ampliado. Derecha: marco y contenido escalados.

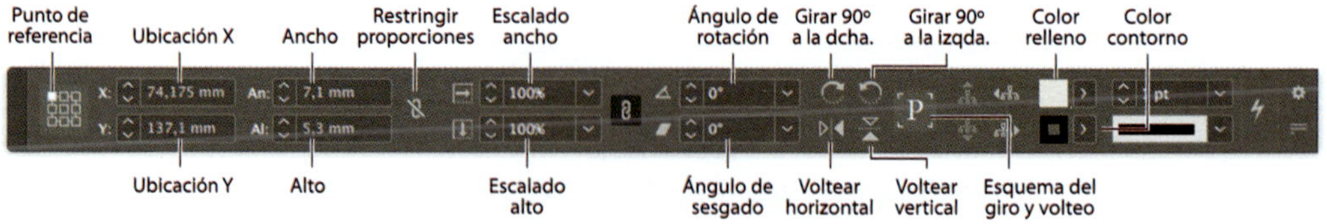

Figura 5.19. Panel Control con un objeto seleccionado.

Seleccionar objetos superpuestos

Cuando unos objetos cubren a otros total o parcialmente, se dice que están superpuestos.

- Para seleccionar un objeto oculto total o parcialmente por otros, haga Control-clic (Comando-clic) con la herramienta Selección para ir seleccionándolos secuencialmente de arriba abajo. Cuando llegue al último, volverá a iniciarse el ciclo.
- Puede utilizar también las opciones del menú Objeto>Seleccionar o el menú contextual para seleccionar el Siguiente objeto por debajo, Último objeto por debajo, Primer objeto por encima o Siguiente objeto por encima.

Modificar y transformar objetos

Los marcos y las figuras geométricas que puede crear en InDesign son solo un punto de partida, formas sencillas que sometidas a deformaciones, giros, cambios de escala y opacidad, pueden convertirse en algo totalmente nuevo y diferente. En este apartado le enseñaré los trucos y las técnicas necesarias para modificar y transformar objetos.

Cambiar el tamaño y la escala

No debe confundir las propiedades de tamaño y escala de un objeto. El tamaño se refiere a las dimensiones absolutas de un elemento, mientras que la escala representa el valor porcentual de ampliación o reducción con respecto a las dimensiones originales de un objeto que, por defecto, se representan como el 100 %. Los campos Porcentaje en escala X y Porcentaje en escala Y del panel Control o del panel Transformar modifican al mismo tiempo tanto el marco contenedor como el contenido. Los campos An y Al solo cambian el marco o el contenido seleccionado, no ambos.

Redimensionar un objeto

Es una operación que puede realizar de manera interactiva —utilizando el ratón— o de forma numérica mediante las opciones del panel Control.

- Para modificar el tamaño de un objeto con el ratón, selecciónelo con la herramienta Selección para ver su cuadro delimitador y arrastre de cualquiera de los ocho manipuladores de selección. Si quiere mantener la proporción mientras lo redimensiona, mantenga pulsada la tecla Mayúsculas. Este método deja inalterado el tamaño del contenido. En el caso de un marco gráfico que contenga una imagen, esta acción es equivalente a reencuadrarla. En un marco de texto, las líneas se acortarán o alargarán para acomodarse a las nuevas dimensiones, pero su tamaño en puntos no cambiará.

- Si quiere redimensionar un objeto de forma numérica, utilice los campos An y Al del panel Control para cambiar el ancho y el alto respectivamente. Si pulsa el botón de cadena entre ambos campos, mantendrá las proporciones originales del objeto. Fíjese en el icono Punto de referencia del panel Control (ver figura 5.16). El cuadradillo negro indica el punto de referencia que utilizará el programa en transformaciones numéricas; imagine que tiene una hoja de goma elástica, la clava con una chincheta de un extremo y estira. La goma crecerá en dirección opuesta al punto fijo; si la gira, la chincheta será el eje de rotación. Esa es precisamente la función del punto de referencia: servir como origen de la transformación (ver figura 5.19).

Escalado de objetos

Para modificar las dimensiones de un objeto y su contenido al mismo tiempo debe modificar su escala. Por defecto, InDesign aplica también la escala al grosor del contorno. Por ejemplo, un objeto con un grosor de contorno de 10 puntos y escalado al 50 %, pasará a tener un contorno de 5 puntos. Puede modificar este comportamiento si deselecciona Ajustar grosor de trazo al escalar en el menú del panel Control. La aplicación le ofrece diferentes formas de escalar un objeto:

- Utilice los campos Porcentaje en escala X y Porcentaje en escala Y del panel Control. Si el botón Restringir proporciones para escalado está activo (la cadena no está rota), al introducir un valor en uno de los campos el otro se calcula automáticamente para mantener la proporción original del objeto. Esta es la opción que más utilizará, puesto que, de lo contrario, deformaría el objeto.

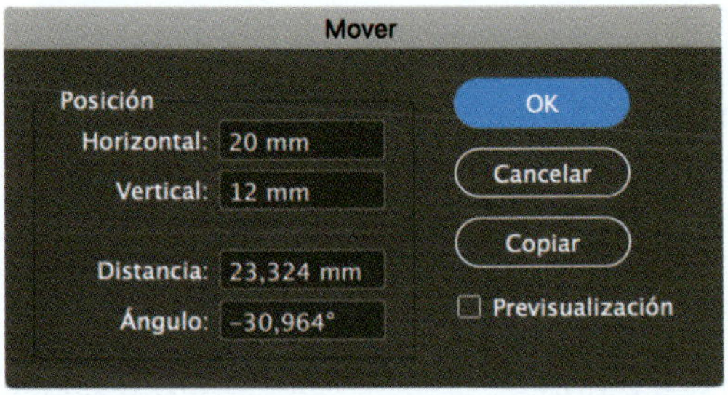

Figura 5.20. Cuadro de diálogo Mover.

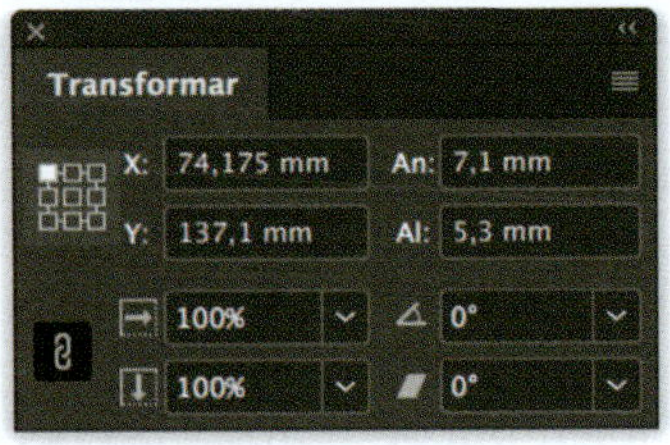

Figura 5.21. Panel Transformar.

- Si prefiere modificar la escala de forma interactiva, seleccione el objeto con la herramienta Selección para ver su cuadro delimitador, mantenga pulsada las teclas Control (Comando) y arrastre de cualquiera de los ocho manipuladores de selección. Pulse Control-Mayúsculas (Comando+Mayúsculas) para mantener la proporción al escalar el objeto.

Figura 5.22. Cambio manual del eje de rotación de un marco gráfico.

- También puede utilizar la herramienta Escala. Seleccione primero el objeto, haga clic en el punto que desea utilizar como referencia (lo reconocerá porque tiene forma de cruz) y arrastre de cualquiera de los ocho manipuladores de selección. Mantenga pulsada la tecla Mayúsculas si quiere que el escalado sea proporcional.

Mover objetos

A estas alturas se preguntará qué puedo explicarle en este apartado que no sepa ya. Mover un objeto es una de las operaciones más habituales que realizará con el programa; solo tiene que seleccionarlo con la herramienta Selección y arrastrarlo a su nueva posición.

Para mover el contenido sin modificar la posición del contenedor, realice la misma operación, pero con la herramienta Selección directa. En el caso de una imagen, el cursor se transformará en una mano.

Si lo prefiere, puede utilizar el icono Capturador de contenido, que aparece al pasar el cursor del ratón sobre un marco con contenido gráfico. De esta forma se ahorrará tener que cambiar de herramienta temporalmente. Si ha trabajado con versiones anteriores del programa y le desconcierta el nuevo comportamiento de la herramienta Selección, puede desactivar el modo Capturador de contenido seleccionando Ver>Extras>Ocultar capturador de contenido.

Para mover un objeto entre páginas del mismo documento o entre distintos documentos, lo más sencillo es utilizar los comandos Cortar y Pegar. Si quiere pegar la copia en la posición original del objeto, seleccione Edición>Pegar en mismo lugar.

Si quiere mover el objeto de forma precisa, selecciónelo y escoja Objeto>Transformar>Mover o haga doble clic en el icono de la herramienta Selección en el panel Herramientas (figura 5.20).

También puede utilizar las herramientas Recopilador y Colocador de contenido. En capítulos posteriores hablaremos de ellas a fondo.

En el cuadro de diálogo Mover escriba la nueva posición horizontal y/o vertical del objeto o, si lo prefiere, la distancia a la que quiere moverlo y el ángulo en que debe desplazarse (0 grados para desplazarlo en horizontal, 90 para desplazarlo en vertical, etc.). Escriba valores negativos para desplazar el objeto hacia la izquierda o hacia arriba. Marque la casilla de verificación Previsualización para tener una vista previa de la transformación antes de aplicarla.

NOTA

Recuerde, todos los valores numéricos de posición son con respecto al punto de referencia que haya seleccionado en el icono Punto de referencia *del panel* Control.

Rotar objetos

Como el resto de herramientas de transformación, puede rotar un objeto de forma interactiva con el ratón o de forma numérica introduciendo valores precisos en el panel Control o en el panel Transformar (Ventana>Objeto y maquetación>Transformar). Rotar libremente un objeto es un proceso que conlleva dos pasos:

- Con la herramienta Rotar haga clic en el objeto para ver su cuadro delimitador. Observe cómo, en el centro del objeto o en uno de sus ocho manipuladores de selección, aparece un icono con forma de mirilla: es el punto de referencia. Puede moverlo libremente para marcar un eje de rotación alejado del objeto.
- Ahora haga clic y arrastre para rotar el objeto. Para aumentar el control sobre la rotación, aleje el cursor al máximo del objeto cuando haya hecho clic, de forma que un movimiento grande de su muñeca se traduzca en un giro pequeño y, por lo tanto, preciso.

Para rotar un elemento de forma numérica, escoja Objeto>Transformar>Rotar o haga doble clic en el icono Rotar del panel Herramientas.

Distorsionar (sesgar) objetos

Sesgar un objeto consiste en inclinar uno de sus ejes para obtener un efecto parecido a una proyección tridimensional del mismo. Esta herramienta es ideal para simular sombras.

Con la herramienta Distorsionar debe proceder como en el caso de la herramienta Rotar, es decir, primero escoja el eje de sesgado y luego haga clic y arrastre hasta obtener el efecto deseado. Para distorsionar un objeto numéricamente utilice el campo Ángulo de distorsión X del panel Control, la opción de menú Objeto>Transformar>Distorsionar o haga doble clic en el icono de la herramienta Distorsionar.

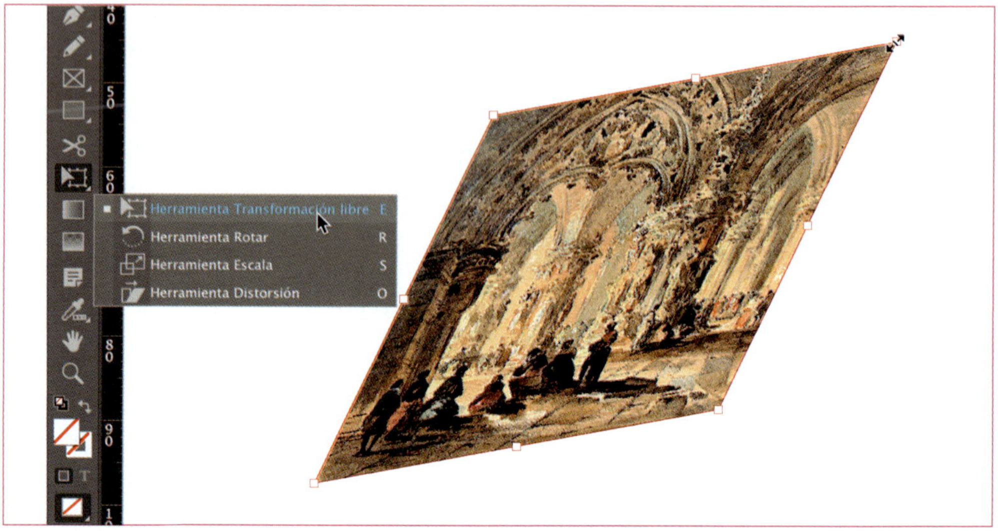

Figura 5.23. La Herramienta de transformación libre permite sesgar un objeto de forma interactiva.

Herramienta de transformación libre

Existe una herramienta capaz de rotar, mover y escalar un objeto al mismo tiempo y de forma interactiva. Se llama Herramienta de transformación libre, y su funcionamiento es bien sencillo:

- Si hace clic en cualquier parte dentro del marco (es decir, en su contenido), puede desplazar el objeto.
- Si arrastra desde cualquiera de sus manipuladores de selección, lo escalará.
- Si acerca el cursor lo suficiente a cualquiera de los ocho manipuladores pero sin colocarse sobre ellos, este se convertirá en una flecha de giro. Haga clic y arrastre para rotar el objeto.
- Comience a arrastrar uno de los ocho manipuladores y pulse Control (Comando) para sesgar el objeto.

Repetir transformaciones

InDesign recuerda todas las transformaciones hasta que selecciona otro objeto o realiza otra tarea. Por ejemplo, si mueve un rectángulo, lo escala un 120 % y lo rota 15 grados, Objeto>Volver a transformar>Volver a transformar secuencia lo volverá a desplazar la misma distancia, le aplicará nuevamente una escala del 120 % y lo rotará otros 15 grados. Si desea que solo se aplique la última transformación (en nuestro ejemplo, rotación de 15 grados) seleccione Objeto>Volver a transformar>Volver a transformar.

Si ha realizado transformaciones a más de un objeto a la vez, puede escoger Volver a transformar individualmente para aplicar las transformaciones a cada uno de los elementos del grupo en vez de a todos tratados como una unidad.

Volver a transformar secuencia aplica la última secuencia de operaciones de transformación a la selección actual. Por ejemplo, puede aplicar diferentes transformaciones a un objeto, seleccionar otro y aplicarle la misma secuencia de transformaciones. De forma similar, Volver a transformar secuencia individualmente aplica las transformaciones a cada uno de los elementos de una selección múltiple; de lo contrario, los trataría a todos como una unidad y les aplicaría las transformaciones en conjunto. Así, si rota un objeto y luego selecciona otros tres, todos serán rotados con un eje de rotación común en el caso de escoger Volver a transformar secuencia, o cada uno en su eje de rotación individual con la opción Volver a transformar secuencia individualmente.

Aplicar trazos

Todos los objetos tienen asignado por defecto un trazo de 0 puntos. Debe aumentar su grosor para poder aplicarle un color sólido o un degradado. InDesign permite aplicar un trazo, o configuración de línea, a trazados, formas, marcos de texto y contornos de texto.

Un trazo tiene color, grosor y apariencia. El color por defecto es el negro. Para modificar el grosor o la apariencia utilice el panel Trazo o, si ya está seleccionado un trazado o un marco, el panel Control.

- Grosor. Introduzca el valor del grosor del contorno en puntos o, si lo prefiere, seleccione una de las opciones propuestas en el menú desplegable. Para hacer invisible el trazo de un objeto, seleccione 0 puntos.
- Límite en ángulo. Aumente este valor si, al dibujar un ángulo muy agudo en una figura con trazo grueso, este queda recortado.
- Remate. Escoja cómo quiere que sean los extremos de un trazado abierto. Este ajuste solo es perceptible en trazos muy gruesos.
- Unión. Cuando dos segmentos forman un ángulo recto, decida si lo quiere en inglete, redondeado o biselado.
- Alinear trazo. Tenga en cuenta que el grosor del trazo modifica las dimensiones del objeto, tanto si está alineado al exterior como si está alineado al centro. Por ejemplo, un rectángulo de 5 mm de lado con un trazo de 2 puntos tendrán un ancho total de 5,7 mm (2 puntos son equivalentes a 0,7 mm) si lo alinea al exterior, de 5,35mm si lo alinea al centro, y de 5mm si lo alinea al interior.
- Tipo. Escoja una de las opciones que le ofrece el cuadro desplegable. Si elige Discontinuo, aparecerán nuevas opciones al final del panel. Le permitirán personalizar el largo de los guiones y el espacio que queda entre ellos (figura 5.21).
- Inicio y Fin. Seleccione uno de los diferentes modelos de extremos para trazados abiertos. Inicio modifica el aspecto del primer punto que dibujó y Fin el último

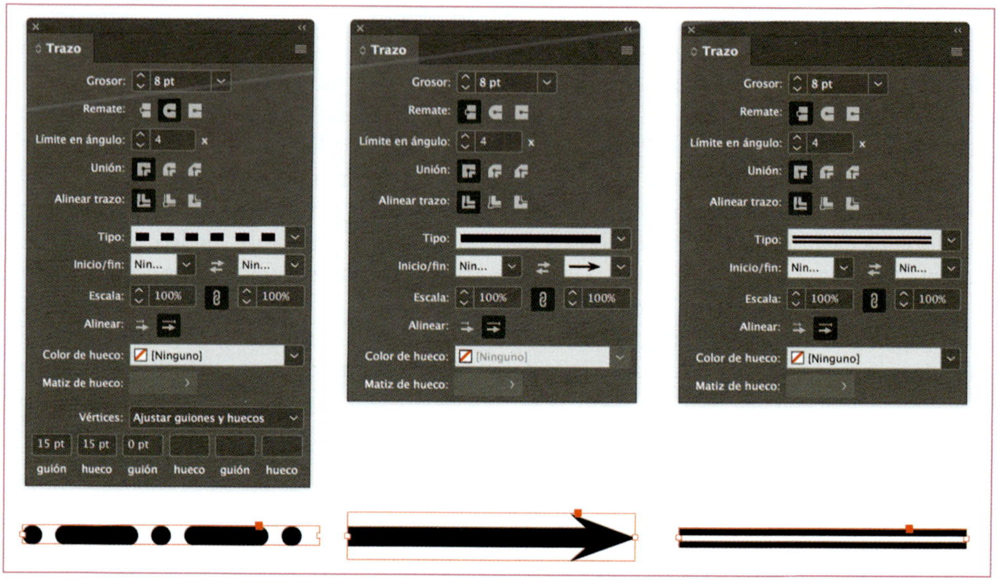

Figura 5.24. Tres estilos de línea personalizados. Fíjese en que, para obtener un punto perfecto (izquierda), debe escoger un guion de 0 puntos de largo con los extremos redondeados.

(puede cambiar el sentido de un trazado con la opción Invertir trazado del panel Buscatrazos).

- Color de hueco. Si escogió un estilo de trazo formado por subtrazos, como el estilo Discontinuo, puede determinar si el espacio que queda entre ellos debe ser transparente (color Ninguno, que es la opción por defecto) o del color que especifique en el menú desplegable.
- Matiz de hueco. Si en el apartado anterior seleccionó un color, decida si su opacidad debe ser del 100 por 100 (completamente opaco) o inferior.

Estilos de trazo personalizados

Para crear estilos de trazo personalizados, seleccione Estilos de trazo en el menú del panel Trazo. InDesign mostrará una ventana con todos los estilos existentes. Como crear estilos de trazo lleva su tiempo, puede guardarlos y compartirlos. Pulse Guardar para guardar sus estilos personalizados en un archivo con terminación .inst. Pulse Cargar para añadir estilos de contorno previamente guardados.

Para crear un nuevo estilo desde cero pulse el botón Nuevo. Sin embargo, lo mejor suele ser partir de un estilo ya creado y adaptarlo a sus necesidades. Para ello, seleccione un estilo de la lista y pulse el botón Nuevo. En ambos casos, aparecerá el cuadro de diálogo Nuevo estilo de trazo.

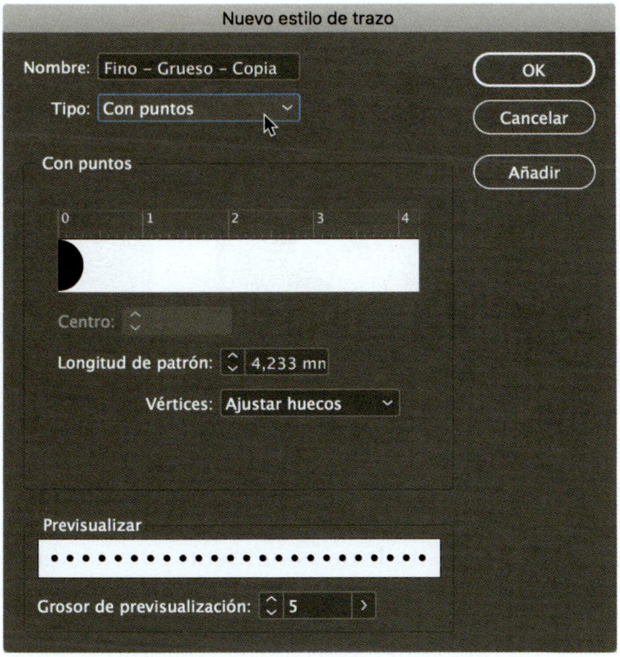

Figura 5.25. Cuadro de diálogo Nuevo estilo de trazo.

Escriba un nombre para su estilo en el cuadro Nombre y seleccione el tipo de contorno que quiera crear: Raya, Guion o Puntos en el menú desplegable Tipo. El cuadro de diálogo adaptará las opciones que ofrece al tipo de contorno que esté editando.

En el caso de Guiones, una regla vertical muestra el patrón ampliado. Puede arrastrar el extremo del guion para modificar su tamaño de forma interactiva: para ello, haga clic y arrastre el pequeño triángulo que apunta hacia abajo en la regla. Si arrastra el ratón sobre una parte de la regla vacía (a la derecha del primer guion), dibujará otro guion. Arrástrelo por encima o por debajo de la regla para borrarlo. Modifique su tamaño arrastrando de los extremos y su posición arrastrando desde el centro.

Si se trata de Rayas, puede crear nuevas rayas y modificar su grosor de forma interactiva o numérica, de manera similar a como lo haría con guiones pero trabajando en vertical en vez de en horizontal.

Debajo de la regla, InDesign muestra las opciones que permiten modificar la longitud o grosor de los elementos seleccionados de forma precisa. En el cuadro Inicio indique dónde debe empezar el guion o la raya (o milímetros para el guion o raya por defecto) y en los cuadros Longitud o Anchura escriba lo largo que debe ser el guion o lo alta que quiere una raya.

Figura 5.26. Efectos de vértice aplicados a dos marcos de imagen.

Cuando el espacio de regla mostrado no es suficiente para añadir todas las variantes de guiones o rayas que necesita, escriba un valor superior en el campo Longitud del patrón.

Por último, una vista previa del aspecto del contorno le guiará en los valores correctos que debe escoger. Aumente o disminuya la previsualización del nuevo contorno modificando el valor del campo Grosor de previsualización. Cuando haya acabado, pulse el botón OK. Si quiere seguir creando estilos de contorno, pulse Añadir y repita los pasos anteriores.

Opciones de vértice

La figura que más abundará en sus diseños, casi con total seguridad, será el rectángulo. Para romper la monotonía y darle un toque personal a su documento, puede modificar el aspecto de sus vértices. Seleccione una figura que tenga dos o más puntos de vértice y escoja Objeto>Opciones de vértice. En el menú desplegable Efecto escoja uno de los cinco efectos posibles para cada uno de los vértices de la figura. En el cuadro de texto Tamaño introduzca una cifra para aumentar o disminuir el efecto. Puede ver en tiempo real el nuevo aspecto de la figura si marca la casilla de verificación Previsualizar.

En el caso de marcos rectangulares, habrá observado que, al seleccionarlos con la herramienta Selección aparece un cuadro de color amarillo en el lado derecho. Haga un clic sobre él para que aparezcan rombos amarillos en cada uno de los vértices de la figura. Arrastre de uno de los rombos para modificar el radio del vértice. Pulse Alt (Opción) y haga clic para cambiar el efecto de vértice. Pulse la tecla Mayúsculas para cambiar un solo vértice.

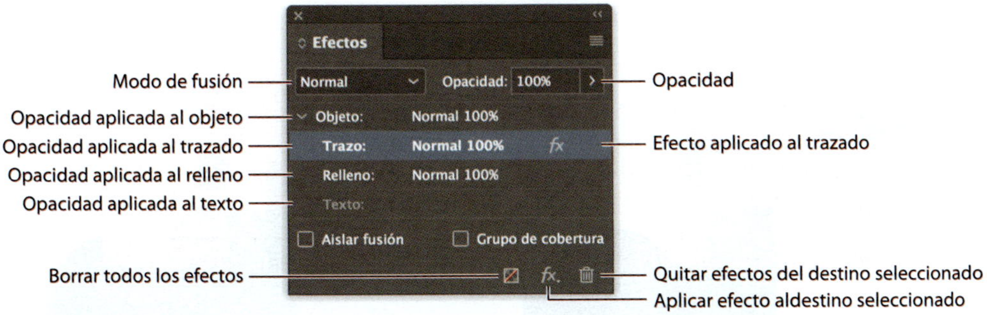

Figura 5.27. Panel Efectos. Observe el icono *fx* al lado del trazo: indica que se ha aplicado un efecto que solo afecta al trazo.

Transparencia y efectos

Adobe Photoshop es conocido por sus dotes como herramienta de retoque y corrección de imágenes. Sin embargo, hay una serie de efectos, como la transparencia, sombra o bisel que, debido a la frecuencia con que se utilizan, resulta más cómodo aplicarlos directamente desde el propio InDesign. Es más, InDesign los aplicará de forma no destructiva, es decir, sin modificar el objeto sobre el cual se emplean, de manera que siempre puede desactivarlos o cambiar los ajustes. Pero lo mejor está aún por llegar: ¡puede aplicar efectos al objeto completo o bien realizar un ajuste diferente para el relleno, trazo o texto que contiene!

Transparencia

Cuando crea un objeto o escribe un texto, su opacidad por defecto es del 100 % o lo que es lo mismo, es totalmente opaco. Al colocarlo por encima de cualquier otro elemento, lo cubrirá completamente. Sin embargo, cuando la opacidad disminuye, la ilustración subyacente se hará visible a través de la superficie del objeto.
Puede aplicar un efecto de transparencia utilizando el panel Efectos (Ventana>Efectos), con el icono Efectos del panel Control o escogiendo el menú Objeto>Efectos>Transparencia. De todas las opciones, la más práctica y sencilla es utilizar el panel Efectos.

Para modificar la opacidad de un objeto y, por lo tanto, aplicarle cierto grado de transparencia, selecciónelo, escoja un destino en el panel Efectos y escriba un valor en el campo Opacidad (o utilice el deslizador). El destino por defecto es el objeto completo, es decir, el trazo, el relleno y el texto (si lo hubiera) se verán afectados por el nuevo ajuste. Para aplicar un ajuste de opacidad diferente al trazo, al relleno o al texto, haga clic en uno de estos destinos y después modifique su valor; un mismo objeto puede tener valores de opacidad diferentes para cada uno de ellos.

Figura 5.28. Aislar fusión. Los cinco cuadrados tienen el modo de fusión Tono. Se han agrupado y colocado sobre un círculo. A la izquierda, sin marcar la casilla Aislar fusión, la opacidad afecta también al círculo. A la derecha, con la casilla marcada, la opacidad solo afecta al grupo de cuadrados, no al círculo subyacente.

Cree efectos interesantes cambiando el modo de fusión por defecto en el menú desplegable Modos de fusión. El modo de fusión determina cómo se mezclan los colores del objeto de arriba con el subyacente. La explicación técnica de cada opción es muy complicada, sin embargo, es fácil entenderlos cuando los aplica. ¡Experimente con ellos! Hay dos opciones más en el panel Efectos:

- Aislar fusión. Limita la aplicación de los modos de fusión a los objetos dentro de un grupo, en vez de aplicarlos también a los elementos subyacentes. Por ejemplo, con la casilla Aislar fusión marcada, si aplica un modo de fusión a cinco cuadrados, los agrupa y los coloca sobre un círculo, el color del círculo no se verá afectado, solo los cuadrados, pues solo ellos forman parte del grupo. Si no marca la casilla, tanto los cuadrados como el círculo se verán afectados (ver figura 5.28).
- Grupo de cobertura. Si marca esta casilla, los objetos del grupo seleccionado cubrirán visualmente a los objetos subyacentes. Es decir, esta casilla de verificación permite que los elementos de un grupo se comporten como un todo, de forma que los ajustes de opacidad y fusión afectarán a los objetos subyacentes pero no a los elementos dentro del grupo (ver figura 5.29).

Efectos

Los efectos en InDesign son del tipo «no destructivo», es decir, no modifican de forma irreversible el objeto sobre el que se aplican, sino que son «dinámicos» y se adaptan al contenido y forma del objeto en tiempo real. Así, si aplica un efecto de bisel al

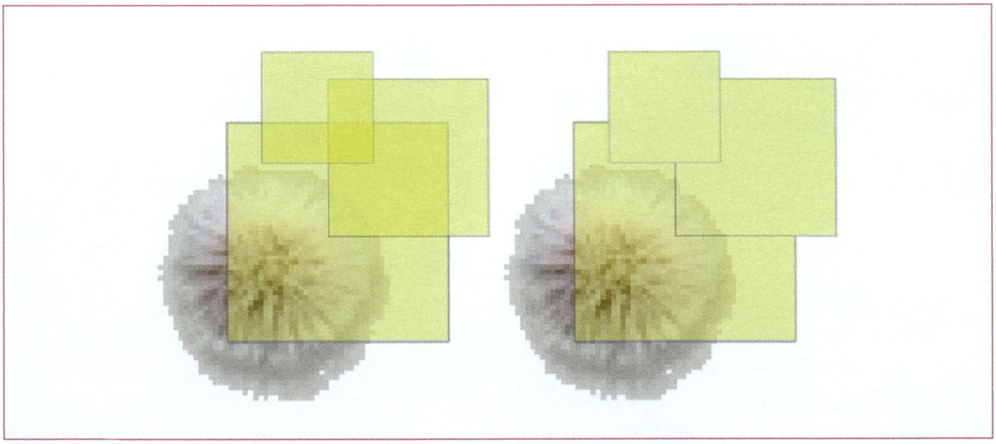

Figura 5.29. Grupo de cobertura. Los tres cuadrados tienen una opacidad del 50 %. Se han agrupado y se colocado sobre una imagen. A la izquierda, sin marcar la casilla Grupo de cobertura, la opacidad afecta también a los cuadrados dentro del grupo. A la derecha, con la casilla marcada, la opacidad solo afecta a la imagen que está debajo, no a las zonas de intersección de los cuadrados.

texto, puede seguir escribiendo o borrando palabras, ajustar la sombra o el tamaño del relieve. ¡Ver para creer!

Los efectos son acumulativos. Puede modificar la transparencia de un objeto, el modo de fusión, aplicarle un relieve y añadir una sombra de regalo. El problema de los efectos es, precisamente, que uno tiende a abusar de ellos. Utilizados con sentido y sensibilidad, son sus mejores aliados. Y si se cansa de ellos, simplemente desactívelos.

InDesign ofrece nueve efectos, a saber: Sombra paralela, Sombra interna, Resplandor externo, Resplandor interno, Biselar y grabar, Satinar, Desvanecimiento básico, Desvanecimiento direccional y Desvanecimiento de degradado.

Aplicar efectos

Para aplicar uno o más efectos a un objeto, selecciónelo, escoja un destino en el panel Efectos (objeto, relleno, trazo o texto) y haga clic en el botón Aplicar efecto en la parte inferior del panel. Se abrirá el cuadro de diálogo homónimo (figura 5.30).

Seleccione en el menú desplegable Configuración para si quiere que los efectos marcados afecten a todo el objeto, el trazo, el relleno o el texto.

Si quiere aplicar un efecto, marque su casilla de verificación; para modificar sus opciones, haga clic en el nombre del efecto.

La mejor forma de determinar qué es lo que hace un efecto y cuál es el sentido de las opciones que lo configuran es activar la casilla de verificación Previsualizar y experimentar con ellos. No obstante, he aquí un compendio de opciones comunes a muchos de ellos:

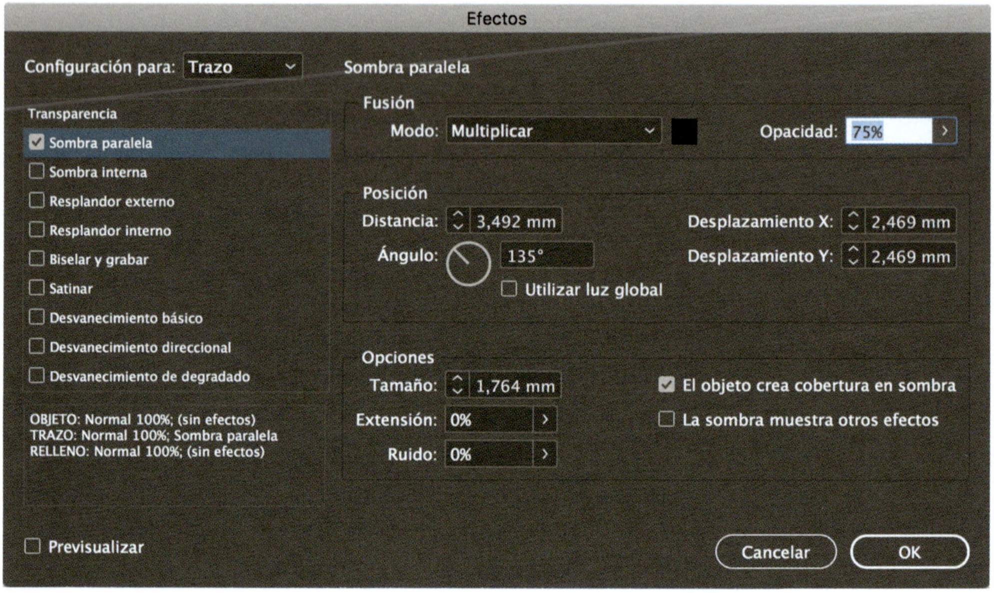

Figura 5.30. Cuadro de diálogo Efectos durante la edición de los ajustes del efecto Sombra paralela.

- Ángulo y altura. Se refiere al ángulo con que incide y la distancia del foco en los efectos de luz, como bisel o sombras. El foco de luz pivota sobre un eje. A 90 grados está a nivel del suelo, y a 0 grados justo en la vertical del objeto.
- Modo de fusión. Especifica cómo se mezclan los colores adyacentes con los que se sitúan por debajo.
- Obturación. Determina cuánta sombra o resplandor es transparente y cuánto es opaco.
- Distancia. Indica la distancia de desplazamiento del efecto con respecto al objeto, como en Sombra paralela.
- Ruido. Añade una trama de puntos al efecto que lo hace parecer más real y, sobre todo, evita la aparición de bandas de degradado.
- Tamaño. Especifica el tamaño que tendrá una sombra o resplandor.
- Extensión. Controla lo difuminada que quedará una sombra o resplandor.
- Técnica. Decida si quiere que un efecto se vea más suave o más definido.
- Desplazamiento X e Y. La distancia horizontal y vertical a la que se desplaza un efecto con respecto al objeto.

Editar y eliminar efectos

Cuando un objeto (o su trazo, relleno o texto) tiene aplicado un efecto, muestra un icono con las letras fx a su derecha en el panel Efectos. Haga doble clic para abrir el cuadro de diálogo Efectos y modificar los ajustes oportunos.

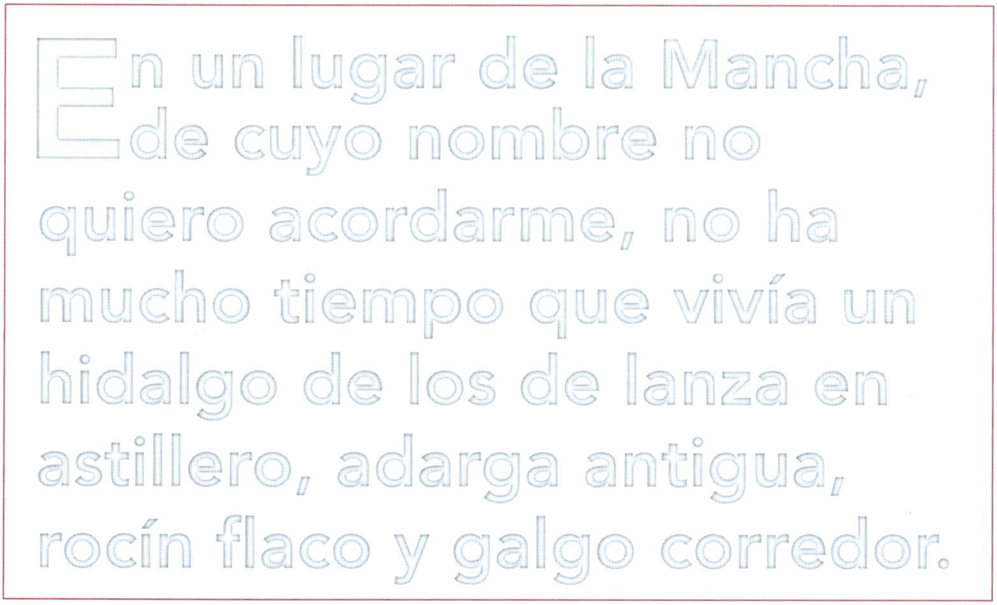

Figura 5.31. El efecto Sombra interna aplicado a un texto.

Si quiere eliminar todos los efectos de un objeto, devolviendo el valor de opacidad al 100 por 100 y aplicar el modo de fusión Normal, haga clic en el icono Borrar todos los efectos del panel Efectos o escoja Objeto>Efectos >Borrar todas las transparencias. Si solo quiere borrar los efectos del destino seleccionado (trazo, relleno o texto) haga clic en el botón Quitar los efectos del destino seleccionado del panel Efectos o escoja el menú Objeto>Efectos>Borrar efectos.

Ejercicios

1. Abra el documento figuras.indd situado en la carpeta Ejercicios>cap5. Trate de reproducir las mismas figuras que se muestran en la mitad inferior del documento. Intente hacerlas del mismo tamaño y distribuya por igual los espacios.
2. Convierta las figuras que creó en el ejercicio anterior en marcos.
3. Abra el documento Ejercicios>cap5>pluma.indd. Trate de dibujar los nueve números utilizando la herramienta Pluma. No se desespere y repita una y otra vez los pasos, porque si consigue repasar las cifras de manera aceptable, ¡habrá dominado la técnica! Puede utilizar el documento pluma_final.indd y hacer clic en cada número con la herramienta Selección directa para ver en qué lugar colocar los puntos de control.

4. Abra el documento Ejercicios>cap5>buscatrazos.indd. Trate de reproducir la ilustración utilizando figuras (rectángulos y círculos) y el panel Buscatrazos. Utilice las guías de regla y las guías inteligentes para alinear correctamente los elementos.
5. Trate de realizar la ilustración del documento Ejercicios>cap5>transformar_sol.indd a partir del documento transformar.indd. Utilice las herramientas de transformación y las guías.
6. Haga los diferentes tipos de trazos del documento Ejercicios>cap5>trazos.indd.
7. Abra el documento Ejercicios>cap5>transparencia.indd. Trate de reproducir el mismo aspecto del marco de las dos ilustraciones inferiores. Utilice diferentes técnicas de selección múltiple y los paneles Buscatrazos y Efectos.

6

Organizar y manipular objetos

Un documento de InDesign está formado por páginas sobre las que se disponen distintos elementos gráficos y texto. A veces, por cuestiones de organización o edición, le convendrá crear conjuntos de elementos que compartan algo en común, por ejemplo, todos los marcos de texto de una página, o un marco gráfico con su pie de foto. InDesign le proporciona diferentes formas de organizar los elementos para que su edición sea más cómoda y efectiva: modificar el orden de apilamiento, agruparlos para que se comporten como uno solo, bloquearlos para evitar un cambio accidental o distribuirlos en diferentes capas que luego pueden bloquearse u ocultarse. En definitiva, lea este capítulo para aprender a poner orden en sus documentos.

Apilar objetos: delante, detrás, frente y fondo

Los objetos vectoriales se comportan como si fuesen recortes de papel; no comparten, por así decirlo, el mismo nivel de solapamiento (como sí sucede con las diferentes capas de pintura de un lienzo, que se entremezclan e interactúan entre sí para dar como resultado colores y texturas diferentes). Así, si quisiese crear una ilustración con trozos de papel, debería decidir qué fragmentos van encima y cuáles debajo. Pues bien, cuando crea objetos en InDesign está estableciendo un orden de apilamiento: el primer elemento creado se comporta como el primer fragmento de papel en ser depositado sobre el lienzo, está al fondo, por debajo de los que añada a continuación.

Puede modificar el orden de apilamiento de los objetos utilizando las opciones que encontrará en el menú Objeto>Organizar. Si imagina que la pila de objetos es como una cola de personas ante la taquilla del cine, entonces:

- Traer al frente. Pasa a ser el primero de la cola, independientemente de su posición inicial. Sitúa al objeto seleccionado por delante de los demás objetos de la página.
- Hacia delante. Adelanta una posición en la cola. Sitúa al objeto un nivel por encima de la pila, delante del primer objeto que estaba situado inmediatamente encima.
- Hacia atrás. Atrasa una posición en la cola. Sitúa al objeto seleccionado un nivel por detrás.
- Enviar detrás. Pasa a ser el último de la fila. Sitúa al objeto seleccionado por detrás de los demás objetos del pliego.

Bloquear y desbloquear objetos

¿Cuántas veces habrá querido inmovilizar un objeto para evitar cualquier cambio por error? Con InDesign es posible y, además, sencillo. El comando Objeto>Bloquear impide que un objeto pueda cambiar de posición, tamaño o forma. No obstante, puede seleccionarlo para modificar otros atributos, como el contorno o el color de relleno (siempre y cuando no esté marcada la casilla Impedir selección de objetos bloqueados en Preferencias>General>Edición de objetos).

Figura 6.1. A la izquierda, tres objetos apilados. En el centro, con el cuadrado seleccionado, se ha aplicado el comando Hacia adelante. A la derecha, el mismo cuadrado, esta vez con la opción Traer al frente.

Puede identificar un objeto bloqueado porque muestra el icono de un candado en el lado izquierdo de su cuadro delimitador, denominado icono de bloqueo. Cuando trata de arrastrar o cambiar el tamaño de un objeto bloqueado, el cursor se convertirá en un candado. Además, no puede borrar un objeto bloqueado.

Para desbloquear un objeto, haga clic en el icono de bloqueo. Para desbloquear todos los objetos de un pliego, escoja Objeto>Desbloquear todo en pliego.

TRUCO

Puede utilizar el panel capas para bloquear y desbloquear objetos, grupos o capas completas.

Agrupar objetos

La facultad de crear grupos de objetos es, posiblemente, el mejor invento desde que se crearon los comando copiar y pegar. El concepto es muy simple; consiste en combinar varios elementos para que pasen a comportarse como uno solo. De esta forma podrá moverlos, transformarlos, copiarlos o pegarlos sin modificar sus posiciones relativas y atributos originales. Por ejemplo, si dibuja una casa formada por un rectángulo para el edificio y otro para la puerta, dos círculos como ventanas y un triángulo por tejado, agrupe estos elementos y podrá moverla en la página como un único objeto, copiarla y pegarla en otros documentos, cambiar su tamaño o añadirle un efecto de sombreado.

Lo mejor de todo es que crear grupos es tan sencillo como seleccionar los objetos y pulsar Control-G (Comando-G) o escoger Objeto>Agrupar. Cuando crea un grupo tenga en cuenta que:

- Si agrupa elementos que pertenecen a diferentes capas, todos pasarán a formar parte de la capa que se encuentre más arriba.

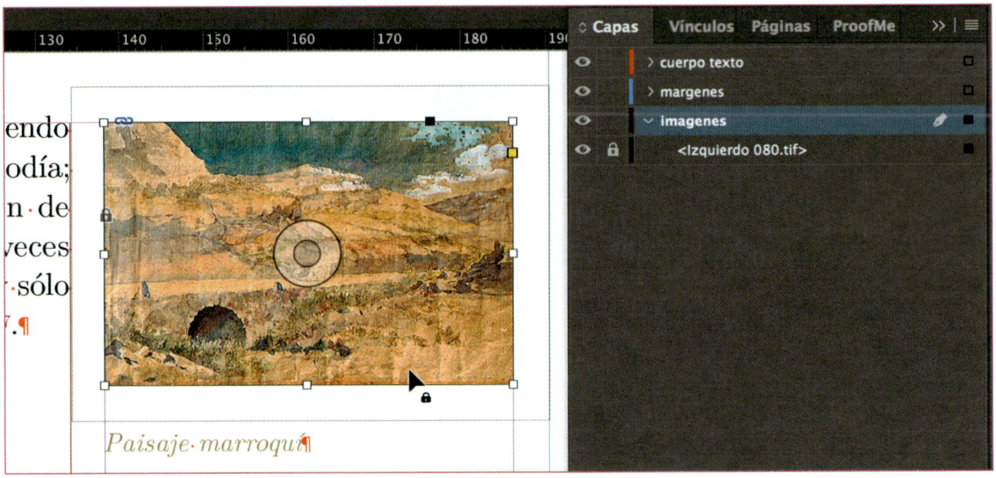

Figura 6.2. El cursor cambia a un candado cuando trata de modificar un objeto bloqueado. Observe el icono de bloqueo con forma de candado en el lado izquierdo del cuadro delimitador y en el panel capas.

- Si los objetos que forman el grupo no son adyacentes en el orden de apilamiento (es decir, no están inmediatamente debajo unos de otros), los objetos se acercarán en el orden de apilamiento hasta colocarse justo detrás del objeto situado más al frente. Por ejemplo, si una página contiene un círculo, un cuadrado y un triángulo por este orden y agrupa el círculo con el triángulo, el nuevo orden de apilamiento será círculo, triángulo y cuadrado.
- No puede combinar objetos bloqueados con objetos no bloqueados en un mismo grupo. Sí puede crear grupos con todos los objetos bloqueados o grupos de objetos no bloqueados.
- Puede anidar grupos, es decir, crear grupos grandes a partir de varios más pequeños o subgrupos. Por ejemplo, puede hacer un grupo de cuadrados y otro de círculos, y luego crear uno mayor agrupando ambos.

Para seleccionar un grupo, haga clic en cualquiera de los objetos que lo componen con la herramienta Selección; verá un cuadro delimitador que los engloba a todos.

Para seleccionar elementos individuales dentro de un grupo, utilice la herramienta Selección directa o haga doble clic con la herramienta Selección. Si quiere seleccionar todos los elementos de un subgrupo, pulse la tecla Alt (Opción) y haga doble clic en un elemento con la herramienta Selección directa. En cualquier caso, es posible editar elementos individuales de un grupo, transformarlos o cambiar sus propiedades de opacidad. Por lo tanto, a efectos prácticos, un grupo solo se comporta como tal si lo manipula con la herramienta Selección.

Para deshacer un grupo, pulse Control-Mayúsculas-G (Comando-Mayúsculas-G) o escoja Objeto>Desagrupar.

Figura 6.3. A la izquierda, varios elementos agrupados. Todos comparten un mismo cuadro delimitador. A la derecha, los mismos elementos sin agrupar.

Alinear objetos

Posiblemente se deba a un «defecto de fábrica» en nuestro sistema de visión, pero somos capaces de encontrar elementos mal alineados o espaciados de forma irregular con una precisión milimétrica, de forma obsesiva diría yo... Por eso, un buen diseño se fundamenta en la correcta alineación y distribución de los elementos que componen la página.

InDesign, cómo no, pone a su disposición todo un arsenal de herramientas para ayudarle a poner orden y concierto en las páginas, el panel Alinear (Ventana>Objeto y maquetación>Alinear) o sus equivalentes en el panel Control.

NOTA

Para ver las opciones de alineación del panel Control, *debe seleccionar al menos dos objetos.*

Alinear y distribuir objetos de forma numérica

Para alinear o distribuir elementos a lo largo de un eje horizontal o vertical, seleccione los objetos con la herramienta Selección y escoja una de las siguientes referencias de alineación en el panel Alinear:

- Página: se distribuyen con respecto a los límites de la página, por ejemplo, para centrar un objeto en la página.
- Márgenes: se utilizan los márgenes de la página como referencia. Marque esta opción para alinear los objetos con respecto al espacio entre márgenes.

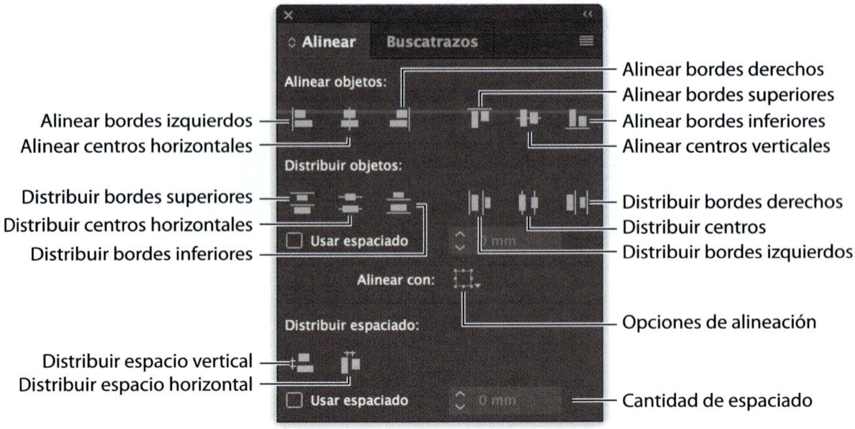

Figura 6.4. Panel Alinear en versión expandida.

- Objeto clave: utiliza como referencia el objeto que marque como objeto clave. Por ejemplo, si selecciona una opción de alineación o distribución vertical, se utilizará el borde superior del objeto clave como referencia de alineación. Para escoger el objeto clave, seleccione primero todos los elementos que desee alinear y luego haga clic sobre uno de ellos; verá como su marco de selección aumenta de grosor y en el panel Alinear la opción de alineación seleccionada es Objeto clave. Vuelva a hacer clic en el objeto clave para deseleccionarlo.
- Pliego: la referencia de alineación es el espacio formado por todas las páginas que componen un pliego.
- Selección: se utiliza como referencia la posición del objeto situado más al extremo del tipo de alineación seleccionado. Por ejemplo, si escoge una alineación vertical a la derecha, los elementos se colocan con su borde derecho coincidiendo con

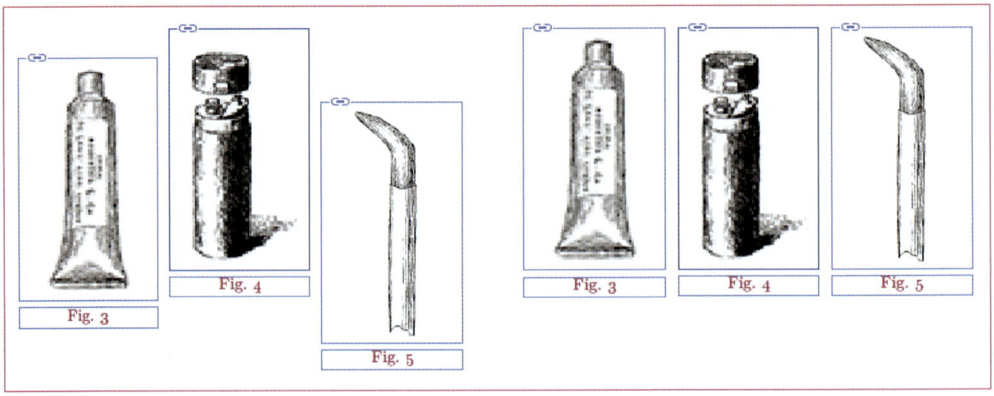

Figura 6.5. Objetos antes (izquierda) y después (derecha) de Alinear bordes superiores con respecto a la selección.

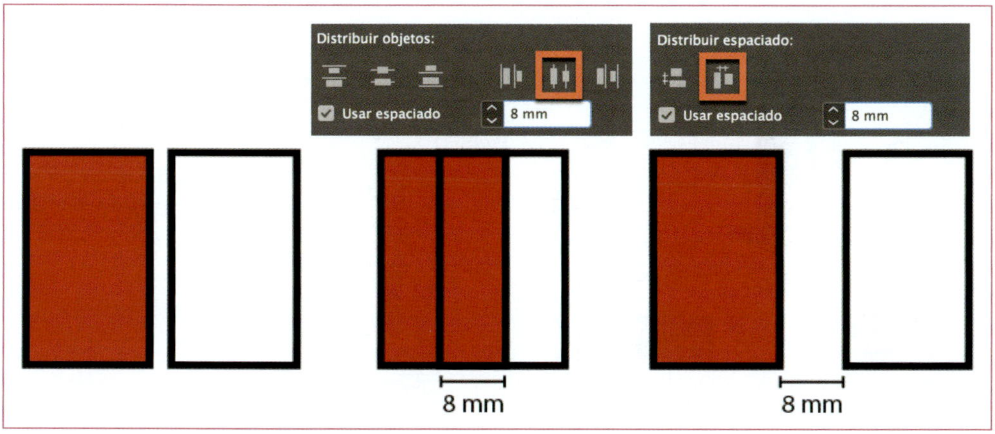

Figura 6.6. Diferencia entre las opciones Distribuir objetos y Distribuir espaciado con un valor de espaciado de 8 mm. A la izquierda, con la opción Distribuir centros horizontales; hay una distancia de 8 mm entre el centro de un objeto y el centro del siguiente. A la derecha, con la opción Distribuir espacio horizontal; el espacio entre los bordes de los objetos es de 8 mm.

la posición del borde derecho del objeto seleccionado situado más a la derecha (¡válgame la redundancia!).

Si quiere repartir equitativamente el espacio entre los objetos seleccionados, proceda como en el caso anterior, pero en esta ocasión haga clic en uno de los botones del apartado Distribución. Por ejemplo, si hace clic en el botón Distribuir bordes izquierdos, InDesign hará que la distancia entre los bordes izquierdos de un objeto y otro sea la misma. Si marca la casilla de verificación Usar espaciado, entonces la distancia entre los bordes será la que designe en el campo de texto Cantidad de espaciado.

Si necesita determinar con precisión el espacio entre los objetos, pulse el icono Mostrar opciones del panel Alinear, marque la casilla de verificación Usar espaciado, escriba un valor en el campo Cantidad de espaciado y haga clic en uno de los dos botones del apartado Distribuir espaciado.

NOTA

Las opciones de alineación y distribución no funcionan con objetos bloqueados.

Alinear y distribuir objetos de forma interactiva

Como ya comentamos en capítulos anteriores, las guías inteligentes pueden sustituir, en algunos casos, las funciones del panel Alinear. Por ejemplo, para alinear y distribuir homogéneamente el espacio entre tres rectángulos, tome uno como referencia. Arrastre el segundo hasta que una guía inteligente indique que se han alineado los bordes

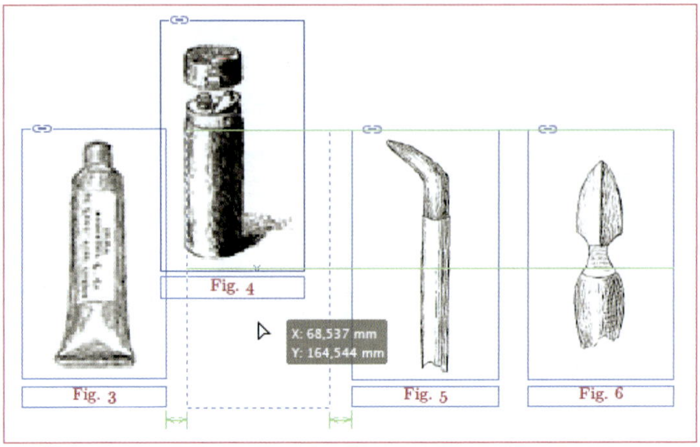

Figura 6.7. Alinear y distribuir de forma interactiva gracias a la ayuda de las Guías inteligentes. Estoy desplazando la imagen con la leyenda «figura 4» para alinearla con los bordes superiores de las otras tres e igualar el espaciado entre ellas.

superiores. Repita el mismo procedimiento para el tercer rectángulo, pero esta vez, cuando estén alineados por el borde superior, comience a desplazarlo lateralmente hasta que las guías inteligentes muestren que la distancia entre los tres es idéntica. Explicar el proceso es mucho más complicado que ponerlo en práctica, así que cierre un momento el libro, abra InDesign y empiece por dibujar tres rectángulos...

TRUCO

Seleccione varios objetos y mantenga pulsada la barra espaciadora mientras arrastra un manipulador de selección para modificar interactivamente el espaciado entre ellos. Añada la tecla Mayúsculas *a la combinación para que los espacios horizontales y verticales se igualen.*

Estilos de objeto

InDesign ofrece multitud de opciones para modificar el aspecto de un objeto: grosor del trazo, opacidad, color de relleno, sombra paralela, estilo de párrafo aplicado, contorneo de texto, etc. Si a un conjunto de modificaciones específico le da un nombre y lo guarda, habrá creado lo que se conoce como un Estilo de objeto. Cuando quiera que otro elemento del documento tenga las mismas características que el primero, solo debe asignarle el estilo recién creado. Y, si más adelante, quiere añadir otra característica o modificar un valor, solo debe editar el estilo para que, automáticamente, todos los objetos del documento que lo tengan aplicado reflejen el cambio. ¡Qué fácil y qué potente!

NUEVO Los estilos de objeto también se pueden utilizar para determinar el tamaño de un elemento así como su posición horizontal y vertical con respecto a los bordes de página o a los márgenes.

Crear y modificar estilos de objeto

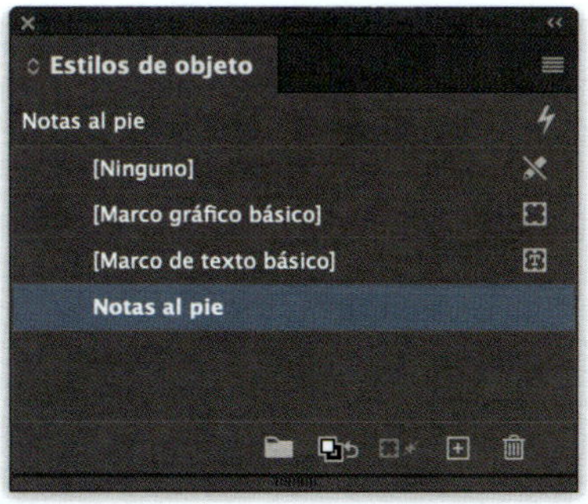

Figura 6.8. Panel Estilos de objeto.

Utilice el panel Estilos de objeto (Ventana > Estilos > Estilos de objeto) para crear, asignar y modificar estilos de objeto.

La forma más fácil, rápida y efectiva de crear un estilo de objeto consiste en aplicar las opciones de formato que crea convenientes a un elemento existente y, cuando tenga el aspecto deseado, seleccionarlo y hacer clic en el botón Nuevo estilo de objeto del panel Estilos de objeto. InDesign copiará los atributos del elemento seleccionado y les asignará un nombre por defecto (Estilo de objeto 1, Estilo de objeto 2... y así sucesivamente). Para cambiarlo por otro más conveniente, haga doble clic en el nombre del estilo y escriba el nuevo en el cuadro de texto Nombre de estilo del cuadro de diálogo Opciones de estilo de objeto.

En la parte izquierda del cuadro de diálogo Opciones de estilo de objeto verá una lista con los atributos y efectos que puede aplicar a los elementos que tengan asignado el estilo. Cada uno tiene una casilla de verificación a la izquierda. Los ítems marcados son los que están en uso para el estilo que está editando.

General

El primer nombre en la lista es General. Si lo selecciona, el panel mostrará, en su mitad derecha, las opciones generales del estilo, que permiten basar un estilo en otro o asignarle un atajo de teclado en el cuadro de texto Atajo. La lista desplegable Basado en es una opción verdaderamente útil si quiere que un estilo sea la variante de otro. Por ejemplo, imagine un estilo de objeto que determina el trazo, color de relleno y opacidad de los elementos a los que se les aplica. Para hacer otro idéntico pero con un color de relleno diferente, escoja el nombre del primer estilo en el cuadro desplegable y modifique solo el atributo Relleno. Cuando edite el estilo original, todos los que están basados en él reflejarán la misma modificación.

En la parte inferior del panel General, una lista-resumen enumera los atributos y valores asignados a un estilo.

Para restaurar todos los valores de atributos y efectos de un estilo, pulse el botón Restaurar a base.

Atributos básicos

Para modificar las opciones de un atributo, haga clic en un elemento de la lista Atributos básicos; a su derecha, un panel muestra las mismas opciones que se encuentran en

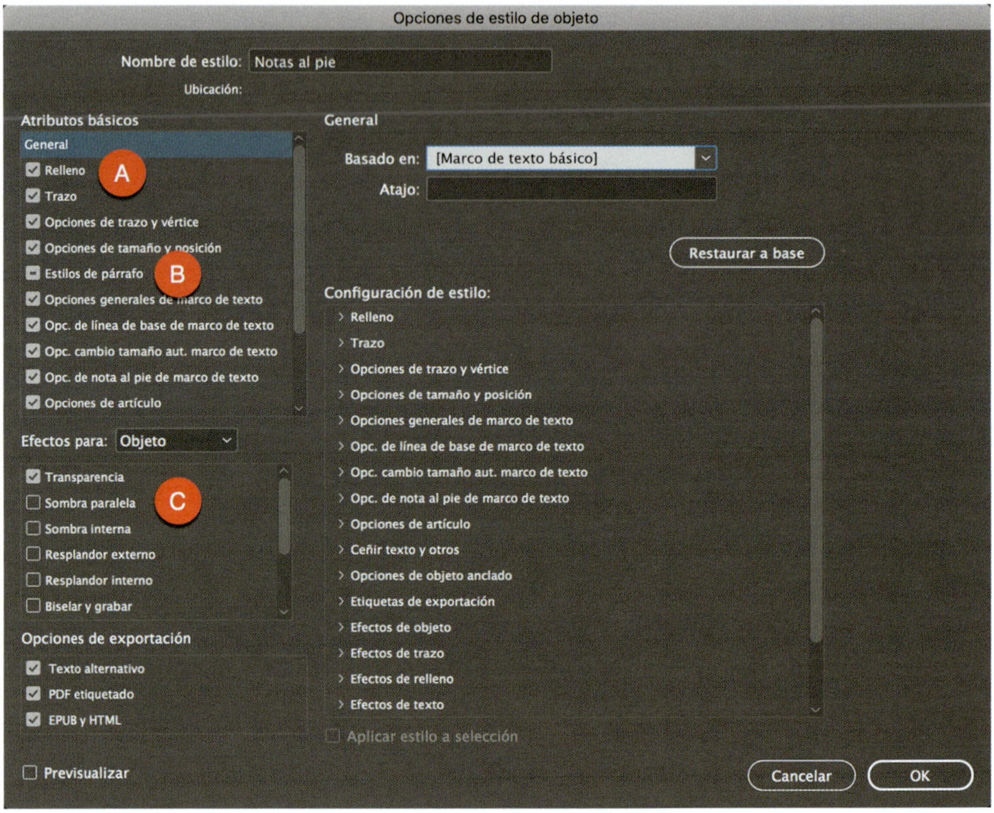

Figura 6.9. Cuadro de diálogo Opciones de estilo de objeto, mostrando las opciones generales. Los tres estados de las casillas de verificación pueden ser: activado (**A**), ignorado (**B**) u omitido (**C**).

otros paneles de InDesign como Efectos, Trazo, Párrafo, etc. La explicación de las opciones de cada atributo las encontrará en los capítulos correspondientes del libro, pues son idénticas a los paneles y cuadros de diálogo a los que hacen referencia.

La casilla de verificación de los atributos básicos puede estar en dos estados: activado o ignorar (consulta el apartado siguiente para una explicación de los diferentes estados).

Efectos

En el menú desplegable Efectos para seleccione el ámbito en el que actuarán las opciones que marque más abajo: todo el objeto, solo el trazo, solo el relleno o solo el texto. Puede especificar distintos valores de un mismo efecto para cada uno de ellos; por ejemplo, diferente ajustes de Sombra paralela para el trazo y el relleno.

Las casillas de verificación de lista de efectos pueden tener tres estados (haga clic consecutivamente para pasar de uno a otro):

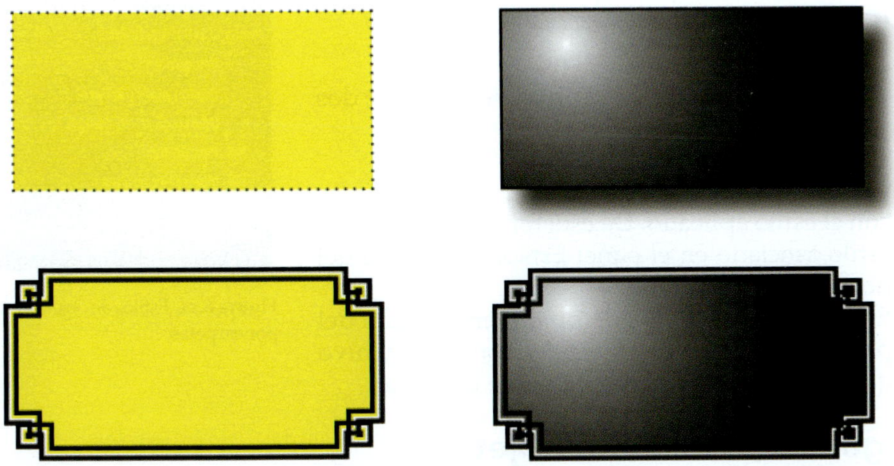

Figura 6.10. Diferencia entre los tres estados de una casilla de verificación del panel Opciones de estilo de objeto. Arriba, los dos rectángulos originales. Abajo, a los dos rectángulos se les ha aplicado el mismo estilo de objeto con el atributo Trazo activado, el Relleno ignorado y el efecto Sombra paralela desactivado.

- Activado (signo visto). Aplica al objeto los ajustes del efecto especificados por el estilo y sustituye los que ya tuviese. Por ejemplo, un estilo con la casilla de verificación del efecto Sombra paralela marcada crea una sombra en los objetos que no la tienen y cambia los ajustes de sombra en los que la tienen.
- Desactivado (desmarcada). No aplica el ajuste y, además, borra el efecto de los objetos que lo tienen aplicado. Por ejemplo, si desmarca Bisel, los objetos con bisel a los que aplique el estilo perderán el efecto; los objetos sin bisel seguirán sin tenerlo.
- Ignorar (marcada con un cuadrado sólido en Windows o un guion en Macintosh). No aplica el ajuste y no modifica los valores de los objetos que ya lo tienen aplicado. Por ejemplo, un estilo con los efectos Transparencia en estado ignorar y Sombra paralela marcado, aplicado sobre un objeto con opacidad del 20 %, le añadirá una sombra y dejará la opacidad tal y como la encontró, al 20 %.

Como en el caso de los atributos, haga clic en el nombre de un efecto para acceder a sus opciones en el panel de la derecha.

Opciones de exportación

Las opciones que marque en este apartado determinarán qué características se aplican a los objetos cuando el documento se exporta en los formatos PDF interactivo, EPUB y/o HTML.

Copiar estilos de objeto de otros documentos

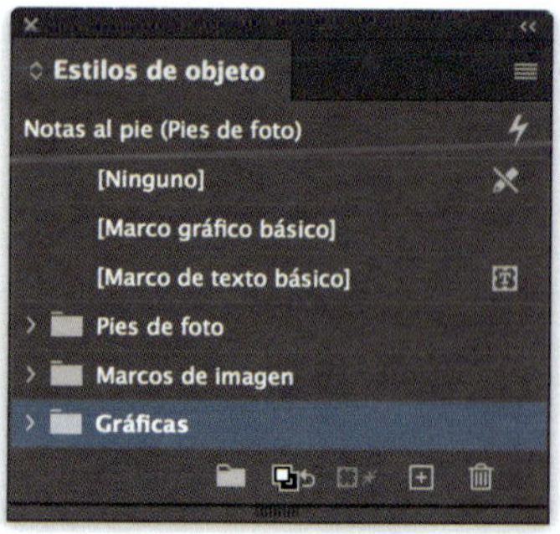

Figura 6.11. Estilos de objeto agrupados por carpetas.

Es la forma más rápida de crear un estilo. Tiene dos opciones:

- Copiar y pegar entre documentos los elementos con el estilo aplicado. De esta forma, aparecerá el estilo asociado en el panel Estilos de objeto del documento de destino.
- Escoger Cargar estilos de objeto en el menú del panel Estilos de objeto y seleccionar el archivo que contenga los estilos que desee importar.

Organizar estilos de objeto

Si cuenta con un elevado número de estilos de objeto, la mejor manera de controlarlos es mediante la creación de grupos o carpetas que aúnen estilos con criterios similares. Por ejemplo, puede crear un grupo con todos los estilos que controlan el aspecto de las leyendas y pies de foto de un libro. Para ello, haga clic en el icono Crear nuevo grupo de estilos. Aparecerá una carpeta sobre la que podrá arrastrar los nombres de los estilos. Haga doble clic en el icono de la carpeta para cambiar su nombre. Para mostrar los estilos que contiene un grupo haga clic en el pequeño triángulo que se encuentra a su izquierda; haga clic nuevamente para ocultarlos.

Aplicar estilos de objeto

Es la parte más sencilla y divertida de trabajar con estilos de objeto. Seleccione un objeto, marco —incluidos los marcos de texto— o grupo y haga clic en un nombre de estilo en el panel Estilos de objeto o seleccione un estilo en el menú desplegable Estilo de objeto del panel Control. Como por arte de magia, todos los atributos y efectos definidos en el estilo se aplicarán al elemento seleccionado. Si selecciona un grupo, el estilo se aplica de forma individual a cada elemento del grupo. También puede aplicar un estilo a un objeto sin necesidad de seleccionarlo previamente si arrastra un nombre de estilo del panel Estilos de objeto sobre el elemento.

Anulaciones

Si aplica un estilo de objeto a un elemento y luego edita alguno de sus atributos, el panel Estilos de objeto mostrará un signo + al lado del nombre del estilo cada vez que seleccione el objeto. Con este signo, InDesign advierte que el objeto no tiene aplicado el estilo tal y como se definió, sino que está «alterado» por modificaciones individuales. Si desea mantenerlas, simplemente ignore la advertencia. Para eliminar cualquier modificación y hacer que los atributos del objeto sean exactamente los definidos por el estilo, seleccione el objeto y pulse el botón Borrar modificaciones del panel Estilos de objeto.

Sin embargo, puede que prefiera justo lo contrario, que sea la definición de estilo la que herede las características del objeto con modificaciones. Para ello, seleccione el objeto y escoja Redefinir estilo en el menú del panel Estilos de objeto. El signo + desaparecerá del nombre del estilo y el resto de elementos que tengan aplicado el mismo estilo de objeto verán sus atributos modificados conforme a la nueva definición.

Estilos predeterminados

En el panel Estilos de objeto hay dos iconos (▣ e ▢) que indican cuál será el estilo aplicado por defecto a los nuevos elementos que se crean, ya sean marcos de texto o gráficos. Puede arrastrarlos hasta el nombre del estilo que quiera predeterminar. Por ejemplo, si quiere que todos los marcos de texto tengan un trazo punteado de 1 punto de grosor, haga un nuevo estilo de objeto y asígnele el icono Estilo de marco de texto por defecto. A partir de entonces, cada marco de texto que cree tendrá un trazo punteado con 1 punto de grosor. Lo mejor es que siempre puede editar el estilo y cambiar otras características que desee que compartan todos los marcos de texto, como un color de relleno o un efecto de transparencia.

NOTA

Si selecciona un estilo de objeto cuando no hay ningún objeto seleccionado, este pasará a ser el estilo predeterminado y mostrará el icono correspondiente en el panel Estilos de objeto.

Borrar atributos omitidos

Si en la definición de un estilo de objeto se ignora un atributo, cuando aplica el estilo a un objeto que sí tiene definido dicho atributo puede borrarlo, es decir, dejarlo en su valor por defecto. Por ejemplo, si ignora el atributo Trazo y aplica el estilo a un rectángulo con un grosor de contorno de 4 puntos, al hacer clic en el botón Borrar atributos no definidos en el estilo el rectángulo perderá su trazo.

Fíjese en un detalle muy importante: cuando asigna atributos que el estilo ignora, no aparece el signo + al lado del nombre del estilo, puesto que, efectivamente, no está alterando valores definidos por el estilo. Por eso, aunque aplique el mismo estilo a diferentes objetos, puede que su aspecto final no sea idéntico si el estilo ignora algún atributo.

Borrar estilos de objeto

Seleccione el nombre del estilo en el panel Estilos de objeto y pulse el botón Eliminar estilo seleccionado. Un cuadro de diálogo le pedirá que escoja un estilo para sustituir al borrado. Puede escoger un estilo básico o cualquier otro estilo que haya creado.

Figura 6.12. Ficha Objeto del cuadro de diálogo Buscar/Cambiar.

Como ve, se trata de una manera fácil de cambiar rápidamente el estilo aplicado a un buen número de objetos.

Si lo que quiere es mantener los atributos del objeto pero romper su vínculo con el estilo, de modo que si el estilo cambia no se modifiquen sus atributos, selecciónelo y escoja Romper vínculo al estilo en el menú del panel Estilos de objeto.

Buscar y cambiar atributos de objeto

Puede utilizar el comando Buscar/Cambiar para buscar y cambiar los atributos y efectos aplicados a objetos, marcos de gráficos y marcos de texto. Por ejemplo, para conseguir que el grosor, color y estilo de los trazos sea uniforme, puede utilizar el comando Buscar/Cambiar y homogeneizar así los atributos de trazo en todo el documento.

Para iniciar una búsqueda de atributos de objeto, escoja Edición>Buscar/Cambiar y haga clic en la ficha Objeto:

1. Haga clic en el icono Especificar atributos para búsqueda. Se abrirá un panel con el mismo aspecto y opciones que el panel Estilos de objeto.
2. En la parte izquierda del cuadro de diálogo Opciones de búsqueda de formato de objeto seleccione un tipo de formato, especifique los atributos que quiere buscar y

haga clic en Aceptar (OK). Recuerde que cada categoría de Efectos puede estar en uno de estos tres estados: Activada, desactivada o ignorada. Por ejemplo, si marca el botón de opción Activado para el efecto Sombra paralela, este se incluirá en la búsqueda; si marca Desactivado, solo se encontrarán elementos con este efecto desactivado. Por último, si selecciona Ignorar, el efecto Sombra paralela no se tiene en cuenta en la búsqueda, es decir, puede encontrar elementos que tengan o no el efecto sombra paralela aplicado.

3. Si desea modificar el formato de los objetos encontrados, haga clic en el icono Especificar atributos para cambio. Seleccione una categoría de formato, maque las opciones convenientes y pulse Aceptar (OK).
4. Opcionalmente, escoja si Buscar/Cambiar tendrá lugar en el documento actual o en todos los documentos abiertos. Seleccione también el tipo de objeto que quiere encontrar: Todos los marcos, Marcos de texto, Marcos de gráficos o Marcos sin asignar.
5. Pulse el botón Buscar para que InDesign muestre la primera coincidencia. Puede mantener abierto el cuadro de diálogo Buscar/Cambiar mientras edita el objeto hallado.
6. Haga clic en Cambiar para sustituir el atributo encontrado por el atributo de sustitución. O bien, pulse Buscar/Cambiar para sustituir el formato encontrado y presentar la siguiente coincidencia.
7. Si comprueba que la búsqueda y sustitución están dando los resultados esperados, pulse Cambiar todo para reemplazar todas las ocurrencias de una vez, sin esperar confirmación por su parte; si algo sale mal, escoja Edición>Deshacer para volver a dejar todo como estaba.

Capas

Sin que usted se haya percatado, todos sus documentos residen en al menos una capa, la capa 1. La gran virtud de las capas es que están ahí para ayudarle, pero pasan totalmente desapercibidas hasta que un día las descubre... ¡y ya no puede vivir sin ellas!

¿Qué son las capas? Una capa se asemeja a una lámina transparente, como las que se utilizan para proyectar información sobre una pantalla; si no contienen ninguna ilustración, dejan ver cualquier gráfico que contengan las láminas inferiores. Como las transparencias, pueden apilarse unas sobre otras, cambiar de orden, mostrarse u ocultarse. Cada una es portadora de una parte de la información, de manera que facilitan enormemente la organización del contenido del documento.

Puede utilizar las capas para dividir de forma lógica el contenido de un documento. Por ejemplo, siempre que hago un catálogo, creo al menos cuatro capas: una para los elementos comunes, como pies de página o cabeceras, otra para las imágenes, una tercera para el texto y la cuarta para los pies de foto. De esta forma puedo concentrarme en cada una de las tareas por separado. Cuando estoy trabajando en el texto bloqueo,

Figura 6.13. El panel Capas.

e incluso oculto, el resto de capas, de manera que no puedo mover una imagen por error o me resulta mucho más sencillo seleccionar grandes bloques de texto.

Como recordará, los objetos se apilan unos sobre otros. A su vez, varios objetos pueden formar un grupo. Muchos grupos y objetos pueden residir en una capa. Varias capas conforman el contenido de una página del documento. Por lo tanto, el orden y visibilidad de las capas son los que definen en última instancia qué elementos se imprimirán o exportarán.

Las capas pertenecen y afectan a todas y cada una de las páginas de un documento, incluidas las páginas principales. Por lo tanto, si oculta una capa para que su contenido no se muestre en una página, la estará ocultando para todo el documento.

NOTA

Los objetos de las páginas principales siempre son los últimos en el orden de apilamiento. Sin embargo, un elemento principal que pertenezca a una capa superior puede cubrir otros elementos de página ubicados en capas inferiores.

El panel capas

En el panel Capas se cuece todo lo relacionado con las capas. Allí nacen, viven, se reproducen y mueren.

A la izquierda del nombre de cada capa hay dos rectángulos que pueden contener —o no— un icono: el icono de un ojo, que simboliza que la capa es visible, y el icono de un candado, para indicar que los elementos de la capa están bloqueados. Para mostrar u ocultar uno de los iconos y, por lo tanto, mostrar, ocultar, bloquear o desbloquear una capa, haga clic en el rectángulo de la columna correspondiente.

TRUCO

Para ocultar todas las capas menos una, mantenga pulsada la tecla Alt (Opción) *al hacer clic en el icono de visibilidad de la capa que quiera mantener visible.*

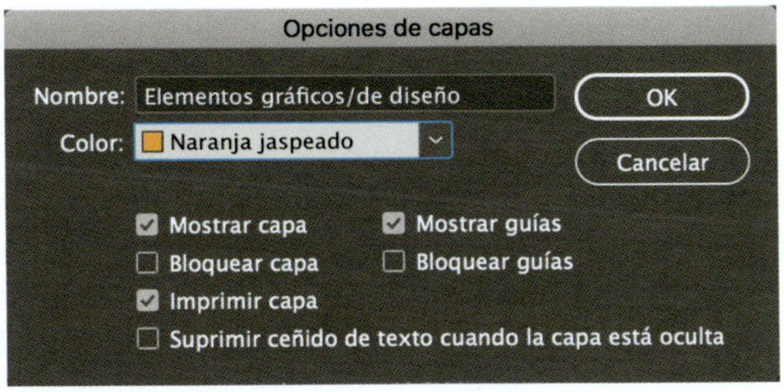

Figura 6.14. Cuadro de diálogo Opciones de capas.

Crear capas

Para crear una capa, haga clic en el icono Crear nueva capa del panel Capas. Se crea una nueva capa por encima de las demás, con un nombre por defecto: capa 2, capa 3... y así sucesivamente. También puede crear una capa duplicando el contenido de otra. Para ello, arrastre una capa existente hasta el icono Crear nueva capa del panel Capas. Aparecerá una nueva capa por encima de la anterior, con el mismo contenido y con el nombre de la capa original terminado en «copia». Por ejemplo, si duplica una capa llamada «Fotos», la capa duplicada se denominará «Fotos copia». Las capas recién creadas se convierten en la capa de destino, es decir, la capa activa en la que se crearán los objetos a partir de ese momento.

Las capas se crean con la visibilidad activada, desbloqueadas y con un color asignado por defecto. Para modificar las propiedades de una capa, haga doble clic en su nombre. Aparecerá el cuadro de diálogo Opciones de capas.

- Nombre. Escriba aquí un nombre descriptivo para su capa.
- Color. Escoja un color de la lista desplegable. Será el color que mostrarán los bordes de marcos y objetos pertenecientes a la capa así como las guías cuando estén seleccionadas.
- Mostrar capa. Es el equivalente a mostrar el icono del ojo. Hace visible una capa.
- Mostrar guías. Las guías pertenecen a la capa en que se crean. Decida si quiere ver las guías de una capa en concreto. Solo las guías visibles pueden atraer objetos.
- Bloquear capa. Impide que pueda hacer cambios en los objetos pertenecientes a la capa. Tiene el mismo efecto que mostrar el icono del candado en una capa. Haga Alt-clic (Opción-clic) sobre el icono del candado de una capa para desbloquearla y, al mismo tiempo, bloquear el resto de capas.
- Bloquear guías. Es una opción ideal si trabaja con capas de guías. Al activar esta casilla de verificación, las guías no pueden moverse ni borrarse, pero seguirán activas mientras permanezcan visibles.

- Imprimir capa. Si no la marca, impide que se imprima la capa aunque esta sea visible. Utilice esta opción cuando trabaje con capas de indicaciones que, bajo ningún concepto, deben imprimirse.
- Suprimir ceñido de texto cuando la capa está oculta. Con esta opción activa, aunque los objetos de la capa tengan algún ajuste de Ceñir texto (el texto sigue la forma de la figura), este será ignorado si la capa se hace invisible. Es una opción útil cuando se utilizan las capas para hacer versiones alternativas de un mismo documento. De esta manera, una capa oculta es ignorada completamente por el texto de otras capas.

Trabajar con objetos en capas

Puede crear objetos en una capa y moverlos o copiarlos a otra capa. De esta manera podrá controla de forma lógica el orden de apilamiento de los diferentes elementos que componen la página.

Crear objetos en una capa

Todos los objetos que crea, pega o arrastra en una página pertenecerán a la capa activa o de destino. Por defecto, la capa de destino es la capa 1. Para escoger otra, haga clic sobre el nombre de la capa; el nombre de la capa de destino queda resaltado y el icono de la pluma aparece a su derecha. Solo puede haber una capa de destino a la vez, aunque es posible seleccionar más de una capa.

Si marca la opción Recordar capas al pegar —en el menú del panel Capas—, cuando pegue objetos pertenecientes a otras capas se pegarán en la capa correspondiente, ignorando la capa de destino. Si el objeto pertenece a otro documento y el documento actual no tiene una capa con el mismo nombre que el de origen, se creará una nueva capa en el documento de destino, se pegará en ella el objeto y se convertirá en la capa de destino.

Mover objetos entre capas

Puede seleccionar cualquier objeto, independientemente de la capa a la que pertenezca, siempre y cuando esta se encuentre visible y desbloqueada. El panel Capas muestra un icono en forma de pequeño cuadro de color, denominado icono de objeto, que simboliza todos los objetos seleccionados de esa capa. Así, de un vistazo, puede saber qué capas contienen los objetos seleccionados. Por ejemplo, si selecciona un rectángulo en la capa 1, el icono de objeto representa ese rectángulo; si selecciona un rectángulo y un círculo, el icono de objeto representará a ambos; si selecciona un círculo de la capa 1 y un rectángulo de la capa 2, ambas capas mostrarán un icono de objeto a su derecha. Para mover (o copiar) objetos de una capa a otra, puede:

- Copiar el objeto, escoger otra capa de destino en el panel Capas y pegar.
- Arrastrar el icono de objeto a la capa de destino que desee. Mantenga pulsada la tecla Alt (Opción) si quiere duplicarlo.

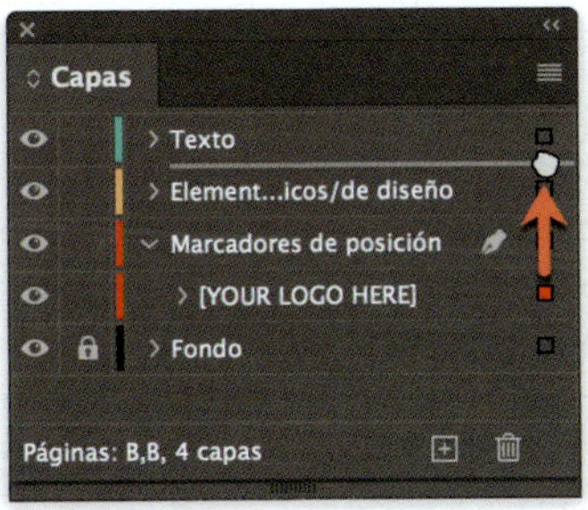

Figura 6.15. Arrastre el icono de objeto de una capa a otra para moverlo. Si mantiene pulsada la tecla ALT (Opción) lo duplicará en la capa de destino. Recuerde que el icono de objeto representa todos los objetos seleccionados en el documento.

- Hacer clic en el icono de triángulo desplegable de la capa que contiene el objeto, seleccionar el nombre del objeto y arrastrarlo a la capa de destino.

TRUCO

Para encontrar en la página un objeto, haga clic en su nombre en el panel Capas *y escoja* Seleccionar y encajar elemento *en el menú del panel* Capas. *InDesign seleccionará, ampliará y centrará el objeto en su pantalla. Por eso es muy recomendable que asigne un nombre a determinados elementos en su maquetación.*

Manipular capas

Para seleccionar una capa, haga clic en su nombre. Puede seleccionar capas contiguas si mantiene pulsada la tecla Mayús, o discontinuas si mantiene pulsada la tecla Control (Comando) al hacer clic en cada una de ellas.

Para duplicar una capa seleccionada, arrástrela al icono Crear nueva capa del panel Capas. Para borrarla, haga clic en el icono Eliminar capa. Recuerde que si elimina una capa, eliminará también su contenido.

Para cambiar el orden de apilamiento de capas, arrastre su nombre en el panel Capas; una línea gruesa indica en qué posición quedará cuando suelte el botón del ratón.

Si quiere combinar el contenido de dos o más capas en una, selecciónelas y escoja Combinar capas en el panel Capas. El orden de apilamiento de los objetos se mantendrá, aunque ahora todos pertenecerán a la misma capa.

Ejercicios

1. Utilizando las técnicas aprendidas en este capítulo, distribuya los elementos del documento Ejercicios>cap6>leyenda.indd por capas, de forma que pueda acceder de forma individual al texto, la imagen y las guías.
2. Convierta el documento del ejercicio anterior en una nueva versión; utilice como referencia Ejercicios>cap6>leyenda_sol.indd.
3. Utilice el panel Alinear para distribuir las imágenes del documento Ejercicios>cap6>alinear.indd igual que en el documento alinear_sol.indd.
4. El documento Ejercicios>cap6>alinear2.indd contiene 4 imágenes con sus respectivas leyendas; trate de distribuirlas como en el documento alinear2_sol.indd y cambie el número de cada figura de forma acorde. Recuerde que algunos elementos pueden estar bloqueados...
5. Abra el documento Ejercicios>cap6>estilos.indd. Haga que las tres imágenes inferiores tenga el mismo marco que la imagen superior, utilizando un estilo de objeto. Modifique el aspecto del trazo en el estilo de objeto para comprobar cómo todas las imágenes se actualizan al mismo tiempo. Utilice la herramienta Selección directa para reencuadrar las imágenes dentro de su marco.
6. Trate de reproducir el aspecto de los marcos de imagen del documento Ejercicios>cap6>marcos.indd. Utilice para ello las opciones de agrupación y apilamiento.

7 Añadir texto

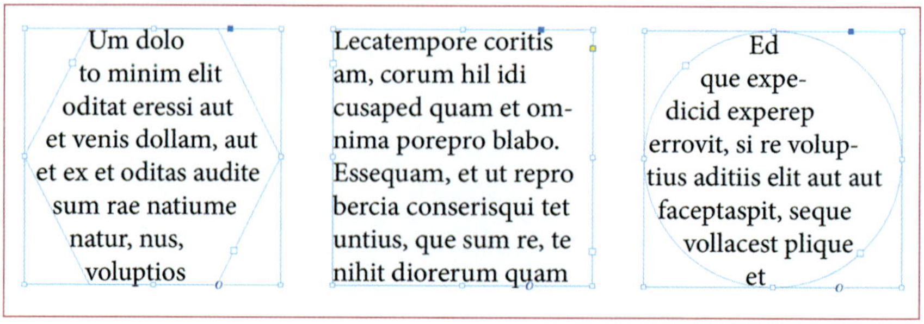

Figura 7.1. Cualquier figura puede convertirse en un marco de texto.

Cuando alguien me pide que piense en una característica en la que InDesign destaca por encima de otras aplicaciones de maquetación, siempre me viene a la mente la composición avanzada de texto. Con este programa aprenderá que las ligaduras existen, que los números se pueden escribir en mayúsculas o minúsculas, que no es lo mismo justificar una línea que un párrafo, que puede utilizar hasta 64 000 caracteres de una fuente... y un sinfín de características tan avanzadas y especializadas que harán las delicias de cualquier amante de la tipografía y la letra escrita.

Crear marcos de texto

En InDesign todo el texto se encuentra en contenedores especiales denominados marcos de texto. Su aspecto es idéntico al de cualquier otro marco o figura; de hecho, todo elemento creado en InDesign es susceptible de convertirse en un marco de texto. Entonces ¿cómo distinguirlos? Muy fácil: cualquier objeto que contenga texto es un marco de texto. ¿Y si todavía no ha colocado texto? Entonces basta con seleccionarlo y fijarse en dos cuadros, mayores que los manipuladores de marco, situados uno en la parte superior del lado izquierdo y otro en la inferior del lado derecho del marco, denominados Casillas de entrada y salida de texto respectivamente.

Para crear un marco de texto rectangular, seleccione la herramienta Texto, haga clic en cualquier parte de la página y arrastre. Cuando suelte el botón del ratón, habrá un nuevo marco de texto con el cursor de texto parpadeando en su interior, a la espera de que comience a escribir o listo para recibir el texto que coloque desde otra aplicación.

Para crear un marco de texto con una forma libre, dibújelo primero con las herramientas de creación de marcos y figuras y luego haga clic en su interior con la herramienta Texto, o selecciónelo y escoja Objeto>Contenido>Texto.

Al pegar, arrastrar o colocar un archivo de texto, InDesign crea automáticamente un marco de texto.

NUEVO Cuando selecciona un marco de texto que no está vinculado a otros, aparecerá un icono con forma de O en la esquina inferior derecha. Haga clic en él para acceder a las características OpenType del texto, como cambiar todo a mayúsculas, aplicar el estilo de cifras antiguo, etc. Evidentemente, está opción solo estará disponible cuando utilice fuentes OpenType.

Modificar marcos de texto

Un marco de texto se comporta como cualquier otro marco o figura, por lo que puede utilizar cualquiera de las técnicas aprendidas en capítulos anteriores para transformarlo, moverlo o escalarlo.

Cuando modifica el tamaño de un marco de texto con la herramienta Selección, el texto se recompondrá para adaptarse al nuevo espacio. Si quiere que el texto se escale junto con el marco, mantenga pulsada la tecla Control (Comando) mientras arrastra. Suelte el botón del ratón y luego la tecla cuando haya acabado. Añada la tecla Mayúsculas a la combinación para mantener la proporción del marco y el texto.

Opciones de marcos de texto

Los marcos de texto son diferentes al resto de marcos debido, precisamente, a que contienen texto. Entre las opciones que puede seleccionar están el número de columnas, la justificación vertical del texto o el uso de una rejilla base personalizada.

Para acceder a las opciones de un marco de texto, selecciónelo y pulse Control+B (Comando+B) o escoja Objeto>Opciones de marco de texto. Se abrirá el cuadro de diálogo Opciones de marco de texto (figura 7.2).

General

- Columnas. Especifique un Número, su tamaño (Anchura) y el espacio entre ellas (Medianil). Si escoge la opción Anchura fija en el menú desplegable Columnas, cuando modifique la anchura del marco de texto se crearán o eliminarán columnas para adaptarse a las nuevas dimensiones del marco; seleccione Anchura flexible para que el número de columnas no varíe pero sí su ancho. Seleccione Equilibrar columnas para que, en caso de tener más de una columna, el texto se reparta de forma uniforme entre todas, de forma que se igualen sus alturas. Si su publicación va a distribuirse en diferentes tamaños, seleccione la opción Anchura flexible y especifique el ancho máximo en el apartado Máxima. De este modo, cuando cree una versión alternativa en la que el tamaño de página sea mayor, la columna crecerá para acomodarse al nuevo espacio extra.
- Espaciado de margen. Por defecto, los marcos de texto no tienen ni relleno ni contorno. Si los hace visibles, entonces querrá especificar un margen interno para evitar que el texto toque los bordes del marco. Escriba un valor para cada uno de los márgenes o haga clic en el icono de la cadena para que los cuatro sean idénticos.
- Justificación vertical. De forma predeterminada, el texto comienza en la parte superior del marco y va descendiendo verticalmente, como lo haría en la página de un procesador de textos. Sin embargo, InDesign también le permite alinear el

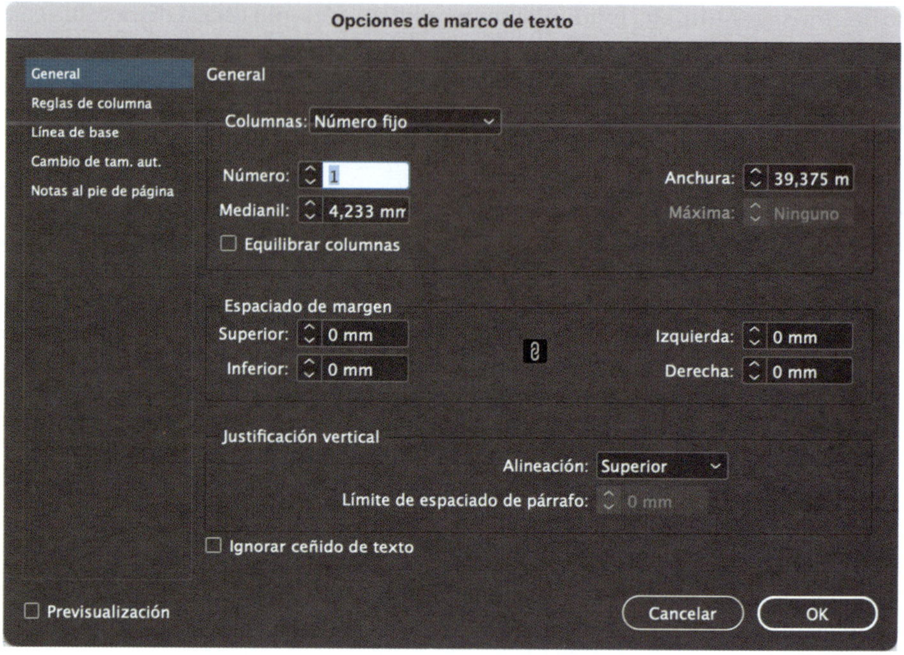

Figura 7.2. Cuadro de diálogo Opciones de marco de texto.

texto en el centro, en la parte inferior o justificarlo completamente dentro de un marco. Si escoge la opción Justificado, las líneas de texto se separan tanto como sea necesario —se modifica el valor de interlineado— para ocupar todo el marco de texto, de arriba abajo. Para que el espacio se distribuya entre párrafos y no entre líneas (una opción mucho más elegante), marque la casilla de verificación Límite de espaciado de párrafo y escriba una cifra. Cuanto mayor sea la cifra, menor será el aumento de interlineado y mayor el espacio entre párrafos.

- Ignorar ceñido de texto. Cuando combina texto e imágenes en una página, el texto puede rodearlas, siguiendo el contorno de la figura. Para ello debe seleccionar el objeto y activar alguna de las opciones que ofrece el panel Ceñir texto. Sin embargo, puede que no quiera que un marco de texto concreto contornee una figura; puede evitarlo marcando esta casilla.

Reglas de columna

- NUEVO Insertar reglas de columna. Marque el cuadro de verificación para que InDesign inserte una regla (un trazo con las características que especificará a continuación) entre columnas.
- Longitud de regla. Mide la distancia entre el borde del marco y el inicio de la regla. 0 mm, el valor por defecto en los cuadros inicio y fin, dibujan una regla tan alta como el marco de texto. Cualquier valor por encima de 0 acortará la regla.

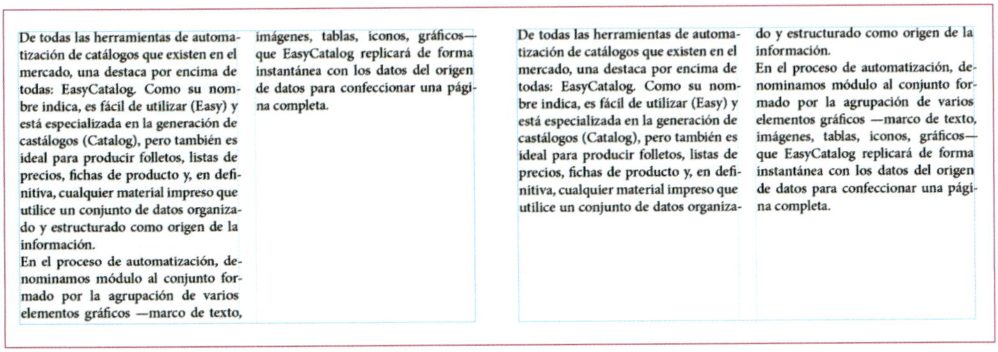

Figura 7.3. Un marco de texto con dos columnas no equilibradas (izquierda) y con la opción Equilibrar columnas seleccionada (derecha).

- Posición horizontal. El valor del cuadro desplazamiento indica la distancia en horizontal de la regla con respecto al centro del medianil. Valores positivos desplazan la regla a la derecha y negativos a la izquierda.
- Trazo. Este apartado permite determinar las características de la regla: grosor (medido en puntos), color, tipo (una línea simple, línea doble, etc.) y matiz (porcentaje de opacidad).

Opciones de línea de base

Como vimos en capítulos anteriores, puede ajustar el texto a la Cuadrícula base del documento. Sin embargo, hay ocasiones en las que es más conveniente que un marco de texto tenga su propia cuadrícula; por ejemplo, un apartado destacado en el artículo de una revista con un número de columnas y un tamaño de texto diferentes. En esta pestaña encontrará las opciones para activarla.

- Primera línea de base. Indica a qué altura debe situarse la primera línea de base del texto con respecto al borde superior del marco de texto: Ascendente, Altura de mayúsculas, Interlineado, Altura x o Fijo. En el cuadro Mín seleccione un valor mínimo para el desplazamiento de la línea de base. Por ejemplo, si selecciona Interlineado y especifica un valor mínimo de 6pt, InDesign utiliza el valor de interlineado solo cuando sea superior a 6 puntos.
- Cuadrícula base. Las opciones son las mismas que las aplicables a la Cuadrícula base del documento. Consulte el capítulo 4 para obtener más información sobre cuadrículas.

Cambiar tamaño automáticamente

InDesign permite crear un marco de texto que se redimensiona de forma automática al añadir, eliminar o editar el texto. Para ello, seleccione una de las opciones en el menú desplegable Cambio de tamaño automático. Utilice el recuadro de referencia

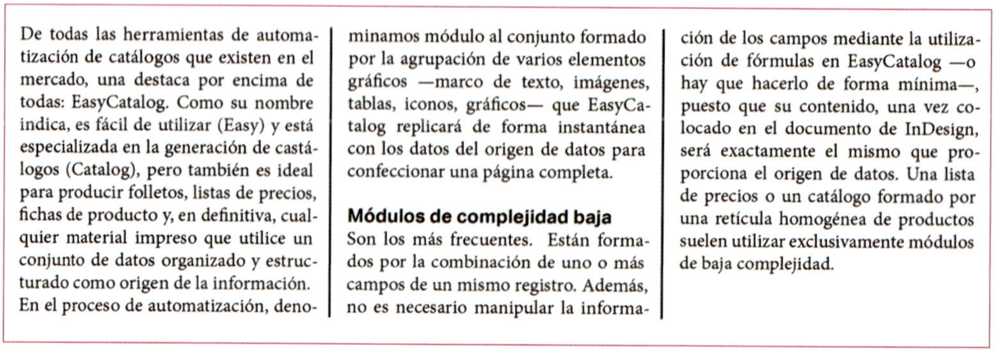
De todas las herramientas de automatización de catálogos que existen en el mercado, una destaca por encima de todas: EasyCatalog. Como su nombre indica, es fácil de utilizar (Easy) y está especializada en la generación de catálogos (Catalog), pero también es ideal para producir folletos, listas de precios, fichas de producto y, en definitiva, cualquier material impreso que utilice un conjunto de datos organizado y estructurado como origen de la información.
En el proceso de automatización, denominamos módulo al conjunto formado por la agrupación de varios elementos gráficos —marco de texto, imágenes, tablas, iconos, gráficos— que EasyCatalog replicará de forma instantánea con los datos del origen de datos para confeccionar una página completa.

Módulos de complejidad baja

Son los más frecuentes. Están formados por la combinación de uno o más campos de un mismo registro. Además, no es necesario manipular la información de los campos mediante la utilización de fórmulas en EasyCatalog —o hay que hacerlo de forma mínima—, puesto que su contenido, una vez colocado en el documento de InDesign, será exactamente el mismo que proporciona el origen de datos. Una lista de precios o un catálogo formado por una retícula homogénea de productos suelen utilizar exclusivamente módulos de baja complejidad.

Figura 7.4. Regla entre columnas.

para controlar si el marco de texto cambiará su tamaño desde el centro, desde los lados o desde cualquiera de los cuatro vértices.

Puede especificar un tamaño mínimo si selecciona cualquiera de los cuadros de verificación del apartado Restricciones.

Marque la opción Sin saltos de línea para forzar que el marco de texto se expanda horizontalmente.

Notas al pie de página

En un marco de texto con notas al pie y que esté dividido en dos o más columnas, puede especificar las opciones de distribución de las notas al final de forma independiente. Para ello, marque los cuadros de verificación Activar anulaciones y Distribuir notas al pie de página en columnas.

Si no marca la opción Activar anulaciones, las opciones de distribución de notas al final del documento se regirán por las que especifique en el cuadro de diálogo Opciones de notas al pie de página del documento, en el menú Texto. Indique también las opciones de espaciado: el Espacio mínimo antes de la primera nota al pie de página determina la distancia entre el texto y el bloque de notas al pie. Controle la distancia entre unas notas y otras mediante la opción Espacio entre notas al pie de página.

Añadir texto a un documento

Tratándose de una aplicación especializada en componer páginas combinando texto y gráficos, InDesign no se queda corto en el número de formas de incorporar texto a un documento. Puede escribirlo directamente en el programa como si de un procesador de textos se tratase, pegarlo, arrastrarlo o importarlo desde cualquier otro documento con un formato compatible, como RTF o DOC.

Figura 7.5. Denominación empleada para referirse a las distancias medidas entre los diferentes puntos de referencia de un bloque de texto.

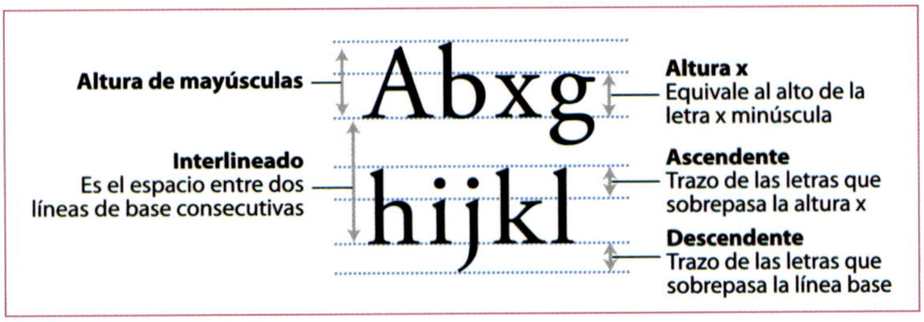

Escribir texto en InDesign

Nada más sencillo: con la herramienta Texto, arrastre para crear un marco de texto o haga clic en cualquier marco existente y comience a escribir. Todavía más rápido: haga doble clic con cualquier herramienta de selección sobre un marco de texto.

Este es el método ideal para introducir pequeñas cantidades de texto o hacer modificaciones puntuales. Sin embargo, para trabajar con una cantidad considerable de palabras, lo mejor es utilizar la filosofía de un procesador de textos: una página en blanco, de longitud infinita, que le permita escribir sin distraerse con nada que no sea el propio texto que está editando. Para este y otros menesteres, InDesign cuenta con un miniprocesador de textos denominado Editor de artículos.

Editor de artículos

El texto reside en marcos especiales denominados marcos de texto. Cuando un marco no es suficiente para contener todo el texto, puede vincularlo a otros de la misma página o de una página diferente. Todo el texto que contiene un conjunto de marcos vinculados recibe el nombre de artículo. Escribir o editar todo un artículo —cuando este ocupa varios marcos de texto en más de una página— puede ser una tarea farragosa. Para facilitarle el trabajo, los buenos programadores de Adobe proporcionan una alternativa —en forma de pequeño procesador de textos— de incalculable valor, el Editor de artículos. Coloque el cursor de texto en cualquiera de los marcos que forman un artículo y escoja Edición>Editar en editor de artículos.

Como podrá comprobar, se trata de una sencilla ventana dividida en dos columnas. A la izquierda, los nombres del estilo de párrafo aplicado al texto de la derecha. Entre ambas, una regla graduada que muestra el número de líneas que componen el artículo. Y a la derecha, el texto del artículo.

Si la totalidad del texto no cabe en los marcos de texto que lo contienen, el Editor de artículos muestra el código DB en la regla (siglas de Desbordamiento), marca con una línea horizontal de color gris para indicar el comienzo del desbordamiento y acompaña al texto desbordado con una gruesa línea roja a su izquierda.

El Editor de artículos solo muestra el tipo de letra seleccionado en Preferencias>Vista de editor de artículos, siendo las únicas concesiones al formato las negritas y las cursivas. De esta forma puede concentrarse en el contenido sin que la forma le distraiga.

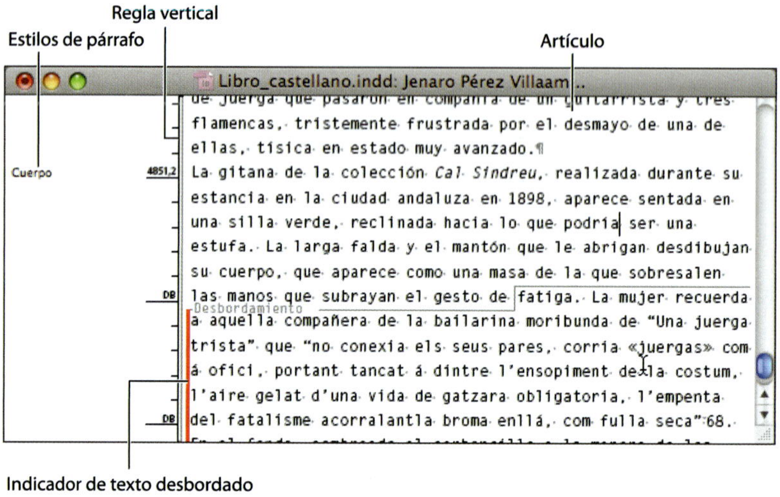

Figura 7.6. Editor de artículos.

La edición de texto que realice en el Editor de artículos se mostrará en tiempo real en la ventana del documento —si es visible—, y viceversa. Para cerrar el Editor de artículos y volver al documento, utilice el cuadro de cierre de la ventana o escoja Edición>Editar en maquetación.

Reflujo de texto inteligente

Esta opción permite añadir o quitar páginas al mismo tiempo que escribe o edita texto, de forma similar a como lo haría una aplicación de procesamiento de textos. Marque la casilla Preferencias>Texto>Reflujo de texto inteligente si utiliza InDesign para escribir grandes cantidades de texto y quiere que se añadan nuevas páginas de forma automática cuando escriba más texto del que cabe en la página actual. Esta es también la forma de trabajo indicada cuando se maquetan libros formados principalmente por texto, como una novela o un ensayo.

Por defecto, la opción Reflujo de texto inteligente está limitada a los marcos de texto principales, es decir, a los marcos de texto que hay en una página principal. Si el documento incluye páginas opuestas, los marcos de texto principales deben aparecer en las páginas maestras izquierda y derecha y, además, deben estar enlazados. Reflujo de texto inteligente puede crear nuevas páginas al final del artículo, al final de la sección actual o al final del documento, y también puede eliminar páginas si la edición de texto conlleva que una página quede completamente vacía, es decir, la página se componga de un marco de texto vacío (no se preocupa si hay otros elementos, como gráficos o imágenes; en este caso, la página no se eliminará).

Para una explicación exhaustiva de todas las opciones de Reflujo de texto inteligente consulte el Apéndice A, Preferencias.

Colocar (importar) texto

Colocar texto es el método recomendado cuando trabaja con colaboradores externos o cuando necesita añadir un gran volumen de texto a su documento. Las aplicaciones de procesamiento de texto ofrecen todo un arsenal de herramientas y opciones que facilitan enormemente su creación y edición. Además, están mucho más extendidas, son más asequibles —incluso gratuitas, como las excelentes OpenOffice Writer o AbiWord— y cualquier usuario con conocimientos básicos de informática las sabe utilizar.

InDesign soporta la mayoría de los atributos de formato de carácter y de párrafo de los archivos de texto enriquecido, pero ignora la información de maquetación de página, como los márgenes o el número de columnas. Si definió estilos de texto o párrafo en el documento original, InDesign los importará y aplicará correctamente. Podrá acceder a ellos desde los paneles Estilos de carácter y Estilos de párrafo.

Opciones de importación de texto

Dado que los formatos de texto más extendidos son RTF (Formato de Texto Enriquecido o Rich Text Format) y DOC (formato nativo de Microsoft Word o aplicaciones compatibles), serán estos los que estudiemos a conciencia.

Escoja Archivo>Colocar y busque el documento que quiera importar en InDesign. Si marca la casilla de verificación Mostrar opciones de importación (o mantiene pulsada la tecla Mayúsculas al hacer clic en el botón Abrir) InDesign mostrará el cuadro de diálogo de la figura 7.7.

- Valor. Son tantas las opciones de configuración para importar un documento de texto que InDesign permite asignar un nombre a una determinada combinación. Pulse el botón Guardar valor y escriba un nombre descriptivo. De esta forma, cuando coloque otro documento similar, bastará con seleccionar el nombre del Valor para recuperar las opciones de importación.
- Incluir. Seleccione si desea importar, junto con el texto principal, información de tablas de contenido, índices, notas a pie de página y notas al final del documento.
- Opciones. Marque la casilla de verificación Usar comillas tipográficas para convertir las comillas rectas " " en comillas de apertura y cierre “ ”.
- Quitar estilos y formato de texto y tablas. Si quiere colocar el texto sin ninguna información de formato, marque esta opción. InDesign importará texto plano —sin formato— obviando los estilos de párrafo y carácter. Esta opción está indicada cuando no conoce qué estilos han sido utilizados en un documento o cuando prefiere aplicar los estilos de forma manual. Marque Conservar modificaciones locales para conservar los formatos cursiva y negritas del texto importado. En el menú desplegable Convertir tablas a seleccione si quiere importarlas como tablas de InDesign sin ningún formato de texto asignado (Tablas no formateadas) o si prefiere convertirlas en texto separado por tabuladores (Texto tabulado no formateado).

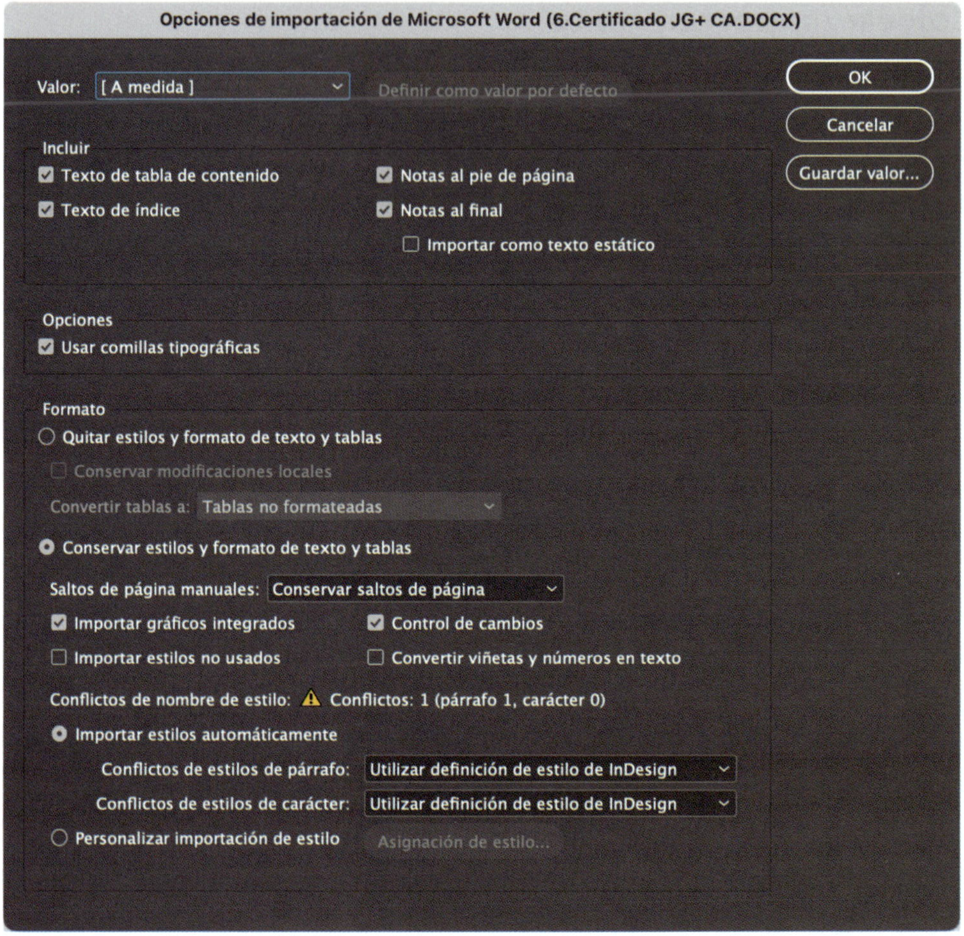

Figura 7.7. Opciones de importación de un documento en formato DOCX.

- Conservar estilos y formato de texto y tablas. Escoja esta opción si desea que InDesign conserve el formato del documento original lo más fielmente posible.
- Saltos de página manuales. Decida si desea conservar los saltos de página en el documento de InDesign, convertirlos a saltos de columna (esta opción es la ideal si trabaja en documentos con más de una columna) o si prefiere ignorarlos.
- Importar gráficos integrados. Conserva los gráficos integrados en el documento de texto en InDesign. Nunca marque esta casilla excepto para elaborar documentos de baja calidad o para una impresión doméstica.
- Importar estilos no usados. Si quiere que InDesign importe todos los estilos definidos en el documento de origen, incluso los no utilizados en el texto, marque esta casilla.

- Control de cambios. Esta opción importa la información de control de cambios del documento y la convierte al formato de control de cambios de InDesign.
- Convertir viñetas y números en texto. Decida si prefiere que los párrafos con viñeta y listas numeradas se conviertan en sus equivalentes en InDesign o bien se decanta por un texto normal separado por tabuladores.
- Conflictos de nombre de estilo. Si el archivo de texto contiene nombres de estilos de párrafo o carácter idénticos a los que ya utiliza el documento de InDesign, verá un signo de advertencia y, al lado, el número de estilos duplicados.
- Importar estilos automáticamente. En el caso de que haya conflicto con el nombre de algún estilo, decida si prefiere utilizar el estilo tal y como está definido en InDesign, que el estilo de InDesign se modifique para ser igual que el importado o importar el estilo duplicado con otro nombre (añadirá un número al final, por ejemplo, titulares 2).
- Personalizar importación de estilo. Para asignar un estilo desde el archivo de texto a otro estilo con nombre diferente en el documento de InDesign, marque esta casilla y haga clic en el botón Asignación de estilo. InDesign mostrará un cuadro de diálogo con dos columnas. A la izquierda, los nombres de estilo del archivo de texto y a la derecha un menú desplegable con los nombres de estilo definidos en InDesign. Marque un nombre de estilo y seleccione, en el menú desplegable, el estilo de InDesign al que quiere asociarlo.

TRUCO

Cuando la opción Preferencias>Interfaz>Opciones de cursor y gestos>Mostrar miniaturas en su lugar *está marcada, los cursores de texto cargado mostrarán a su derecha, a modo de previsualización, las primeras líneas del texto importado.*

Cuando haya acabado, pulse el botón OK. InDesign mostrará el cursor de «texto cargado» ( ). Haga clic en la página y arrastre para colocarlo en un nuevo marco de texto o haga clic dentro de un marco de texto existente ( ). Si no quiere colocar el texto haga clic en la herramienta Selección para detener el proceso de importación. El cursor cambiará a su icono habitual.

Enlazar marcos de texto

Si alguna vez ha observado dos o más vasos unidos por un tubo (vasos comunicantes les llamaba mi profesora de física, allá por los años de bachiller) sabrá que, cuando el agua está a punto de colmar el primero, esta pasará al segundo, y así sucesivamente. De la misma forma, cuando el texto no cabe dentro de un marco de texto, deberá comunicarlo con otro para que el exceso de contenido fluya, como si del líquido elemento se tratase.

Pero antes de empezar a enlazar marcos de texto —que es como InDesign denomina a esta técnica— haremos un repaso a los diferentes elementos que caracterizan a un marco de texto enlazado.

Los marcos de texto tienen dos casillas, denominadas de entrada y salida que, como su nombre indica, son los «orificios» de entrada y salida del texto. Cuando dos o más marcos de texto están enlazados, el texto que no cabe en el primero pasa al segundo, y así sucesivamente, siguiendo el orden en que fueron enlazados. Si escoge Ver>Extras>Mostrar enlaces de texto y selecciona un marco de texto enlazado, verá una gruesa línea que parte del cuadro de salida y llega hasta el cuadro de entrada del siguiente marco.

Cuando un marco de texto no está enlazado —o es el último de una cadena de marcos enlazados— y contiene más texto del que puede mostrar, la casilla de salida incluirá un signo +, indicando que hay texto desbordado —que no cabe— y, por tanto, no se puede mostrar.

Enlazar marcos de texto vacíos

Si ha planificado de antemano la distribución de elementos de un documento, puede crear marcos de texto vacíos, enlazarlos entre sí y, en el momento de colocar el texto, dejar que este fluya de forma automática. Esta aproximación es la más común en el diseño de, por ejemplo, las secciones fijas de ciertas publicaciones. El procedimiento es muy sencillo:

1. Cree los marcos de texto con el tamaño y en la posición definitivos.
2. Haga clic en la casilla de salida del primer marco de texto. El cursor cambiará al icono de texto cargado.
3. Coloque el cursor sobre el marco de texto que quiera enlazar; cuando el icono cambie a una cadena, haga clic. Ambos marcos estarán enlazados y mostrarán una gruesa línea que los une.

Ahora que están enlazados, si coloca un exceso de texto en el primer marco, este fluirá de forma automática al segundo marco.

Enlazar marcos de texto de forma manual, semiautomática y automática

Existen publicaciones, como la literatura de ficción, en las que el texto es mucho más importante que el número de páginas total. En estos casos, lo mejor es crear una buena configuración de márgenes, guías y columnas y colocar el texto sobre la marcha, es decir, importar un documento y, con el cursor de texto cargado, seleccionar uno de los siguientes métodos para ir colocándolo en el documento:

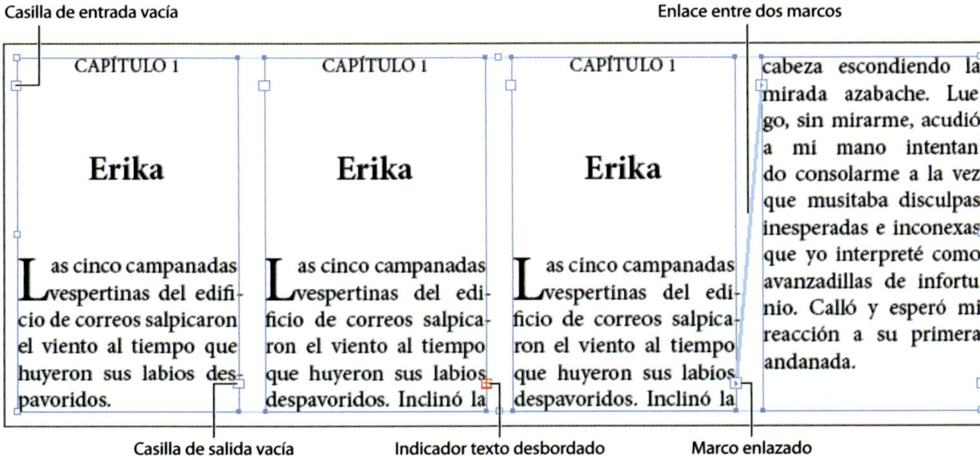

Figura 7.8. Marcos de texto en diferentes estados: no enlazado y sin texto desbordado (primero por la izquierda), no enlazado y con texto desbordado (segundo por la izquierda), enlazados (tercero y cuarto por la izquierda).

- Manual. ( ) Haga clic en un marco de texto existente o arrastre para crear uno. Si no cabe todo el texto, verá el icono de texto desbordado en la casilla de salida. Haga clic en él para volver a cargar el texto sobrante y proceda de la misma forma. Irá creando marcos de texto enlazados de forma manual.
- Semiautomático. ( ) Pulse la tecla Alt (Opción) al hacer clic. Su funcionamiento es igual al modo manual solo que esta vez, si no cabe todo el texto en un marco, el cursor volverá a mostrar el icono de texto cargado sin necesidad de hacer clic en la casilla de salida del primer marco. Vuelva a crear otro marco para establecer un vínculo entre ambos.
- Automático. ( ) Pulse la tecla Mayúsculas al hacer clic. InDesign añade automáticamente marcos de texto enlazados que se ajustan a los márgenes de columna. Si no cabe todo el texto en una página, añade páginas de forma automática. Este método es ideal para, por ejemplo, componer una novela.
- Ajuste automático de página. ( ). Pulse Mayúsculas+Alt (Mayúsculas+Opción) al hacer clic. Añade marcos de texto de forma automática que se ajustan a los márgenes de columna, pero no crea nuevas páginas. Si no cabe todo el texto, el último marco mostrará el icono de texto desbordado.

Eliminar y modificar enlaces de texto

Para deshacer un enlace de texto entre dos marcos use cualquiera de estos métodos: 1) haga clic en la casilla de salida del primer marco y coloque el cursor de texto cargado sobre el segundo. Cuando el cursor cambie al icono de una cadena rota, haga clic para desvincularlos; 2) haga doble clic en la casilla de salida del primer marco o bien 3) haga doble clic en la casilla de entrada del segundo marco.

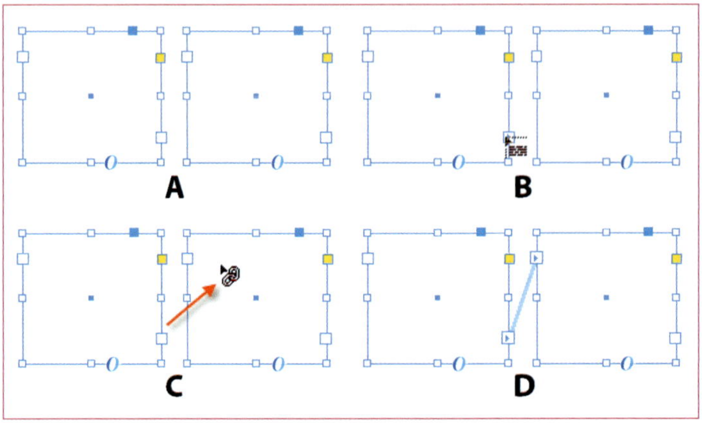

Figura 7.9. Enlazar marcos de texto vacíos. **A.** Los marcos de texto originales. **B.** Haga clic en la casilla de salida del primer marco. **C.** Haga clic sobre el segundo marco cuando vea el icono de la cadena. **D.** Los dos marcos muestran el enlace. Una flecha en las casillas de entrada y salida muestra el sentido del enlace.

En los tres casos, todo el texto pasará al primer marco y este mostrará el signo de texto desbordado en la casilla de salida.

Si tiene dos marcos de texto enlazados (**A** y **B**) y quiere añadir un tercero entre ambos (**C**), haga clic en la casilla de salida del primer marco de texto (**A**) y, cuando aparezca el cursor de texto cargado, dibuje el nuevo marco (**C**); este se vinculará automáticamente con ambos, y el flujo de texto pasará del marco **A** al **C**, y del **C** al **B**. Si quiere separar un artículo en dos, corte el texto del segundo marco (Edición>Cortar), rompa el enlace entre ambos marcos y pegue el texto nuevamente en el segundo marco.

Ceñir texto alrededor de un objeto

Cuando coloca una imagen sobre un marco de texto, puede:

- Hacer que la imagen se superponga —pise— sobre texto.
- Hacer que el texto salte a la siguiente columna o página.
- Hacer que el texto rodee el cuadro delimitador de la imagen o bien la propia silueta. A esta opción se le llama Ceñir el texto.

Todo el control sobre el contorneo de texto está concentrado en el panel Ceñir texto, al que puede acceder si escoge Ventana>Ceñir texto. Puede contornear cualquier objeto, incluidos otros marcos de texto. Por cierto, tenga en cuenta que la propiedad de ceñir se debe aplicar a los objetos, no al propio texto.

NOTA

Puede impedir que un marco de texto determinado se ciña a un objeto en el cuadro de diálogo Opciones de marco de texto, *mediante la casilla de verificación* Ignorar ceñido de texto. *Márquela para que el marco de texto no se ciña a ningún objeto.*

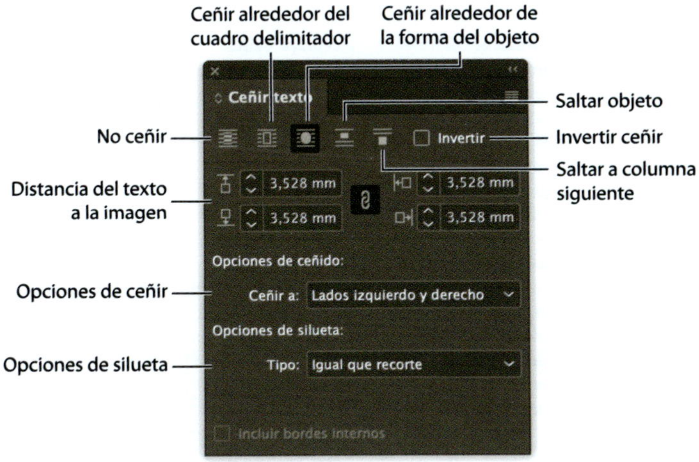

Figura 7.10. Panel Ceñir texto.

Para que el texto se ciña a un objeto, seleccione el objeto y escoja una de las formas de contorneo que ofrece InDesign:

- Sin ceñir texto. Si el objeto está encima del marco de texto, el texto quedará cubierto por el objeto, y viceversa.
- Ceñir alrededor del cuadro delimitador. El texto sigue la forma rectangular del cuadro delimitador del objeto.
- Ceñir alrededor de la forma del objeto. El texto sigue la silueta de la imagen siempre y cuando esté bien delimitada contra un fondo —por ejemplo, una taza roja en un fondo blanco—, resida en una capa con transparencia —en el caso de archivos PSD creados en Photoshop— o utilice un trazado de recorte —archivos PSD o EPS creados con Photoshop.

Figura 7.11. Opciones de ceñir. De izquierda a derecha: Ceñir alrededor del recuadro delimitador, Ceñir alrededor de la forma del objeto, Saltar objeto y Saltar a columna siguiente.

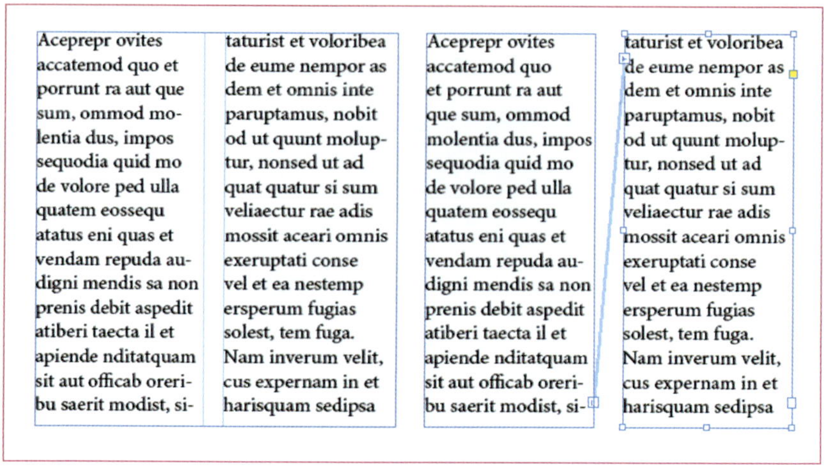

Figura 7.12. Dos formas de colocar el texto en columnas: a la izquierda, un marco de texto dividido en dos columnas; a la derecha, dos marcos de texto vinculados.

- Saltar objeto. El texto contornea al objeto por encima y por debajo, y «esquiva» los espacios libres que queden a derecha e izquierda.
- Saltar a columna siguiente. En cuanto el texto «toca» el borde superior del objeto, salta a la siguiente columna o marco de texto vinculado, aunque ello signifique cambiar de página.
- Invertir. Rara vez la utilizará. Hace que el texto ocupe el área del objeto ceñido, es decir, mete al texto en el marco gráfico en vez de contornearlo por fuera.
- Dependiendo de la forma de contorneo que haya escogido, el resto de opciones que puede modificar en el panel Ceñir texto variará:
- Desplazamiento del texto. Estos cuatro campos permiten determinar el espacio que separará al texto del borde del objeto contorneado. Active el icono de la cadena para que se igualen los valores de los cuatro.
- Opciones de ceñido. Seleccione una de las opciones para hacer que el texto solo ocupe el espacio derecho, izquierdo, ambos, el espacio alejado del lomo o el lado más cercano al lomo. La última opción, Área mayor, es la más recomendable, pues evita que una misma línea se divida en dos para ajustarse al contorno de la figura.
- Opciones de silueta. Si ha escogido Ceñir alrededor de la forma del objeto, InDesign le permitirá seleccionar si prefiere utilizar como límite de contorneo el Cuadro delimitador, Detectar los bordes del objeto —útil solo si el fondo es de tono uniforme o transparente—, Canal Alfa —opción activa si la imagen importada contiene canales *alfa* o de transparencia—, Trazado de Photoshop —si detecta un trazado de recorte en Photoshop—, Marco gráfico —utiliza la forma del marco en vez del cuadro delimitador—, Igual que recorte —utiliza el trazado de recorte creado en InDesign— o Trazado modificado por el usuario —si ha editado la forma del silueteado del objeto mediante el uso de las herramienta Selección directa

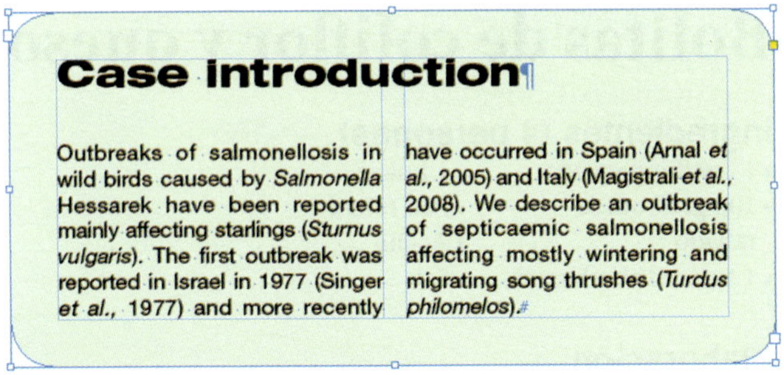

Figura 7.13. Párrafo expandido. El marco de texto del ejemplo está divido en dos columnas. El primer párrafo, que hace de titular, se ha expandido dos columnas.

y/o Pluma o NUEVO Seleccionar sujeto , con el que InDesign, mediante el uso de la Inteligencia Artificial (AI), tratará de detectar la forma de un sujeto reconocible en la imagen.

- Incluir bordes internos. Si la figura tiene un trazado de recorte con bordes internos y externos —por ejemplo, un rosco con su orificio central—, puede hacer que el texto aparezca también dentro del orificio.

Columnas

Existe una máxima tipográfica que afirma que, para garantizar una óptima legibilidad, el número total de caracteres en una línea de texto debe estar comprendido entre 55 y 60. Así, cuando el cuerpo del texto es muy pequeño en comparación con el ancho de la página, se suele recurrir al uso de dos o más columnas para alcanzar dicho objetivo. Existen dos formas de dividir el texto en columnas: a) creando tantos marcos de texto vinculados como columnas necesitemos o b) introduciendo un valor igual o superior a 2 en el campo Número de la opción Columnas del cuadro de diálogo Opciones de marco de texto. ¿Cuál es el mejor método? Dependerá de sus necesidades. Si se trata de un texto uniforme con columnas del mismo ancho —como un manual o un libro—, es más cómodo manejar un solo marco de texto con varias columnas; si está

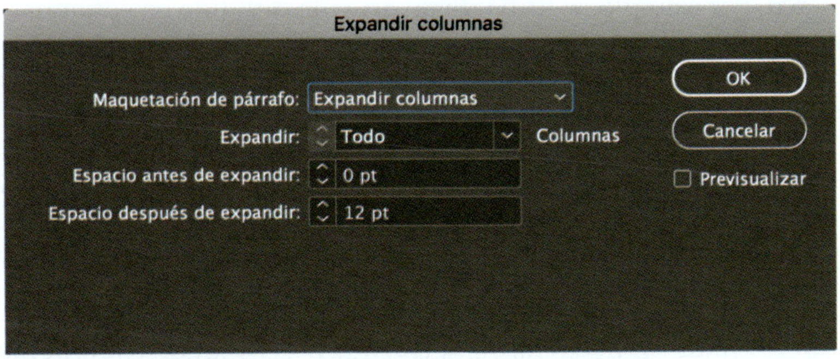

Figura 7.14. Cuadro de diálogo Expandir columnas.

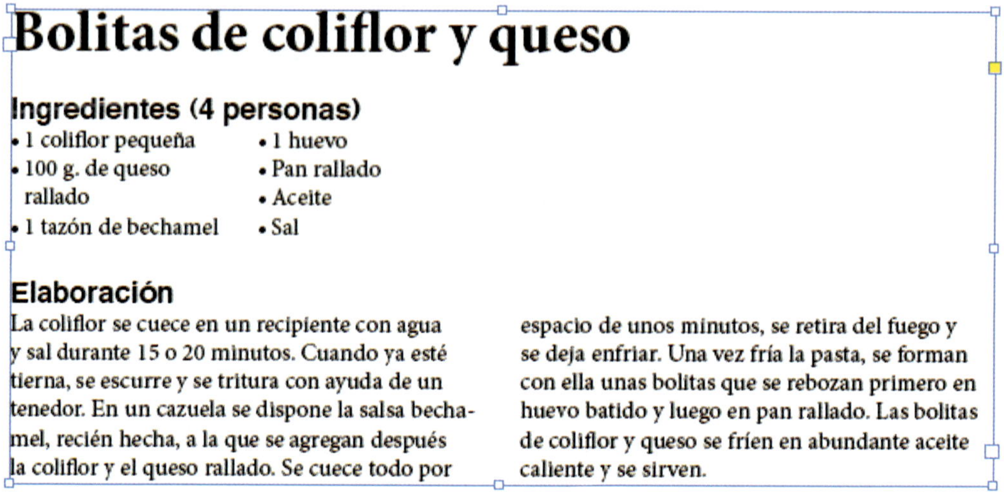

Bolitas de coliflor y queso

Ingredientes (4 personas)

- 1 coliflor pequeña
- 100 g. de queso rallado
- 1 tazón de bechamel
- 1 huevo
- Pan rallado
- Aceite
- Sal

Elaboración

La coliflor se cuece en un recipiente con agua y sal durante 15 o 20 minutos. Cuando ya esté tierna, se escurre y se tritura con ayuda de un tenedor. En un cazuela se dispone la salsa bechamel, recién hecha, a la que se agregan después la coliflor y el queso rallado. Se cuece todo por espacio de unos minutos, se retira del fuego y se deja enfriar. Una vez fría la pasta, se forman con ella unas bolitas que se rebozan primero en huevo batido y luego en pan rallado. Las bolitas de coliflor y queso se fríen en abundante aceite caliente y se sirven.

Figura 7.15. Párrafos expandidos y divididos. El primer párrafo, que hace de titular, está expandido en dos columnas. También está expandido el párrafo «Elaboración» para permitir que las dos columnas con las instrucciones de la receta queden a la misma altura. La lista de ingredientes está dividida en dos subcolumnas.

maquetando una publicación compleja con múltiples apartados que varían de página en página, y con anchos de columna diferentes, será más efectivo dividir el texto en diferentes marcos individuales y modificar sus dimensiones para adaptarlas a los distintos altos y anchos.

En apartados anteriores vimos cómo modificar el alto de las columnas, su justificación vertical y el espacio entre ellas (medianil). A ellos le remito.

Expandir columnas

En ocasiones es necesario extender entre dos o más columnas un párrafo que pertenece a un marco de texto dividido en dos o más columnas para que este ocupe el ancho total del marco. Por ejemplo, el título de un artículo dividido en columnas. Para conseguirlo, deberá seleccionar el comando Expandir columnas del menú desplegable del panel Párrafo o del panel Control en modo párrafo. Para expandir un párrafo entre dos o más columnas:

1. Seleccione el párrafo y escoja la opción Expandir columnas del cuadro de diálogo Expandir columnas o en el menú desplegable Expandir columnas del panel Control.
2. Escriba el número de columnas en las que desea expandir el párrafo en el cuadro Expandir.
3. Opcionalmente, introduzca un valor en los campos Espacio antes de expandir y Espacio después de expandir para separar el párrafo expandido del resto de párrafos.

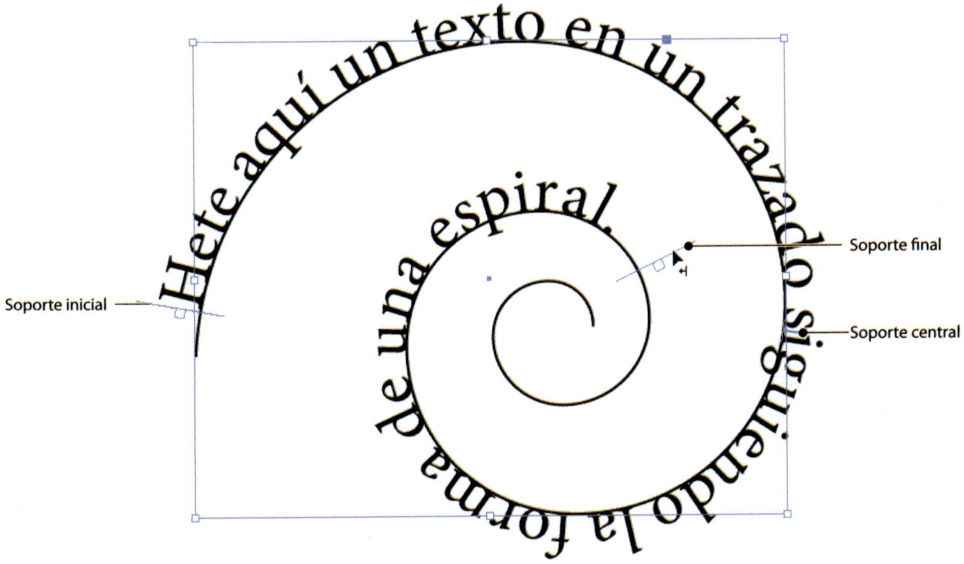

Figura 7.16. Texto en un trazado. Observe las líneas verticales en los extremos y en el centro.

Dividir columnas

Puede suceder que, en marcos de texto con múltiples columnas, necesite subdividir un párrafo dentro de su misma columna. Nada más sencillo:

1. Seleccione el párrafo y escoja la opción Dividir columna del cuadro de diálogo Expandir columnas o en el menú desplegable Expandir columnas del panel Control.
2. Escriba el número de columnas en las que debe dividirse en el cuadro Subcolumnas.
3. Opcionalmente, introduzca un valor en los campos Espacio antes de dividir y Espacio después de dividir para separa el párrafo dividido del resto de párrafos.
4. Especifique el espacio entre las nuevas columnas en el campo Medianil interno. Si debe haber también un espacio entre los márgenes de las columnas de texto y los límites externos de las columnas subdivididas, escríbalo en el campo Medianil externo.

Añadir texto a un trazado

Hasta ahora hemos tratado al texto como un bloque dentro de su marco. Sin embargo, con la herramienta Texto en trazado puede hacer que una línea de texto siga la forma de un trazado. Para ello, seleccione Texto en trazado en el panel Herramientas y haga clic en un trazado (abierto o cerrado): aparecerá el cursor de inserción de texto para que pueda empezar a escribir.

Puede editar normalmente el texto en un trazado utilizando la herramienta Texto. Si desea modificar su posición en el trazado o alinearlo por el borde opuesto, utilice le herramienta Selección directa y haga clic sobre el texto: aparecerán tres líneas verticales, dos en los extremos y una central, denominadas soportes (ver figura 7.16).

Puede arrastrar de los soportes izquierdo o derecho para modificar la posición del texto en el trazado. Arrastre hacia adentro o hacia afuera del soporte central para cambiar la alineación del texto en el trazado: si estaba alineado por la parte externa del trazado, ahora lo estará por la interna, y viceversa.

Para un control más preciso del texto en el trazado, seleccione Texto>Texto en trazado>Opciones... En el cuadro de diálogo Opciones de texto en trazado podrá aplicar alternativas en la disposición de los caracteres (Efectos), escoger por dónde alinear verticalmente el texto con respecto al trazado (Alinear), cambiar el espacio entre caracteres (Espaciado) o cambiar el lado del trazado en el que se alinea el texto (Voltear).

Ejercicios

- Utilizando las herramientas de creación de marcos y figuras, cree un rectángulo, un círculo y un hexágono; utilice ahora el comando Texto>Llenar con texto falso y compruebe cómo se convierten en marcos de texto.
- Abra el documento Ejercicios>cap7>marcos1.indd. En él encontrará dos marcos de texto con el mismo contenido. Utilice todo lo aprendido hasta ahora (modificar marcos de texto, alinear a rejilla base, equilibrar columnas, etc.) para que el aspecto del marco de texto de la izquierda sea el mismo que el de la derecha.
- Abra el documento Ejercicios>cap7>marcos2.indd. Utilice las técnicas aprendidas en este capítulo para obtener el mismo resultado que en el documento marcos2_sol.indd.
- Abra el documento Ejercicios>cap7>marcos3.indd. Cree tres marcos de texto y distribuya el texto entre los tres hasta obtener el mismo resultado que en marcos3_sol.indd.
- Abra el documento Ejercicios>cap7>ceñir.indd. Utilice lo aprendido hasta ahora para conseguir que el texto contornee la figura de la izquierda. Para conseguir el mismo resultado que en documento ceñir_sol.indd deberá utilizar la herramienta Pluma, el panel Efectos y el panel Ceñir texto.
- Abra el documento Ejercicios>cap7>colocar_texto.indd. Coloque el documento de texto Ejercicios>cap7>texto.rtf. Resuelva cualquier conflicto de texto que pueda surgir.

8 Editar texto

Seleccionar y editar texto

Para modificar los atributos del texto, antes debe seleccionarlo. Utilice para ello la herramienta Texto, a la que puede acceder directamente desde el panel Herramientas o, si lo prefiere, haciendo doble clic en un marco de texto con cualquier herramienta de selección. Seleccione un bloque de texto mediante el método «clic y arrastrar», que seguro ya conoce y utiliza en otras aplicaciones. Si desea seleccionar palabras completas, haga doble clic antes de empezar a arrastrar. Haga triple clic para ampliar la selección a líneas completas, y cuatro clics para hacer lo propio de párrafo en párrafo. Aunque el texto se encuentre dividido entre dos marcos enlazados, puede arrastrar empezando en el primer marco de texto y acabar en el segundo.

Si quiere seleccionar todo el texto de un artículo —aunque este se encuentre distribuido en diferentes marcos e incluso páginas— coloque el cursor Selección de texto en cualquiera de los marcos enlazados y escoja Edición>Seleccionar todo.

Editar texto

Editar el texto consiste, básicamente, en escribir, borrar, copiar y pegar palabras, frases o párrafos. Para facilitar las tareas de edición, recurra al Editor de artículos (véase capítulo 7).

Las técnicas empleadas en InDesign son idénticas a las que, a buen seguro, ya conoce y utiliza en aplicaciones de procesamiento de texto, así que no vamos a insistir mucho en el tema. Sin embargo, déjeme explicarle una característica realmente interesante que le permitirá seleccionar un texto y arrastrarlo a otra ubicación, denominada Modificar texto al arrastrar y soltar. Actívela marcando las casillas de verificación Activar en vista de maquetación y Activar en editor de artículos del apartado Modificar texto al arrastrar y soltar en el panel Texto del cuadro de diálogo Preferencias. Es una forma interactiva equivalente a cortar y después pegar. Si mantiene pulsada la tecla Alt (Opción) mientras realiza dicha operación, el resultado será una copia de la selección en el nuevo destino.

Caracteres ocultos

Además de los caracteres —letras, signos de puntuación y exclamación, etc.— que forman las palabras que leemos y luego imprimimos, existen otros, denominados *Caracteres ocultos*, encargados de que la apariencia y comportamiento del texto sean predecibles y controlables. Si quiere editar el texto de forma avanzada y saber el porqué de un espacio excesivo entre dos palabras, una línea que insiste en saltar a la columna de al lado o una separación entre párrafos incontrolable, debe «invocarlos». Para ello, escoja Texto>Mostrar caracteres ocultos. Puede seleccionar, copiar y pegar un carácter oculto como haría con cualquier otro.

Se les denomina *ocultos* porque no son imprimibles. Un ejemplo son los espacios en blanco que separan una palabra de otra, los tabuladores, los finales de párrafo o

Figura 8.1. Caracteres ocultos ¡al descubierto!

los saltos de columna. Por si fuese poco, InDesign está provisto de todo un arsenal de caracteres especiales —también son caracteres ocultos— que encontrará en los submenús Insertar carácter especial, Insertar espacio en blanco e Insertar carácter de salto en el menú Texto.

- Insertar carácter especial. Aquí encontrará símbolos como el del Copyright, marcadores especiales para añadir de forma automática un número de página, diversos tipos de guiones, comillas y tabuladores.
- Insertar espacio en blanco. Para dejar un espacio entre palabras mayor que el típico espacio en blanco, no aporree la barra espaciadora como un poseso, utilice mejor uno de los espacios que ha reservado InDesign para usted —y que se remontan a los tiempos en que las imprentas trabajaban con tipos de plomo—. Los espacios largo y corto (conocidos en la jerga como espacios *n* y *m* respectivamente) son los más utilizados, y equivalen al mismo espacio que ocuparían las letras n o m minúsculas del tipo y cuerpo de letra que esté utilizando. Son, por lo tanto, espacios proporcionales que aumentan o disminuyen cuando lo hace el tamaño de la letra.
- Insertar carácter de salto. Como su nombre indica, permiten «forzar» el salto del texto a la siguiente línea, marco, columna o página.

Añadir caracteres especiales: panel Glifos

¿Cómo añadir un símbolo matemático, un carácter cirílico o una variante de la letra Q? Muy fácil. Utilice el panel Glifos (Texto>Glifos).

Para añadir un glifo, coloque el punto de inserción en el marco de texto y haga doble clic sobre su icono en el panel Glifos.

Algunas fuentes en formato OpenType tienen alternativas para un carácter determinado. Puede utilizarlas para dotar a su diseño de un aire de sofisticación y gusto exquisitos. Por ejemplo, la familia de fuentes *Adobe Garamond Premier Pro* tiene hasta tres variantes de la letra Q mayúsculas; el panel Glifos mostrará un pequeño triángulo en la parte inferior derecha del carácter; mantenga pulsado el botón del ratón sobre el carácter para que se despliegue un submenú con todas las variantes posibles. Para ver los glifos de una fuente determinada, selecciónela en el menú desplegable Fuente, en la parte inferior del panel. Y si lo que quiere es mostrar un subconjunto de caracteres específico (por ejemplo, símbolos matemáticos), selecciónelo en el menú desplegable Subconjunto de caracteres.

Figura 8.2. Panel Glifos.

NUEVO Si trabaja con una fuente OpenType que disponga de caracteres alternativos para una letra, cuando la seleccione InDesign mostrará un menú contextual con todas sus variantes. Escoja una para aplicarla.

Buscar y reemplazar texto

Buscar y reemplazar texto con InDesign es similar a hacerlo con otras aplicaciones de procesamiento de texto. Sin embargo, las opciones que le ofrece este programa son, probablemente, las más potentes con las que haya trabajado jamás. ¡Existen libros enteros dedicados a exprimir todo el jugo a esta funcionalidad! Nosotros seremos más humildes y nos conformaremos con aprender los conceptos básicos.

Escoja Edición>Buscar para abrir el cuadro de diálogo Buscar/Cambiar. Para buscar y sustituir texto, siga los siguientes pasos:

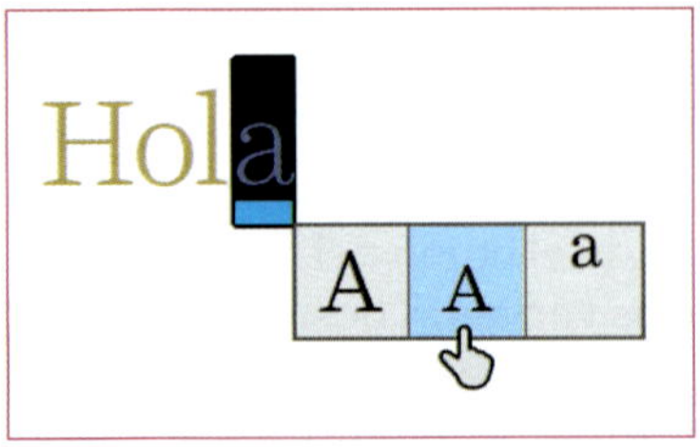

Figura 8.3. Caracteres OpenType alternativos de la letra a.

1. Abra el o los documentos en los que desea efectuar la operación de búsqueda. Opcionalmente, seleccione un texto, todo un artículo o un marco de texto.
2. Escriba el texto que desea buscar en el campo Buscar. Si desea incluir en su búsqueda caracteres especiales como saltos de párrafo, tabuladores, etc., escójalos en el botón/menú desplegable Caracteres especiales que se encuentra a su derecha.

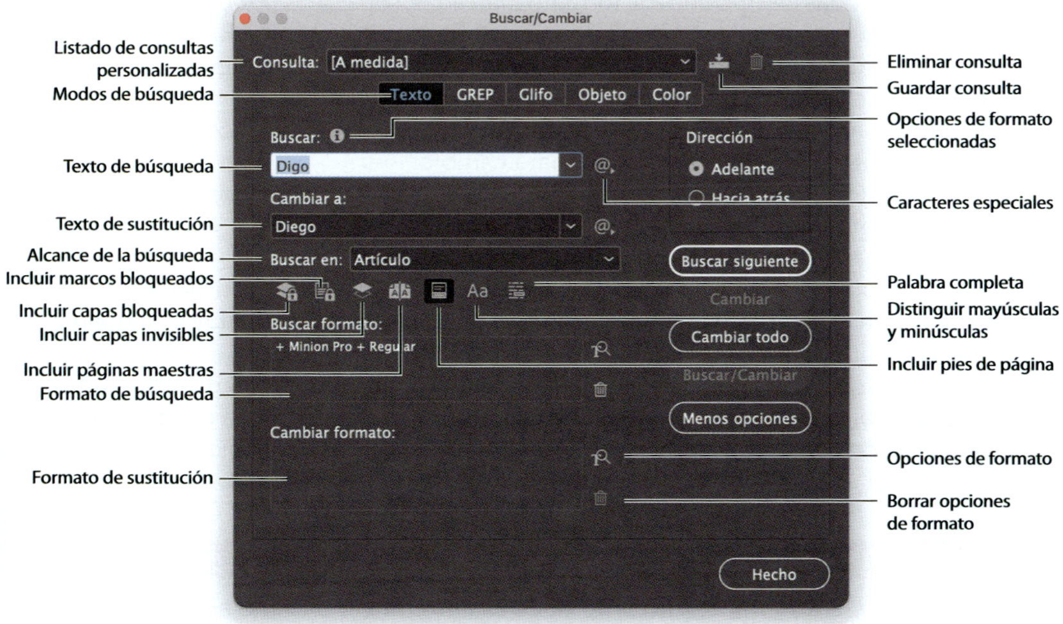

Figura 8.4. Cuadro de diálogo Buscar/Cambiar.

3. Escriba el texto de sustitución en el cuadro Cambiar a. Puede incluir también caracteres especiales.
4. Determine el alcance de la búsqueda en el menú desplegable Buscar en. Puede seleccionar el documento actual, todos los documentos abiertos o, dependiendo de los elementos seleccionados, buscar solo en la selección de texto, en el artículo seleccionado o en todos los artículos del documento.
5. Haga clic en los botones opcionales del apartado Buscar en. Le permitirán incluir en la búsqueda las capas y marcos de texto bloqueados (aunque no podrá reemplazar el texto), capas ocultas, páginas maestras y notas a pie de página.
6. Si desea que la búsqueda distinga entre mayúsculas y minúsculas, marque el botón Distinguir mayúsculas / minúsculas. De esta forma, si escribe en el cuadro de búsqueda «Zapatos», solo encontrará el término que contenga la letra Z en mayúsculas. No encontrará «zapatos» ni «ZAPATOS».
7. Para encontrar solo palabras completas, haga clic en el botón Palabra completa. Por ejemplo, si busca «ver», no encontrará otras palabras que contengan los caracteres como «vereda», «verdad» o «reverdecer».
8. Si quiere acotar la búsqueda a un texto con un determinado formato, haga clic en el botón Especificar atributos para búsqueda y escoja un estilo de párrafo y/o de carácter, o bien cualquier otro atributo como fuente, color, alineación del párrafo, etc. Por ejemplo, puede acotar la búsqueda solo a los párrafos que tengan aplicado el estilo «Titular» y cuyos caracteres sean de color rojo. En el cuadro Buscar formato

aparecerán todas las opciones de formato marcadas, separadas por un signo +. Para buscar texto independientemente de sus atributos, pulse el botón Borrar atributos especificados. Cuando existe algún atributo de búsqueda, InDesign mostrará un signo de exclamación encima del cuadro Buscar.

9. De la misma manera, puede aplicar un formato al texto reemplazado haciendo clic en el botón Especificar atributos para cambio.
10. Pulse el botón Buscar para que InDesign muestre la primera coincidencia. No hace falta que cierre el cuadro de diálogo Buscar/Cambiar para editar el texto encontrado en el documento.
11. Pulse Cambiar para sustituir el texto encontrado por el texto de sustitución. O bien, pulse Buscar/Cambiar para sustituir el texto encontrado y presentar la siguiente coincidencia.
12. Si constata que la búsqueda y sustitución están dando los resultados esperados, pulse Cambiar todo para reemplazar todas las ocurrencias de una vez, sin esperar confirmación por su parte. Si el resultado no es el esperado, escoja Edición>Deshacer para volver a dejar el texto como estaba.

TRUCO

No siempre es necesario que escriba texto en los cuadros Buscar *o* Cambiar a. *Si los deja en blanco y selecciona atributos de texto, podrá aplicar estilos de párrafo y carácter a cualquier texto que cumpla los requisitos especificados. Por ejemplo, imagine que quiere aplicar el estilo de carácter «cita» a todas las palabras del documento en cursiva. Para ello, especifique como atributo de búsqueda, en el apartado* Formato de carácter básico, *el estilo de fuente Italic; en el apartado* Cambiar formato *seleccione el estilo de carácter «cita» y pulse el botón* Cambiar todo. *Como por arte de magia, todo el texto en cursiva tendrá aplicado el estilo de carácter «cita».*

Búsquedas GREP

GREP es una potente opción de búsqueda que permite encontrar patrones de texto mediante la utilización de caracteres especiales, variables y argumentos. Por ejemplo, puede encontrar cualquier dirección de de correo electrónico en un documento y aplicarle un estilo de carácter. Para ello, GREP no busca una secuencia concreta de caracteres, sino un patrón; en el caso de un correo electrónico, el patron consiste en dos o más caracteres de texto seguidos por una arroba (@), otros dos o más caracteres, un punto y, finalmente, dos o tres caracteres más: javier@nousmedis.com
GREP es también capaz de encontrar patrones de texto según su ubicación en el documento, por ejemplo, todas las cifras de dos o más dígitos situadas a principio de un párrafo.

Cuando escribe un patrón de búsqueda GREP, debe utilizar unos conjuntos de caracteres específicos, denominados comodines o patrones de búsqueda, que representan

Metacaracter	Representa
. (un punto)	Cualquier carácter. Si desea buscar un punto literal, deberá utilizar el carácter de escape (\): \. **b..a** encuentra palabras de cuatro letras que empiezan por b y acaban por a, como bota.
[\l\u]	Cualquier letra, mayúscula o minúscula.
\l	Cualquier letra minúscula.
\u	Cualquier letra mayúscula.
\w	Cualquier carácter de palabra. Incluye mayúsculas y minúsculas, dígitos del 0 al 9 y el guion bajo (_).
\s	Encuentra el carácter espacio en blanco, espacio n, espacio m, espacio fino (y sus variantes), tabulador y retorno.
[[=a=]]	Caracteres acentuados. Por ejemplo, **s[[=o=]]lo** encontrará solo y sólo.
+	Una o más veces. Por ejemplo, **\d+** encontrará números de una o más cifras, como 1, 12, 234. **\d.\d+** encuentra millares separados por un punto, como 1.345.

Tabla 8.1. Algunas de las combinaciones más frecuentes que utilizará en GREP.

números, letras y/o ubicaciones de texto. Para que lo entienca, usaremos un ejemplo bien sencillo.

Imagine que debe buscar todas las cifras que representan años en un documento. Para simplificar el ejemplo, convendremos que el documento solo se refiere a años comprendidos entre 1500 y 1950. ¿Por dónde empezaría?

Si utilizase una búsqueda convencional, podría ir escribiendo a mano diferentes combinaciones de 4 dígitos, pero no acabaría nunca (bueno sí, ¡pero tendría que escribir al menos 450 combinaciones diferentes!). En cambio, si utiliza GREP, basta con un solo patrón de búsqueda.

La combinación `\d` representa un dígito (un número del 0 al 9). Por lo tanto, si estamos buscando cifras de 4 dígitos, basta con teclear exactamente 4 veces la misma combinación: `\d\d\d\d`. InDesign sustituirá la combinación `\d` por un dígito, de manera que buscará cualquier número formado por 4 cifras y comprendido entre el 0000 y 9999. Ahora encontrará todos los años del documento.

La abrumadora cantidad de códigos especiales y la posibilidad de combinarlos entre sí para formar patrones de búsqueda complejos merecería todo un libro. Por lo pronto, le remito al tema de ayuda Texto>Buscar/Cambiar>Búsqueda mediante expresiones GREP.

NOTA

Para una interesante introducción a las búsquedas GREP, consulte la siguiente dirección Web: https://nousmedis.com/2009/05/busquedas-grep-con-indesign-i/

Búsqueda de Glifos

En ocasiones no es posible introducir ciertos caracteres especiales en el cuadro de búsqueda de texto; deberá utilizar en su lugar la pestaña Glifo. Por ejemplo, los caracteres alternativos de ciertas fuentes OpenType (ligaduras especiales, variantes de un carácter como una letra Q con el rabillo más largo, etc.) pueden buscarse mediante su valor *Unicode* —un número que identifica inequívocamente un carácter, independientemente de la fuente utilizada— o directamente seleccionándolos en el menú desplegable Buscar glifo.

Corrección ortográfica

La instalación por defecto de InDesign incluye diccionarios para ¡treinta y nueve idiomas y sus variantes!

TRUCO

Para instalar idiomas adicionales (hay disponibles más de 90), lea el tutorial de la página de Adobe:https://helpx.adobe.com/es/indesign/kb/add_cs_dictionaries.html.

InDesign utiliza los diccionarios no solo para corregir errores ortográficos, sino también para determinar cómo deben separarse las palabras por guiones (por ejemplo, cuando sustituye un texto original español por su traducción en inglés, las normas de separación silábica se tienen que actualizar).

La corrección ortográfica señala errores ortográficos, palabras repetidas y errores en la capitalización del texto (mal empleo de las mayúsculas).

Los documentos de InDesign pueden ser multilingües, es decir, combinar párrafos en diferentes idiomas en un mismo documento. El idioma que la aplicación utiliza por defecto se puede modificar en Preferencias>Diccionario>Idioma. Para especificar un idioma adicional, seleccione el texto y escoja una opción en el menú desplegable

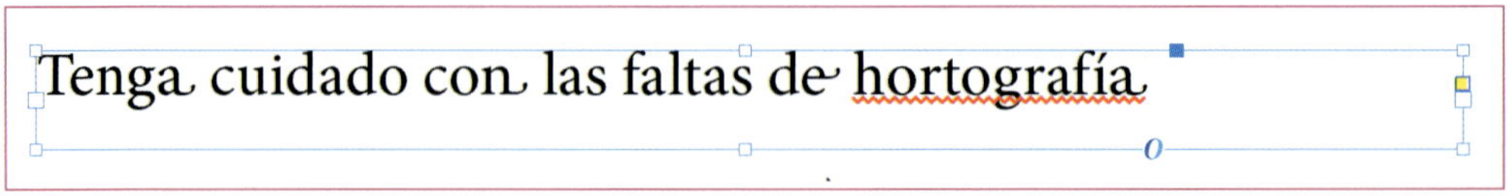

Figura 8.5. Revisión ortográfica dinámica. Observe la línea ondulada que señala el error.

Idioma del panel Control. También puede especificar el idioma cuando define los estilos de párrafo y carácter, en el apartado Formatos de caracteres avanzados. A la hora de corregir la ortografía, InDesign utilizará el diccionario correcto para cada idioma.

Revisión ortográfica dinámica

Si marca la opción Edición>Ortografía>Revisión ortográfica dinámica, InDesign mostrará los errores ortográficos mientras escribe. Esta opción es muy útil cuando escribe texto directamente en InDesign. Si comete un error, una línea ondulada de color rojo subrayará la palabra. Haga clic en ella con el botón derecho del ratón para ver una lista con las diferentes propuestas: escoja una, ignore el error ortográfico o incluya la palabra en el diccionario para que InDesign aprenda a escribirla la próxima vez.

Autocorrección

Cuando escribe de forma incorrecta una palabra incluida en la lista de autocorrección, InDesign la sustituirá de forma automática por la palabra correcta. Por ejemplo, si escribe «orfelinato», InDesign la cambiará automáticamente por «orfanato». Para activar la autocorrección seleccione Edición>Ortografía>Autocorrección.

Si es proclive a cometer una y otra vez los mismos errores, añádalos a la lista de palabras que deben ser autocorregidas; escoja Preferencias>Autocorrección y pulse el botón Añadir. Escriba el error ortográfico que comete, la corrección que debe aplicar InDesign y pulse OK.

TRUCO

Puede utilizar la autocorrección para completar palabras o frases que necesite escribir con frecuencia. De esta forma, bastará con escribir unas pocas letras para que InDesign complete la palabra o frase. Por ejemplo, puede escribir «estern» como error ortográfico y «esternocleidomastoideo» como corrección. Cada vez que escriba «estern» en el texto, InDesign lo sustituirá por la palabra completa.

Revisar la ortografía

Para realizar la corrección ortográfica del documento, escoja Edición>Ortografía>Revisar ortografía.... InDesign utilizará el diccionario necesario según el idioma del texto que esté corrigiendo. Cuando encuentre un error ortográfico, lo señalará en el documento y se lo mostrará en pantalla —cambiará de página si es necesario— para que lo pueda ver en su contexto. Para realizar la revisión ortográfica de un texto:

1. Seleccione Edición>Ortografía>Revisar ortografía.
2. Escoja la extensión de texto en la que se efectuará la revisión ortográfica en el menú desplegable Buscar: el texto seleccionado, artículo, documento activo o todos

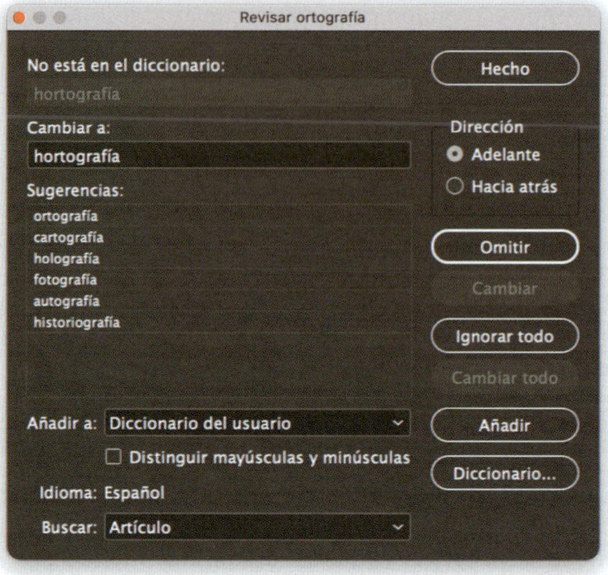

Figura 8.6. Cuadro de diálogo Revisar ortografía.

los documentos abiertos. Por defecto InDesign buscará errores ortográficos en el artículo que esté seleccionado al abrir el cuadro de diálogo.

3. InDesign se detendrá en la primera palabra mal escrita, repetida o que no esté incluida en el diccionario.
4. Si encuentra una o más alternativas al error ortográfico, se las mostrará en el listado Sugerencias. Haga clic en una de las sugerencias o escriba la palabra correcta en el cuadro Cambiar a.
5. Haga clic en el botón Cambiar para reemplazar solo el error seleccionado por el contenido del cuadro Cambiar a. Haga clic en Cambiar todo para reemplazar todas las ocurrencias de la palabra. Haga clic en Omitir para ignorar la ocurrencia actual; si vuelve a aparecer el mismo error, InDesign lo señalará otra vez. Haga clic en Omitir todas para ignorar todas las ocurrencias de la palabra en el documento. Haga clic en Añadir para incluir la palabra en el diccionario seleccionado en el menú desplegable Añadir a; InDesign la tomará como una palabra correcta y nunca más la volverá a considerar una falta ortográfica a no ser que la elimine del diccionario. Marque la casilla de verificación Distinguir mayúsculas y minúsculas para que InDesign tenga en cuenta la capitalización de la palabra; por ejemplo, «Barcelona» debe añadirse con esta opción para que no dé como válida la palabra «barcelona» con b minúscula.
6. Para editar las entradas manuales en el diccionario del usuario, haga clic en el botón Diccionario. Verá la lista de palabras que ha añadido y podrá modificarlas, eliminarlas o añadir nuevas entradas.

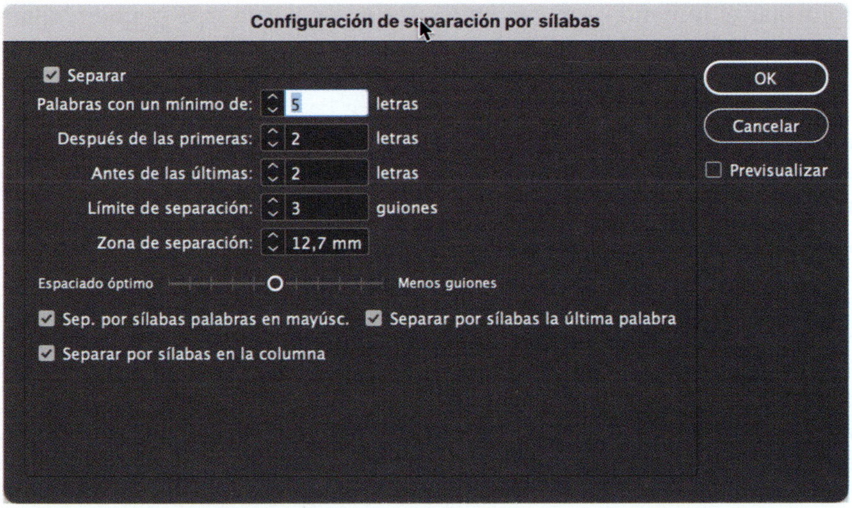

Figura 8.7. Cuadro de diálogo Separación por sílabas.

7. Pulse el botón Hecho cuando haya terminado la corrección ortográfica.

Separar palabras con guiones: separación por sílabas

Cuando justifica completamente un texto —es decir, hace que todas las líneas de un párrafo sean de la misma longitud— InDesign modifica los espacios entre palabras y caracteres con el fin de ajustar cada línea. Sin embargo, los ajustes por defecto puede que no sean de su agrado, sobre todo en columnas de texto muy estrechas; en estos casos, lo mejor es activar la separación por sílabas, de manera que los blancos en las columnas quedarán mejor compensados.

La separación por sílabas es un atributo del párrafo. Puede activarla o desactivarla manualmente para un párrafo seleccionado o, mejor todavía, como parte de la definición de un estilo de párrafo. Marque la casilla de verificación Separar en el panel Párrafo o su equivalente en el panel Control.

NOTA

Cuando alinea el texto a la izquierda, a la derecha o al centro, le aconsejo desactivar la separación por sílabas; es muy difícil leer un texto no justificado separado con guiones.

Para controlar el tamaño —en caracteres— de la palabra más pequeña que puede separarse con guiones y la cantidad de guiones consecutivos, escoja Separación por sílabas en el menú del panel Párrafo:

- Marque la casilla de verificación Separar para activar la separación silábica.
- Escoja cuál debe ser el tamaño mínimo —en letras— de una palabra para que pueda separarse en el cuadro Palabras con un mínimo de. Por ejemplo, la palabra *papá* no se separará con un ajuste de 5 letras, pero sí *jamón*.
- Seleccione el número de letras mínimo que puede haber antes de un guion en Después de las primeras, y tras el guion en Antes de las últimas.
- Escriba el número máximo de palabras con guiones consecutivas en el cuadro Límite de separación. Por ejemplo, con un límite de 3, podrá haber hasta 3 palabras consecutivas separadas por guiones.
- En Zona de separación determine a cuántos milímetros del borde derecho debe empezar la separación de palabras. Este ajuste tiene sentido si utiliza una alineación a la izquierda del párrafo. Afectará a la longitud de las frases y, por lo tanto, la homogeneidad del lado derecho (un número mayor aumenta la cantidad de palabras que pueden separarse con guiones).
- Si prefiere no pelearse con las opciones anteriores, utilice el manejador inferior Espaciado óptimo/Menos guiones. Arrástrelo a la izquierda para forzar un mejor espaciado de las líneas y, por lo tanto, ser más flexible a la hora de permitir la separación de palabras; arrástrelo a la derecha para disminuir el número de guiones a costa de hacer que el espaciado sea más irregular.
- Por último, decida si quiere activar la separación por sílabas de palabras mayúsculas (separará nombres propios, y eso no es muy correcto...), separar la última palabra de un párrafo (¡no hay nada más horrible! no active esta casilla a no ser que su vida corra peligro) o separar por sílabas las palabras al final de una columna (y dale... que no, que no hay que activarla tampoco).

Puede separar una palabra manualmente introduciendo lo que se conoce como *guion discrecional*, es decir, un guion que separará la palabra solo si debe hacerlo y exactamente por el lugar que indique. Si introduce un guion normal y luego recompone el párrafo, la probabilidad de encontrarse dicha palabra en medio de una línea es muy alta. Sin embargo, un guion discrecional no se aplica salvo que sea necesario separar la palabra. Para introducir un guion discrecional, coloque el cursor en el lugar en que desea partir la palabra y teclee Mayúsculas+Control (Mayúsculas+Comando) al tiempo que introduce el carácter – (guion).

TRUCO

Puede evitar la partición de una palabra si introduce un guion discrecional delante de la misma.

Atributos de caracteres y párrafos

Como ya hemos visto, un carácter es cualquier letra, número, espacio o signo de puntuación, mientras que un párrafo es el conjunto de caracteres comprendido entre dos retornos de carro —o puntos y a parte—. Es decir, cada vez que pulsa la tecla ENTER se crea un párrafo, que a su vez puede estar formado por cero o más caracteres.

Siempre que quiera modificar los atributos del conjunto de caracteres seleccionado —una letra, una palabra o una frase completa—, utilice el panel Carácter. Igualmente, utilice este panel para cambiar la fuente, el espacio entre letras o el color de un texto.

Cuando quiera cambiar atributos que afecten a todo un párrafo, como el espacio antes y después del mismo, la alineación del texto, la separación por guiones o la inclusión de filetes, utilice el panel Párrafo. Todas estas opciones afectan a los caracteres tratados como conjunto en vez de como letras individuales.

TRUCO

Cuando selecciona un texto, el panel Control *presenta dos conjuntos de herramientas posibles: de carácter (pulse el botón* [A]*) o de párrafo (pulse el botón* [¶]*). De esta forma, el panel* Control *sustituirá la mayoría de las funciones de los paneles* Carácter *y* Párrafo*, a los que, dicho sea de paso, rara vez accederá.*

Modificar atributos de caracteres

Utilice el panel Carácter (Ventana>Texto y tablas>Carácter) o el panel Control en modo carácter para modificar los atributos de los caracteres seleccionados. Las opciones que ofrece el panel son las siguientes:

- Familia de fuente. Vulgarmente conocido como tipo de letra. Puede desplegar el menú para seleccionar una o comenzar a escribir el nombre de la fuente; InDesign lo irá completando conforme vaya escribiendo letras.
- Buscar fuente. Si pulsa el icono de la lupa situado a la izquierda del cuadro de búsqueda , podrá acceder a diversas opciones de filtrado (ver figura 8.8). Pulse el texto Buscar más para acceder a todo el catálogo de Adobe Type kit y descargar los tipos que no tenga instalados. Pulse el icono Filtro para acotar la búsqueda por diversos criterios tipográficos. El icono Favoritas acotará la búsqueda a las fuentes marcadas como favoritas, y el icono Recientes mostrará solo las tipografías añadidas recientemente.
- Estilo de fuente. Seleccione uno de los estilos disponibles, como redonda (regular), cursiva (*italic*), negrita (*bold*), gruesa (*heavy*), fina (*light*), extra negra (*black*), condensada (*condensed*) o extendida (*extended*). No todas las familias tienen todos los estilos; cuanto más completa sea esta, más estilos contendrá.

Figura 8.8. Panel Carácter (arriba) y opciones de búsqueda de fuentes (abajo).

- Tamaño de fuente. Por norma general se mide en puntos. Sin embargo, puede especificar cualquier otra unidad —como centímetros o milímetros— si escribe su abreviación al final de la cifra; InDesign la convertirá automáticamente en puntos. En la jerga editorial se denomina *cuerpo*.
- Interlineado. Es el espacio entre dos líneas base. Un valor seguro es el interlineado automático, equivalente —por defecto— al 120 % del tamaño del texto, puesto que deja el espacio suficiente para impedir que se toquen los trazos descendentes de una línea con los trazos ascendentes de la línea inferior.
- Kerning. Es el espacio entre un par de caracteres. Se utiliza principalmente para realizar ajustes finos entre los caracteres de un titular. Si el tipo de letra que utiliza es relativamente moderno y de calidad, tendrá un *kerning* automático asignado que funcionará perfectamente en la mayoría de los casos (métrico). Si prefiere que InDesign ajuste el *kerning* utilizando como referencia la forma de la fuente, seleccione óptico. Seleccione cualquier otro valor para disminuir (negativo) o aumentar (positivo) el espacio entre dos letras.
- Tracking. Es similar al *kerning* pero esta vez incluyendo el espacio entre todos los caracteres seleccionados. Una palabra puede tener un ajuste de *kerning* y de *tracking* aplicados simultáneamente. El *tracking* negativo se suele utilizar para permitir

que todos los caracteres quepan en una misma línea. Valores negativos de hasta 3 o positivos hasta 5 dan buenos resultados y son prácticamente imperceptibles.

- Escala vertical y horizontal. Determinan la altura y anchura de los caracteres. Recuerde que, cuando deforma los caracteres, estos pierden legibilidad. Lo mejor es utilizar una familia de fuentes en las que se incluyan estilos condensados y expandidos, puesto que han sido corregidos ópticamente por un profesional para mantener su legibilidad. Si se ve obligado a estrechar el texto para dar cabida a más caracteres por línea, trate de no sobrepasar una escala horizontal del 98 %, pues es casi imperceptible para el ojo humano.
- Desplazamiento vertical. Modifica la posición vertical de los caracteres seleccionados con respecto a su línea de base. Utilícelo, por ejemplo, para ajustar manualmente superíndices y subíndices.
- Sesgado. Inclina el texto para generar el efecto de cursiva. Utilícelo solo en los casos en que la familia de fuentes no disponga del estilo cursiva, puesto que la legibilidad se resiente.
- Idioma. Escoja el idioma en que están escritos los caracteres. Este ajuste se tendrá en cuenta durante la revisión ortográfica y a la hora de separar las palabras con guiones.

Otra modificación que puede aplicar a los caracteres es el subrayado y el tachado. Utilice los botones correspondientes del panel Control para aplicar dichos efectos. Si desea modificar el aspecto por defecto de estas propiedades, acceda a los cuadros de diálogo Opciones de subrayado y Opciones de tachado desde el menú del panel Control o del panel Carácter. Aquí podrá controlar el grosor, tipo, desplazamiento vertical y color de la línea.

Ajustes avanzados de los caracteres

Bajo la opción OpenType, en el menú del panel Carácter o del panel Control en modo carácter, InDesign esconde todo un arsenal de ajustes avanzados que permitirán dotar a sus documentos de un aire de sofisticación y profesionalidad nunca vistos. La cantidad de ajustes disponible depende de la fuente que utilice y, sobre todo, del formato: solo son accesibles en fuentes OpenType. Citaré únicamente las opciones más habituales (aquellas por las que siento mayor predilección):

finalista	Hay 2.365 millones	¾ de kilo
finalista	Hay 2.365 millones	3/4 de kilo
A	B	C

Figura 8.9. La magia de OpenType en acción. **A** Ligaduras discrecionales. Fíjese en las letras f e i, y en el adorno de las letras s y t en la línea de arriba. **B** Cifras en estilo antiguo proporcional (equivalente a minúsculas) y cómo se verían normalmente (equivalente a mayúsculas). ¿Cuál le gusta más? **C** Fracciones. Arriba la forma correcta y abajo tal y como se muestran por defecto.

- Ligaduras y ligaduras discrecionales. Las ligaduras aumentan la legibilidad —¡y belleza!— del texto, al sustituir ciertos pares de caracteres por un único carácter, más estético y legible. Por ejemplo, la ligadura de las letras minúsculas *f* e *i* en palabras como final o filántropo.
- Cifras en estilo antiguo proporcional. Si se fija bien, una cifra en el estilo por defecto tiene la misma altura que una letra mayúscula. Las letras mayúsculas en un texto escrito son el equivalente a levantar la voz, por lo que los números llaman la atención donde quiera que aparezcan, independientemente de su importancia real en el texto. Sin embargo, antiguamente —antes de la aparición de las máquinas de escribir— las cifras también distinguían entre mayúsculas y minúsculas. Por suerte, cada vez más tipografías permiten escribir los números con la misma importancia que el resto del texto. Es más, añaden la belleza de los ascendentes y descendentes. Pruebe el estilo antiguo proporcional para las cifras de un párrafo y verá cómo, de repente, el bloque de texto se verá mejor compensado.

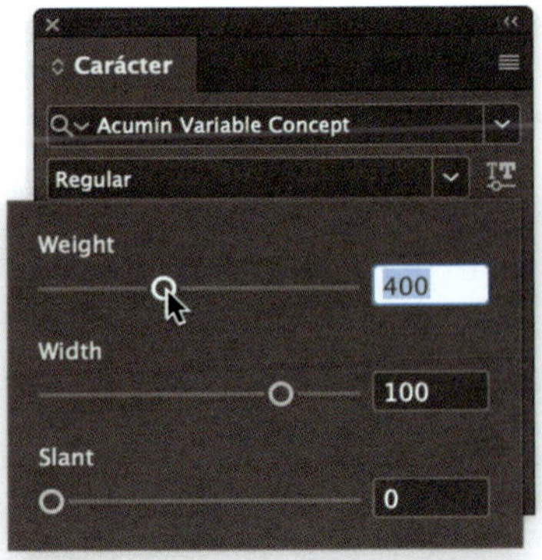

Figura 8.10. Opciones de ajuste de una fuente variable. El número de opciones disponible dependerá de la fuente seleccionada.

- Fracciones. ¡Qué feas se ven las fracciones «falsas» una vez que ha conocido su alternativa OpenType!

Fuentes variables

NUEVO Adobe InDesign puede ahora acceder a los diferentes ajustes de las fuentes variables, tanto desde el panel Control como desde el panel Carácter, pulsando el icono (que solo aparece en el caso de haber seleccionado una fuente variable). Los ajustes que se presentan dependerán de la familia tipográfica, pero los más habituales son el grosor (desde ultra fina a negrita), anchura (desde condensada hasta extendida) e inclinación.

Modificar atributos de párrafos

El panel Párrafo (Ventana>Texto y tablas>Párrafo) o el panel Control en modo párrafo muestran las opciones de formato que pueden aplicarse a un párrafo completo.

- Opciones de alineación. Alinean todas las líneas del párrafo a la izquierda, derecha o centro.
- Opciones de justificación. Alinean todas las líneas del párrafo a la derecha y a la izquierda. Las opciones se diferencian dependiendo de la alineación de la última línea del párrafo, que puede ser a la izquierda, centro, derecha o completamente justificada.

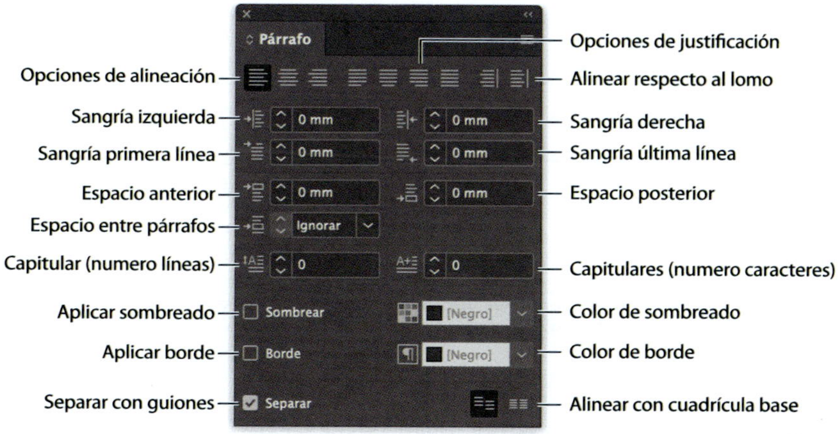

Figura 8.11. Panel Párrafo.

- Opciones especiales de alineación. Alinean el texto hacia el lomo o hacia el lado opuesto del lomo. Un texto con una alineación de este tipo cambia el sentido de alineación si cambia de página par a impar. Es ideal para alinear automáticamente pies de página o encabezados.
- Sangría izquierda y derecha. Espacio en blanco a la izquierda o derecha del párrafo con respecto al resto de párrafos o al margen por defecto.
- Sangría izquierda de primera línea. Espacio en blanco a la izquierda de la primera línea de un párrafo con respecto al resto de líneas que lo componen.
- Sangría derecha de última línea. Espacio en blanco a la derecha de la última línea de un párrafo con respecto al resto de líneas que lo componen.
- Espacios anterior y posterior. Espacio extra que separa dos párrafos consecutivos por encima y por debajo. Si añade espacios antes y después, el espacio total entre párrafos será la suma de ambos. Recuerde utilizar SIEMPRE este ajuste en lugar de pulsar varias veces la tecla ENTER para dejar espacio entre dos párrafos. De esta manera, si recompone el texto, evitará encontrar espacios en blanco indeseados al principio o fin de páginas o columnas.

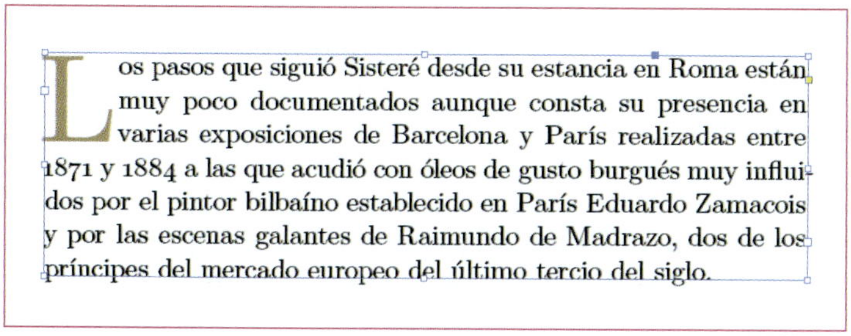

Figura 8.12. Una capitular con tres líneas de altura.

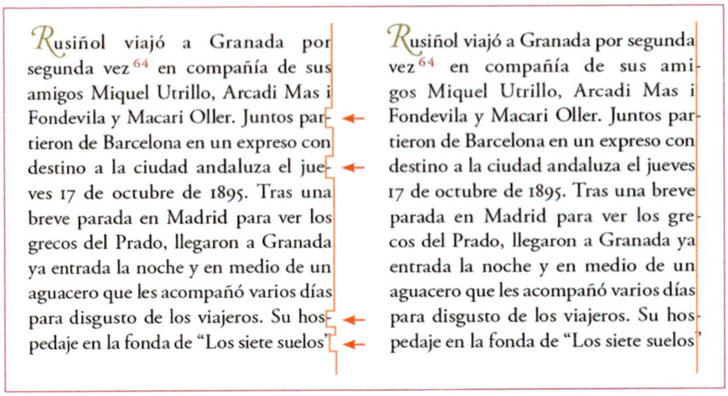

Figura 8.13. Alineación óptica del margen. Sin activar (izquierda) y activado (derecha). Fíjese cómo, en la versión activada, los guiones y signos de puntuación «salen» de la caja de texto para permitir que las letras se alineen perfectamente.

- NUEVO Espacio entre párrafos del mismo estilo. Este valor se utilizará solo si dos párrafos consecutivos tienen el mismo estilo de párrafo. Si el estilo de párrafo es diferente, se utilizará el valor existente para Espacio anterior y Espacio posterior.
- Número de líneas de letra capitular. Una letra capitular a principio de párrafo es una letra mayor que las demás, con un alto equivalente a dos o más líneas. A mayor número de líneas, mayor será el tamaño de la letra.
- Número de caracteres de letra capitular. Puede especificar el número de caracteres que se comportarán como letra capitular (figura 8.12).
- Aplicar sombreado. Marque esta casilla para aplicar un color de fondo al párrafo. Utilice el cuadro Color de sombreado para seleccionar un color.
- Aplicar borde. Marque esta casilla para dibujar un borde alrededor del párrafo. Utilice el cuadro Color de borde para determinar su color.
- Separar con guiones. Escoja si quiere activar la separación automática de las palabras con guiones para mejorar la justificación de un párrafo.
- Alinear/no alinear a cuadrícula base. Escoja si quiere que el párrafo se alinee o no a la cuadrícula base.

Alineación óptica de margen

Cuando justifica un párrafo, la alineación derecha suele ser irregular debido a que los signos de puntuación y ciertas letras ocupan menos espacio blanco que otras. Para solventarlo y conseguir una justificación perfecta, marque la casilla de verificación Alineación óptica de margen del panel Artículo (Texto>Artículo). Los signos de puntuación quedarán «colgando» fuera de la caja de texto para que, ópticamente, la línea sea perfecta. Puede especificar un tamaño en puntos del texto para que el ajuste sea acorde a la medida de los caracteres.

Filetes de párrafo

Puede configurar un párrafo para que muestre líneas por encima y/o por debajo. A estas líneas se les conoce con el nombre de Filetes de párrafo. Para asignar filetes a un párrafo:

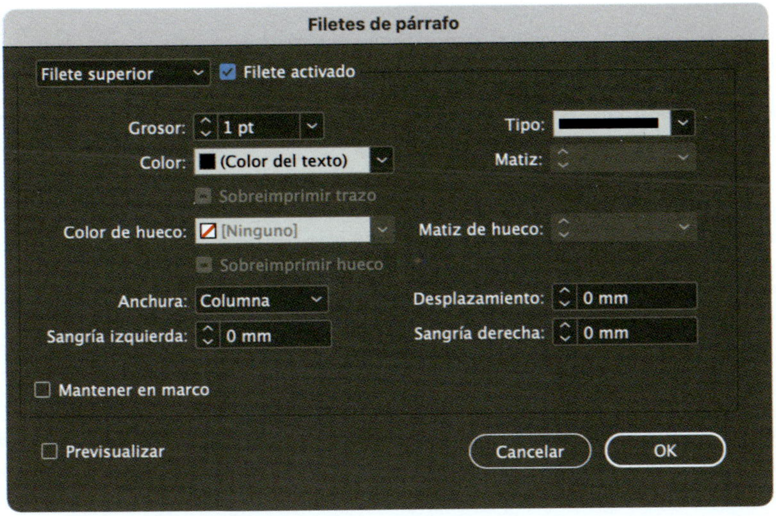

Figura 8.14. Cuadro de diálogo Filetes de párrafo.

- Escoja Filetes de párrafo en el menú del panel Párrafo para activar los filetes superior y/o inferior de un párrafo.
- Seleccione, en el menú desplegable superior, si desea activar el filete superior y/o inferior y haga clic en la casilla de verificación Filete activado. El resto de opciones del panel se aplicarán al filete seleccionado en el menú desplegable.
- Escoja un Grosor (en puntos), un Tipo y un Color para el filete. Especifique de forma opcional un Matiz para el color seleccionado. Un valor de matiz del 100 % —por defecto— mostrará el color sólido.
- Para sobreimprimir el filete, marque la casilla Sobreimprimir trazo.

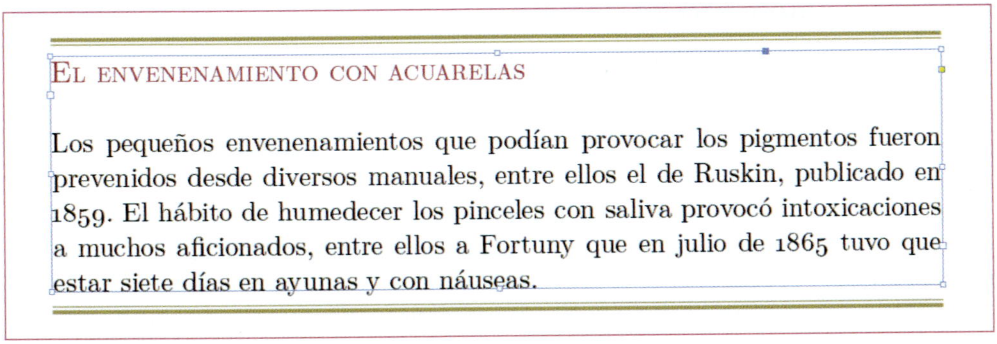

Figura 8.15. Filete de párrafo superior activado para el primer párrafo, e inferior activado para el último párrafo.

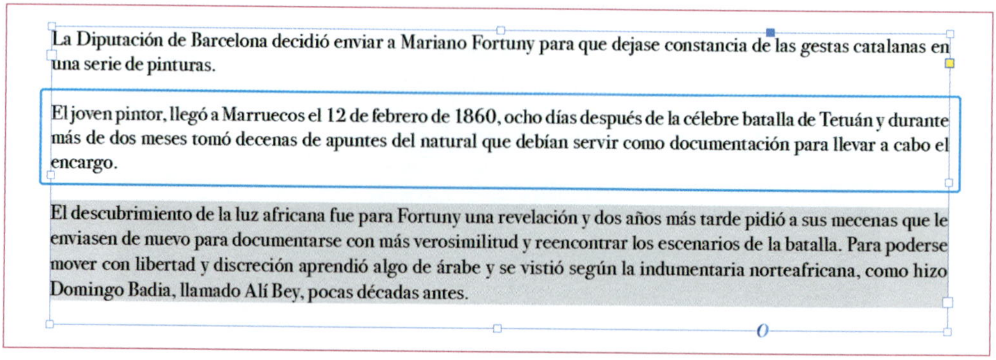

Figura 8.16. Borde y sombreado aplicados a dos párrafos de un marco de texto.

- Si el tipo de filete tiene huecos (filete doble, con guiones, etc.), puede especificar un color y un matiz para el hueco. En caso de aplicar un color, escoja si desea o no sobreimprimirlo.
- Especifique la Anchura del filete: toda la columna o solo tan grande como la línea de texto más próxima, a saber, la primera línea del párrafo en un filete por encima y la última línea del párrafo en un filete por debajo.
- Para desplazar verticalmente el filete, introduzca un valor positivo —hacia abajo en filete inferior y hacia arriba en filete superior—, o negativo —hacia arriba en filete inferior y hacia abajo en filete superior— en el cuadro Desplazamiento.
- Escoja un valor para la Sangría derecha e izquierda. Por defecto es 0, es decir, el filete será tan ancho como haya especificado en la opción anterior. Cualquier valor de sangría positivo lo hará más pequeño; y un valor negativo (sangría inversa) lo hará más grande.
- Por defecto, los filetes por encima del párrafo salen del marco de texto (si quedan realmente por encima de la altura de la mayúscula). Para evitarlo, marque la casilla Mantener en el marco. La primera línea de base se desplazará hacia abajo para dar cabida al filete.

Bordes y Sombreado de párrafo

Los bordes de párrafo permiten crear un borde alrededor de uno o más párrafos mientras que el sombreado consiste en un fondo de color sólido. A diferencia del trazo y fondo de los marcos de texto, que se aplican a todo el marco, estas propiedades afectan únicamente a nivel de párrafo. Además, crecen y se amoldan dinámicamente según lo haga el texto.

Para aplicar un borde de párrafo, seleccione uno o más párrafos y, en el menú del panel Control, seleccione Bordes y sombreado de párrafo. También puede acceder a estas opciones desde el menú de los paneles Párrafo o Estilo de párrafo. En el apartado Borde del cuadro de diálogo Bordes y sombreado de párrafo encontrará las siguientes opciones:

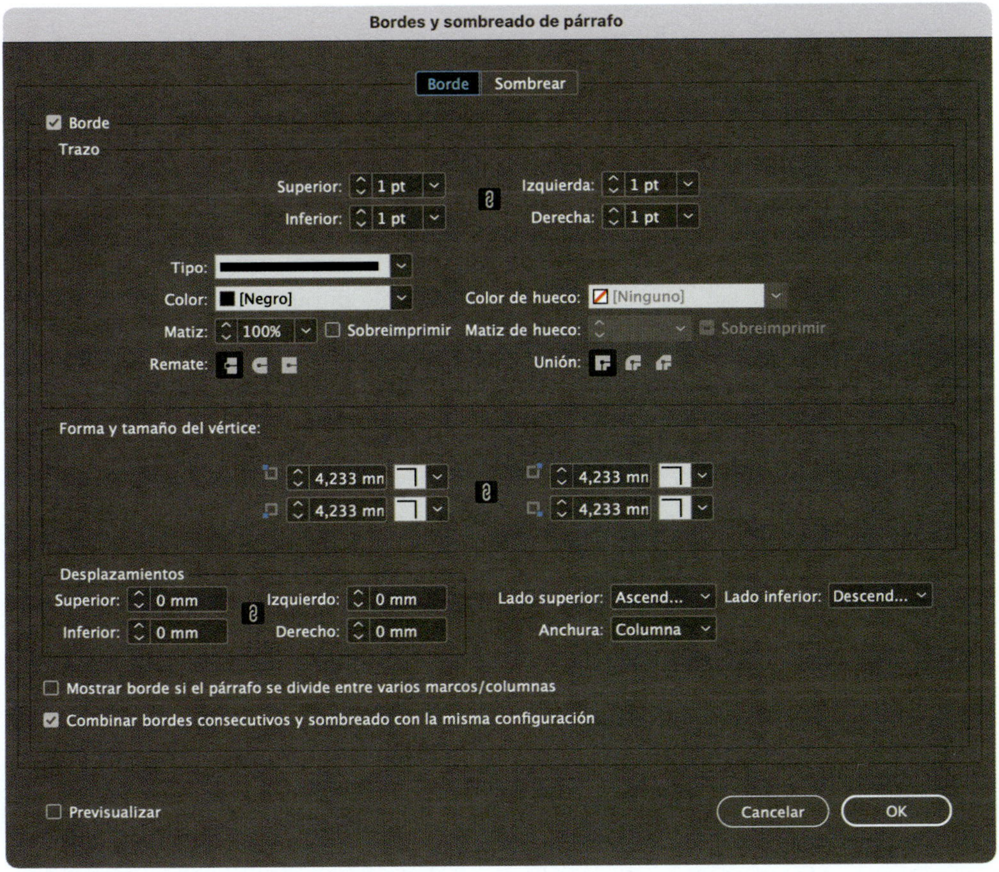

Figura 8.17. Cuadro de diálogo Bordes y sombreado.

- Superior, Inferior, Izquierda y Derecha. Seleccione el grosor del trazo para cada uno de los cuatro bordes.
- Tipo, color, matiz, color de hueco y remate. Son las mismas opciones comentadas en apartados anteriores en referencia a las propiedades de un trazo.
- Forma y tamaño del vértice. Seleccione una forma y tamaño para cada uno de los cuatro vértices del borde.
- Desplazamientos. Para dejar un espacio entre el borde y el texto, desplácelos hacia arriba, abajo, izquierda o derecha.
- Lado superior e inferior. Seleccione la referencia a partir de la cual se calculará la distancia del desplazamiento.
- Anchura. Decida si el ancho del borde debe abarcar solo el espacio ocupado por el texto o bien la columna completa.

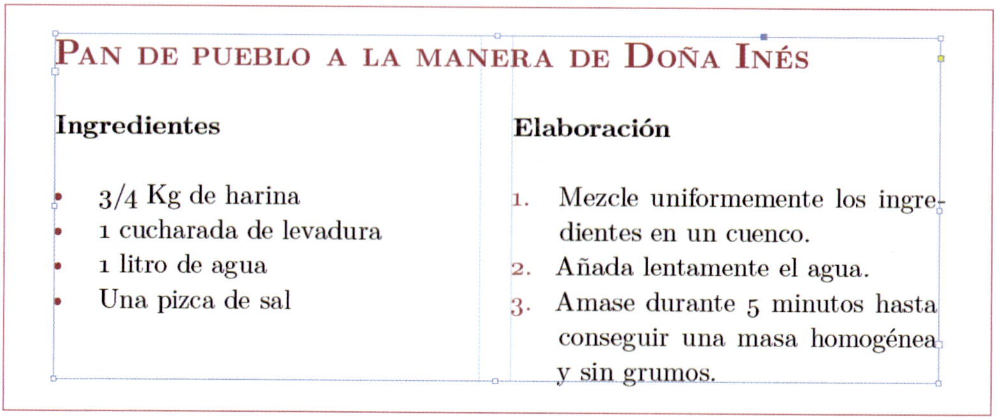

Figura 8.18. Ejemplo de los dos tipos de listas.

- Mostrar borde si el párrafo se divide entre varios marcos/columnas. Seleccione esta opción para mostrar un borde cuando el texto de un párrafo fluye en columnas o entre dos o más marcos de texto enlazados.
- Combinar bordes consecutivos y sombreado con la misma configuración. Esta opción evita que se solapen dos estilos de borde diferentes en dos párrafos consecutivos.

Para aplicar un fondo (sombreado) a un párrafo, seleccione uno o más párrafos, abra el panel Bordes y sombreado de párrafo, marque la pestaña Sombrear y seleccione las opciones pertinentes:

- Sombrear. Marque esta casilla para activar el efecto.
- Color y matiz. Seleccione un color para el sombreado y el porcentaje (matiz) de color que desea emplear. Si selecciona un color muy oscuro, y el texto es negro, aplique un matiz inferior al 100 %.
- Forma y tamaño del vértice. Escoja una forma y tamaño para cada uno de los cuatro vértices. Pulse el icono de la cadena para que los cuatro vértices sean iguales.
- Desplazamientos , lado superior, inferior y anchura. Tienen el mismo efecto que en el apartado Borde, pero aplicados al sombreado. Consulte el apartado anterior para una explicación.
- Ajustar a cuadro. Si marca la casilla de verificación, las dimensiones del sombreado no serán nunca mayores que el marco de texto.
- No imprimir ni exportar. Marque esta casilla si utiliza el sombreado solo como referencia durante la edición del texto, pero no quiere que se imprima.

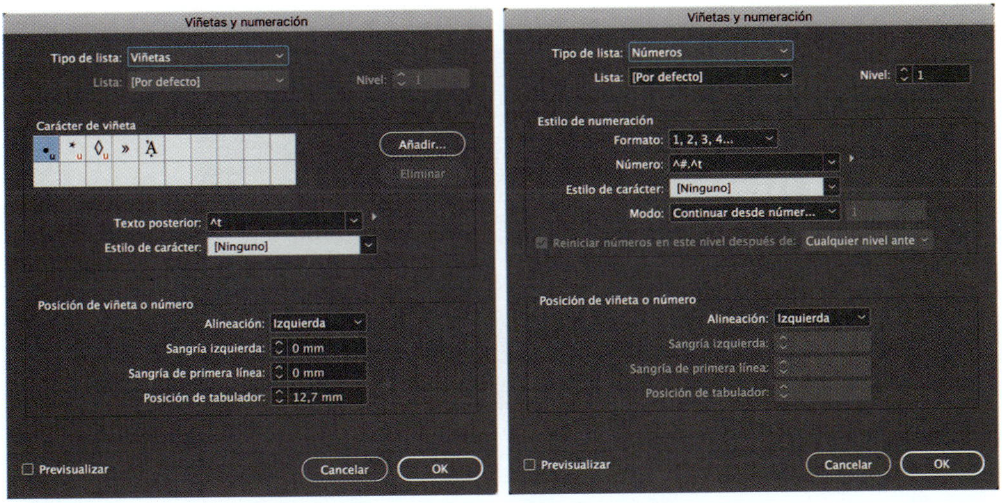

Figura 8.19. Opciones de listas con viñetas y listas numeradas.

Listas numeradas y con viñetas

Para enumerar una serie de párrafos, como los ingredientes de una receta de cocina, lo más efectivo es presentarlos mediante una lista con números o con viñetas (las viñetas son los elementos que se colocan delante de cada una de las líneas del listado). Puede convertir en lista con viñetas una secuencia de párrafos con solo seleccionarlos y hacer clic en el botón Lista con viñetas ( ) del panel Control, o en una lista numerada si hace lo propio en el botón Lista numerada ( ). La numeración de una lista numerada se actualiza al añadir o eliminar párrafos, de forma que los párrafos consecutivos muestran cifras en el orden correcto.

Para modificar el aspecto y comportamiento de una lista numerada acceda a la opción Viñetas y numeración en el menú del panel Párrafo y escoja Números en el menú desplegable Tipo de lista del cuadro de diálogo Viñetas y numeración.

- Lista. En InDesign puede definir tantos tipos de lista numerada como desee. De manera predeterminada, todas las listas serán del tipo [Por defecto] y por lo tanto, cualquier cambio en las opciones de este cuadro de diálogo afectará a todas las listas numeradas del documento.
- Nivel. Si desea numerar subniveles adicionales en un mismo nivel (del tipo 1.1, 1.2, 1.3) escoja un valor diferente a 1 en el cuadro Nivel. Por defecto, las listas tienen un único nivel y, por lo tanto, su valor es 1.
- Formato. Escoja el tipo de numeración que desea: numeración arábiga, romana, alfabética, etc.
- Número. Inserte aquí los comodines necesarios para modificar la forma en que InDesign separará la viñeta del texto. Por defecto encontrará el código «^#.^t» que

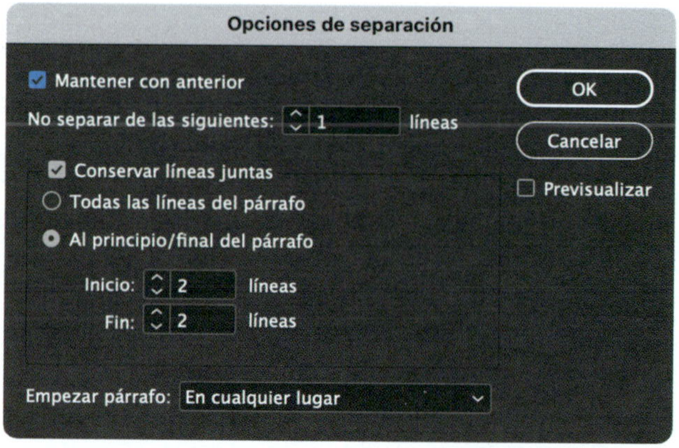

Figura 8.20. Cuadro de diálogo Opciones de separación.

significa un número (^#) seguido de un punto (.) seguido de un tabulador (^t). Puede cambiarlo, por ejemplo, por este otro «^#-^>» , que significa un número (^#) seguido de un guion (-) seguido por un espacio n o espacio corto (^>). Utilice el cuadro desplegable a su derecha para ver una lista de los códigos disponibles.

- Estilo de carácter. Aplique un estilo de carácter a las cifras y viñetas para definir sus características de diseño de forma independiente al resto del texto.
- Modo. Por defecto, el número de un nuevo elemento de lista es correlativo, es decir, su valor se incrementa en 1 con respecto al anterior, pero puede inicializar la numeración si escoge la opción Comenzar en y escribe un número en el cuadro de texto a su derecha.
- Alineación. Este valor determina la alineación de los números de la lista.
- Sangría izquierda. Define cuánto espacio blanco debe quedar entre la cifra y el resto de líneas del párrafo.
- Sangría de primera línea. Para hacer que la cifra o viñeta quede a la izquierda (sangría francesa) del texto, escriba el mismo valor que el campo anterior pero en negativo.
- Posición del tabulador. Si incluyó un carácter de tabulador en el apartado Número, indique aquí su posición. Si no lo hace, se aplicará el valor por defecto, esto es, el mismo que la sangría izquierda.

Para modificar el aspecto y comportamiento de una lista con viñetas, acceda a la opción Viñetas y numeración en el menú del panel Párrafo y escoja Viñetas en el menú desplegable Tipo de lista del cuadro de diálogo Viñetas y numeración.

Las opciones son similares a las de las listas numéricas, solo que esta vez deberá escoger el carácter que se mostrará como viñeta: si pulsa el botón Añadir, InDesign mostrará un panel con los caracteres de la fuente seleccionada. Haga clic en uno para añadirlo a la lista de viñetas del apartado Carácter de viñeta. Utilice fuentes con símbolos —como Zapf Dingbats— para acceder a todo un elenco de alternativas.

Control de líneas viudas y huérfanas

Se denominan líneas viudas o huérfanas a aquellas que quedan separadas del resto del párrafo; si es la primera línea se denomina huérfana, y si es la última, viuda. Aparte de su curiosa nomenclatura, se consideran errores de composición puesto que dificultan en gran medida la lectura de textos extensos. Se pueden controlar de dos formas: manualmente —mediante la inserción de caracteres de salto— o mediante las opciones del cuadro de diálogo Opciones de separación.

Diríjase al menú del panel Párrafo y escoja Opciones de separación para abrir el cuadro de diálogo homónimo.

- Mantener con anterior. Marque esta casilla para mantener la primera línea del párrafo actual junto con la última del párrafo previo. Esta opción es muy útil para evitar que una entradilla quede separada de su titular.
- No separar de las siguientes. Marque esta casilla para forzar a la última línea de un párrafo a mantenerse en la misma columna o página que el número de líneas que especifique (hasta un máximo de 5).
- Conservar líneas juntas. Marque esta casilla de verificación y a continuación decida si quiere mantener todas las líneas del párrafo juntas (Todas las líneas del párrafo, como en el caso de un titular) o un número determinado de líneas al principio y al final del párrafo.
- Empezar párrafo. Ahora que InDesign sabe cuántas líneas puede separar y cuáles debe mantener juntas, especifique dónde debe empezar el siguiente párrafo en el caso de aplicar alguna de las opciones anteriores: cualquier lugar (continuará en el mismo marco si cabe), siguiente columna, marco o página.

Opciones de justificación

Al marcar una de las opciones de justificación completa de texto, todas las líneas del párrafo pasarán a tener la misma longitud. InDesign logra dicho objetivo jugando con cuatro variables: el espacio entre las palabras, el espacio entre las letras (tracking), el tamaño de los caracteres (escala horizontal) y la separación de palabras con guiones. Vimos con anterioridad cómo controlar la separación de palabras así que ahora estudiaremos las otras tres variables. Utilizaremos el cuadro de diálogo Justificación, al que puede acceder desde el menú del panel Párrafo o del panel Control.

Las opciones del cuadro de diálogo Justificación se dividen en tres bloques de valores que controlan el espacio entre palabras y letras y la escala horizontal de los caracteres. InDesign utiliza los valores de la columna Mínima para «apretar» el texto de una línea; los valores de la columna Óptima son aquellos que tenderá a utilizar en la mayoría de las ocasiones y siempre que el espacio disponible lo permita; InDesign utilizará los ajustes de la columna Máxima para repartir el espacio sobrante y así poder justificar la línea. Es importante tener en cuenta que InDesign solo utiliza los

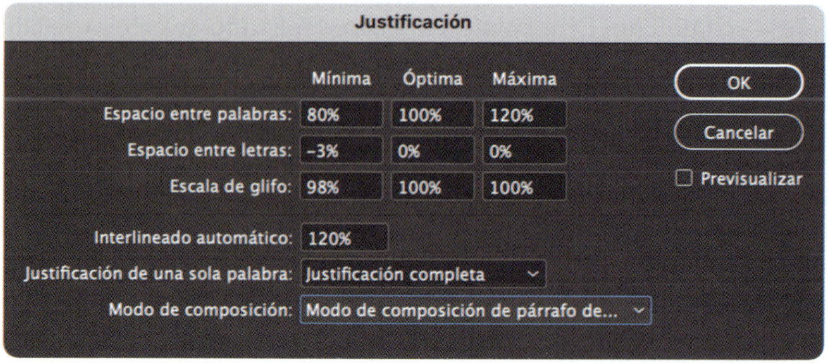

Figura 8.21. Cuadro de diálogo Justificación.

ajustes de una columna en una línea, es decir, o contrae la línea, o la expande o, si puede, la mantiene equilibrada.

- Espacio entre palabras. El espacio entre palabras óptimo suele ser ligeramente inferior al ancho de la letra n minúscula. Dicho valor está representado numéricamente como el 100 %. Dependiendo del tipo de letra y el ancho de la columna, lo podrá estrechar hasta un 70-80 %, o permitir que se agrande hasta un 120 %. Valores más extremos darán como resultado palabras muy juntas (y por lo tanto, difícilmente legibles) o muy separadas (lo que conlleva la aparición de las denominadas calles o espacios en blanco entre líneas).
- Espacio entre letras. También conocido como tracking, tiene un valor óptimo de 0 %. Para una mayor legibilidad, procure no utilizar valores inferiores a −5 % (letras muy juntas) ni superior a 3% (letras tan separadas que pueden confundirse con palabras sueltas). En casos en los que prima el espacio, hay diseñadores que utilizan un valor óptimo en torno al −1 o −2 %.
- Escala de pictograma. Se refiere a la escala horizontal de los caracteres. Utilice un valor mínimo de 98 % y mantenga tanto el óptimo como el máximo al 100 % para evitar distorsionar excesivamente la tipografía.
- Interlineado automático. Si no especifica lo contrario, InDesign calcula por defecto el valor de la interlínea como el 120 % del tamaño del cuerpo. Por ejemplo, para un texto de 10pt, la interlínea equivalente será de 12pt.
- Justificación de una sola palabra. Cuando la última línea de un párrafo justificado contiene una sola palabra, decida qué debe hacer el programa. Yo le recomendaría, en la mayor parte de las ocasiones, la opción Alinear a la izquierda.
- Modo de composición. A la hora de calcular cómo repartir el espacio en cada línea, InDesign puede tener en cuenta cada una de las líneas de forma individual (Modo de composición de línea única de Adobe) o bien el conjunto de las líneas que forman el párrafo (Modo de composición de párrafo de Adobe), de manera que es capaz de modificar los ajustes de una línea si así se verá beneficiada la

siguiente y, de esta forma, todo el conjunto. Utilice siempre que pueda el modo de composición de párrafo, puesto que el resultado será más homogéneo.

NOTA

Aunque el modo de composición de párrafo suele producir los mejores resultados, su utilización afecta a todas las líneas del párrafo, con el consiguiente aumento de cambios en el texto. Téngalo en cuenta si decide aplicar este ajuste en las fases finales del diseño.

Creación y modificación de estilos de párrafo y carácter

Por extraño que parezca, muchos usuarios de InDesign evitan a toda costa utilizar estilos de texto; los consideran complejos y difíciles de configurar, pero ¡nada más lejos de la realidad! La mecánica de un estilo de texto es realmente simple: permite aplicar una serie de atributos a párrafos y caracteres de forma rápida —un solo clic de ratón basta— y consistente: todos los párrafos y caracteres con el mismo estilo tienen exactamente los mismos atributos.

Por si fuera poco, una vez aplicados los estilos de texto a todo el contenido del documento, cambiar cualquier atributo de forma masiva resultará banal. ¿Tienen que ser de color rojo los titulares? Edite el estilo de párrafo correspondiente y todos los titulares de su documento, por muchos que sean, cambiarán al color rojo. ¿Hay que disminuir el interlineado del cuerpo del texto para ahorrar dos páginas en la publicación? La solución está a un doble clic de ratón. Imagine por un momento tener que hacer los cambios uno por uno, título a título, párrafo a párrafo...¡impensable! Así que póngase cómodo en su silla, porque voy a enseñarle la herramienta clave, fundamental e imprescindible que todo usuario de InDesign que se precie debe dominar... ¡y utilizar!

Crear estilos

Existen dos tipos de estilos de texto: de párrafo, para controlar los atributos de todos los caracteres de un mismo párrafo, y de carácter, que afectan solo a los caracteres seleccionados en el momento de aplicar el estilo.

Utilice estilos de párrafo cuando quiera modificar atributos tales como la alineación, el interlineado, la fuente y el estilo de todos los caracteres del párrafo. Para determinar el aspecto de palabras concretas en un párrafo, como citas, nombres propios, precios, capitulares y, en general, pequeñas porciones de texto que deben destacar del resto, utilice estilos de carácter.

La forma más sencilla de crear un estilo es seleccionar un texto que ya tenga aplicados un conjunto de atributos de su agrado, y hacer clic en el botón Crear estilo

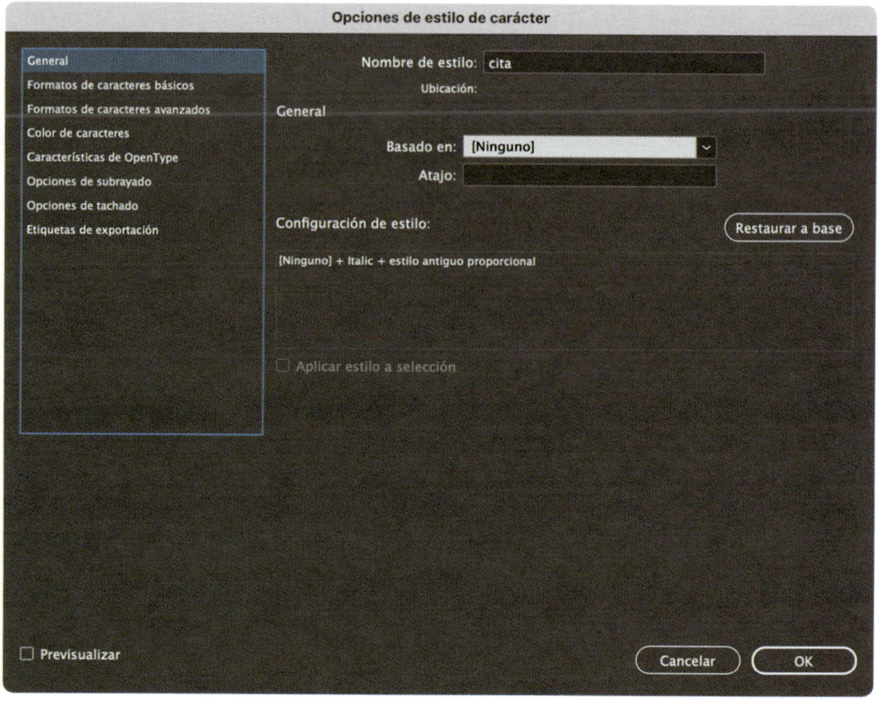

Figura 8.22. Cuadro de diálogo Opciones de estilo de carácter.

nuevo en el panel Estilos de párrafo —para afectar por igual a todos los caracteres del párrafo activo— o Estilos de carácter —en caso de querer modificar el aspecto de los caracteres seleccionados— . Si mantiene pulsada la tecla Alt (Opción) al hacer clic en el botón, o hace doble clic en el nombre del estilo, InDesign presentará el cuadro de diálogo Opciones de estilo de párrafo u Opciones de estilo de carácter, según se tercie.

Opciones generales

Los cuadros de diálogo Opciones de estilo de párrafo y Opciones de estilo de carácter comparten una serie de características comunes, así que las repasaremos de forma conjunta. Ambos están divididos en dos áreas: a la izquierda, un listado con los títulos de los diferentes conjunto de atributos que puede modificar y a la derecha cada una de las propiedades del conjunto de atributos seleccionado. Las opciones generales son prácticamente idénticas:

- Nombre del estilo. Escriba un nombre para identificar el estilo. Utilice nombres que describan la función del estilo, como *cita* o *titular*, más que un nombre genérico, como *negrita* o *texto rojo*, que solo indican el atributo que modifican, pero no para qué.

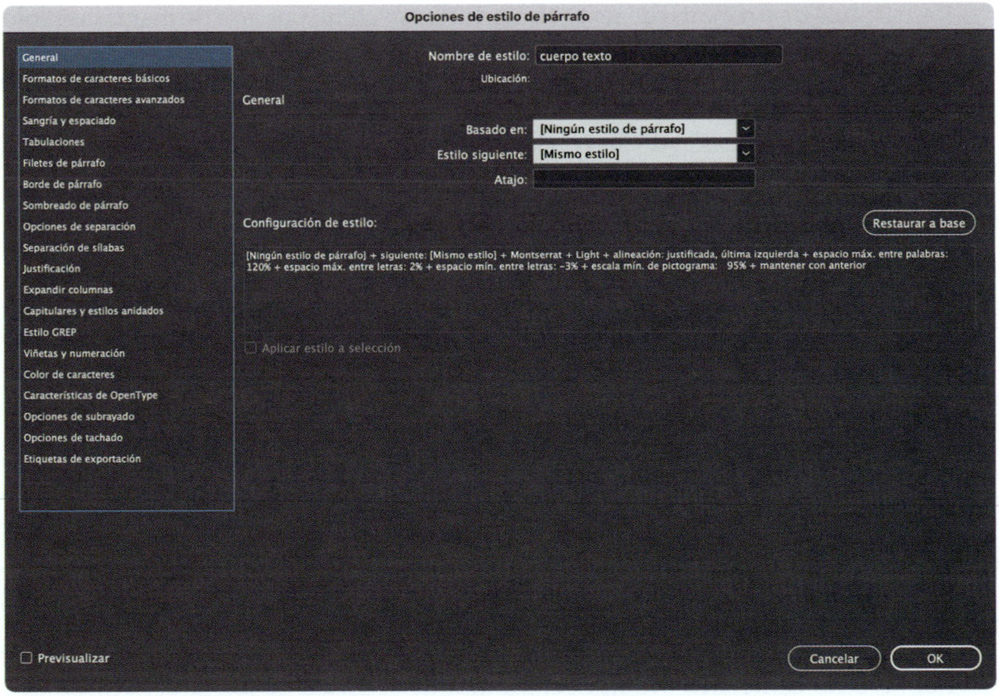

Figura 8.23. Cuadro de diálogo Opciones de estilo de párrafo.

- Basado en. Puede basar un estilo en otro, es decir, crear un nuevo estilo que herede las propiedades de otro. Por ejemplo, un estilo de párrafo para el título principal que especifique la alineación y la familia de fuentes y luego otros estilos basados en este con ligeras variaciones de tamaño o color para indicar diferentes niveles jerárquicos de títulos (títulos y subtítulos). De esta manera, si quiere modificar una característica común como la fuente, basta con cambiar el atributo en el estilo principal para que todos los demás también lo apliquen de forma automática. Ganará en velocidad y, sobre todo, en homogeneidad.
- Estilo siguiente. En el caso de los Estilos de párrafo, puede determinar también el Estilo siguiente que se aplicará de forma automática al pulsar la tecla ENTER. El valor por defecto es [Mismo estilo], es decir, se volverá a aplicar el mismo estilo de párrafo. Sin embargo, puede indicar que se aplique cualquier otro estilo. Por ejemplo, en el caso de un diario, si aplica el estilo Titular al primer párrafo del artículo, puede aplicar automáticamente el estilo entradilla al siguiente y, finalmente, el cuerpo de la noticia. Si los combina con los estilos de objeto, es posible especificar el estilo de párrafo del primer párrafo en un estilo de marco de texto y activar la casilla de verificación Aplicar estilo siguiente en el panel Estilos de párrafo del cuadro de diálogo Opciones de estilo de objeto. De esta forma, todos

los párrafos de un marco de texto se modificarán como por arte de magia con solo aplicar un estilo de objeto al marco de texto que los contiene.

- Atajo. Hay estilos de párrafo y de carácter que utilizará con tanta frecuencia que la forma más rápida de aplicarlos es asignarles un atajo de teclado. Mantenga pulsadas una combinación de las teclas Mayúsculas, Alt y Ctrl (Windows) u Opción, Mayúsculas y Comando (Mac OS) y pulse un número del teclado numérico. No se pueden utilizar letras ni números que no aparezcan en el teclado numérico para la definición de atajos de estilo (lo que supone un problema para usuarios de portátiles sin teclado numérico).
- Configuración de estilo. En este recuadro InDesign muestra un resumen de las características del estilo. Los diferentes atributos aplicados aparecen separados por un signo +.

Atributos de estilo de párrafo

El cuadro de diálogo Opciones de estilo de párrafo se divide en veinte grupos de atributos. Veamos ahora qué encontrará en cada uno de ellos:

- General. Especifique aquí características genéricas, como el nombre del estilo, atajo de teclado, etc.
- Formato de caracteres básicos. Escoja una familia y estilo de fuentes, su tamaño e interlineado, así como otras opciones básicas.
- Formato de caracteres avanzados. Modifique la escala de los caracteres, su desplazamiento vertical, el sesgado (inclinación o falsa cursiva) o el idioma principal del texto.
- Sangría y espaciado. Las sangrías desplazan el texto hacia dentro desde los bordes izquierdo y derecho del marco. En general, para aplicar una sangría a la primera línea de un párrafo, utilice sangrías de primera línea y no espacios ni tabulaciones. En este apartado puede determinar también si las líneas base del texto se deben alinear con la cuadrícula base.
- Tabulaciones. Defina aquí las posiciones de tabulación y su alineación.
- Filetes de párrafo. Puede determinar si el párrafo muestra filetes superior y/o inferior, así como sus características.
- Borde de párrafo. Aplica un borde a los cuatro lados del párrafo (arriba, abajo, izquierda y derecha).
- Sombreado de párrafo. Aplica un color de fondo al párrafo.
- Opciones de separación. Controlan el número mínimo de líneas de texto que debe haber a principio o final de párrafo. Se utiliza para evitar las líneas viudas y huérfanas en el texto.
- Separación de sílabas. Decida si activar la separación silábica y configure sus características, como número máximo de guiones consecutivos o si las palabras mayúsculas pueden separarse.

- Justificación. Conjunto de opciones que determinan los límites de separación entre los caracteres y palabras de una línea con tal de justificarla completamente a izquierda y derecha.
- Expandir columnas. Decida si el párrafo al que aplique este estilo tendrá la misma longitud que dos o más columnas de texto, o bien si debe dividirse en más de una columna. Este ajuste se aplica a párrafos individuales colocados en marcos de texto con más de una columna, como los titulares.
- Capitulares y estilos anidados. Número de caracteres capitulares de un párrafo y definición de estilos anidados (siga leyendo para aprender qué son y cómo configurarlos).
- Estilo GREP. Utilice las funciones de búsqueda GREP para determinar a qué caracteres del párrafo aplicar un determinado estilo de carácter; por ejemplo, aplicar el estilo versalitas solo a la primera línea del párrafo.
- Viñetas y numeración. Conjunto de opciones para definir los dos tipos de lista soportados por el programa: viñetas o números.
- Color de caracteres. Determine un color y matiz para el relleno y trazo de los caracteres. Puede acceder también a características avanzadas del trazo, como grosor, alineación y límite de ángulo. Para evitar que un color reserve, marque la casilla sobreimprimir.
- Características de OpenType. Si la familia de fuentes los soporta, encontrará aquí aspectos tan avanzados como estilos específicos para ordinales, caracteres decorativos alternativos o numeración antigua proporcional.
- Opciones de subrayado. Active el subrayado y configure el grosor, color y desplazamiento del filete.
- Opciones de tachado. Determinan el grosor, color y desplazamiento de la línea transversal utilizada para tachar texto.
- Etiquetas de exportación. Cuando exporte el texto en formato HTML o EPUB podrá determinar qué etiquetas HTML o Clases CSS utilizar para cada estilo de párrafo. Permite etiquetar un PDF y, en el caso de exportar el documento en formato EPUB, dividir el libro cada vez que aparece el estilo de párrafo editado (normalmente se utiliza en el estilo que hace las veces de título de capítulo).

Atributos de estilo de Carácter

Aunque muchos de los nombres de los atributos y sus opciones sean idénticos a los equivalentes en el panel Opciones de estilo de párrafo, recuerde que estos solo se aplicarán al conjunto de caracteres seleccionado:

- General. Especifique características genéricas, como el nombre del estilo, atajo de teclado y si desea que se base en otro estilo de carácter, heredando así las propiedades del primero.
- Formato de caracteres básicos. Atributos básicos de una fuente: familia y estilo, tamaño e interlineado, así como otras opciones básicas. Si selecciona la casilla de verificación No separar, los caracteres con este estilo aplicado no se separarán con

guiones (es un buen truco cuando lo utiliza con nombres propios).

- Formato de caracteres avanzados. Modifique la escala de los caracteres, su desplazamiento vertical, el sesgado o el idioma.
- Color de caracteres. Determine un color y matiz para el relleno y trazo de los caracteres. Puede acceder también a características avanzadas del trazo, como grosor, alineación y límite de ángulo.
- Características de OpenType. Si la familia de fuentes los soporta, encontrará aquí aspectos tan avanzados como estilos específicos para ordinales, caracteres decorativos alternativos o numeración antigua proporcional.

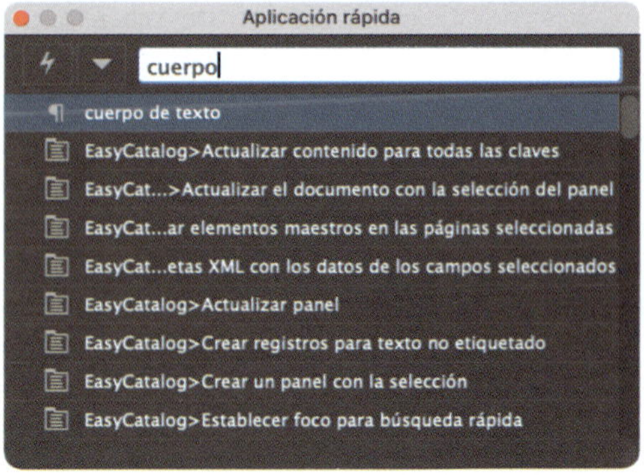

Figura 8.24. Para aplicar el estilo de párrafo Cuerpo de texto, basta con invocar la ventana Aplicación rápida y comenzar a escribir las primeras letras del nombre del estilo hasta que este resalte en el listado; al pulsar la tecla ENTER se aplicará el estilo.

- Opciones de subrayado. Configuran el grosor, color y desplazamiento del subrayado de texto.
- Opciones de tachado. Determinan el grosor, color y desplazamiento de la línea transversal utilizada para tachar texto.
- Etiquetas de exportación. Permite escoger qué etiquetas HTML y clases CSS aplicar a los caracteres que utilicen dicho estilo. Si marca la casilla de verificación Emitir CSS, se crearán etiquetas Span con el atributo Class que especifique en el cuadro Clase. Si lo deja en blanco, se aplicará el nombre del estilo. Por ejemplo, si aplica el estilo autor al texto Javier Gómez, el HTML resultante será: <span class="autor">Javier Gómez</span>.

Aplicar estilos

Para aplicar un estilo de párrafo, basta con colocar el cursor en cualquier parte del párrafo —no es necesario que lo seleccione por completo— y:

- Hacer clic en el nombre del estilo en el panel Estilos de párrafo.
- Seleccionar el nombre del estilo en la lista desplegable Estilos de párrafo del panel Control.
- Pulsar el atajo de teclado asignado al estilo (si lo asignó en el cuadro de texto Método abreviado del cuadro de diálogo Opciones de estilo de párrafo).
- Utilizar la función Aplicación rápida. Para ello, pulse las teclas Control+ENTER (Comando+ENTER) y comience a escribir las primeras letras del nombre del estilo de párrafo. Pulse ENTER cuando se resalte el nombre completo en el menú Aplicación rápida.

Proceda del mismo modo para aplicar un estilo de carácter, solo que, en esta ocasión, antes deberá seleccionar todos los caracteres a los que quiera aplicar el estilo.

Modificaciones de estilo

Cuando aplica un estilo a un párrafo en el que hay porciones de texto con estilos de carácter aplicados, estos mantendrán su formato. Sin embargo, si se han aplicado modificaciones manuales en ciertos caracteres —por ejemplo, la variante cursiva— el panel Estilos de párrafo mostrará un signo + al lado del nombre del párrafo para indicar una *modificación*. Una modificación es cualquier atributo del texto seleccionado que no está especificado en el estilo de párrafo. Si mantiene pulsada la tecla Alt (Opción) y hace clic en el nombre del estilo o selecciona el botón Borrar modificaciones, InDesign eliminará todas las modificaciones pero mantendrá los estilos de carácter aplicados.

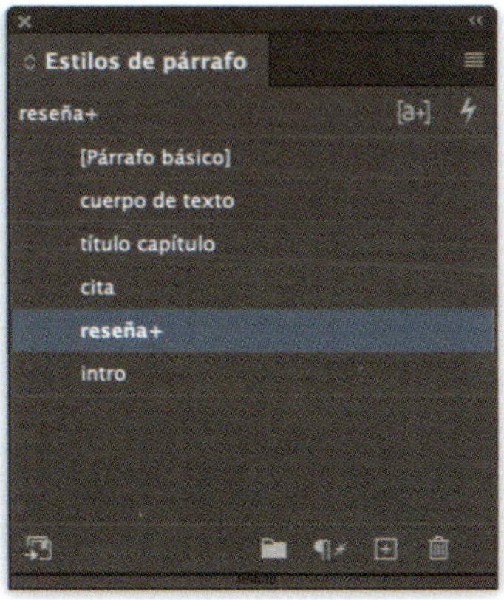

Figura 8.25. Panel Estilos de párrafo indicando modificaciones locales en el estilo «reseña».

Si mantiene el cursor sobre el nombre del estilo de párrafo y este contiene modificaciones, un texto emergente le indicará qué propiedades se han modificado.

TRUCO

Si desea resaltar en el documento el texto con modificaciones, pulse el icono Resaltar modificaciones de estilo *del panel* Estilos de párrafo.

Romper vínculo al estilo

Para evitar que un párrafo o conjunto de caracteres se actualice al cambiar los atributos del estilo asociado, escoja Romper vínculo al estilo en el menú del panel de estilos correspondiente.

Gestionar estilos

En los paneles de Estilos de párrafo y Estilos de carácter encontrará opciones para eliminar, duplicar, guardar e importar estilos.

Agrupar, duplicar y eliminar estilos

Si utiliza una gran cantidad de estilos en sus documentos —algo habitual en publicaciones extensas— lo mejor es crear grupos temáticos. Para ello:

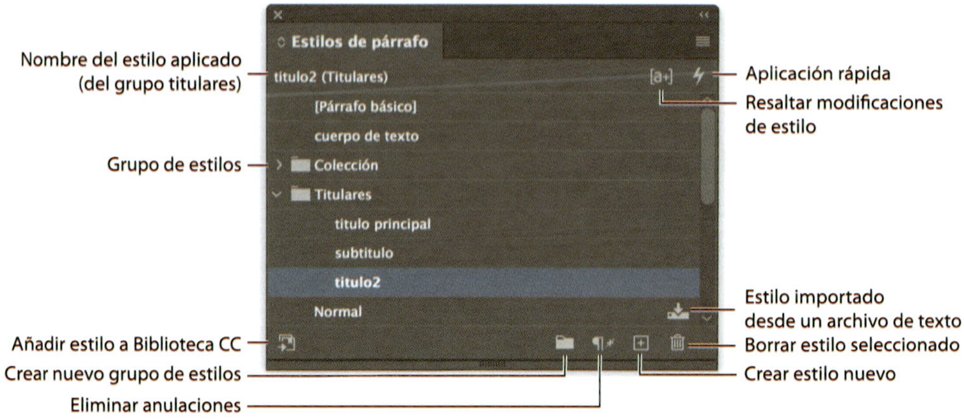

Figura 8.26. Panel Estilos de párrafo que muestra grupos y estilos importados.

1. Haga clic en el icono Crear nuevo grupo de estilos (▪) del panel Estilos de párrafo o Estilos de carácter.
2. Haga doble clic en el icono de la carpeta que aparecerá para cambiar el nombre por defecto (Grupo de estilos 1).
3. Arrastre sobre el icono de la carpeta los estilos que quiera que pertenezcan a este grupo.

Duplicar estilos es la forma más rápida de crear una variante de un estilo existente. Para duplicar un estilo, arrastre el nombre del estilo hasta el icono Crear estilo nuevo en la parte inferior del panel Estilo de párrafo. Se creará un nuevo estilo con el nombre del anterior seguido de la palabra *copia*.

Para eliminar un estilo, selecciónelo en el listado del panel Estilos y haga clic en el icono Eliminar estilo seleccionado; InDesign no permitirá que su texto quede sin estilo, así que le «exigirá» aplicar otro en su lugar. Esta es una forma fácil de asignar un nuevo estilo a los elementos que tengan una definición de estilo anticuada o que ya no va a seguir utilizando. Por supuesto, si lo que persigue es aplicar un nuevo estilo, es mucho más elegante utilizar el cuadro de diálogo Buscar/Cambiar. Utilice rutinariamente la eliminación de estilos cuando importe documentos de texto que tengan múltiples estilos aplicados para evitar llenar el panel de estilos que no utiliza.

Si desea compartir sus estilos con otros usuarios, almacenarlos para su posterior uso en otros trabajos o acceder a ellos desde varios ordenadores, los puede guardar en la nube, en su cuenta de Adobe Creative Cloud. Seleccione los estilos que desee y pulse el icono Añadir a Biblioteca CC. Para cargarlos nuevamente, abra la Biblioteca CC (Ventana>Bibliotecas CC).

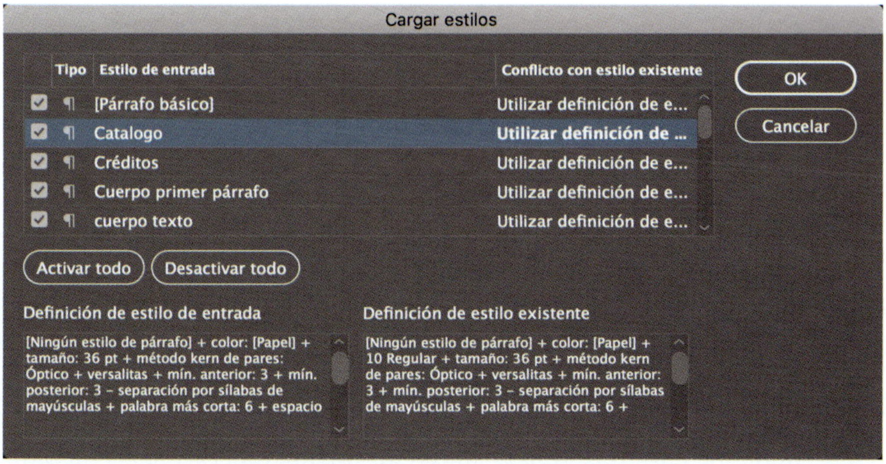

Figura 8.27. Cuando hay coincidencia de nombres entre los estilos importados y los existentes, InDesign le preguntará cómo debe proceder.

NOTA

Un estilo importado desde un documento de texto aparece con el icono de un disco duro a su derecha.

Importar estilos

Para importar los estilos párrafo y carácter de un documento de InDesign existente, escoja Cargar estilos de párrafo, en el panel Estilos de párrafo, Cargar estilos de carácter en el panel Estilos de carácter o Cargar todos los estilos de texto, en cualquiera de los dos paneles.

Si los nombres de los estilos importados coinciden con los del documento actual, InDesign le mostrará un cuadro de diálogo en el que ofrecerá varias opciones para resolver los conflictos generados:

- Si desmarca la casilla de verificación delante del nombre del estilo importado, se mantendrá la definición del estilo del documento actual.
- En el cuadro desplegable bajo la columna Conflicto con estilo existente puede optar por utilizar la definición del estilo de entrada, es decir, los atributos del estilo importado sustituirán a los del existente.
- Puede importar un estilo en conflicto con la opción Cambiar nombre automáticamente. De esta forma convivirán ambos estilos. Luego podrá editar su nombre de forma manual.

Ref. 463 LINIMENTO ANTIARRUGAS. Presentación en tarros de 25 gr. con cierre de rosca. Opcionalmente en tubo metálico con aplicador manual. 35 €

Ref. 464 UNGÜENTO MILAGROSO. Envase de cristal con motivos florales y tapa de ébano. 160 €

Figura 8.28. Estilos anidados en uso. Cada párrafo consta de una secuencia de cuatro estilos de carácter.

Estilos anidados

Los estilos anidados permiten aplicar automáticamente una secuencia de estilos de carácter al mismo párrafo, basándose en el conjunto de parámetros que especifique en el cuadro de diálogo Capitulares y estilos anidados. Para poder utilizar estilos anidados debe crear primero la definición de los estilos de carácter que vaya a emplear.

La filosofía de un estilo anidado es la siguiente: mediante el uso de determinados marcadores de posición (denominados caracteres de control), InDesign determinará cómo aplicar una secuencia de estilos de carácter a un párrafo. En el ejemplo de la figura 8.28, el primer estilo de carácter aplica el color de relleno rojo a las letras situadas antes del carácter de control. Se ha utilizado como marcador de posición un carácter de espacio corto (Texto>Insertar espacio en blanco>Espacio corto). El segundo estilo de carácter, texto en versalitas, se aplica a los caracteres comprendidos entre el primer carácter de control (el citado espacio corto) y el segundo (un punto). El tercer marcador es el carácter de tabulador que separa el final de la descripción del precio. Para crear un estilo anidado:

1. Cree los estilos de carácter que vaya a emplear en la secuencia. Asegúrese que los párrafos a los que aplicará el estilo anidado no tienen asignado ningún estilo de carácter. De lo contrario, entrarían en conflicto con el estilo anidado y se generará la falsa sensación de un estilo mal definido.
2. Seleccione el panel Capitulares y estilos anidados del cuadro de diálogo Opciones de estilo de párrafo.
3. Haga clic en el botón Nuevo estilo anidado. Aparecerá la primera entrada en el listado Estilos anidados. Cada entrada se compone de cuatro listas desplegables.
4. En la primera lista desplegable, seleccione el nombre del primer estilo de carácter de la secuencia.
5. En la segunda lista desplegable, escoja si el estilo se aplicará incluyendo o sin incluir el carácter de control que especificará en la cuarta lista. El carácter de control es la marca que utiliza InDesign para determinar hasta dónde aplicar el

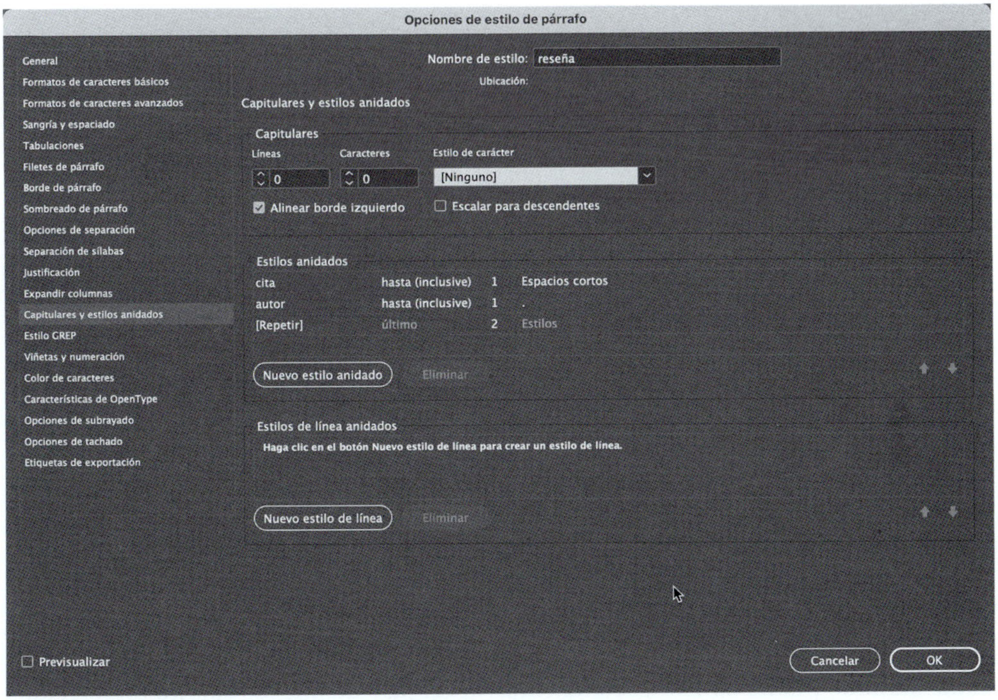

Figura 8.29. Panel Capitulares y estilos anidados del cuadro de diálogo Opciones de estilo de párrafo.

estilo de carácter. Si se incluye, se aplicará el estilo también al carácter de control; si se excluye, el estilo se aplicará solo hasta el carácter precedente.

6. Escriba el número de repeticiones que deberá esperar InDesign para cambiar al siguiente estilo de la secuencia. Por ejemplo, si utiliza como carácter de control una palabra y escribe 3 en esta casilla, InDesign aplicará el siguiente estilo de la secuencia a partir de la cuarta palabra.
7. Seleccione el carácter de control que servirá como indicador para cambiar al siguiente estilo anidado. Si no está en la lista, lo puede copiar y pegar (recuerde activar la opción Mostrar caracteres ocultos para poder seleccionarlo y copiarlo).

Estilos de línea anidados

A veces, como recurso de diseño, se modifica el formato de los caracteres de la primera línea del párrafo que abre un nuevo capítulo. Hasta ahora, la única forma de conseguirlo era mediante aplicación de estilos de carácter de forma manual. El problema de esta solución es que, si por cualquier motivo se modifica el contenido del párrafo y el número de caracteres de la primera línea varía, deberemos volver a seleccionar y aplicar el estilo de carácter.

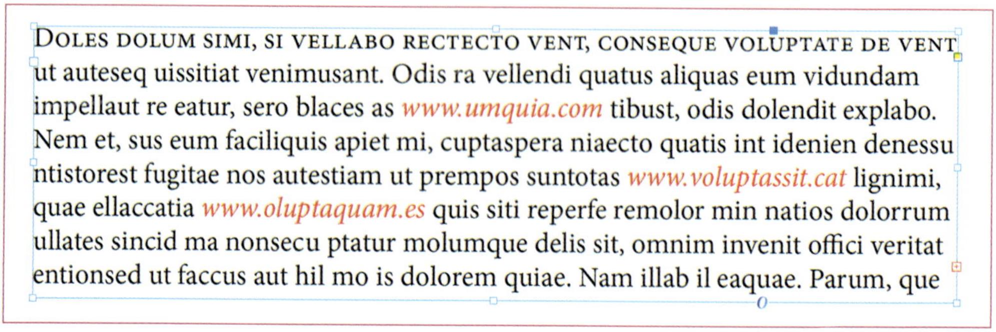
DOLES DOLUM SIMI, SI VELLABO RECTECTO VENT, CONSEQUE VOLUPTATE DE VENT ut auteseq uissitiat venimusant. Odis ra vellendi quatus aliquas eum vidundam impellaut re eatur, sero blaces as *www.umquia.com* tibust, odis dolendit explabo. Nem et, sus eum faciliquis apiet mi, cuptaspera niaecto quatis int idenien denessu ntistorest fugitae nos autestiam ut prempos suntotas *www.voluptassit.cat* lignimi, quae ellaccatia *www.oluptaquam.es* quis siti reperfe remolor min natios dolorrum ullates sincid ma nonsecu ptatur molumque delis sit, omnim invenit offici veritat entionsed ut faccus aut hil mo is dolorem quiae. Nam illab il eaquae. Parum, que

Figura 8.30. Un párrafo de inicio de capítulo con la primera línea en versalitas, cortesía de los estilos de línea anidados. Se han utilizado estilos GREP (ver apartado siguiente) para aplicar estilos de carácter a los enlaces web.

Por suerte, ahora es posible aplicar un estilo de carácter al número especificado de líneas de un párrafo. Como en el caso de los estilos anidados, puede configurar dos o más estilos de línea anidados que funcionen de manera conjunta, incluso una secuencia de repetición.

Puede incluso aplicar al mismo tiempo estilos de línea anidados y estilos anidados, de forma que los atributos definidos por unos y otros coexistan y se complementen. Por ejemplo, un estilo de línea anidado puede aplicar un color y, al mismo tiempo, un estilo anidado puede aplicar el estilo cursiva. En caso de que los ajustes establecidos para un mismo atributo estén en conflicto (por ejemplo, rojo y azul), el estilo anidado prevalece sobre el estilo de línea anidado.

La definición y aplicación de estilos de línea anidados es igual a la de los estilos anidados, así que le remito al punto anterior para aprender a utilizar esta característica tan útil como avanzada.

Estilos GREP

Como ya comentamos en apartados anteriores, GREP es un potente sistema de búsqueda mediante cadenas y patrones de texto. Los estilos GREP permiten aplicar un estilo de carácter a cualquier texto que coincida con la expresión GREP introducida. Utilícelos, por ejemplo, para modificar el aspecto de números de teléfono, direcciones Web o correos electrónicos; todos ellos tienen en común que son patrones bien definidos.

Un ejemplo de estilo GREP

Introduzca en el cuadro En texto del panel Estilos GREP la siguiente expresión para encontrar cualquier dirección Web y aplicarle un estilo de carácter:
`(?i)(www)(\S+)(\.com|\.es).`

En el lenguaje GREP, la expresión anterior significa «busca cualquier número de caracteres, exceptuando el espacio en blanco e independientemente de que se encuentren

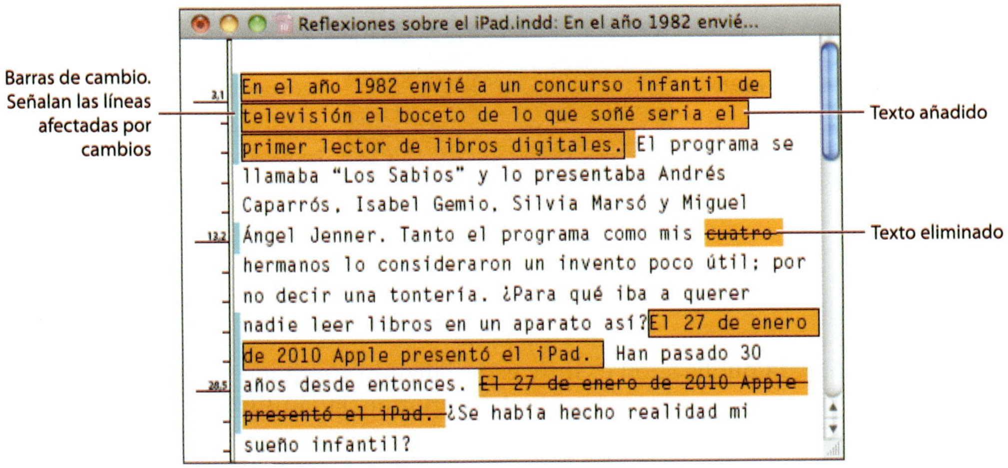

Figura 8.31. Control de cambios en el Editor de artículos.

en mayúsculas o en minúsculas, que estén precedidos por tres W y acaben en .com o .es». La explicación de los comodines empleados es la siguiente:

- **(?i)** Mayúsculas/minúsculas desactivado. Es decir, encontrará cualquier texto que coincida con la expresión que sigue a este comodín, si distinguir mayúsculas de minúsculas.
- **(www)** Busca exactamente tres W seguidas.
- **(\S+)** El comodín \S (la letra s en mayúsculas) significa que debe buscar cualquier carácter exceptuando un espacio en blanco (las direcciones web no pueden contener espacios en blanco). El signo + después del comodín significa que puede encontrar uno o más caracteres.
- **(\.com | \.es)** Por último, buscará una terminación .com o .es para concluir la dirección web. La contrabarra (\) antes del punto evita que GREP confunda un punto (.) con el comodín que significa «cualquier carácter». La barra vertical (|) significa «o», es decir, buscar un texto que termine en .com O en .es.

Nuevamente le remito al tema de ayuda Texto>Buscar/Cambiar>Búsqueda mediante expresiones GREP para aprender más sobre el apasionante mundo GREP. ¡No se arrepentirá!

Control y revisión de cambios

Cuando se trabaja en equipo, sobre todo en revistas y otras publicaciones periódicas, las tareas de edición de texto y diseño de contenidos suelen estar separadas. Es más,

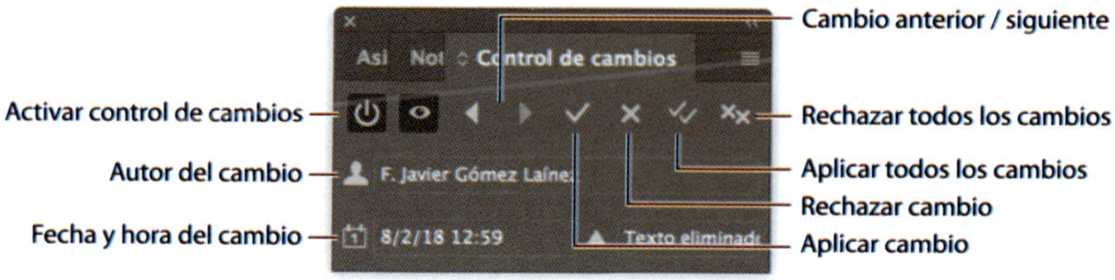

Figura 8.32. Panel Control de cambios.

si el contenido de la publicación es muy especializado y requiere de la intervención de correctores técnicos, entonces es de vital importancia la utilización de las herramientas de control y revisión de cambios. Con ellas podrá conocer en todo momento los cambios realizados, la fecha en que fueron introducidos y el nombre de la persona que los hizo. Puede aceptar o rechazar un cambio para que forme o no parte del texto definitivo. Como se trata de un trabajo de edición de texto intensivo, se utiliza como herramienta de edición y control el Editor de artículos.

Para abrir el panel Control de Cambios, escoja Ventana>Editorial>Control de cambios. Puede activar el control de cambios para el artículo seleccionado si hace clic en el botón Activar control de cambios del panel Control de cambios. Si quiere activarlo para todos los artículos del documento, seleccione Texto>Control de cambios>Activar control de cambios en todos los artículos. Una vez activado, InDesign registrará cualquier modificación que introduzca en el texto.

Los cambios se muestran en la ventana del Editor de artículos. Los cambios resaltados son:

- Texto añadido.
- Texto eliminado.
- Texto movido (cortado y pegado).
- Texto copiado.

Puede personalizar el aspecto con que se muestra cada tipo de cambio en Preferencias>Control de cambios>Mostrar. Si oculta los cambios, el texto aparecerá igual que si no se hubiese utilizado el control de cambios, es decir, el texto eliminado o cortado no se ve, y el texto añadido, movido o pegado aparece donde se insertó. Active o desactive la vista de los cambios con el botón Mostrar/Ocultar cambios del panel Control de cambios.

NOTA

El panel Control de cambios *solo mostrará los cambios si activa la edición del texto en el* Editor de artículos.

Aceptar y rechazar cambios

Con el uso del panel Control de cambios puede decidir si acepta o rechaza un cambio, aceptar todos los cambios en el artículo o rechazarlos todos. Cuando se acepta un cambio, este deja de aparecer como texto resaltado y pasa a formar parte del texto definitivo. Cuando se rechaza, el texto volverá a ser el mismo que había antes del cambio.

- Para aceptar un cambio individual, resalte el texto y haga clic en el botón Aceptar cambio del panel Control de cambios. Puede resaltar el siguiente cambio de forma automática si presiona el botón Cambio siguiente. Para aceptar todos los cambios sin revisarlos de forma individual, pulse el botón Aceptar todos los cambios en el artículo.
- Si quiere recuperar el texto que había antes del cambio, resalte el texto y haga clic en el botón Rechazar cambio del panel Control de cambios. Para rechazar todos los cambios sin revisarlos individualmente, pulse el botón Rechazar todos los cambios en el artículo.
- Puede aceptar o rechazar todos los cambios en todos los artículos del documento si selecciona la opción correspondiente en el menú del panel Control de cambios.

Ejercicios

1. Abra el documento Ejercicios>cap8>formato_texto.indd. Utilice las técnicas aprendidas en este capítulo para crear y aplicar los estilos de párrafo y carácter necesarios hasta que el aspecto del documento final sea idéntico al del archivo formato_texto_final.indd.
2. Abra el documento Ejercicios>cap8>buscar_cambiar.indd. Reemplace las comillas dobles ("") por comillas de sargento (« ») en todo el documento, utilizando el cuadro de diálogo Buscar/Cambiar en modo Pictograma.
3. Abra el documento Ejercicios>cap8>buscar_cambiar.indd. Cree un estilo de carácter, con el nombre «cita», que aplique el estilo de fuente «10 italic» (cuadro de diálogo Opciones de estilo de carácter, apartado Formato de caracteres básicos). Ahora aplique dicho estilo a todos los caracteres en cursiva del documento. Utilice el cuadro de diálogo Buscar/Cambiar en modo Texto.
4. Abra el documento Ejercicios>cap8>estilo_anidado.indd. En él se muestran dos párrafos idénticos en la parte superior y otros dos en la parte inferior en los que se ha modificado el estilo de la primera letra. Reproduzca los estilos de párrafo y carácter necesarios para crear las letras capitulares de los párrafos inferiores.
5. Abra el documento Ejercicios>cap8>filetes.indd. Cree un estilo de párrafo que aplique los mismos filetes en el bloque de texto de la izquierda que los aplicados en el bloque de la derecha.
6. Abra el documento Ejercicios>cap8>viudas_huerfanas.indd. Modifique los estilos de párrafo oportunos para evitar las líneas huérfanas y viudas del documento.

Para obtener los resultados del documento viudas_huerfanas_final.indd deberá modificar manualmente los ajustes de tracking de algunas líneas.

7. Escriba un texto compuesto por más de un párrafo y haga que la primera letra del primer párrafo sea una capitular de 2 líneas de altura.
8. Si tiene que corregir un texto que utiliza el separador de millares inglés (,) ¿qué patrón de búsqueda GREP utilizará para reemplazar la coma por un punto? Por ejemplo, 1,567 se deberá reemplazar por 1.567.
9. Defina un estilo GREP que aplique un subrayado a todos los correos electrónicos de un texto.

9 Tabuladores y tablas

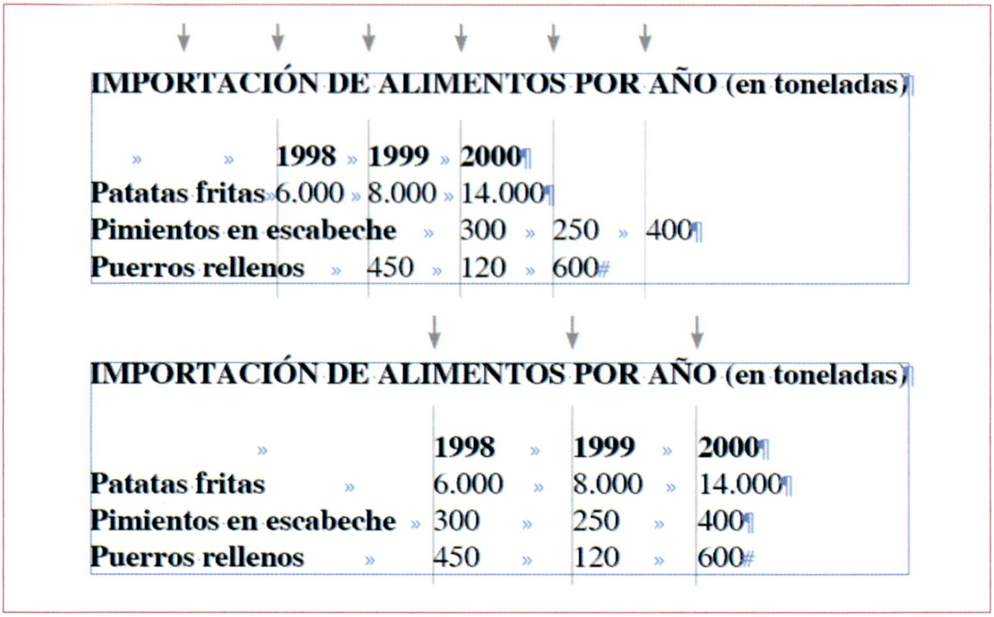

Figura 9.1. Texto tabulado. Las flechas grises verticales indican la posición de los tabuladores. Arriba, un párrafo con las posiciones de tabuladores por defecto (cada 0,5 pulgadas). Abajo, con las posiciones de los tabuladores ajustadas manualmente.

Tabuladores

Desde la aparición de las primera máquinas de escribir, la forma típica de presentar listados ordenados ha sido mediante la utilización de tabuladores, que permiten colocar los márgenes de las columnas de datos a intervalos regulares. Sin embargo, con el devenir de la informática y la aparición de las tablas, estos han sido relegados a un segundo plano. Su misión, como mostraré en este capítulo, sigue siendo crítica y, aunque en la mayoría de las ocasiones se pueden sustituir por tablas, hay casos en los que solo un tabulador sabrá resolver la papeleta con la profesionalidad y experiencia que otorga la edad.

¿Por qué existe tanta reticencia al uso de los tabuladores? Posiblemente se deba al halo de misterio que los envuelve. Así que empezaremos este tema con una definición en toda regla.

Para explicar el concepto de tabulador suelo referirme a su denominación inglesa, *tab stop*, que podría traducirse libremente como *parada de tabulación*. Piense en los tabuladores como los «saltos hacia adelante» que da el cursor de texto hasta que se encuentra con un stop. Así, cada vez que pulsa la tecla Tabulación, el texto salta y deja un espacio en blanco tan grande como la distancia que hay hasta la siguiente marca de tabulación. Asignar tabulaciones consiste, pues, en sembrar el espacio horizontal que recorre una línea de texto con paradas de tabulación.

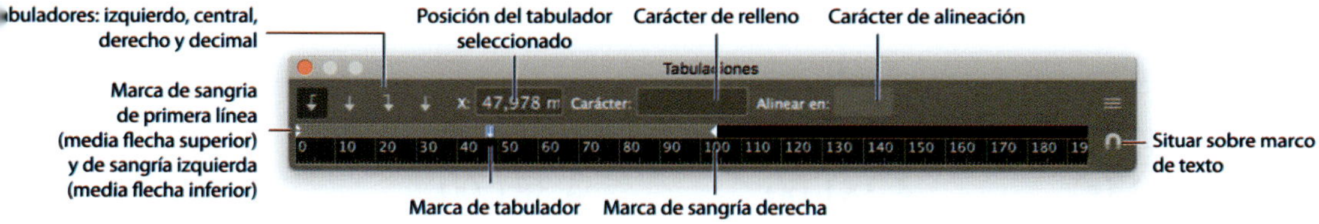

Figura 9.2. Panel Tabulaciones.

Es importante que entienda que el texto salta a la primera parada de tabulación que encuentra a su derecha. Si el cursor ha pasado la primera parada, el texto saltará a la segunda, y así sucesivamente.

La figura 9.1 es un ejemplo de texto tabulado. La comilla de sargento (») es el carácter oculto con el que InDesign indica la posición de un tabulador. Las flechas verticales por encima del marco de texto marcan la posición de los tabuladores. En el marco de texto superior se utilizan las posiciones de los tabuladores por defecto (cada 0,5 pulgadas); en el inferior se han modificado para tabular correctamente el texto. Si se fija con atención, solo hacen falta tres tabuladores, tantos como columnas se quiera alinear.

Cuando no se conoce la existencia de los marcadores de tabulación por defecto, el usuario inexperto tiende a pulsar la tecla Tabulador tantas veces como cree necesario para que el texto salte a una determinada posición. En el ejemplo de la figura 9.1, el marco de texto superior utiliza esta misma premisa y, por lo tanto, introduce el mismo error que el usuario novel: un número diferente de caracteres de tabulación por línea.

Observe también cómo, en el primer marco de texto de la figura anterior, la línea de producto «pimientos en escabeche» tiene como primera posición de tabulador el cuarto marcador. Esto se debe a la longitud del texto, que va más allá de la posición del tercer tabulador. De la figura anterior se deduce que, para tabular correctamente un texto basta con:

1. Introducir tantos tabuladores como columnas tendrá el texto definitivo. No se fije en el aspecto del texto antes de ajustar las posiciones de los tabuladores, porque le llevaría a introducir más saltos de los estrictamente necesarios.
2. Seleccionar todos los párrafos que deben tabularse y ajustar correctamente la posición de los tabuladores.

Panel tabulaciones

Este panel es la forma más sencilla —y visual— de ajustar las posiciones de los tabuladores en un texto. La longitud del panel se adapta a la longitud del marco de texto seleccionado cuando se escoge Texto>Tabulaciones. Si cambia el porcentaje de ampliación del documento o mueve accidentalmente el panel, haga clic en el botón Situar panel sobre marco de texto ( ) para ajustarlo nuevamente a la posición superior del marco de texto. La propiedad que almacena las posiciones de los tabuladores es única

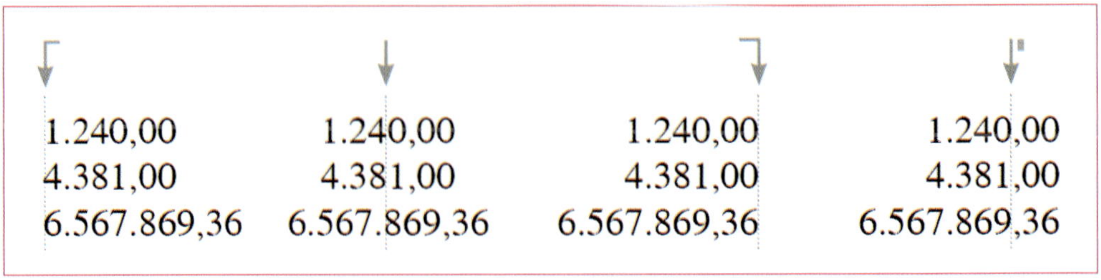

Figura 9.3. Los cuatro tipos de tabuladores. De izquierda a derecha: izquierdo, central, derecho y decimal.

para cada párrafo, así que seleccione todos los párrafos que quiera que compartan los mismos tabuladores antes de ajustarlos o bien utilice un estilo de párrafo y ajuste las posiciones en el cuadro de diálogo Opciones de estilo de párrafo. Existen cuatro tipos de tabuladores:

- **Tabulador izquierdo**. El texto se alinea a la izquierda con respecto a la posición de la tabulación.
- **Tabulador derecho**. El texto se alinea a la derecha de la posición marcada por el tabulador.
- **Tabulador central**. El texto se distribuye a la derecha e izquierda de la posición marcada por el tabulador.
- **Tabulador decimal**. Similar a un tabulador izquierdo solo que esta vez el texto se alinea con respecto a un punto decimal (en cifras) o con respecto al carácter introducido en el cuadro Alinear en del panel Tabulaciones. Por ejemplo, si en su texto existen rangos de cifras separados por un guion (-), puede introducirlo como carácter de alineación.

Para indicar la posición y tipo de un tabulador:

- Seleccione el icono que representa el tipo de tabulador que desea utilizar y haga clic en la regla. Puede arrastrar el icono del tabulador a derecha e izquierda para acabar de ajustar la posición; se proyectará una línea sobre el marco de texto para ayudarle a controlar la alineación del texto.
- Si lo prefiere, seleccione un tipo de tabulador, escriba el valor de una posición en el campo X del panel Tabulaciones y pulse ENTER.
- Para crear tabuladores a intervalos regulares, coloque el primer tabulador, selecciónelo y escoja Repetir tabulación en el menú del panel Tabulaciones. El intervalo se calcula a partir de la distancia entre el borde izquierdo del marco de texto y la posición del primer tabulador manual.
- Si desea una línea punteada entre dos textos tabulados, escriba un punto (.) en el cuadro Carácter de relleno. Puede escribir más de un carácter —por ejemplo, un punto seguido de un espacio en blanco— hasta un máximo de ocho. Para dar

Texto castellano

INTRODUCCIÓN 42

LOS MATERIALES Y LA TÉCNICA 44

LA ACUARELA DECIMONÓNICA EN ESPAÑA 48

CATÁLOGO 53

Figura 9.4. Tabulador decimal con un punto y un espacio en blanco como carácter de relleno.

formato a los caracteres de relleno, seleccione el carácter en el marco de texto y utilice el panel Carácter o el panel Estilos de carácter.

En todos los casos, al especificar la posición de un tabulador, las marcas de tabulación por defecto situadas a su izquierda desaparecen y dejan de tener vigencia.

Modificar tabuladores

Para cambiar el tipo de tabulador, seleccione el icono del tabulador en la regla del panel Tabulaciones y a continuación haga clic en el botón del tipo de tabulador en que desea convertirlo.

Si quiere modificar la posición de un tabulador, arrástrelo a izquierda o derecha. También puede seleccionarlo, escribir el valor de su posición horizontal en el cuadro X y pulsar ENTER. Para eliminar un tabulador, arrastre su icono fuera de la regla.

Tablas

Las tablas son la evolución lógica del texto tabular. Facilitan enormemente el trabajo con texto distribuido en filas y columnas al tiempo que expanden de forma considerable las posibilidades de aplicar formatos avanzados que mejoran la presentación de la información, como bordes, fondos de color alternos y la inclusión de imágenes u otras tablas en una celda.

Lo mejor de todo es que las tablas de InDesign se comportan como lo hace el texto. Así, viven dentro de marcos de texto y pueden fluir, junto con el texto, de un marco a otro. La ingente cantidad de atributos que puede aplicar a una tabla no debe asustarle: existen estilos de tabla con un funcionamiento muy similar al de sus primos hermanos, los estilos de párrafo, carácter y objeto, por lo que automatizar y controlar el aspecto de multitud de tablas en documentos extensos será *pan comido*.

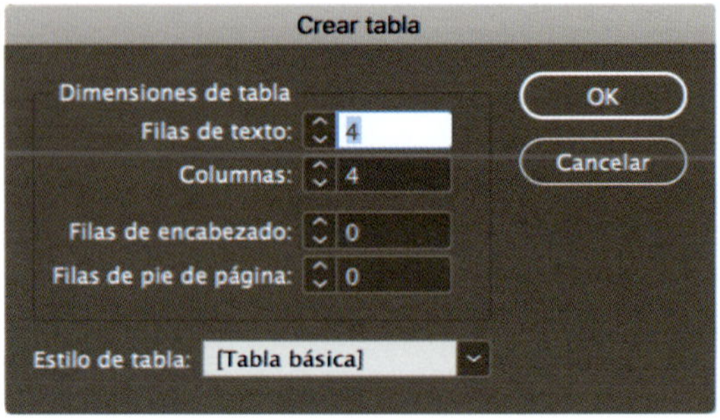

Figura 9.5. Cuadro de diálogo Insertar tabla.

TRUCO

InDesign permite importar tablas de Microsoft Word, documentos RTF o Excel, manteniendo el formato original o, de forma opcional, convirtiéndolas en texto tabular.

Crear tablas

Una tabla está compuesta por un conjunto de filas y columnas; la intersección entre ambas se denomina *celda*. De forma opcional puede definir una fila superior, denominada *cabecera*. Las filas de cabecera de una tabla son como el resto de filas pero con la particularidad de que pueden repetirse en la parte superior de la tabla si esta se divide entre dos o más columnas o marcos de texto. Utilícelas para incluir los títulos de las columnas. Las filas de *pie* de tabla se comportan como las de cabecera, pero están situadas en la parte inferior. Recuerde que tanto la cabecera como el pie son opcionales y no aparecen en las tablas por defecto a no ser que así lo determine.

Para crear una tabla en una página, seleccione Tabla>Crear tabla. InDesign creará un marco de texto e insertará en él la tabla. Para crear una tabla a continuación de un texto, coloque el cursor en un marco de texto existente y escoja Tabla>Insertar tabla. La tabla se creará en la misma línea del cursor si este se sitúa al principio de la línea, o en la línea siguiente si está en cualquier otra posición.

En ambos casos se abrirá el cuadro de diálogo Insertar tabla, en el que podrá especificar el número de filas y columnas de las celdas que formarán el *cuerpo* de la tabla y el número de filas dedicadas al encabezado y al pie de la tabla. Si ya ha definido algún estilo de tabla en el documento, puede aplicarlo seleccionándolo en el cuadro desplegable Estilo de tabla.

Al pulsar el botón OK InDesign mostrará el cursor de creación de tablas. Arrastre para dibujar un marco de texto en el que insertar la tabla. Si había colocado el cursor en un marco de texto existente, InDesign creará una tabla tan ancha como el marco de texto en el que se encuentre el cursor —o como la columna si el marco está dividido

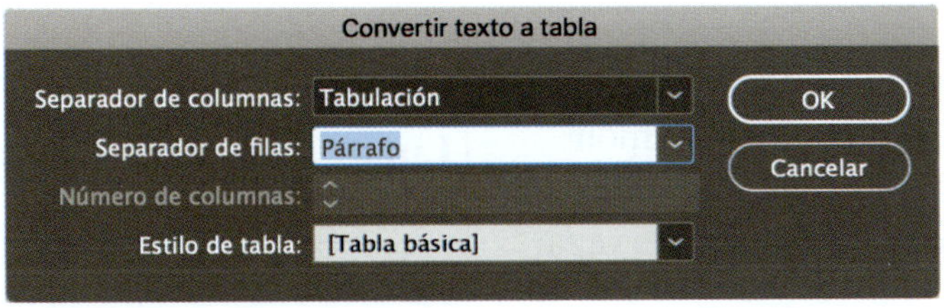

Figura 9.6. Cuadro de diálogo Convertir texto en tabla.

en columnas—. Puede modificar el formato por defecto de la tabla utilizando el panel Tabla o las opciones del menú Tabla.

El alto de una fila por defecto dependerá del estilo de tabla aplicado. La altura predeterminada es de 12 puntos, y aumenta si se introduce más de una línea de texto o si el formato de párrafo aplicado al contenido especifica un interlineado mayor de 12 puntos.

Para añadir contenido en una tabla, haga clic dentro de una celda con la herramienta Texto o doble clic con la herramienta Selección; el cursor de texto parpadeará en la celda. Comience a escribir, pegue un texto o escoja Archivo>Colocar para importar un texto, una imagen o inserta otra tabla.

Crear una tabla a partir de texto existente

Es posible convertir texto tabulado en una tabla y viceversa. InDesign creará tantas columnas como posiciones de tabulador y tantas filas como párrafos tenga el texto original. Para ello:

1. Asegúrese de que el texto tabulado está bien formateado, es decir, ha introducido tantos tabuladores por párrafo como columnas deberá tener la tabla resultante.
2. Seleccione el texto que desee convertir en tabla.
3. Escoja Tabla>Convertir texto a tabla.
4. En los campos Separador de columnas y Separador de filas del cuadro de diálogo Convertir texto a tabla escoja los caracteres utilizados para definir saltos de columna o de fila. Por defecto, en un texto tabulado el separador de columnas es el carácter de tabulación y el de filas el retorno de carro (párrafo). Sin embargo, hay aplicaciones, como las bases de datos, que utilizan el formato CSV —valores separados por el carácter coma o punto y coma—; en este caso deberá escribir una coma o un punto y coma en el campo Separador de columnas.
5. Si especificó el mismo carácter separador para filas y columnas, escriba el número de columnas.
6. Escoja un estilo para aplicar automáticamente a la tabla o deje la opción por defecto.
7. Pulse OK para cerrar el cuadro de diálogo y crear la tabla.

» **Enero**» **Febrero**¶
Lunes» Chorizo » Jamón¶
Martes » Pan » Leche¶
Miércoles » Vino » Cerveza#

	Enero	**Febrero**
Lunes	Chorizo	Jamón
Martes	Pan	Leche
Miércoles	Vino	Cerveza

Figura 9.7. Un texto tabulado se puede convertir automáticamente en una tabla.

NOTA

Si una fila contiene menos elementos que el número de columnas especificado, se crearán celdas vacías.

Seleccionar celdas, filas, columnas y tablas

Si quiere aplicar diferentes atributos a celdas, filas, columnas o tablas completas, antes debe aprender a seleccionar los diferentes elementos que componen una tabla.

Para seleccionar el contenido de una celda, utilice cualquiera de los métodos de selección de texto que ya ha aprendido. Para seleccionar una celda utilice uno de los siguientes procedimientos:

- Haga clic con la herramienta Texto dentro de una celda y arrastre el ratón hasta colocar el cursor sobre el borde de la celda.
- Si quiere ampliar la selección a más de una celda, continúe arrastrando más allá del borde de la celda activa.
- Haga clic con la herramienta Texto dentro de la celda (o doble clic con la herramienta Selección) y escoja Tabla>Seleccionar>Celda.

Para seleccionar una fila o columna:

- Coloque el cursor de texto en una celda perteneciente a la fila o columna que quiera seleccionar. Para ello, haga clic con la herramienta Texto o doble clic con la herramienta Selección.
- Escoja Tabla>Seleccionar>Fila o Tabla>Seleccionar>Columna. Si lo prefiere, coloque el cursor sobre el borde izquierdo de la fila o sobre el borde superior de la columna que quiera seleccionar hasta que este cambie a una gruesa flecha negra. Haga clic para seleccionar la fila o columna que desee o, para seleccionar más de una, arrastre siguiendo el borde de la tabla.

Para seleccionar la tabla completa, utilice uno de estos dos métodos:

	Enero	Febrero
Lunes	Chorizo	Jamón
Martes	Pan	Leche
Miércoles	Vino	Cerveza

	Enero	Febrero
Lunes	Chorizo	Jamón
Martes	Pan	Leche
Miércoles	Vino	Cerveza

Figura 9.8. Selección de una fila.

- Coloque el cursor de texto en una celda cualquiera de la tabla y escoja Tabla>Seleccionar>Tabla.
- Mueva el cursor sobre la esquina superior izquierda de la tabla hasta que este se transforme en una gruesa flecha negra que apunta hacia el extremo opuesto. Haga clic para seleccionar la tabla.

NOTA

Las filas de encabezado y pie de tabla son un caso especial. Si una tabla se divide entre más de un marco de texto, solo podrá seleccionar el encabezado y el pie de página de la porción de tabla que aparece en el primer marco de texto vinculado; el resto son meras repeticiones de estos. Así, cuando deba realizar modificaciones o introducir texto en estas filas, recuerde dirigirse siempre al primer marco de texto.

Ajustar tablas

Las tablas pueden tener una estructura tan compleja como dicte su imaginación. Puede fusionar filas y columnas para hacer áreas de mayor tamaño, añadir y eliminar filas y columnas o incluir una tabla completa dentro de una celda. El menú Tabla o, mejor todavía, el panel equivalente, son la puerta de acceso a los atributos de tabla.

Añadir y eliminar filas y columnas

Para añadir una fila, coloque el cursor en una celda y escoja Tabla>Insertar>Fila. InDesign mostrará el cuadro de diálogo Insertar fila en el que deberá escoger el número de filas a insertar y si estas deben colocarse por encima o por debajo de la celda seleccionada.

Proceda de la misma forma para insertar una columna. Tenga en cuenta que, al insertar columnas, el ancho de las celdas existentes se mantiene, por lo que las nuevas columnas aparecerán flotando fuera del marco de texto que contiene la tabla. Para hacer que toda la tabla ocupe nuevamente el ancho del marco de texto, tiene dos opciones:

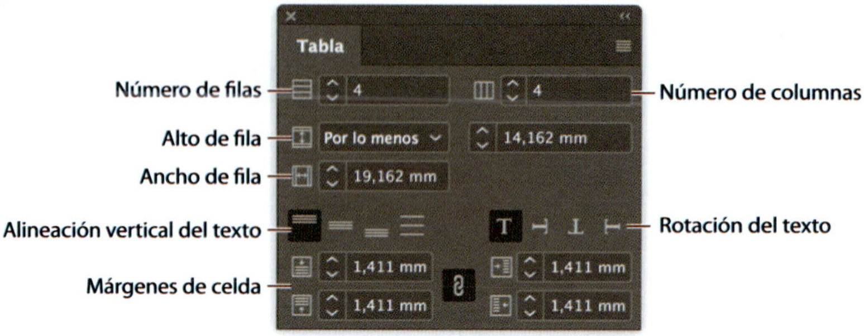

Figura 9.9. Panel Tabla.

- Encajar el marco de texto al contenido, con lo que el marco se hará mayor para incluir las nuevas columnas.
- Disminuir el tamaño de una o más columnas de la tabla para que el ancho total sea el mismo que el del marco de texto. Para modificar el ancho de una columna, coloque el cursor sobre el borde que separa dos columnas y arrastre a izquierda o derecha. Para modificar el ancho de todas las columnas de forma uniforme, coloque el cursor en el borde inferior derecho de la tabla hasta que este se convierta en una doble flecha negra y arrastre hacia la izquierda. Cuando el cursor toque el borde del marco, se volverá de color blanco; suelte el botón del ratón.

Para eliminar una fila o columna, coloque el cursor de texto en una celda perteneciente a la fila o columna que quiera eliminar y escoja Tabla>Eliminar>Fila o Tabla>Eliminar>Columna.

TRUCO

Existe una forma más sencilla de modificar el ancho de todas las columnas de una tabla de forma uniforme: arrastre desde el borde derecho de la tabla hacia la izquierda mientras mantiene pulsada la tecla Mayúsculas. *Si lo prefiere, ajuste el ancho de una columna, y luego seleccione* Tabla>Dividir columnas uniformemente.

Combinar y dividir celdas

Cuando necesite que dos o más celdas se fusionen para formar otra de mayores dimensiones, seleccione las celdas que quiera combinar y escoja Tabla>Combinar celdas o haga clic en el botón Combinar celdas del panel Control (⊠).

Para dividir una celda que previamente ha sido combinada, selecciónela y escoja Tabla>Separar celdas o haga clic en el botón Separar celdas del panel Control (⊟).

Figura 9.10. Modificación del tamaño de una tabla de forma interactiva.

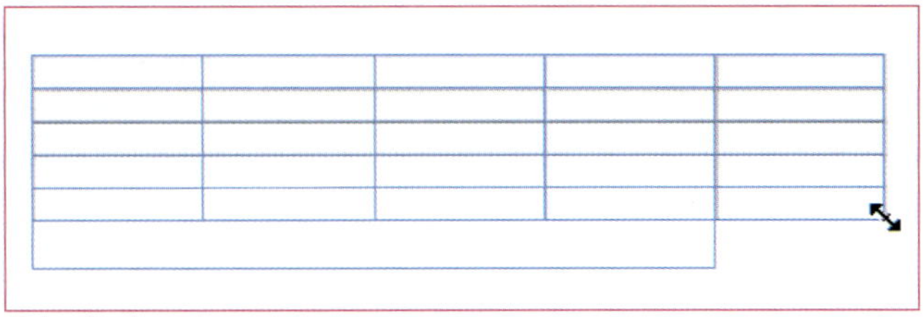

Insertar una tabla en una celda

Coloque el cursor en la celda en la quiera insertar la tabla y escoja Tabla>Insertar tabla. La nueva tabla se comportará como una tabla «de verdad», con todas sus propiedades y atributos, pero vivirá confinada en una celda.

Dar formato a las tablas

Si selecciona una o más celdas, el panel Control le mostrará un compendio de opciones con las operaciones más frecuentes de creación, modificación y aplicación de atributos en tablas.

El cuadro de diálogo Opciones de tabla (Tabla>Opciones de tabla) muestra los diferentes atributos que puede modificar en tablas, filas, columnas y celdas. A continuación veremos con detenimiento cada una de las cinco pestañas.

Configuración de tabla

Esta pestaña del cuadro de diálogo Opciones de tabla se compone, a su vez, de cuatro subapartados:

- Dimensiones de tabla. Especifique el número de filas y columnas así como el número de filas para encabezado y pies de página. Por defecto, las tablas no incluyen encabezados ni pies de página, por lo que mostrarán el número 0.
- Borde de tabla. InDesign asigna por defecto un borde sólido de color negro y grosor de un punto a todas las tablas. Las opciones de este apartado le permitirán modificar el color, grosor y estilo del borde. Para eliminar el borde a una tabla, utilice un grosor de 0 puntos.
- Espaciado de tabla. Las tablas suelen pertenecer a un artículo que contiene más texto y, por lo tanto, su comportamiento en cuanto a «espacio vertical» es similar al de un párrafo. Utilice las opciones Espacio antes y Espacio después para dejar un espacio en blanco entre el texto y los bordes superior e inferior de la tabla.
- Orden de dibujo de trazo. Esta opción tiene resultados visibles cuando el color del borde de la tabla es diferente al del contorno de las celdas. Los contornos de las celdas se extienden sobre el borde de la tabla, es decir, se comportan como líneas que atraviesan la tabla horizontal y verticalmente. Cuando el borde de la tabla coincide con el contorno de una celda, debe decidir cuál de los dos tendrá

Figura 9.11. Opciones de tablas en el panel Control. Para mostrarlas, seleccione una o más celdas de una tabla.

prioridad sobre el otro. Puede hacer que el borde de la tabla cubra los contornos de las celdas o al revés, que los contornos de las celdas «pisen» el borde. La opción por defecto, Uniones óptimas suele ser la más segura.

Trazos de fila y columna

Al leer tablas que contienen una ingente cantidad de información, consultar los valores de las diferentes celdas de una misma fila puede resultar una tarea ardua. La mejor manera de ayudar al lector a seguir una línea de valores es diferenciar de forma evidente unas filas (o columnas) de otras.

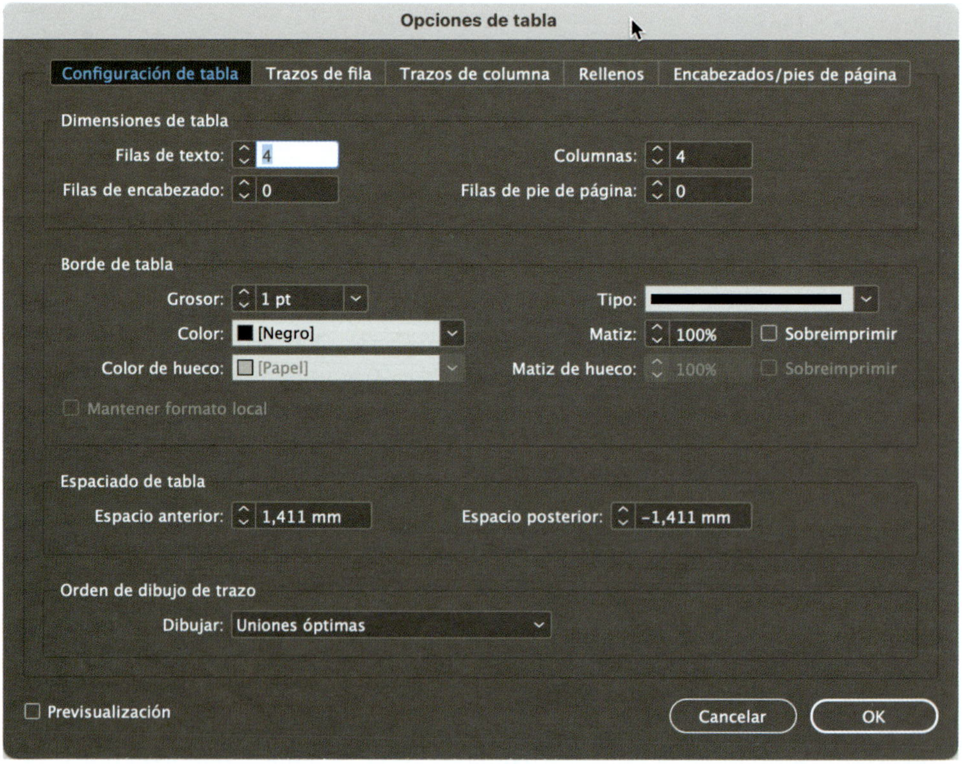

Figura 9.12. Pestaña Configuración de tabla del panel Opciones de tabla.

Las pestañas Trazos de fila y Trazos de columna del cuadro de diálogo Opciones de tabla permiten modificar los atributos de las líneas de separación horizontal y vertical de una tabla y definir un patrón de alternancia:

- Alternar patrón. Este menú desplegable permite seleccionar un patrón de repetición. El más habitual es Fila sí, fila no o Columna sí, columna no, es decir, aplicará de forma alterna los atributos de trazo que defina en el siguiente apartado.
- Alternar. Muestra dos columnas de opciones idénticas; una para la primera fila o columna de la serie, y la otra para las siguientes. En el cuadro de texto Primeras introduzca el número de filas o columnas que formarán la primera secuencia de la serie. En el cuadro Siguientes introduzca el número de filas o columnas consecutivas que compartirán los atributos de trazo alternativos. Por ejemplo, si escribe 2 en Primeras y 1 en Siguientes, InDesign aplicará los mismos atributos de contorno a las primeras dos filas y luego los atributos alternativos a las siguientes filas, es decir, el patrón será dos filas con un contorno, una con otro, y vuelta a empezar.

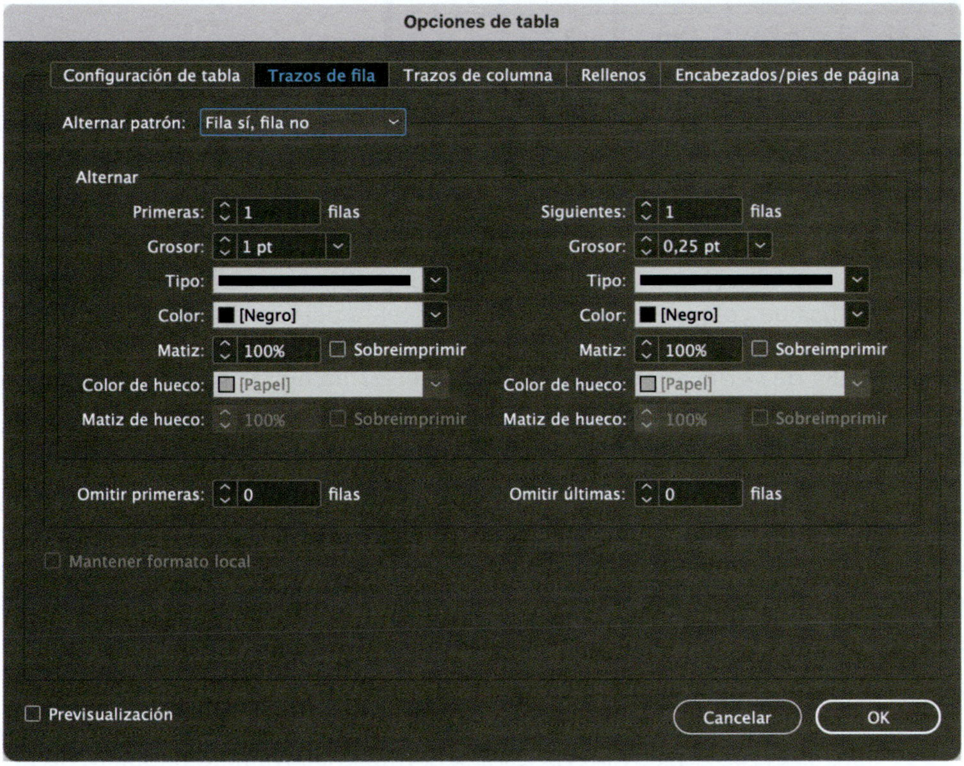

Figura 9.13. Pestaña Trazos de fila del cuadro de diálogo Opciones de tabla.

Enero	Febrero	Marzo	Abril	Mayo
45	59	63	18	20
14	52	63	58	15
12	20	58	41	52
56	14	25	17	12
11	63	96	14	6

Figura 9.14. Tabla con contornos de fila alternos del tipo Fila sí, fila no.

Enero	Febrero	Marzo	Abril	Mayo
45	59	63	18	20
14	52	63	58	15
12	20	58	41	52
56	14	25	17	12
11	63	96	14	6

Figura 9.15. La tabla de la figura anterior con rellenos alternos. La legibilidad es mucho mayor.

Si la tabla tuviese seis filas, las filas 1, 2, 4, y 5 tendrían el mismo contorno, y las filas 3 y 6 el contorno alternativo.

- Mantener formato local. Si ha aplicado un formato manual a una celda, marque esta casilla para mantener sus atributos. De lo contrario, estos se anularán por los atributos que especifique en el cuadro de diálogo Opciones de tabla. Por ejemplo, si especifica un color de trazo rojo para una celda pero en el panel Trazos de fila escoge el color negro, el trazo de la celda pasará a ser negro a no ser que marque esta casilla de verificación. Esta casilla aparecerá atenuada si no hay celdas con atributos específicos.

Alternar rellenos

Las tablas con rellenos alternos son más legibles que las que alternan trazos y, por lo tanto, más frecuentes en todo tipo de publicaciones. Las opciones de la pestaña Alternar rellenos son similares a las de Alternar trazos, solo que en esta ocasión el resultado afectará al color de relleno de las celdas.

Encabezados y pies de página

Si una tabla abarca varias columnas, marcos o páginas, puede utilizar encabezados o pies de página para repetir la información al inicio o final de cada porción de tabla.

La pestaña Encabezados y pies de página permite determinar el número de filas de encabezado y pie de página de una tabla. Por defecto ambos valores son 0, es decir,

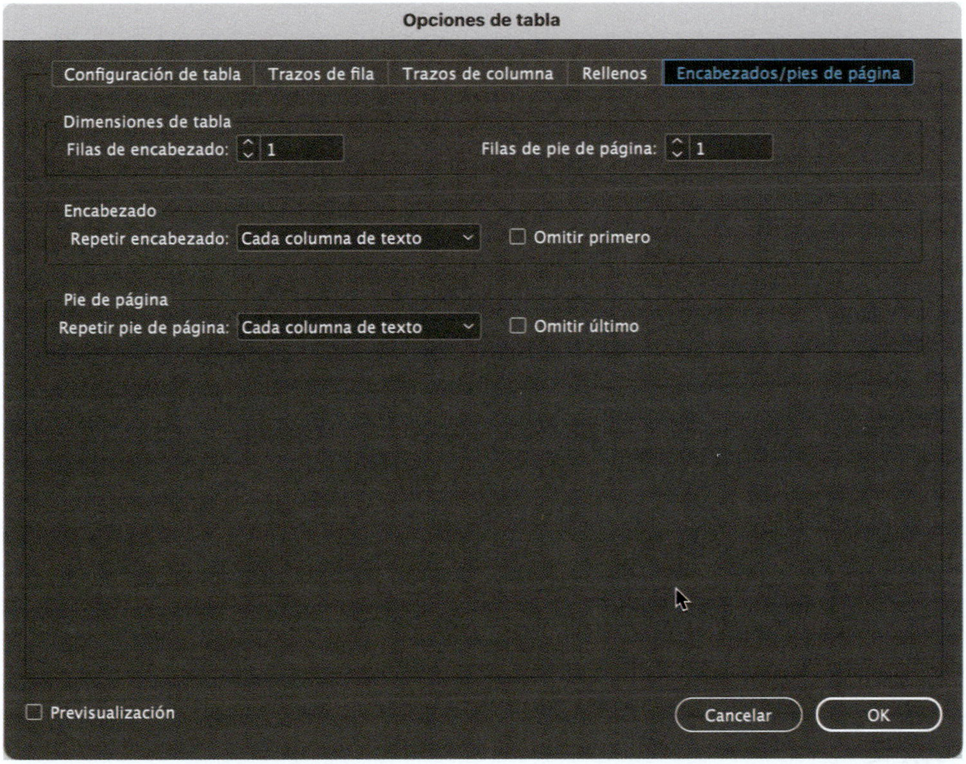

Figura 9.16. Apartado Encabezados/Pies de página del panel Opciones de tabla.

una tabla carece de ellos. Para crear un encabezado, introduzca un valor mayor que 0 en el cuadro Filas de encabezado.

Decida el patrón de repetición de las filas de encabezado y pie de tabla en los menús desplegables Repetir encabezado y Repetir pie de página: para cada columna, una vez por marco o una vez por página.

Marque la casilla de verificación Omitir primero si quiere ocultar la primera ocurrencia de las filas de encabezado o pie de tabla.

Si quiere convertir una fila existente en el encabezado o pie de una tabla, selecciónela y escoja Tabla>Convertir filas>a encabezado o Tabla>Convertir filas>a pie de página.

Para eliminar filas de encabezado o pie de página, selecciónelas y escoja Tabla>Convertir filas>a texto.

Atributos de celda

Para modificar el aspecto de una o más celdas de forma individual, selecciónelas y escoja una de las opciones del menú Tabla>Opciones de celda. InDesign presentará el cuadro de diálogo Opciones de celda, con cinco pestañas.

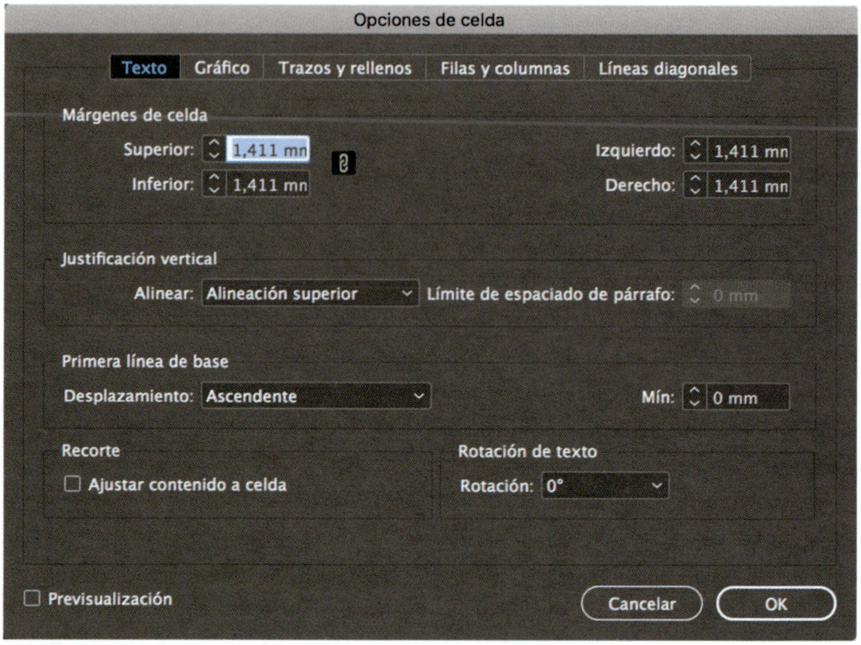

Figura 9.17. Pestaña Texto del cuadro de diálogo Opciones de celda.

Texto

En la pestaña Texto encontrará las opciones que permiten controlar la posición del texto dentro de una celda. Para modificar otros atributos, como la alineación del párrafo o el tipo de letra, utilice los paneles Párrafo y Carácter.

- Márgenes de celda. Determina el espacio entre el texto y los bordes de una celda.
- Justificación vertical. Controla la posición vertical del texto dentro de una celda: superior, inferior, centro o justificada. Utilice el panel Control o Párrafo para determinar la alineación horizontal del texto.
- Primera línea de base. Este campo determina el desplazamiento vertical del texto con respecto al borde superior de la celda.
- Recorte. Marque la casilla de verificación para ajustar las partes de una imagen que sobresalgan de los bordes de la celda en el caso de que la imagen sea demasiado grande.
- Rotación del texto. Puede hacer que el texto de una celda rote en ángulos múltiplos de 90 grados. Esta opción es ideal para titulares de filas formadas por la combinación de varias celdas.

	Enero	Febrero	Marzo	Abril	Mayo
Dias	45	59	63	18	20
	14	52	63	58	15
Meses	12	20	58	41	52
	56	14	25	17	12
	11	63	96	14	6

Figura 9.18. Rotación del texto en celdas combinadas.

Gráfico

Cuando coloca un gráfico en una celda, puede determinar los márgenes (distancia entre el borde de la imagen y el borde de la celda) para cada uno de los cuatro lados de la celda. Marque el cuadro de verificación Ajustar contenido a celda para que el gráfico se ajuste automáticamente a las dimensiones de la celda.

Trazos y rellenos de celda

InDesign permite especificar trazos y rellenos para celdas individuales. Las opciones de bordes y rellenos de tabla tienen prioridad sobre los atributos de trazo y relleno aplicados a una celda. Así, cuando seleccione un patrón alterno de trazo o relleno en una tabla, deberá marcar el cuadro de verificación Mantener cambios locales del cuadro de diálogo Opciones de tabla para que prevalezcan los atributos de trazo y relleno aplicados a una celda.

La pestaña Trazos y rellenos del cuadro de diálogo Opciones de celda muestra, en la parte superior, un icono —*proxy*—que representa los bordes de la celda o celdas seleccionadas. Los atributos de trazo que especifique en el cuadro de diálogo se aplicarán solo a los bordes seleccionados, es decir, a aquellos de color azul. Haga clic en un borde para cambiar su estado de seleccionado a deseleccionado, y viceversa.

Filas y columnas

En este apartado podrá especificar medidas exactas para filas y columnas, así como el comportamiento de las filas en el caso de que la tabla se distribuya entre dos o más marcos de texto.

- Alto de fila. Si ya ha experimentado con el uso de las tablas, habrá observado que, cuando el contenido es mayor que la altura de la celda, esta se expande para acomodarlo. En el menú desplegable Alto de fila puede especificar un alto de fila mínimo con la opción Por lo menos. De esta forma, cuando el contenido quepa completamente en la celda, el alto de la fila nunca será inferior a la cifra introducida en el cuadro de texto situado a su derecha. Sin embargo, a medida que crezca la cantidad de texto, lo hará también el alto de la celda y, por consiguiente, de la

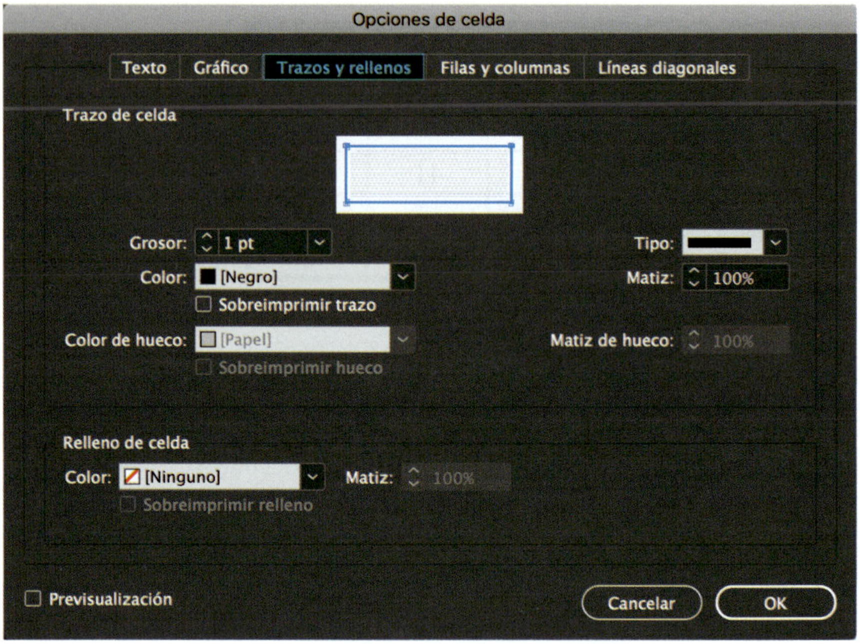

Figura 9.19. Opciones de trazo y relleno de celdas.

fila completa. Para controlar hasta dónde puede crecer en altura una fila, utilice el campo de texto Máximo. Por último, si quiere evitar que las filas crezcan de forma automática, escoja la opción Exactamente. Cualquier texto que no quepa se considerará desbordado y la celda mostrará el icono de desbordamiento de celda (ver figura 9.20).

- Opciones de separación. Utilice los valores de la lista desplegable Opciones de separación para determinar el comportamiento de la fila o filas seleccionadas cuando una tabla se divide entre dos o más marcos de texto. Su funcionamiento es análogo al control de líneas viudas y huérfanas en un párrafo de texto.

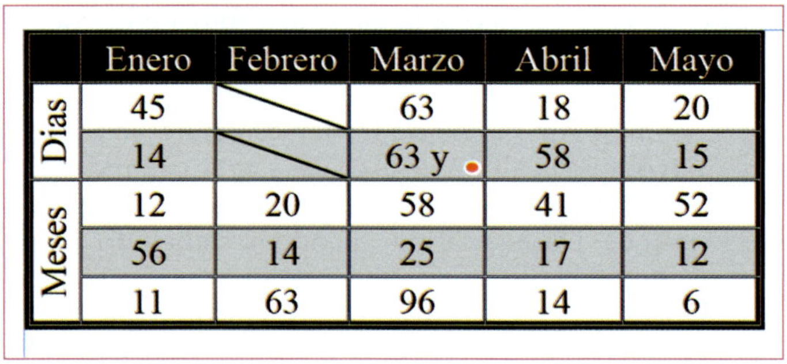

	Enero	Febrero	Marzo	Abril	Mayo
Dias	45		63	18	20
	14		63 y	58	15
Meses	12	20	58	41	52
	56	14	25	17	12
	11	63	96	14	6

Figura 9.20. Texto desbordado en una celda. Observe el icono con forma de elipse en la esquina inferior derecha de la celda que ocupa la segunda fila en la columna marzo.

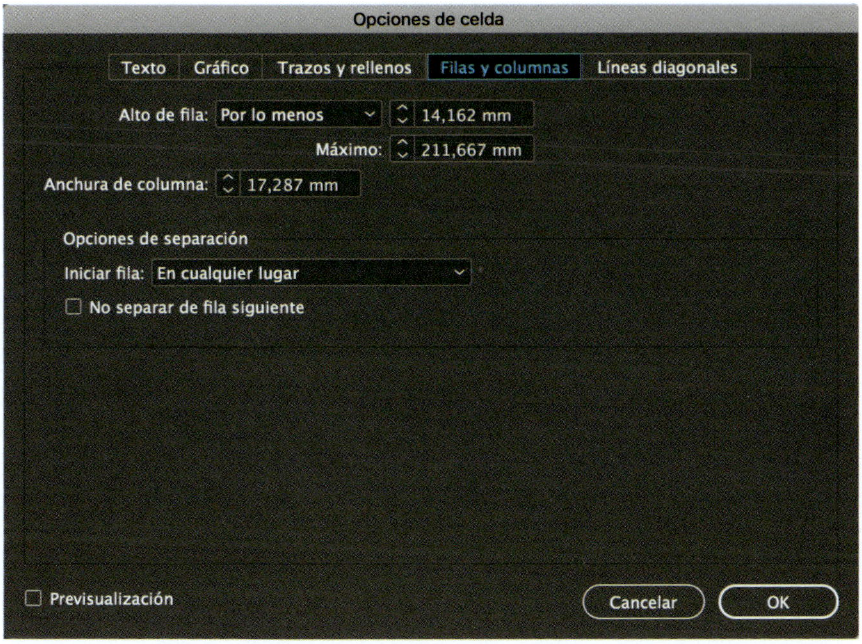

Figura 9.21. Opciones de filas y columnas.

Líneas diagonales

Las líneas diagonales se utilizan como ayuda visual para indicar que una celda no tiene contenido. InDesign incluye de tres opciones de líneas diagonales en una celda. La pestaña Líneas diagonales del cuadro de diálogo Opciones de celda le permite especificar el tipo de línea, y sus atributos de grosor y color.

La opción Dibujar determina si el contenido de la celda (texto o imágenes) aparece por encima o por debajo de las líneas diagonales definidas.

Utilización de estilos de tabla y celda

Como ha podido comprobar, son tantas y tan variadas las opciones de formato que se aplican a tablas y celdas, que InDesign incluye la posibilidad de crear estilos para cada una de ellas, de modo que aplicar los mismos atributos a las diferentes tablas de un documento sea tan sencillo como hacer clic en el nombre del estilo correspondiente.

De forma análoga a los estilos de párrafo y carácter, puede aplicar un estilo de tabla a la tabla completa y diferentes estilos de celda a celdas individuales.

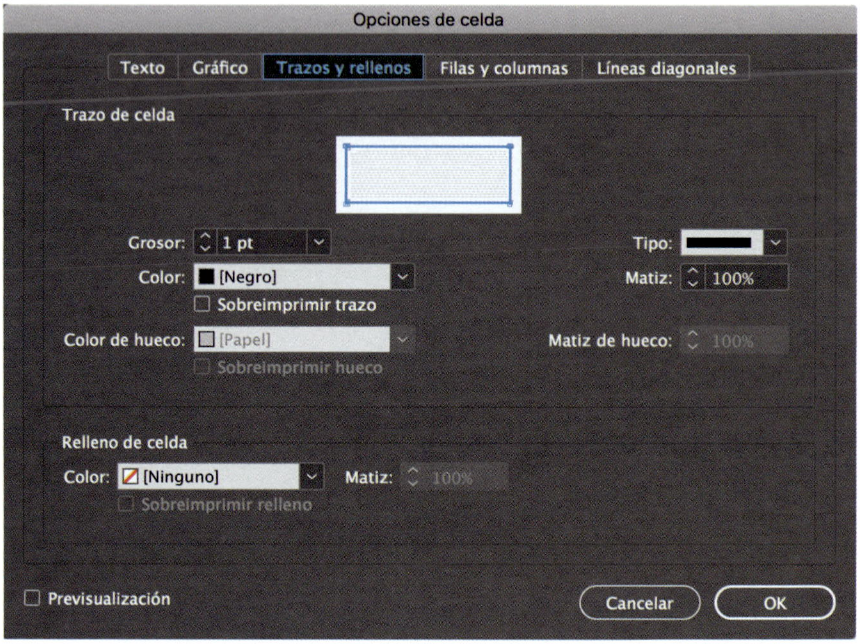

Figura 9.22. Pestaña Líneas diagonales del cuadro de diálogo Opciones de celda.

Estilos de tabla

La forma más sencilla de crear un estilo de tabla consiste en aplicar los atributos a una tabla, seleccionarla y hacer clic en el botón Crear nuevo estilo de tabla del panel Estilos de tabla.

Las opciones del cuadro de diálogo Opciones de estilo de tabla son las mismas que hemos visto en el cuadro de diálogo Opciones de tabla, excepto las que son específicas de un estilo:

- Basado en. Puede basar un estilo de tabla en otro, de manera que al modificar el primero se cambien de forma automática los estilos basados en este.
- Atajo. Teclee una combinación de Mayúsculas, Control o Alt (Mayúsculas, Comando u Opción) que, junto a una tecla del teclado numérico sirva para aplicar rápidamente el estilo a la tabla seleccionada.
- Estilos de celda. Un estilo de tabla se aplica a todas las celdas que componen la tabla. Sin embargo, puede especificar diferentes estilos de celda para las filas del encabezado y pie de página, las columnas izquierda y derecha o para cada una de las celdas de texto no incluidas en los apartados anteriores. De este modo, con un simple clic de ratón puede modificar la combinación de rellenos y contornos de las diferentes celdas en una tabla.

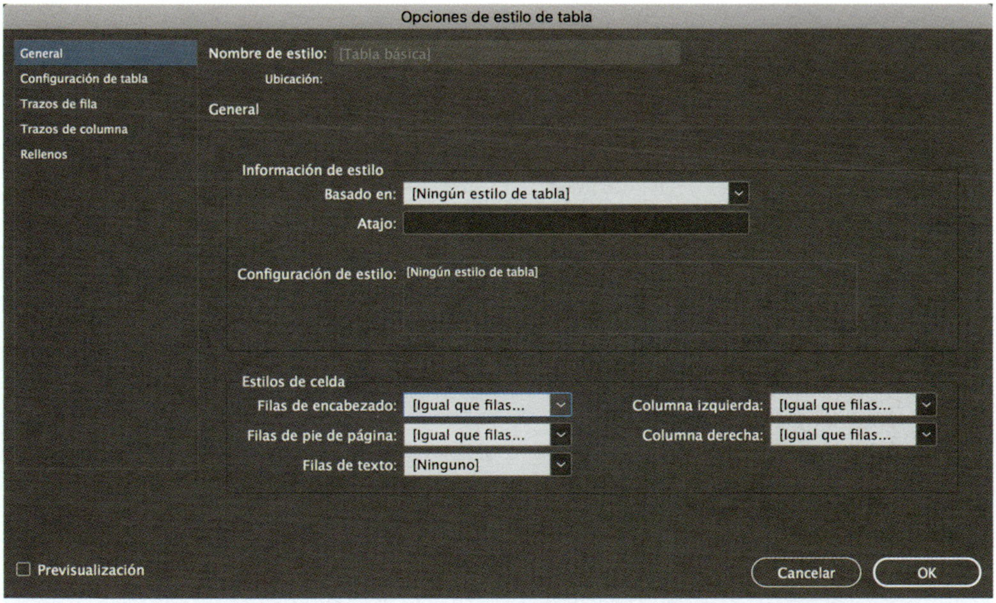

Figura 9.23. Panel General del cuadro de diálogo Opciones de estilo de tabla.

TRUCO

Como en la definición de un estilo de tabla debe especificar los estilos de celda que se deben aplicar, y a su vez un estilo de celda determina el estilo de párrafo para el contenido de texto, le recomiendo que cree sus estilos de tabla en el orden inverso, es decir, defina primero los estilos de párrafo, luego los de celda y, por último, los de tabla. Así podrá seleccionar el estilo de párrafo correcto al definir los estilos de celda, y hará lo propio con los estilos de celda al definir el estilo de tabla..

Estilos de celda

Aunque las opciones que ofrecen los distintos apartados del cuadro de diálogo Opciones de estilo de celda son idénticas a las del cuadro de diálogo Opciones de celda, el panel General incluye tres nuevas que permiten controlar el comportamiento del estilo, a saber:

- Basado en. Puede basar un estilo de celda en otro, de manera que al modificar el primero se cambien de forma automática los estilos basados en este.
- Atajo. Teclee una combinación de Mayúsculas, Control o Alt (Mayúsculas, Comando u Opción) que, junto a una tecla del teclado numérico sirva para aplicar rápidamente el estilo a la celda seleccionada.

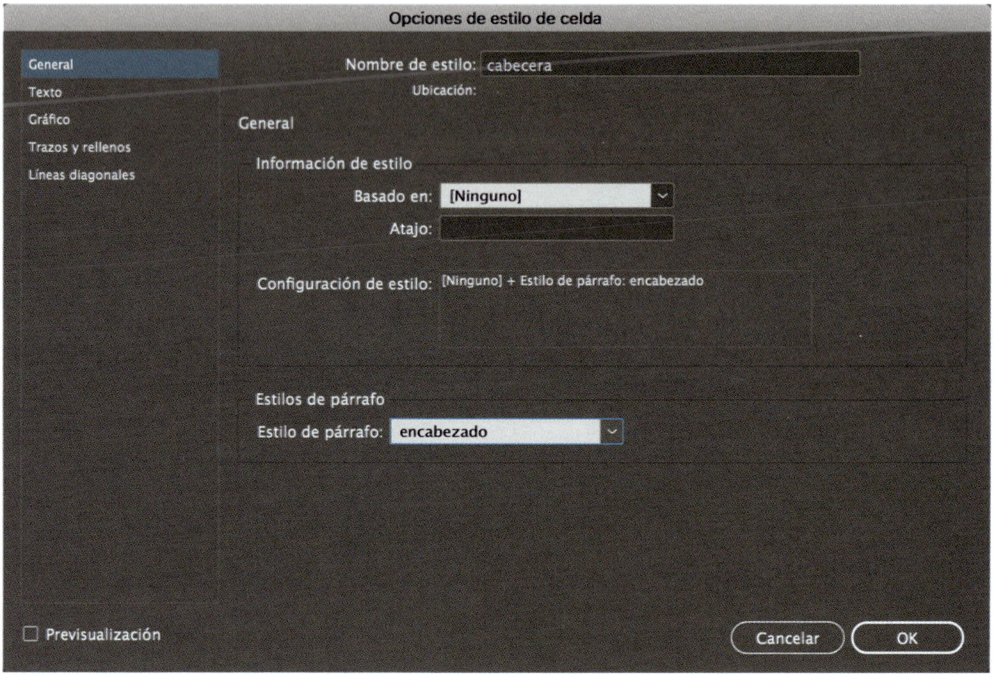

Figura 9.24. Panel General del cuadro de diálogo Opciones de estilo de celda.

- Estilos de párrafo. Especifique el estilo de párrafo que se aplicará de forma automática al texto de la celda. Esta es una forma muy rápida y efectiva de controlar no solo los atributos de trazos y rellenos, sino también del contenido de la celda.

Gestión de estilos de tabla y celda

Utilice los paneles Estilos de tablas y Estilos de celdas para crear, aplicar, agrupar, duplicar, borrar e importar estilos de tabla y celdas. La gestión de los estilos de tablas y celdas es idéntica a la de los estilos de párrafo, carácter y objeto que ya vimos en capítulos anteriores. A ellos le remito.

Importación de tablas desde otras aplicaciones

InDesign puede importar una tabla desde Microsoft Excel o Microsoft Word y mantener su estructura, o bien convertirla en texto separado por tabuladores.
Para colocar una tabla de Excel, basta con seleccionar el comando Archivo>Colocar y escoger un documento de Excel. InDesign mostrará el cuadro de diálogo Opciones de importación de Microsoft Excel:

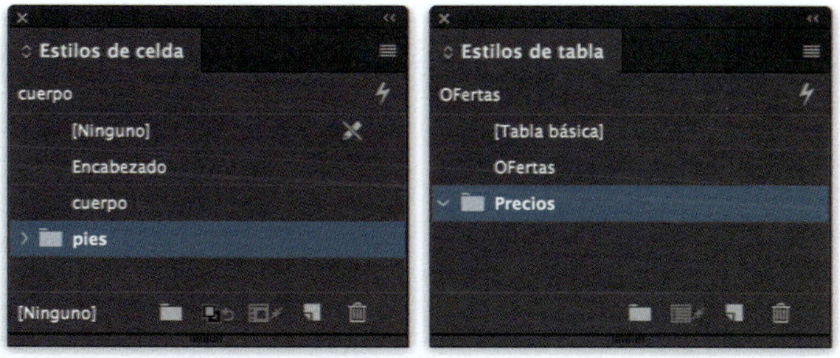

Figura 9.25. Paneles Estilos de celda (izquierda) y Estilos de tabla (derecha).

- Hoja. Si el documento de Excel contiene más de una hoja de cálculo, indique cuál quiere importar.
- Ver. Si el documento de Excel contiene varias vistas, escoja la que quiere utilizar.
- Rango. Especifique el intervalo de celdas que desea colocar, utilizando dos puntos (:) para designar el intervalo (por ejemplo, A1:C20). Si la hoja de cálculo es sencilla, InDesign adivinará automáticamente el rango de celdas correcto.
- Importar celdas ocultas no guardadas en la vista. Marque esta casilla para que InDesign importe todas las celdas del rango, aunque estén ocultas en el documento de Excel.
- Tabla. Seleccione si desea importar las celdas como una tabla (con o sin formato, es decir, manteniendo o no el aspecto original de la tabla en Excel) o como texto separado por tabuladores. Si decide mantener el formato original, InDesign hará lo posible por mantenerlo.
- Estilo de tabla. Si en el paso anterior escogió Tabla no formateada, ahora podrá aplicar uno de los estilos de tabla definidos en su documento.
- Alineación de la celda. Escoja si quiere mantener la misma alineación que en el documento original o bien cambiarla a una de las opciones que ofrece el menú desplegable.
- Incluir gráficos integrados. Si marca esta casilla de verificación InDesign colocará cualquier gráfico que haya pegado en la hoja de cálculo original. Esta opción no es aconsejable para documentos con salida de alta calidad, puesto que el formato gráfico empleado no suele tener una resolución suficiente.
- Número de posiciones decimales que se incluirán. Si el documento dispone de información numérica decimal, seleccione cuántos dígitos a la derecha de la coma desea importar.
- Usar comillas tipográficas. Convierte las comillas rectas (" ") en comillas de apertura y cierre (“ ”), también conocidas como tipográficas.

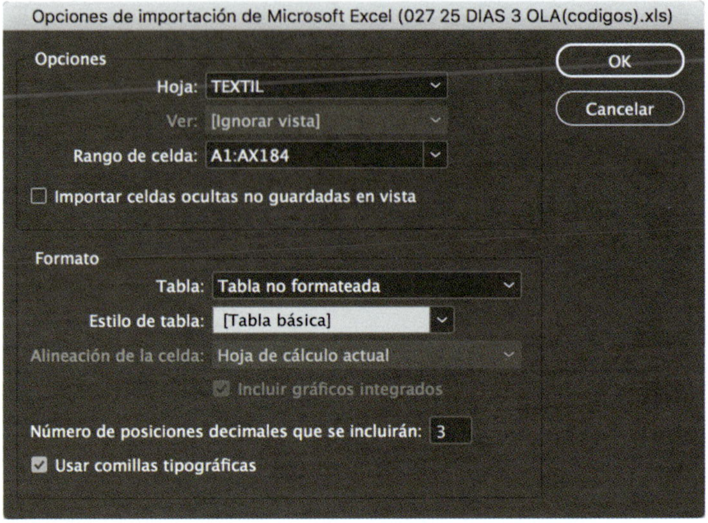

Figura 9.23. Cuadro de diálogo Opciones de importación de Microsoft Excel.

Ejercicios

1. Abra el documento Ejercicios>cap9>tabulardores.indd. Utilice las técnicas aprendidas en este y anteriores capítulos para crear y aplicar los tabuladores, estilos de párrafo y estilos de carácter necesarios al texto de la página 1 para que su aspecto sea el mismo que el del documento tabuladores_final.indd.
2. Abra el documento Ejercicios>cap9>tablas.indd. Cree y aplique los estilos de párrafo y carácter necesarios y las técnicas aprendidas en este capítulo para convertir el texto tabular en una tabla con formato igual al del documento tablas_final.indd.
3. Cree un documento nuevo y coloque el archivo Ejercicios>cap9>tabla_excel.xls. Practique con las diferentes opciones de importación: mantener el formato original, aplicar un estilo de tabla existente y convertir en texto delimitado por tabuladores.

10 Color

El mundo que nos rodea es en color, y aplicarlo suele ser banal: basta con coger unos cuantos lápices, tizas o pinturas, un papel en blanco, y ponerse a garabatear. Sin embargo, imprimirlo de forma correcta y predecible a partir de lo que se muestra en la pantalla del ordenador... es otro cantar. La utilización del color en la imprenta comercial es ahora más fácil que nunca, y los costes han disminuido de forma significativa. Pero obtener el resultado esperado no es tan sencillo como puede parecer a primera vista. Antes de iniciar el recorrido por las herramientas de color en InDesign, haremos un breve repaso sobre la teoría del color.

Introducción al color

Contamos con un tipo de células especiales en el ojo, denominadas conos, capaces de enviar señales al cerebro que, una vez interpretadas, se convierten en los millones de colores que podemos distinguir. Otro tipo de células, los bastones, son las responsables de captar la luz en condiciones de baja luminosidad.

La luz es una onda, y como tal la percibimos. No hay cambios bruscos de un color a otro, sino sutiles gradaciones o matices. A este tipo de percepción la llamamos analógica. Nuestros conos y bastones captan las ondas de luz y las transforman en señales electroquímicas que son enviadas al cerebro, donde se interpretan como los millones de colores que podemos distinguir. Sin embargo, para que los ordenadores puedan representar el color, deben convertir las ondas en información numérica, es decir, digitalizar la señal analógica. Al digitalizar un color se pierde información, puesto que los valores solo pueden ser binarios, es decir, un uno o un cero, sí o no, sin gradaciones.

Modelos de color

Según el origen —o fuente— de la luz, podemos distinguir entre dos formas de percibir el color: directa, como el color emitido por una bombilla o un televisor, e indirecta —también llamada reflejada— como el color impreso en un papel o pintado en una pared.

Para describir el espectro de colores visibles, los ordenadores usan los denominados *modelos de color*. Los más utilizados son el modelo RGB (del inglés, **R**ed, **G**reen y **B**lue, o Rojo, Verde y Azul) para describir el color en monitores, cámaras digitales y televisores, y el CMYK (**C**yan, **M**agenta, **Y**ellow y **B**lacK, o Cian, Magenta, Amarillo y Negro) para reproducir el color sobre papel y otros soportes.

La cantidad de colores que puede describir un modelo de color se denomina *gama* o *espectro de color*. A mayor gama de colores, más fiel será la reproducción de color por un dispositivo.

El modelo RGB describe colores luz o aditivos. Se denominan colores aditivos porque la suma del valor máximo de los tres colores es el blanco. Cuando se digitaliza, se asigna a cada uno de los tres colores primarios un valor de entre 0 y 255.

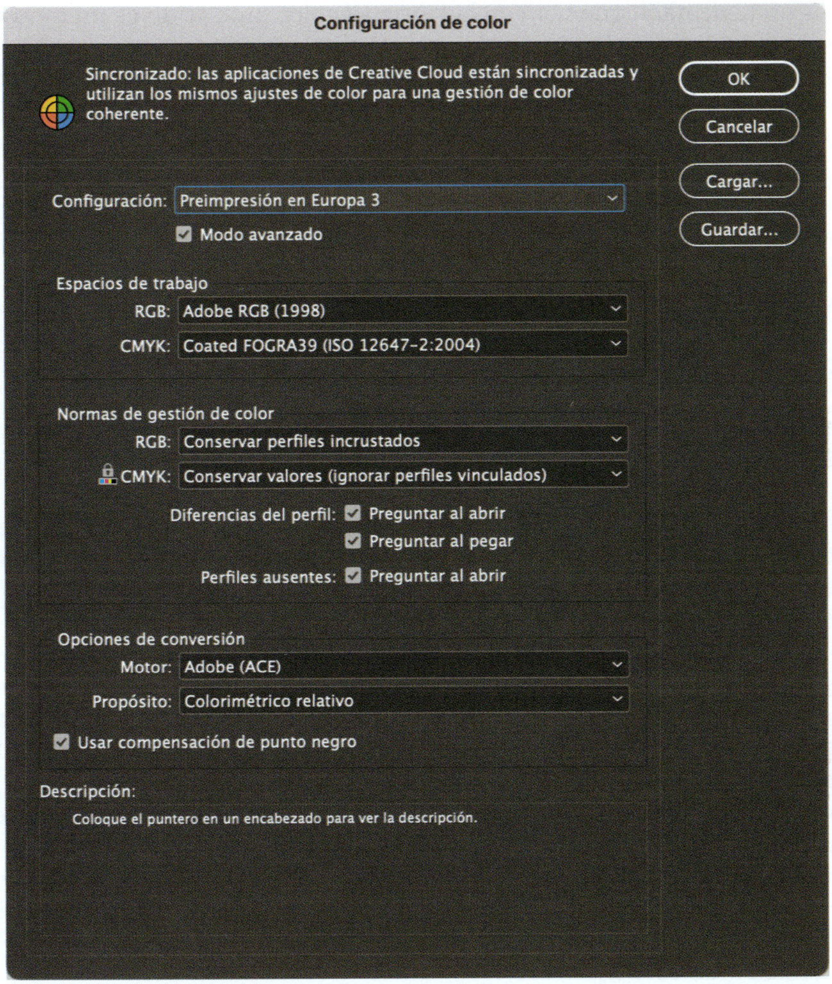

Figura 10.1. Cuadro de diálogo Configuración de color.

Así, el color R0G0B0 es el negro y el R255G255B255 es el blanco. Entre ambos existen 255x255x255 combinaciones posibles, es decir, aproximadamente 16,7 millones de colores. La calidad de un dispositivo RGB se mide por la cantidad de colores que es capaz de captar (cámaras, escáneres, etc.) o de emitir (monitores, televisores, etc.).

El modelo CMYK describe colores *sustractivos*, es decir, la suma de todos ellos sustrae blanco o, lo que es lo mismo, a más tinta sobre el papel, más oscuro el color resultante y, por lo tanto, menos luz reflejada. El rango de valores para cada canal CMYK va del 0 al 100. En teoría, un 100 % de los colores cian, magenta y amarillo debería producir negro puro pero, en la práctica, y debido a que la formulación de las tintas no tiene nada que ver con la teoría, el color producido es un tono marrón oscuro. De ahí que deba añadirse una cuarta tinta, el negro puro, que otorga contraste y viveza a las imágenes. Con el modelo CMYK pueden imprimirse, en teoría, poco más de un millón de colores. La gama de color CMYK teórica es, por lo tanto, hasta 16 veces menor que la gama RGB.

Las cámaras digitales, los escáneres y los monitores utilizan el modelo RGB. Las impresoras de color y las imprentas comerciales, el modelo CMYK. Por lo tanto, el principal problema de la impresión en color consiste en convertir los millones de colores captados con nuestra cámara digital —y reproducidos por nuestro monitor— en los pocos cientos de miles de colores que es capaz de reproducir una imprenta comercial.

Gestión de color

La gama de color concreta que puede captar o reproducir un dispositivo se denomina *perfil.* Calibrar un dispositivo consiste, pues, en generar un perfil de color y mantener lo más estable posible sus características de captación y reproducción.

Por ejemplo, en un monitor varía la cantidad y calidad de color que puede emitir a lo largo del día (necesita estar encendido un mínimo de tiempo para que la emisión de color se estabilice) y a lo largo de su vida útil (se van desgastando los elementos emisores de luz). Por eso es necesario perfilarlo y calibrarlo al menos una vez al mes. Lo mismo sucede con las cámaras digitales y los escáneres.

En el caso de las impresoras e imprentas comerciales, el perfil de color puede variar enormemente, en dependencia de la velocidad de impresión y el tipo de papel empleado. Para limitar tanta variabilidad, es frecuente crear un perfil de color con cada combinación de tintas y papel que puede utilizar el dispositivo.

Un sistema de gestión de color se encarga de leer los perfiles de entrada de un archivo y convertirlos al perfil de salida del monitor —para que usted vea en pantalla el color lo más fielmente posible a como se captó— y al de la impresora, para que lo que vea en el papel sea lo más parecido a lo que vio en la pantalla del ordenador.

Para activar o desactivar la gestión de color y modificar sus ajustes, escoja Edición >Configuración de color.

Explicar el porqué de todas y cada una de las opciones de gestión de color está lejos del alcance de este libro, así que me limitaré a darle unos pocos —y espero que sabios— consejos:

- En la mayoría de los casos, todo lo que tendrá que hacer es seleccionar un ajuste preestablecido. Seleccione Preimpresión en Europa 3 en el menú desplegable Configuración si va a imprimir el documento en una imprenta comercial en Europa o Suramérica. Escoja el ajuste Web/Internet en Europa 2 si va a generar documentos en formato PDF para su distribución digital. Pulse el botón OK y respire tranquilo.
- Si prefiere un ajuste RGB a medida, seleccione el espacio de trabajo Adobe RGB para disponer de una gama de colores más amplia, que luego podrá reproducir en diversos dispositivos de salida. Si quiere que la gama de colores se limite a los

que pueda reproducir su pantalla, seleccione el perfil de su monitor, siempre y cuando lo haya perfilado con la ayuda de un dispositivo de calibración.

- Como espacio de trabajo CMYK, escoja el perfil de su servicio de impresión —si lo tiene— o, en su defecto, el perfil Coated FOGRA39 para papel estucado (brillante) o Uncoated FOGRA29 para papel mate. Son valores seguros. Si va a imprimir exclusivamente en su impresora, seleccione entonces el perfil de color que se ajuste al tipo de impresión, tintas y papel utilizados.
- El propósito de conversión que suele funcionar mejor en la mayoría de los casos es el Colorimétrico relativo. Sin embargo, si lo que desea es mantener la apariencia de las imágenes más que el valor real de sus colores, utilice el propósito Percepción.

Tintas planas y de cuatricromía

Seguro que alguna vez en su vida ha pintado las paredes de su casa de un color diferente al blanco. Entonces sabrá que la única forma de pintar de forma consistente con el mismo color habitación tras habitación, es adquirir varios botes de pintura del mismo fabricante y con el mismo código de referencia. Las tintas planas tienen una utilidad similar. Son colores previamente mezclados y etiquetados. Cada tinta plana tiene una referencia y reproduce exactamente el mismo color. Por eso están indicadas para reproducir logotipos o colores corporativos.

Cuando en un documento se requieren más de cuatro colores diferentes, utilizar exclusivamente tintas planas sería excesivamente caro. En estos casos, utilice la tinta plana para el logotipo e imprima el resto del documento en cuatricromía. Es más, puede incluso convertir la tinta plana a su equivalente en cuatricromía. El sistema de tintas planas más utilizado se denomina PANTONE.

La cuatricromía consiste en descomponer cualquier color en una combinación de las cuatro tintas estándar: cian, magenta, amarillo y negro. Un documento en cuatricromía se imprimirá como la combinación de cuatro colores, independientemente de la cantidad de colores que contenga.

Cuando imprime un documento de InDesign en una imprenta comercial, esta producirá tantas planchas de color —o fotolitos, según el sistema de impresión empleado— como tintas utilice; si usa colores de cuatricromía, habrá al menos cuatro planchas, una para cada color. La publicación debe pasar por la rotativa tantas veces como planchas tenga (aunque en la actualidad hay imprentas con cuatro o más cuerpos de impresión, uno para cada color), por lo que la impresión a todo color resulta más costosa que en blanco y negro.

Crear muestras de color

InDesign permite aplicar color de dos formas: mezclando libremente los colores básicos en el panel Color —o el cuadro de diálogo equivalente, Selector de color—,

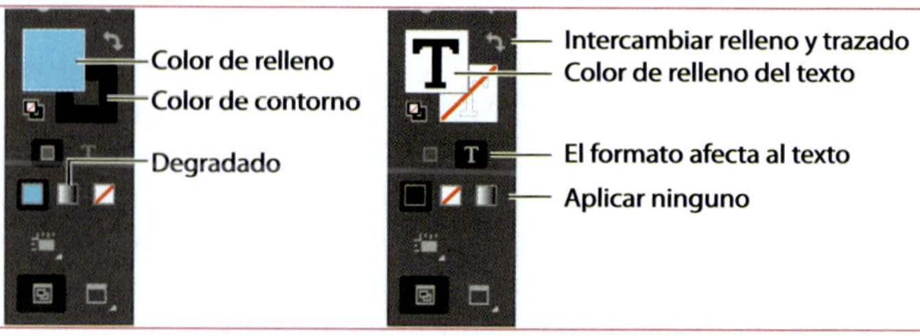

Figura 10.2. El panel Herramientas permite seleccionar qué partes de un objeto quiere colorear. A la izquierda, con un objeto seleccionado; a la derecha, cuando selecciona un texto.

o mediante la creación de un color con nombre en el panel Muestras. ¿Cuál es la diferencia? ¿Qué método es el mejor? ¿Cuándo aplicar uno u otro?

Usar el panel Color —o el cuadro de diálogo Selector de color— es lo más parecido a utilizar una paleta para mezclar acuarelas: puede obtener rápidamente el color que desea y aplicarlo sin más; InDesign no guardará ninguna referencia al color. Ahora bien, si desea volver a utilizarlo, deberá crearlo partiendo de cero o copiando los atributos de un objeto en el que lo haya aplicado. Esta forma de trabajar es la más rápida si está experimentando con múltiples combinaciones de color y tonalidades; por ejemplo, en un fondo con cientos de flores, cada una de un color diferente. Adobe denomina a los colores creados de esta forma *colores sin nombre*.

Los colores que defina en panel Muestras tendrán un nombre único que los identifica. El comportamiento de una muestra de color es equivalente —salvando las distancias— al de un estilo de texto, carácter, objeto o tabla. Es decir, puede aplicar la misma definición de color a múltiples objetos del documento y, si más adelante decide modificarla, se aplicarán los nuevos valores de forma consistente en cualquier objeto en el que la haya utilizado.

Dado que el papel principal de InDesign es la composición de documentos con múltiples páginas, le aconsejo que utilice exclusivamente colores con nombre almacenados en el panel Muestras. Para las ocasiones en las que sienta que el genio creativo se desata, cambie a Photoshop o Illustrator —mucho mejores y más capaces a la hora de crear todo tipo de ilustraciones—, y luego importe el resultado en InDesign.

Panel color

El panel Color ofrece una forma rápida de crear y aplicar colores. Los colores definidos en este panel pueden almacenarse como colores con nombre en el panel Muestras.

Para modificar el color de un objeto utilizando el panel Color, selecciónelo, haga clic en el icono Relleno o Trazo —para indicar cuál de los dos atributos se actualizará— e introduzca los nuevos valores mediante uno de los siguientes métodos:

1. La parte inferior del panel muestra una barra de color. Al pasar el cursor sobre ella, este se convierte en un cuentagotas. Haga clic para seleccionar y aplicar un color

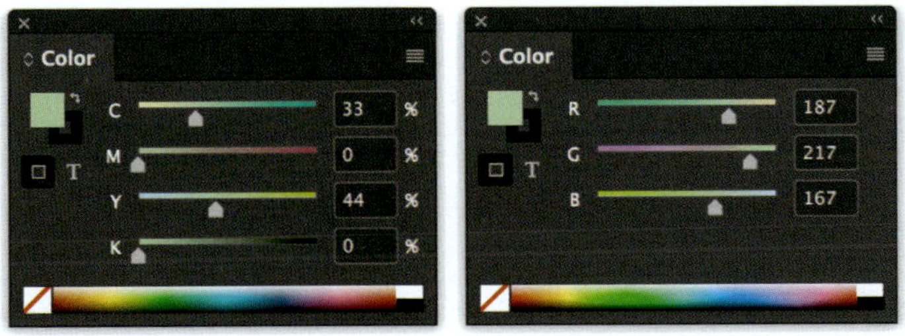

Figura 10.3. Panel Color. Modo CMYK (izquierda) y modo RGB (derecha).

al objeto seleccionado. El espectro de colores que muestra esta barra depende del modelo de color que seleccione en el menú del panel: HSB, Lab, CMYK o RGB. A la izquierda de la barra existe un icono en forma de cuadrado blanco atravesado por una línea roja; haga clic para aplicar el color *Ninguno*, es decir, eliminar el color del objeto seleccionado. En el extremo derecho de la barra de color hay otros dos rectángulos, blanco y negro; representan los dos colores más utilizados, el blanco y el negro puros.

2. Escoja Mostrar opciones en el menú del panel para ver un control deslizante —modo Matiz—, tres —modos HSB, Lab y RGB— o cuatro —modo CMYK—, correspondientes a cada uno de los componentes del color del modo seleccionado. Puede arrastrar de los reguladores o escribir un valor numérico en las casillas situadas a su derecha. En el modo Matiz, la barra representa el porcentaje del color seleccionado.
3. Un cuadro con la leyenda # muestra los valores hexadecimales del color seleccionado. Esta es la notación que se utiliza por defecto para describir colores en un navegador Web.

NOTA

El color Ninguno es invisible. Por ejemplo, si lo aplica al relleno de un objeto, podrá ver otros objetos situados por debajo.

Cuando introduce valores en modo HSB, Lab o RGB y en las preferencias de gestión de color está activado un perfil de salida CMYK, si la nueva definición del color no se puede reproducir utilizando la gama CMYK del documento (es decir, no es posible reproducirlo con tintas CMYK), aparecerá un signo de admiración y un pequeño recuadro que muestra el aspecto del color reproducible más parecido a los valores seleccionados. Haga clic en él para seleccionar la propuesta de color más próxima dentro de la gama. No se decepcione si el equivalente CMYK de un color Lab o RGB es apagado o mortecino; la gama CMYK no puede reproducir colores muy saturados ni brillantes.

Al seleccionar un objeto que no tiene color (color *Ninguno* aplicado), el panel Color mostrará un rectángulo con el último color que definió. Haga clic en él para aplicar un relleno o contorno y modifique su valor a continuación utilizando los deslizadores.

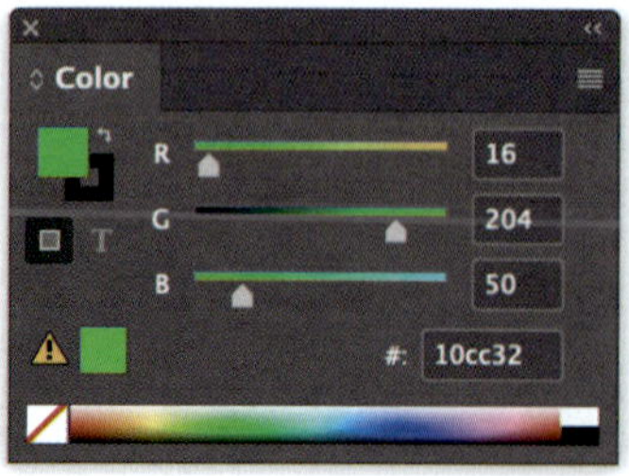

Figura 10.4. Si define un color en modo RGB y este no se puede reproducir con tintas CMYK, InDesign mostrará un signo de advertencia y al lado la propuesta reproducible más cercana al color que está definiendo.

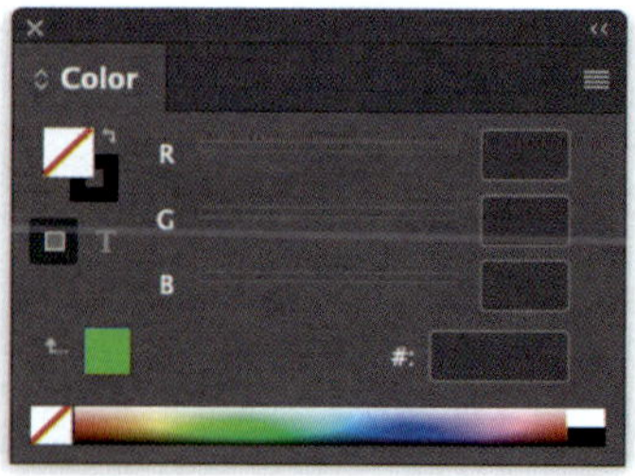

Figura 10.5. Aspecto del panel Color cuando selecciona un objeto sin color de relleno.

Para añadir una definición de color al panel Muestras, arrastre el icono de Color de relleno o Color de contorno al panel Muestras o escoja Añadir a muestras en el menú del panel Color. Se creará una nueva muestra que, por defecto, tendrá por nombre los valores de cada uno de los componentes del modo de color que utilizó para definirla.

Cuadro de diálogo Selector de color

Cuando hace doble clic en los iconos Color de relleno o Color de contorno del panel Herramientas o del panel Color, aparecerá el cuadro de diálogo de la figura 10.6.

El Selector de color permite elegir un color de forma visual o especificarlo numéricamente. Puede modificar el espectro de colores que muestra el cuadro principal

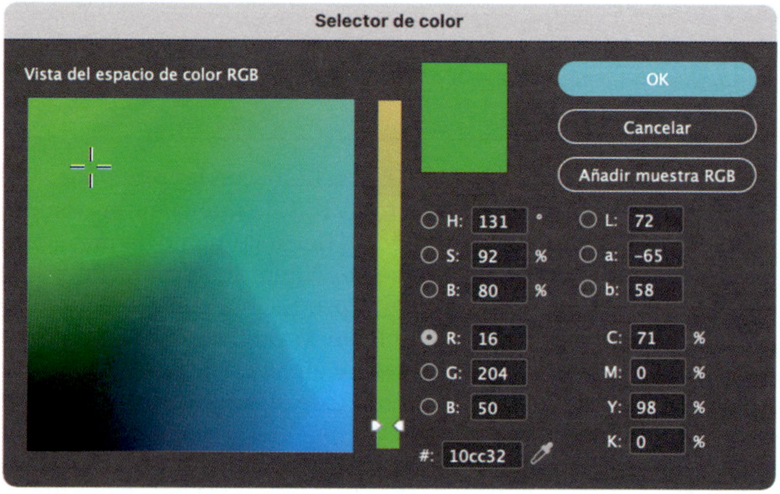

Figura 10.6. Cuadro de diálogo Selector de color.

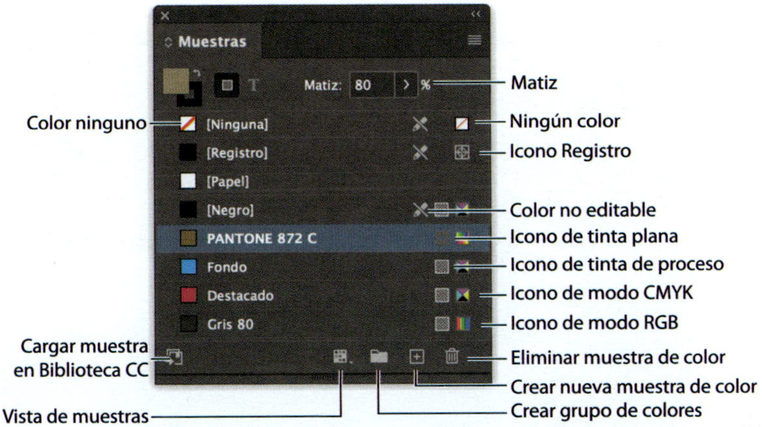

Figura 10.7. Panel Muestras, con los colores presentados en modo *lista de nombres*.

si hace clic en uno de los botones de radio correspondientes a cada uno de los componentes de los modos HSB, RGB o Lab. La barra de color vertical permite cambiar, dependiendo del botón de radio seleccionado, la luminosidad, saturación o el espectro de color mostrado en el selector. En la parte superior del cuadro de diálogo, un rectángulo divido en dos indica el aspecto del nuevo color (arriba) y del color aplicado actualmente al objeto (abajo). Si lo prefiere, puede introducir valores numéricos en los cuadros de texto correspondientes. Utilice el icono en forma de cuentagotas para tomar una muestra de color de cualquier objeto en el documento.

Pulse OK para aplicar inmediatamente el color al objeto seleccionado en el documento. Para definir una nueva muestra, haga clic en el botón Añadir muestra HSB, RGB, Lab o CMYK. La muestra se añadirá al panel Muestras en el modo de color indicado.

Panel muestras

Utilice el panel Muestras para crear y gestionar muestras de color, degradados, matices y tintas mixtas. La información que muestra el panel puede parecer abrumadora a simple vista. Sin embargo, permite saber en todo momento las muestras de color definidas, su tipo y el modelo de color utilizado para definirlas.
Las muestras de color pueden presentarse de dos formas: como una lista de nombres ordenada alfabéticamente o como una paleta de colores. La primera es más útil en la mayoría de los casos, cuando hay pocas muestras o bien su nombre es más importante que su aspecto. Utilice la segunda cuando cuente con gran cantidad de muestras y el nombre no sea primordial, como en el caso de utilizar grupos de tintas mixtas (siga leyendo para saber qué son). Para cambiar entre las diferentes formas de presentación, escoja una de las siguientes opciones del menú del panel Muestras: Nombre, Nombre pequeño, Muestra pequeña o Muestra grande.

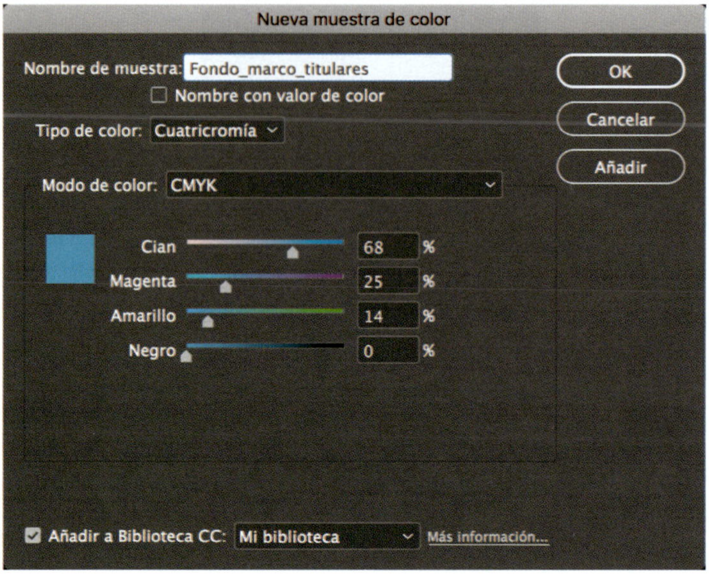

Figura 10.8. Cuadro de diálogo Nueva muestra de color.

Crear muestras

Existen cuatro formas de crear una nueva muestra de color:

1. Para añadir un color de forma interactiva, arrastre el color de los iconos Relleno o Trazado desde panel Color hasta el panel Muestras. InDesign asignará un nombre por defecto a la muestra utilizando los valores del modelo de color activo en el panel Color, como, por ejemplo, C=15 M=10 Y=40 K=0 para un color CMYK compuesto por un 15 % de cian, 10 % de magenta, 40 % de amarillo y 0 % de negro.
2. Desde el cuadro de diálogo Selector de color, haga clic en el botón Añadir muestra. Nuevamente, el nombre por defecto del color se tomará de sus valores HSB, RGB, CMYK o Lab.
3. Puede añadir el color activo desde el panel Muestras. Cuando los iconos Color de relleno o Color de contorno muestran un color diferente a Ninguno, se activará el botón Nueva muestra de color del panel Muestras: haga clic para añadir el color seleccionado. Si selecciona un objeto que ya tiene aplicada una muestra de color, al hacer clic en el botón Nueva muestra de color InDesign creará una copia añadiendo «- copia» al nombre de la muestra original.
4. Escoja Nueva muestra de color en el menú del panel Muestras.

Si quiere modificar el nombre o los atributos de una muestra, haga doble clic sobre su nombre; InDesign presentará el cuadro de diálogo Opciones de muestra:

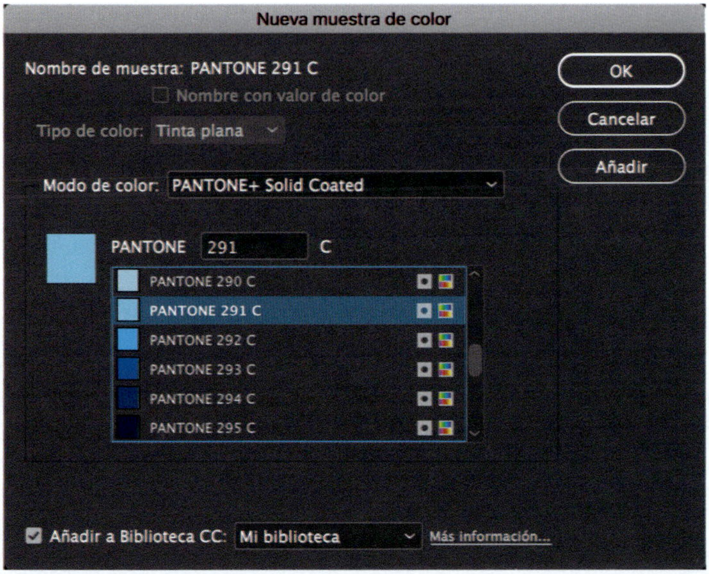

Figura 10.9. Selección de un color de la guía PANTONE. Fíjese en el Nombre de la muestra: InDesign introduce automáticamente la referencia del color seleccionado y no permite modificarlo.

- Nombre de muestra. Cuando la casilla de verificación Nombre con valor de color está activa, InDesign utiliza los valores de cada uno de los componentes del color como nombre. Desactívela para escribir un nombre personalizado. Al nombrar un color, utilice palabras que describan el uso que le va a dar, como «titulares» o «logotipo», más que una mera enumeración de características, como «verde oscuro» o «azul 2»; cuando su documento conste de un gran número de muestras, lo agradecerá.
- Tipo de color. Este valor determina si el color que acaba de crear se separará en un proceso de cuatricromía o por el contrario se imprimirá en una plancha propia.
- Modo de color. Independientemente del tipo seleccionado en el menú anterior, puede definir un color en el modo que prefiera: HSB, Lab, CMYK o RGB. El cuadro de diálogo mostrará los selectores correspondientes. Utilice los controles deslizantes o los campos numéricos para definir el color. Si quiere escoger el color de una guía, como la del sistema PANTONE, escoja un nombre en el cuadro desplegable Modelo de color para que InDesign presente un listado con todas las muestras ordenadas alfabéticamente. Haga clic en una de ellas para seleccionarla o escriba el número de referencia en el cuadro de búsqueda en la parte superior del listado. Recuerde que el color que vea en la pantalla servirá solo como referencia aproximada; utilice la guía impresa del fabricante para saber el aspecto exacto del color una vez impreso en papel.

Figura 10.10. Diferentes matices de un mismo color. De izquierda a derecha: 100 %, 50 % y 25 %.

- Añadir a Biblioteca CC. Si lo desea, puede almacenar muestras de color y colecciones completas en la nube, para poder acceder a ellas desde cualquier ordenador.
- Añadir. Para crear múltiples muestras, pulse el botón Añadir; el color se agregar al panel Muestras sin cerrar el cuadro de diálogo. Repita el proceso para cada muestra y pulse OK cuando haya terminado.

NOTA

El color activo es el que muestran los iconos Color de relleno *o* Color de contorno *de los paneles* Herramientas, Color *o* Muestras. *El color activo se aplica de forma automática a cualquier objeto gráfico que se crea. Por ejemplo, si el color de relleno activo es azul y el del trazo rojo, al crear un rectángulo este tendrá un color de relleno azul y un trazo rojo. Haga clic en el icono* Relleno y contorno predeterminados *en el panel* Herramientas *para que el relleno sea ninguno y el contorno de color negro.*

Guías de color

Las guías de color más utilizadas en Europa y América son las distribuidas por PANTONE, cuyo sistema de color, denominado PANTONE MATCHING SYSTEM, se ha convertido en el estándar de facto en entornos de diseño, edición e impresión. Tanto es así que suele utilizarse el término «color PANTONE» como sinónimo de tinta plana. PANTONE fabrica y distribuye miles de formulaciones que se agrupan en diferentes guías, según el uso, el tipo de tintas o el papel sobre el que se imprime. Las guías más utilizadas son:

- PANTONE+ CMYK Coated y Uncoated. Guía de colores que se imprimen en modo de separación de cuatricromía sobre papel estucado o brillante (coated) o papel mate (uncoated). Es la forma más habitual de impresión en color, por lo que esta guía es realmente útil para saber el aspecto exacto de un color impreso.
- PANTONE+ Solid Coated y Uncoated. Guía de tintas planas PANTONE impresa sobre papel estucado o brillante (coated) o mate (uncoated).

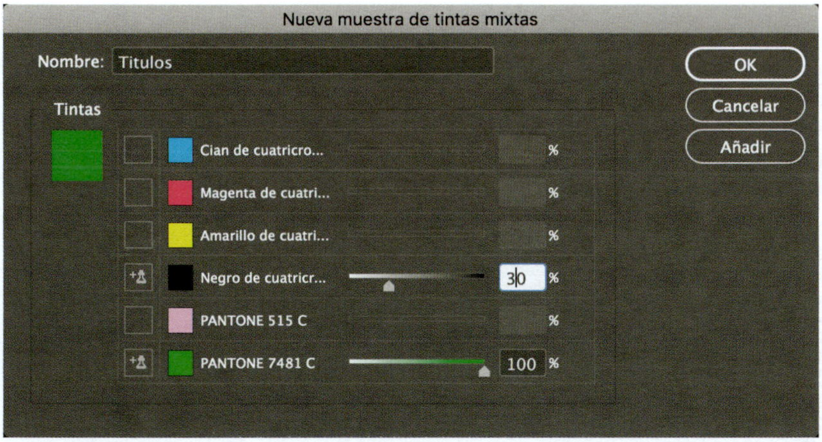

Figura 10.11. Creación de una tinta mixta a partir del PANTONE 7481C y un porcentaje de negro.

- PANTONE+ Metallic Coated y Uncoated. Colección de colores metálicos que presentan sofisticados cambios de matiz, tono y brillo, según el ángulo e intensidad con el que incide la luz.

Matices y tintas mixtas

A todos nos encanta el color. Por desgracia, su utilización aumenta los costes de impresión de forma considerable. Pronto aprenderá que la forma más sencilla de ahorrar consiste en prescindir completamente del color y ceñirse exclusivamente al triste blanco y negro… ¿O no? InDesign le propone un término medio...

Por un poco más, puede imprimir a dos tintas, utilizando por ejemplo el negro junto a un color PANTONE. Utilizar dos tintas de forma directa no aumentará considerablemente la gama de colores de su publicación —una gama de solo dos colores es más bien escasa—, pero si los mezcla entre sí en proporciones variables, dará la impresión de que cuenta con decenas de colores diferentes.

Matices

Un *matiz* es una versión tramada (más clara) de un color. Por ejemplo, puede crear una nueva muestra a partir del 50 % de otra. Dado que el color ya no se imprimirá como una mancha sólida en la plancha de impresión, sino como una trama de puntos, también se les conoce como *colores tramados*. Los matices mantienen una relación directa con los colores en los que están basados. Si cambia la definición del color base, cambiará también la del matiz.

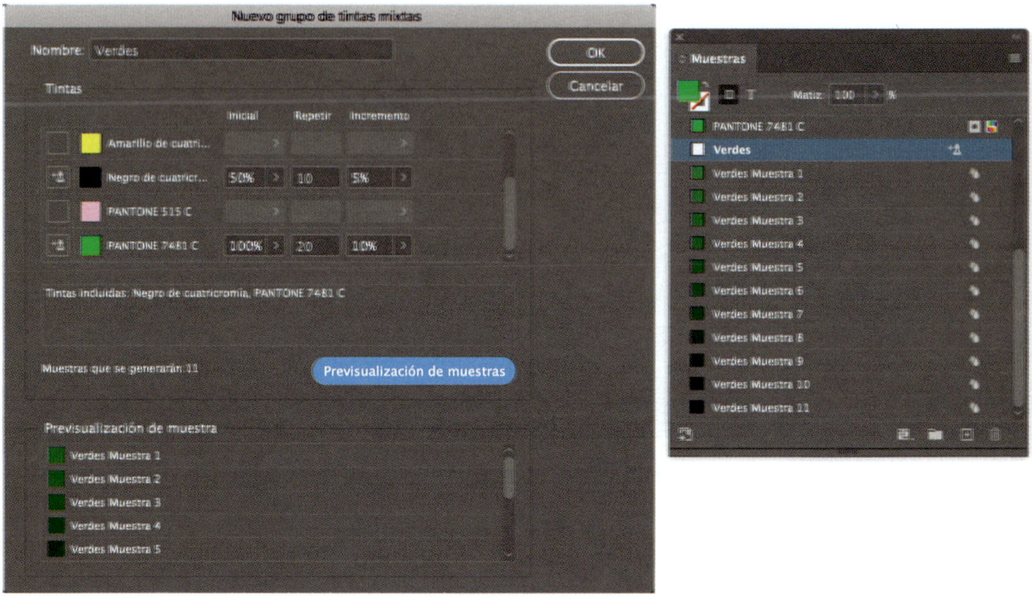

Figura 10.12. A la izquierda, creación de un grupo de tintas mixtas. A la derecha, el panel Muestras, en el que se aprecia el grupo de tintas mixtas recién creado.

Para crear un matiz, seleccione una muestra de color existente y escoja Nueva muestra de matiz en el menú del panel Muestras. En el cuadro de diálogo que aparecerá podrá modificar el porcentaje del color base del 0 al 100 %. Puede hacer un matiz a partir de cualquier tipo de color y en cualquier modo.

Tintas mixtas

Una *tinta mixta* está formada por la combinación de diferentes porcentajes de dos o más tintas planas o una tinta plana junto a una o más tintas de cuatricromía. Puede crear una sola muestra de tinta mixta o un grupo. Para crear una tinta mixta:

- Seleccione una muestra de tinta plana en el panel Muestras y escoja Nueva muestra de tintas mixtas en el menú del panel.
- Asigne un nombre a la muestra en el cuadro Nombre.
- Haga clic en el recuadro situado a la izquierda del nombre de cada una de las tintas de cuatricromía o de otras tintas planas del documento que quiera mezclar con la tinta plana seleccionada.
- Modifique los porcentajes de cada una de las tintas que intervienen en la mezcla y haga clic en Añadir para añadir la muestra al panel Muestras y seguir creando otras o en OK para añadir la muestra y cerrar el cuadro de diálogo.

Para crear un grupo de tintas mixtas:

- Seleccione una muestra de tinta plana en el panel Muestras y escoja Nuevo grupo de tintas mixtas en el menú del panel.
- Asigne un nombre al grupo en el cuadro Nombre.
- Haga clic en el recuadro a la izquierda del nombre de cada una de las tintas de cuatricromía o de otras tintas planas del documento que quiera mezclar con la tinta plana seleccionada.
- Introduzca, para cada tinta, un porcentaje de color inicial, el número de intervalos que quiere que se repita la muestra y el porcentaje en que debe incrementarse la tinta para cada uno de los pasos. InDesign creará tantas combinaciones como la multiplicación del número de repeticiones de cada una de las tintas. Por ejemplo, si en un grupo de dos tintas, negro de cuatricromía y un PANTONE, introduce los valores 0 como porcentaje Inicial, 10 en el campo Repetir y 10 en el campo Incremento para el negro y 100, 0 y 0 para el PANTONE, InDesign creará 11 muestras: la primera, con el PANTONE puro, al 100 %, la segunda, con el 100 % del PANTONE más un 10 % de negro, la tercera, el 100 % del PANTONE más un 20 % de negro, y así hasta completar los 10 pasos de repetición del negro. Si introduce también 10 pasos en el color PANTONE, se generarán 121 muestras (11x11).
- Pulse el botón Vista previa de muestras para hacerse una idea del número y el aspecto de las nuevas muestras.

Degradados

Un degradado es una transición suave entre dos o más colores. InDesign permite crear degradados lineales (la transición se produce siguiendo una línea recta) o radiales (la transición es concéntrica). InDesign puede aplicar degradados a texto, rellenos y contornos.

Utilice la herramienta Muestra de degradado para determinar la dirección y el ángulo del degradado aplicado a un objeto.

Crear muestras de degradado

Para crear una muestra de degradado, escoja Nueva muestra de degradado en el menú del panel Muestras. InDesign presentará el cuadro de diálogo Nueva muestra de degradado.

- Nombre. Escriba un nombre que identifique el degradado, como, por ejemplo «puesta de sol en Cancún delante del mercado de churros».
- Tipo. Escoja un tipo de degradado: lineal o radial.
- En la parte inferior del cuadro de diálogo verá la barra de degradado. Por defecto, un degradado está formado por la mezcla de dos colores. En la parte inferior de la barra de degradado hay dos iconos con forma de etiqueta de color llamados

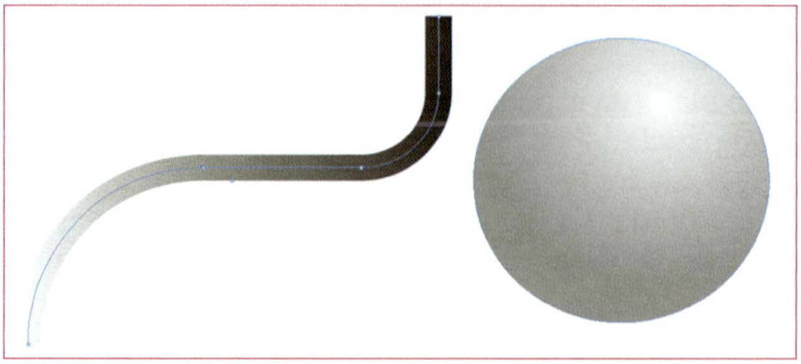

Figura 10.13. A la izquierda, un degradado lineal aplicado a un trazo. A la derecha, un degradado radial de dos colores aplicado a un relleno.

etapas, que simbolizan el punto de cambio de un color a otro. Por encima de la barra del degradado, un icono en forma de diamante indica el *punto medio*, situado por defecto en el 50 %.

- Haga clic en el icono de una etapa para especificar su color. Verá que ahora se activa el menú desplegable Color de etapa. Seleccione un modo de color para activar las barras que permiten introducir los valores del color. Si lo prefiere, escoja la opción Muestras para poder seleccionar una de las muestras que haya definido en el panel Muestras. Puede cambiar la posición de una etapa arrastrándola a derecha o izquierda o especificando un valor entre 0 y 100 en el cuadro de texto Ubicación.
- Mueva el icono *punto medio* a la izquierda o a la derecha de la barra de degradado para modificar el punto en que comienza la transición de un color a otro. También puede especificar su posición de forma numérica, introduciendo un número del 13 al 87 en el cuadro de texto Ubicación. Siempre hay un punto medio entre dos etapas. Por ejemplo, si su degradado consta de tres etapas, habrá dos puntos medios, uno entre la primera y segunda etapa y otro entre la segunda y la tercera.
- Si quiere añadir más etapas, haga clic en cualquier punto de la parte inferior de la barra de degradado. Para eliminar una etapa, arrastre su icono fuera de la barra de degradado.

Panel degradado

A diferencia del panel Muestras, el panel Degradado ofrece la posibilidad de crear degradados sin nombre.

La utilización del panel Degradado es similar a la del cuadro de diálogo Nueva muestra de degradado. Para asignar el color de una etapa, selecciónela y utilice el panel Color o arrastre una muestra desde el panel Muestras. Si arrastra una muestra a la parte inferior de la barra de degradado, se creará una nueva etapa con el color de la muestra.

Para crear una muestra de degradado a partir de un degradado definido en el panel Degradado, arrastre el icono que representa el degradado hasta el panel Muestras; haga doble clic en la nueva muestra para cambiar su nombre o editar los valores del degradado.

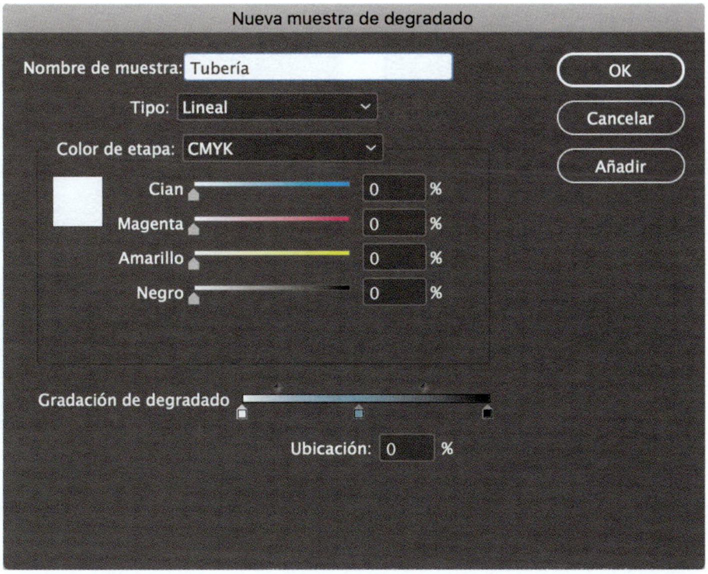

Figura 10.14. Cuadro de diálogo Nueva muestra de degradado. El degradado que se muestra consta de tres etapas.

Modificar el ángulo y la extensión de un degradado

Puede definir los puntos inicial y final de un degradado aplicado a un objeto, así como el ángulo de inclinación, utilizando la herramienta Muestra de degradado. Para ello:

- Seleccione un objeto al que haya aplicado un degradado.
- Con la herramienta Muestra de degradado del panel Herramientas, haga clic en el punto en que quiera iniciar el degradado (puede estar fuera de los límites del objeto). Arrastre para determinar el ángulo y la extensión del degradado, y levante el ratón para aplicar los cambios. Mantenga pulsada la tecla Mayúsculas para restringir el ángulo de inclinación en incrementos de 45 grados.
- En el caso de degradados radiales, la herramienta Muestra de degradado indica el centro y el radio (la extensión) del degradado.

Desvanecimiento de degradado

Esta herramienta permite crear un degradado que atenúa el color del objeto hasta hacerlo transparente. Para controlar las opciones del desvanecimiento, haga doble clic sobre el icono de la herramienta:

- Etapas de degradado. Su funcionamiento es idéntico al de la herramienta de degradado convencional, solo que ahora también podrá especificar una opacidad para cada una de las etapas en el cuadro Opacidad.
- Opciones. Puede modificar numéricamente el ángulo y el tipo de degradado.

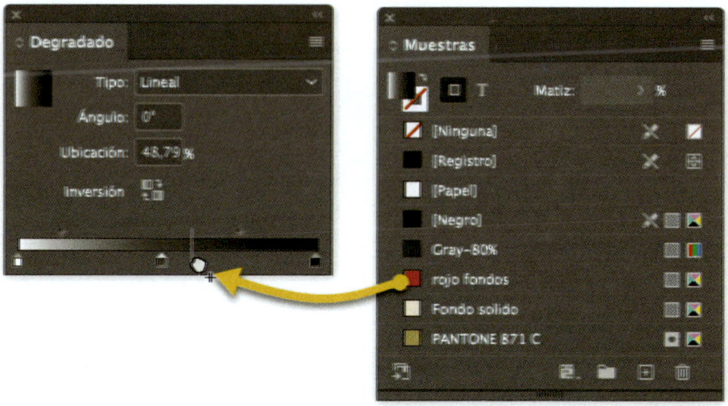

Figura 10.15. Creación de una etapa de degradado arrastrando una muestra de color desde el panel Muestras.

Administrar muestras de color

Utilice el panel Muestras (ver figura 10.7) para añadir, editar, eliminar, copiar, duplicar, importar y exportar muestras.

- **Para añadir muestras**. Haga clic en el botón Nueva muestra, en la parte inferior del panel o escoja Nueva muestra de color en el menú del panel. También puede arrastrar un color desde el panel Color o un degradado desde el panel Degradado.
- **Para añadir los colores sin nombre al panel Muestras**. Escoja Añadir colores sin nombre en el menú del panel. InDesign añadirá todos los colores sin nombre aplicados a los objetos del documento y les asignará un nombre genérico a partir de los valores del modo de color en que se definieron. Al mismo tiempo, aplicará las muestras recién definidas a los objetos, de forma que ahora podrá editar las muestras para modificar los valores de los colores aplicados.
- **Para editar una muestra**. Haga doble clic en el nombre de la muestra.
- **Para duplicar una muestra**. Arrastre su nombre al icono Nueva muestra o escoja Duplicar muestra en el menú del panel.
- **Para eliminar muestras**. Seleccione las muestras que quiera eliminar y haga clic en el icono Eliminar muestra o escoja Eliminar muestra en el menú del panel. Si alguna de las muestras que está eliminando se ha aplicado a un objeto del documento, InDesign le pedirá una muestra con la que sustituirla; por defecto se utilizará el color negro.
- **Para eliminar las muestras que no utiliza en el documento**. Escoja Seleccionar no usados en el menú del panel y haga clic en el icono Eliminar muestra.

Figura 10.16. Utilización de la herramienta Muestra de degradado. La figura de la izquierda muestra el degradado original. En el centro se muestran los puntos original y final del degradado así como la inclinación que se ha aplicado. A la derecha, el resultado final.

- **Para importar muestras de colores de otro documento**. Escoja Cargar muestras en el menú del panel y seleccione el documento de InDesign que contenga las muestras que desee importar. Si quiere importar muestras de otros programas de Adobe, utilice archivos en el formato de intercambio de muestras de Adobe (.ase).
- **Para exportar muestras de colores**. Seleccione una o más muestra y escoja Guardar muestras en el menú del panel. InDesign creará un archivo con la extensión .ase que podrá importar desde otros documentos de InDesign y que es compatible con otras aplicaciones de Adobe.
- **Para convertir varias muestras en una sola**. Seleccione dos o más muestras y escoja Combinar muestras en el menú del panel. Todas las muestras quedarán reducidas a una, la primera de la lista. InDesign aplicará la nueva muestra a los objetos a los que aplicó las muestras originales.

Muestreo de colores

¿Le gustaría crear una muestra con el color exacto que aparece en una fotografía? Con InDesign es posible. Para ello debe utilizar la herramienta Cuentagotas del panel Herramientas:

- Haga clic en el icono Color de relleno o Color de contorno del panel Herramientas.
- Seleccione la herramienta Cuentagotas y haga clic sobre el área de la imagen que contiene el color que quiere muestrear.
- El cursor cambia de sentido y representa un cuentagotas cargado. Si lo desea, puede hacer clic en cualquier objeto para aplicar el color muestreado como un color sin nombre.
- El icono Color de relleno / Color de contorno del panel Muestras tiene aplicado el color que acaba de muestrear con la herramienta Cuentagotas. Haga clic en el botón Nueva muestra para crear una nueva muestra de color con dichos valores.

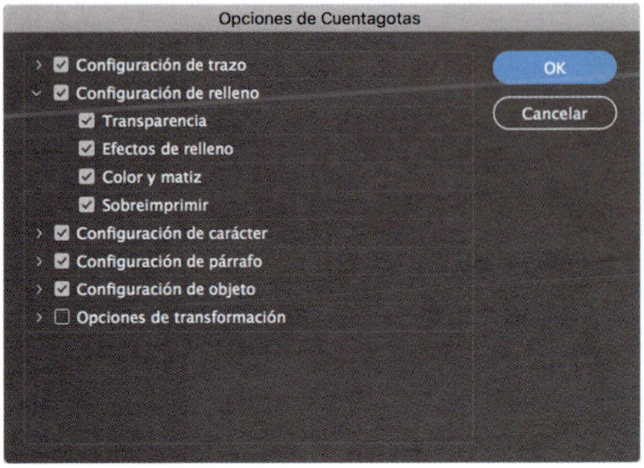

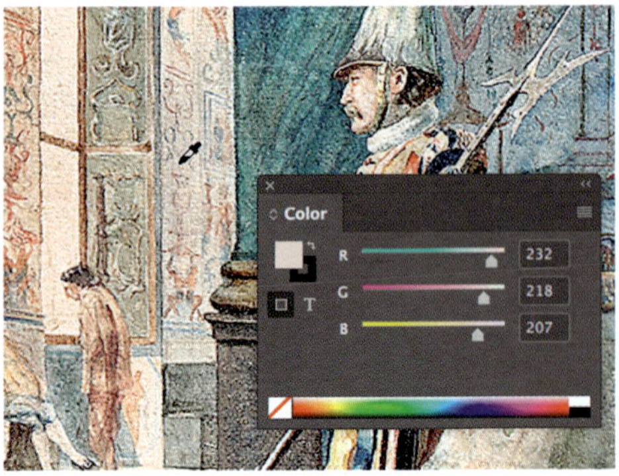

Figura 10.17. Izquierda: la herramienta Cuentagotas puede copiar atributos de color, efectos y transparencia de objetos y textos, pero también estilos de párrafo y de carácter, grosor de trazado, etc. Derecha: al hacer clic en una imagen, el color muestreado aparecerá en el panel Color.

Para modificar las opciones de muestreo de la herramienta Cuentagotas haga doble clic sobre su icono en el panel Herramientas.

Un buen diseño gráfico se distingue, entre otras cosas, por utilizar una paleta de colores que combinen entre sí. Para ayudarle a crear un tema de color, InDesign proporciona una variante del cuentagotas más avanzada: la herramienta NUEVO Tema de color. A diferencia del Cuentagotas, esta toma una representación de los 5 colores dominantes de la imagen maestreada. Utilice el menú desplegable del panel flotante que aparecerá nada más seleccionar un color para obtener una variante de las muestras que sea más brillante, oscura o saturada. Añada los colores al panel muestras pulsando el botón Añadir tema a muestras.

Aplicar colores

Aplicar colores es realmente sencillo. Seleccione un objeto y realice una de las siguientes acciones:

- Haga clic en el icono Color de relleno —si quiere asignar un color de relleno— o en el icono Color del trazo —para colorear el trazo— del panel Muestras y a continuación seleccione una muestra de color.
- Haga doble clic en el icono Color de relleno o en el de Color del trazo del panel Herramientas. InDesign mostrará el cuadro de diálogo Selector de

Figura 10.18. Herramienta Tema de color y panel flotante que aparece una vez tomada la muestra.

Figura 10.19. Un texto al que se ha aplicado un relleno degradado y un trazo de 0,5 puntos. El texto permanece editable.

color en el que podrá seleccionar un color arrastrando el cursor sobre el cuadro coloreado central. El color aplicado no tendrá nombre.

- Haga clic en el icono Color de relleno o en el de Color del trazo del panel Color y a continuación arrastre los manejadores de color o introduzca un valor numérico en cada campo. El color no tendrá nombre.
- Arrastre una muestra desde el panel Muestras sobre el objeto, para aplicarla como relleno, o sobre su contorno para aplicarla como color de trazo.
- Utilice los iconos Color de relleno o Color de trazo del panel Control para aplicar una de las muestras ya definidas.

Aplicar color al texto

Puede aplicar un color de relleno y de trazo al texto. Para aplicar color al texto, realice una de las siguientes operaciones:

- Seleccione un marco de texto con la herramienta Selección y haga clic en el icono El formato afecta al texto de los paneles Herramientas, Color o Muestras. Escoja el icono Color de relleno o Color de trazo y utilice cualquiera de los métodos descritos en el punto anterior.
- Seleccione parte de un texto con la herramienta Texto y aplique un color de relleno o de degradado siguiendo cualquiera de los métodos descritos en el punto anterior.
- Utilice la definición de estilo de párrafo o de carácter para asignar color a un texto.

Adobe Color

NUEVO En versiones anteriores de InDesign, el panel Temas de Adobe Color le permitía seleccionar combinaciones de colores aplicando diferentes reglas de armonía de color: colores análogos, complementarios, etc. Desde julio de 2021, dicho panel ha pasado a mejor vida. Por suerte, puede acceder a dicha funcionalidad desde la página web https://color.adobe.com. Utilice las diferentes pestañas para crear temas de color a partir de una muestra inicial o de una imagen, y guardarla para su posterior importación desde InDesign. También podrá explorar temas creados por otros usuarios o descubrir las tendencias de color actuales en moda, ilustración, arquitectura o viajes.

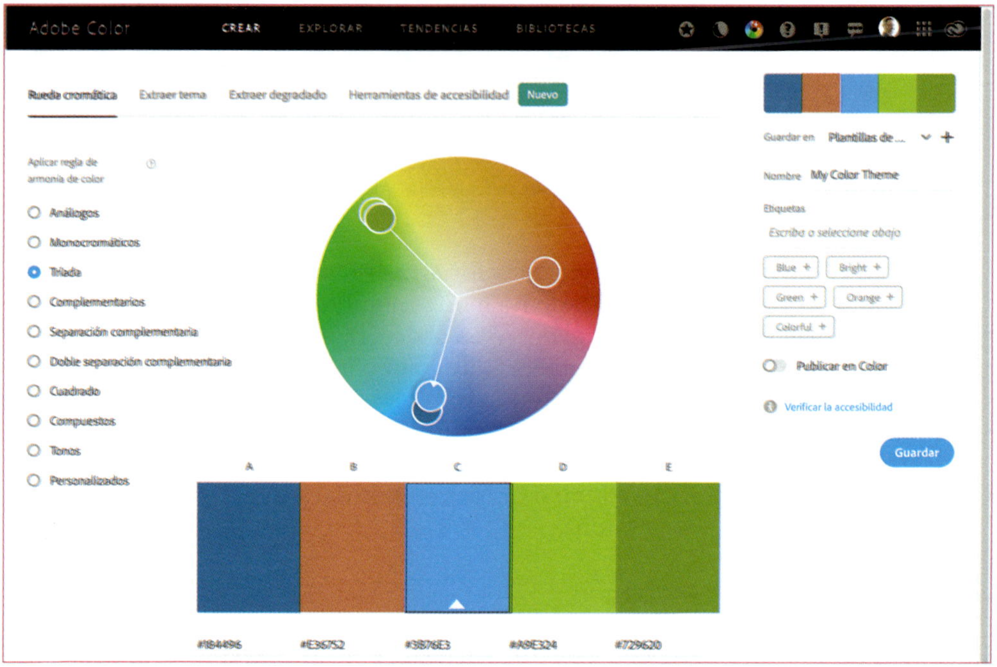

Figura 10.20. Página Web Adobe Color.

NOTA

Para acceder a Adobe Color deberá contar con una suscripción activa de Adobe Creative Cloud.

Sobreimprimir colores

La sobreimpresión es una técnica empleada durante el proceso de impresión comercial a color que consiste en imprimir una plancha de color sobre otra. El color resultante será la mezcla de los dos colores y, por lo tanto, más oscuro que el original. La plancha del negro siempre se sobreimprime para conseguir un negro profundo y aumentar el contraste y profundidad de las imágenes.

La sobreimpresión viene determinada por el orden de impresión de las tintas: las planchas que sobreimprimen a las demás se imprimen en último lugar. El negro es, por lo tanto, el último color que se imprime.

Los ajustes por defecto que aplica InDesign son los óptimos en la mayoría de situaciones. Pero en ocasiones será necesario aplicar un ajuste de sobreimpresión (relleno,

Figura 10.21. A la izquierda, una figura con problemas de registro; a la derecha, se ha creado un trazo de 3pt de grosor y se ha marcado la opción Sobreimprimir trazo del panel Atributos.

trazado o ambos) manual para evitar problema de registro en la impresión a color de textos o ilustraciones que utilizan una muestra de color diferente al negro 100 %.

NOTA

Para poder ver el efecto de la sobreimpresión en la pantalla del ordenador, seleccione Ver>Previsualizar sobreimpresión.

Para sobreimprimir el relleno o el trazo de un objeto o texto, escoja Ventana>Salida>Atributos. InDesign mostrará el panel Atributos:

- Sobreimprimir relleno. Sobreimprime el color de relleno del objeto seleccionado.
- Sobreimprimir trazo. Sobreimprime el color del trazo del objeto seleccionado.
- No imprimible. El objeto seleccionado no se imprimirá.
- Sobreimprimir hueco. Sobreimprime un color aplicado a espacios en una línea discontinua, con puntos o con patrones.

Reventado

Normalmente la sobreimpresión se utiliza para evitar la aparición de huecos blancos durante la impresión comercial a color que se producen cuando hay un error de registro —alineación— de dos planchas. Por ejemplo, si desea imprimir una figura

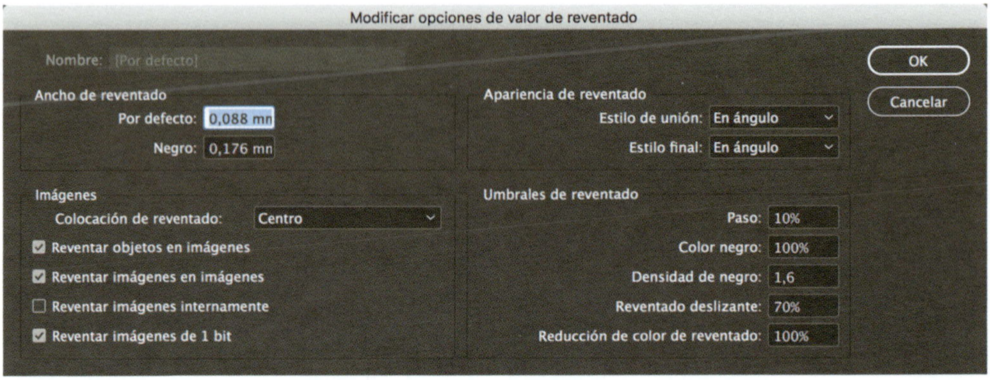

Figura 10.22. Puede modificar las opciones de reventado que InDesign aplica por defecto a sus documentos.

magenta sobre un fondo cian, InDesign creará un hueco blanco en la plancha de color cian —denominado *reserva*— para evitar que, al imprimir el color magenta, se mezclen y resulte un tercero color, más oscuro (recuerde que el azul marino está compuesto por un 100 % de cian y un 100 % de magenta). Si tamaño del hueco blanco es igual al de la figura de color, el más mínimo error en el registro de las planchas producirá el temido filete blanco. Por suerte, InDesign utiliza de forma predeterminada una técnica, denominada *reventado*, que contrarresta la aparición de dichos huecos. Si el resultado del reventado defecto no le convence, puede crear un reventado manual sobreimprimiendo el trazo de un objeto (ver figura 10.21).

Utilice el panel Valores de reventado (Ventana>Salida>Valores de reventado) para crear, editar o aplicar dichos valores a intervalos de páginas concretos. Si no especifica ningún intervalo, InDesign asignará a todas las páginas del documento el valor [Por defecto].

Haga doble clic sobre un valor de reventado para editar sus propiedades, pero consulte antes con su impresor los ajustes adecuados para cada opción.

Figura 10.23. Color compuesto (izquierda) y su separación cuatricrómica (derecha).

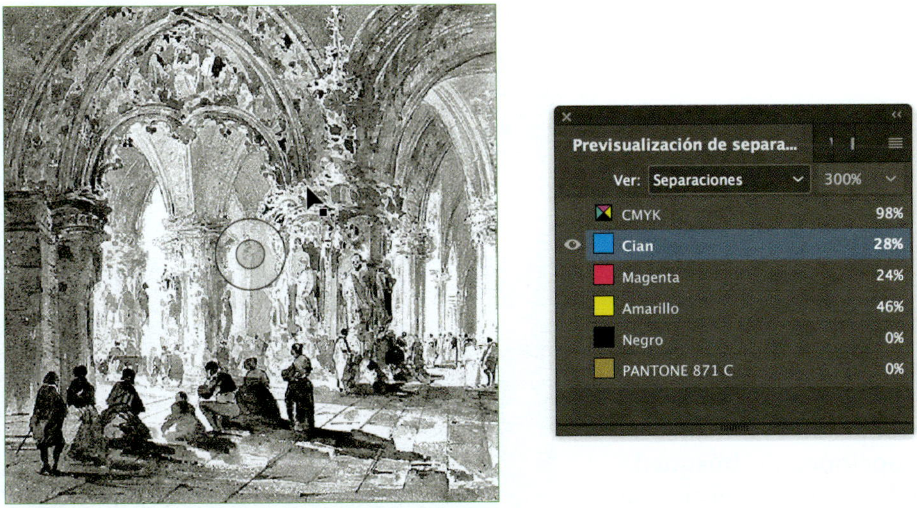

Figura 10.24. Panel Previsualización de separaciones. Observe cómo, a la derecha del nombre de cada una de las tintas aparece el porcentaje aplicado en el punto exacto en el que está situado el cursor.

Previsualización de separaciones

Como hemos visto, para reproducir imágenes a color se utiliza una técnica denominada *cuatricromía*, consistente en la separación del color en sus cuatro componentes sustractivas —cian (**C**), magenta (**M**), amarillo (**Y**) y negro (**K**).

Para obtener una vista previa de las placas de separación, elija Ventana>Salida> Previsualización de separaciones; se abrirá el panel Previsualización de separaciones. Seleccione la opción Separaciones del menú desplegable Ver y, a continuación, realice alguna de las siguientes acciones:

- Para ver una sola separación y ocultar todas las demás, haga clic en el nombre de la separación.
- Para ver una o varias separaciones, haga clic en el cuadro vacío situado a la izquierda de cada nombre de separación.
- Para ocultar una o varias separaciones, haga clic en el icono del ojo situado a la izquierda de cada nombre de separación.
- Para ver todas las placas de cuatricromía a la vez, haga clic en el icono CMYK .
- Para ver el porcentaje de cada una de las tintas aplicado a un área determinada, coloque el cursor de selección sobre cualquier elemento de la página.

Buscar/Cambiar color

NUEVO Si desea aplicar un color diferente a todos los objetos que compartan unas características similares de relleno o contorno, utilice el cuadro de diálogo Buscar/Cambiar. En la pestaña Color podrá especificar una muestra de color e incluso un matiz de la misma, y reemplazarla por otra muestra y/o matiz. En las opciones de búsqueda puede determinar el alcance y el tipo de marco en los que centrar la búsqueda

Figura 10.25. Pestaña Color del Panel Buscar/Cambiar.

Ejercicios

1. Abra el documento Ejercicios>cap10>color1.indd. Defina una muestra de color sólido, Pantone Metálico Coated 871 C, y aplíquela a los estilos de párrafo *Título capítulo* y *Nota al pie*. Utilice el panel Previsualización de separaciones y asegúrese de que el texto del título del capítulo y de las notas al pie tienen aplicado un 100 % del color que ha definido previamente.
2. En el mismo documento del ejercicio anterior, cree un color de cuatricromía con los siguientes valores: 13 % de cian, 100 % de magenta, 50 % de amarillo y 30 % de negro. Aplique dicho color al estilo de párrafo *Título pintura* y al estilo de carácter *num nota*. Utilice el panel Previsualización de separaciones para comprobar que los números de notas al pie tienen un porcentaje de cada una de las tintas de cuatricromía.
3. Abra el documento Ejercicios>cap10>color2.indd. Observe la pastilla de color gris de la mitad superior del pliego. Utilice la herramienta Cuentagotas en combinación con el panel Temas de Adobe Color para asignar un color de fondo armónico con los colores de la ilustración. Compruebe que dicho color se separará correctamente por cuatricromía.
4. Realice el mismo ejercicio que en el punto anterior, pero esta vez utilizando como color de base la muestra denominada *rojo fondos*.
5. Realice el mismo ejercicio que en el punto anterior, ahora con un matiz de la muestra *rojo fondos*.

11 Gráficos

Archivos vectoriales y mapas de bits

InDesign utiliza el término genérico *gráfico* para referirse indistintamente a imágenes e ilustraciones. En este capítulo le enseñaré a distinguirlos y escoger el tipo más adecuado para cada caso.

Cuando nos referimos al término imagen hablamos de un archivo de mapa de bits, es decir, formado por miles de pequeños puntos denominados *píxeles*. Los mapas de bits son idóneos para reproducir gráficos de tono continuo, en los que cada punto de la imagen ocupa una posición concreta y tiene un color específico. El ejemplo típico es una fotografía o una pintura digital. Su gran virtud es la capacidad de reproducir fielmente el original, utilizando para ello miles o millones de colores. El gran inconveniente es que su resolución es fija, por lo que no pueden ampliarse más allá del número de puntos que lo componen. Los formatos de mapa de bits más comunes son PSD (formato nativo de Adobe Photoshop), TIFF, PNG y JPG.

Denominamos ilustración a un gráfico formado por vectores o curvas Bézier, como las que puede generar con las herramientas Pluma o Lápiz. Son descripciones matemáticas de un objeto, por lo que su resolución es infinita. Por ejemplo, para hacer más grande un círculo vectorial basta con aumentar el radio en la fórmula que lo describe. Una ilustración vectorial tiene una resolución independiente del dispositivo de salida, es decir, es tan alta como permite el monitor, la impresora o la filmadora en la que se reproduce. Sin embargo, su talón de Aquiles es la complejidad necesaria para representar imágenes fotorrealistas —aunque, todo hay que decirlo, la línea que separa la ilustración sintética de la imagen fotográfica es cada vez más tenue, y si no, consulte cualquier galería de ilustraciones elaboradas con Adobe Illustrator—. Utilice ilustraciones para crear logotipos e imágenes sintéticas. Los formatos de archivo vectoriales típicos son AI (formato nativo de Adobe Illustrator), EPS y PDF.

Formatos gráficos soportados

InDesign es compatible con multitud de formatos gráficos, a saber:

- **BMP (.bmp).** El formato de mapa de bits nativo en Windows. De baja calidad, utilícelo solo para impresiones domésticas.
- **EPS (.eps).** PostScript encapsulado. Es un formato de gráfico utilizado en el mundo de la impresión profesional. Un EPS puede contener tanto imágenes fotográficas como ilustraciones vectoriales. Su gran virtud es que toda la información que contiene está encapsulada y, por tanto, no puede alterarse.
- **DCS (.dcs).** Desktop Color Separation. Formato de alta calidad similar al EPS, utilizado en archivos multicanal generados desde Photoshop.
- **GIF (.gif).** Formato de mapa de bits de baja calidad, muy utilizado en la Web por su excelente capacidad de compresión. Solo soporta la representación de 256 colores.
- **JPEG (.jpg).** Formato de mapa de bits comprimido, utilizado frecuentemente para reproducir fotografías en la Web y otros medios digitales. Es un formato de

Figura 11.1. Diferencia entre imagen de mapa de bits (arriba) e ilustración vectorial (abajo) después de ampliar una porción del gráfico al 400 %. El mapa de bits muestra los píxeles que la componen, mientras que la ilustración vectorial mantiene la misma calidad.

compresión con pérdida: a mayor ratio de compresión de la imagen, menor calidad final del archivo descomprimido. Con una calidad de compresión del 80 % o inferior, puede utilizarse como sustituto de alta calidad y bajo peso de archivos fotográficos no comprimidos. Es compatible con los modos de color RGB, CMYK y Escala de grises.

- **Illustrator (.ai).** Es el formato nativo de Adobe Illustrator desde la versión 5.5 hasta la actual 2022. Es similar a un EPS editable en cuanto a las posibilidades de edición, pero preferible a este, puesto que conserva las capacidades de edición avanzadas de la aplicación.
- **InDesign (.ind).** InDesign permite colocar otros documentos, que se comportarán como si de un archivo PDF se tratase. Esta opción puede resultar útil si quiere, por ejemplo, cambiar el tamaño de toda una publicación de forma rápida y sin perder calidad.
- **PCX (.pcx).** Formato de mapa de bits común en las primeras versiones de Windows. En la actualidad está prácticamente en desuso.
- **PDF (.pdf).** Siglas en inglés de Portable Document Format, «formato de documento portátil», es un formato de almacenamiento para documentos digitales independiente de plataformas de software o hardware. Es de tipo compuesto: incluye archivos vectoriales, mapas de bits y texto. InDesign soporta las versiones de PDF desde la 1.3 hasta la 1.8 (versiones de Adobe Acrobat 4 y posteriores). La gran ventaja del PDF es que puede visualizarse e imprimirse en cualquier plataforma y aplicación conservando su aspecto y resolución originales. Es muy versátil: en

forma comprimida es ideal para la distribución electrónica; en forma de alta calidad se utiliza para la impresión comercial.

- **Photoshop (.psd).** Formato de mapa de bits nativo de la aplicación Adobe Photoshop. InDesign es compatible con las capas, los canales alfa y los trazados de recorte de Photoshop.
- **PICT (.pct).** Antiguo formato gráfico utilizado en ordenadores Macintosh. Puede ser mapa de bits o vectorial.
- **PNG (.png).** Introducido hace más de una década, está llamado a sustituir al formato GIF aportando mayor calidad (hasta 16 millones de colores) y soporte para transparencias (canal alfa).
- **Películas QuickTime (.mov).** Formato de vídeo. Utilícelo para crear documentos PDF interactivos de distribución electrónica. Tenga en cuenta que InDesign solo es compatible con películas QuikTime con codificación H.264.
- **Scitex (.sct).** Formato de mapa de bits utilizado en los sistemas de filmación e impresión profesional Scitex.
- **TIFF (.tif).** Es el formato de mapa de bits de alta calidad considerado como estándar en entornos profesionales. Soportar ratios de compresión pequeños, pero sin pérdida de calidad (LZW). Compatible con los modos de color CMYK, RGB y escala de grises.
- **Windows Metafile (.wmf).** Formato gráfico nativo de Windows. Soporta imágenes de mapa de bits y vectoriales.
- **Enhanced Metafile (.emf).** Futuro sustituto del formato WMF. Es el que utilizan de forma nativa las galerías de imágenes y otros recursos gráficos de las aplicaciones de la familia Microsoft Office.

Estos son los formatos recomendados según la salida final del documento:

Salida final	Tipo de gráfico	Formatos
Alta resolución (>1000 ppp)	Dibujos vectoriales	Illustrator, EPS, PDF
	Imágenes de mapa de bits	Photoshop, TIFF, EPS, PDF
Separaciones de color y cuatricromía	Dibujos vectoriales	Illustrator, EPS, PDF
	Imágenes de mapas de bits en color	Photoshop, CMYK TIFF, DCS, EPS, PDF
	Gráficos con gestión de color	Illustrator, Photoshop, RGB TIFF, RGB EPS, PDF
Impresión de baja resolución, o PDF para visualización en línea	Todo	Cualquiera (solo imágenes BMP)
Web	Todo	Cualquiera (InDesign convierte gráficos a JPEG, PNG y GIF cuando se exportan a HTML)

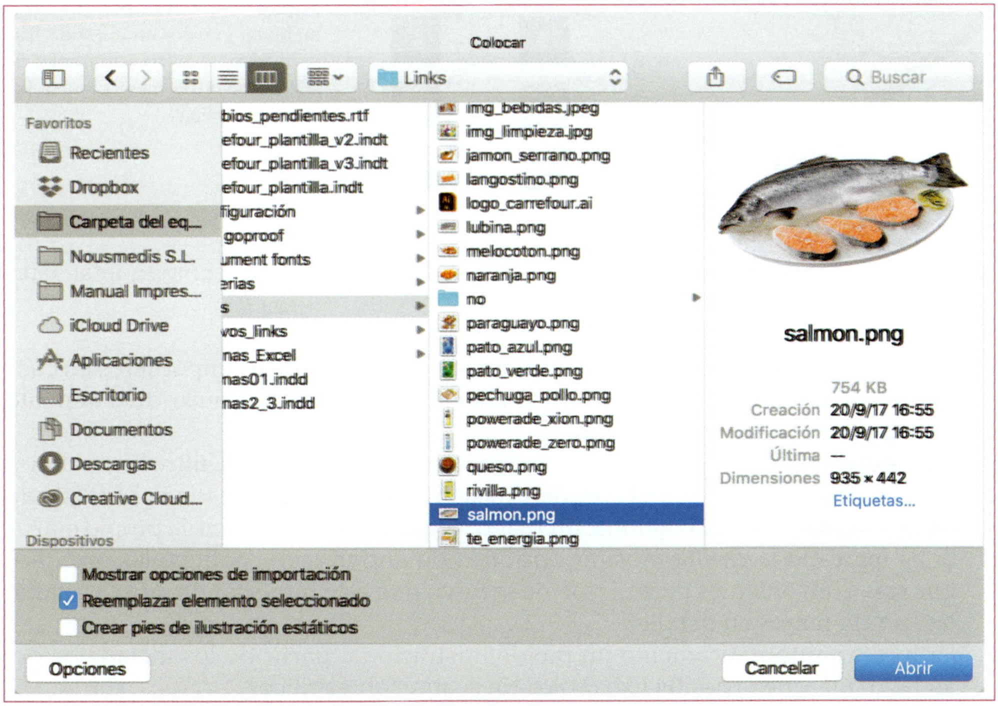

Figura 11.2. Cuadro de diálogo Colocar.

Colocar (importar) gráficos

Cuando coloca un gráfico, InDesign no lo «incrusta» en el documento, sino que crea una imagen en baja resolución del mismo y establece un vínculo con el archivo original. En el momento de imprimir o exportar el documento, InDesign buscará el gráfico en la última ubicación conocida y lo enviará tal cual al dispositivo de salida. Esta forma de trabajar aporta una serie de ventajas:

- El tamaño del documento de InDesign no aumenta de forma considerable aunque coloque cientos (o miles) de imágenes.
- El gráfico original sigue siendo modificable desde la aplicación que lo creó. Si lo edita, InDesign lo detectará de forma automática e incorporará cualquier cambio al documento.
- InDesign envía siempre el archivo original a la impresora o cualquier otro dispositivo de salida, preservando toda su calidad.

Como único inconveniente, necesitará localizar y adjuntar los gráficos vinculados cada vez que quiera compartir el documento con otros usuarios. Por suerte, existe una útil función

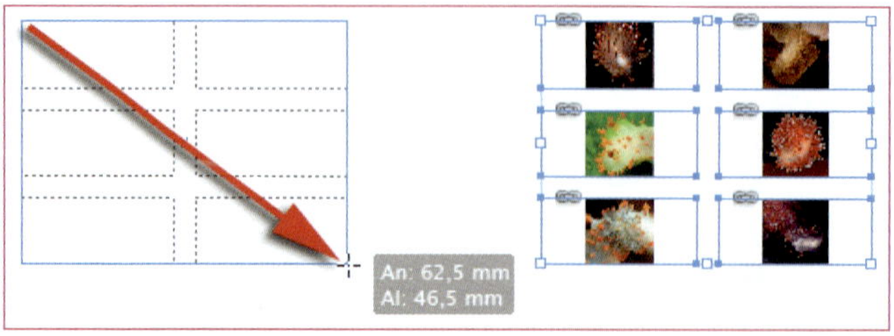

Figura 11.3. Colocación de varios archivos gráficos en el modo *hoja de contactos*. A la izquierda, antes de soltar el botón del ratón; a la derecha, el resultado final.

que se encargará de realizar esta tediosa tarea de forma automática: Empaquetar. Para colocar un gráfico en el documento:

1. Escoja Colocar en el menú Archivo. Podrá colocar los gráficos importados en cualquier marco u objeto existentes haciendo clic sobre ellos, o dibujar directamente un marco en el que se insertarán.
2. Seleccione uno o más gráficos en el cuadro de diálogo Colocar. Utilice las opciones de selección múltiple de archivos de su sistema operativo para escoger una lista de archivos contigua o discontinua. InDesign colocará cada gráfico en su propio marco.
3. Si ha marcado la casilla Mostrar opciones de importación, aplique las opciones que crea convenientes para el tipo de archivo que esté importando. Más adelante las estudiaremos en detalle.
4. Para crear automáticamente un pie de ilustración a partir de los metadatos del archivo, marque la casilla Crear pies de ilustración estáticos.
5. InDesign mostrará el cursor de colocación de gráficos con una pequeña vista previa del archivo que se va a colocar (si no la ve, marque la casilla Preferencias>Interfaz>Opciones de cursor y gestos>Mostrar miniaturas en su lugar). Si seleccionó más de un archivo, aparecerá el número de gráficos «cargados» entre paréntesis. Puede pasar de uno a otro con las flechas de dirección del teclado.

Puede colocar el gráfico en un marco existente o en uno nuevo:

- Si seleccionó un objeto al escoger el comando Colocar, InDesign colocará el gráfico en dicho objeto. Si ya contenía otro gráfico, lo sustituirá por el nuevo. Para que InDesign no reemplace el contenido de un marco seleccionado, desmarque la casilla de verificación Reemplazar elemento seleccionado del cuadro de diálogo Colocar.
- Si el cursor de texto estaba activo dentro de un marco de texto, el gráfico se importará como un *objeto anclado*. Un objeto anclado es un gráfico que se comporta como si de un carácter (letra) se tratase. Por ejemplo, para modificar su posición vertical deberá utilizar el desplazamiento de la línea base en lugar de tratar de arrastrarlo a una nueva posición.
- Para colocar el gráfico en un marco gráfico nuevo, haga clic en cualquier parte del documento. El gráfico se colocará a su tamaño real y se creará un marco gráfico tan grande como el tamaño del archivo.
- Para colocar el gráfico en un marco gráfico nuevo y encuadrarlo al mismo tiempo, arrastre el cursor de colocación de gráficos para dibujar un rectángulo. Cuando

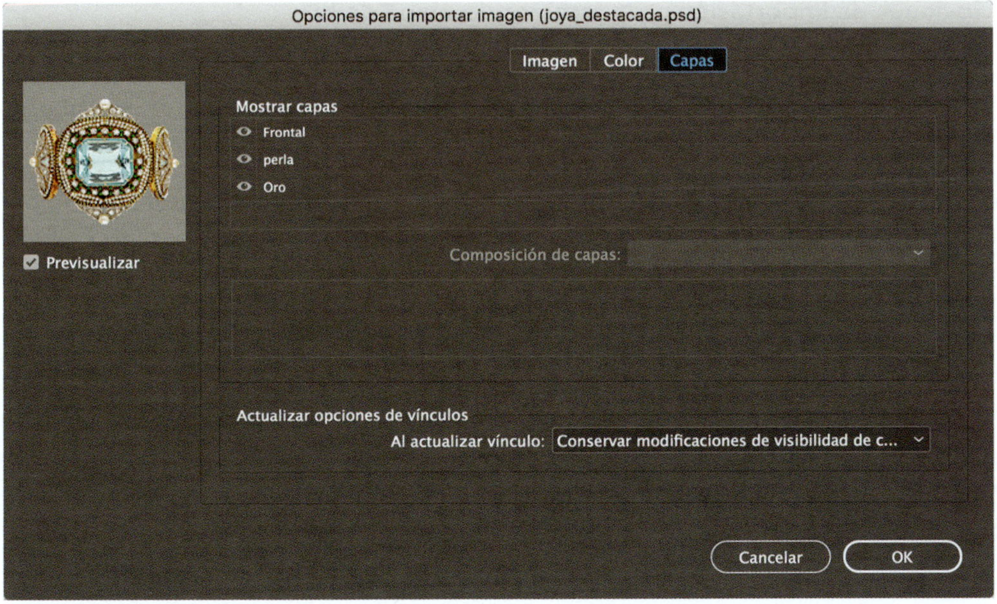

Figura 11.4. Panel Capas del cuadro de diálogo Opciones de importación. Este panel solo se muestra al importar archivos en formato PSD.

suelte el botón del ratón, el gráfico quedará colocado dentro del nuevo marco. Utilice las opciones de ajuste (las estudiaremos más adelante) para modificar el tamaño y la posición del gráfico dentro del marco.

- Para colocar el gráfico en un marco u objeto existente, haga clic en él con el cursor de colocación. La esquina superior izquierda del gráfico se alineará con la esquina superior izquierda del marco, y el marco actuará como una máscara de recorte.
- En todos los casos, cuando importe múltiples archivos, estos se colocarán de forma secuencial. Para eliminar un gráfico del cursor de colocación, pulse la tecla ESC. Para eliminar todos los gráficos del cursor de colocación, haga clic en cualquier herramienta del panel Herramientas.
- Mantenga pulsadas las teclas Control+Mayúsculas (Comando+Mayúsculas) cuando el cursor de colocación contenga dos o más gráficos para crear de forma automática una hoja de contactos. En este modo, utilice las flechas del cursor para aumentar o disminuir el número de filas y columnas.

Opciones de importación

InDesign es compatible con multitud de formatos gráficos. La forma en que estos se comportan en el documento una vez colocados depende en gran medida de las opciones de importación escogidas. Cuando selecciona dichas opciones para un formato gráfico concreto, estas quedan almacenadas y serán utilizadas a partir de entonces para la importación de otros gráficos con el mismo formato.

Opciones de importación para archivos de mapa de bits

La mayoría de formatos de mapa de bits soportados muestran dos pestañas de opciones: Imagen y Color. Los formatos más avanzados, como PNG y PSD (Photoshop) ofrecen un tercer panel. Como los dos formatos que más va a utilizar son, con diferencia, TIF y PSD, los que estudiaremos a fondo. El resto de formatos comparten opciones similares de uno y otro.

- Imagen. Si especificó un trazado de recorte en el archivo al guardarlo, marque la casilla de verificación Aplicar trazado de recorte de Photoshop para recortar la imagen en el momento de colocarla. Si la imagen consta de una capa con áreas de transparencia o bien un canal alfa, podrá seleccionar uno de los dos como área de recorte. Mi consejo es que jubile los trazados de recorte en favor de la transparencia alfa, pues las opciones avanzadas de suavizado de selecciones en las últimas versiones de Photoshop le permitirán eliminar el fondo de una imagen de forma tan sutil y precisa, sobre todo en el caso de bordes poco definidos, como el pelo, que pasará inadvertido.
- Color. Permite seleccionar un perfil de color y un modo de interpretación. Las opciones que ofrece por defecto son las que aseguran una mejor reproducción y gestión del color.
- Capas. En el caso de archivos PSD con múltiples capas, InDesign permite seleccionar qué capas se mostrarán en el apartado Mostrar. Las capas que tengan activo el icono del ojo serán visibles en el documento. Si creó composiciones de capas, aparecerán listadas en el menú desplegable Composición de capas (consulte la ayuda de Adobe Photoshop para aprender a crear compuestos de capas). Utilice una composición de capas para activar y desactivar de forma automática una combinación de posición y visibilidad de capas concreta. En el área inferior se mostrarán los comentarios para la composición seleccionada. Por último, en el menú desplegable Al actualizar vínculo escoja qué comportamiento quiere que tenga la visibilidad de capas en el caso de que el vínculo original se actualice: Conservar cambios de visibilidad de capa para mantener los ajustes especificados en el momento de importación o Utilizar visibilidad de capa de Photoshop para importar la imagen con las opciones de visibilidad tal y como se configuraron desde Photoshop.

Opciones de importación para archivos vectoriales

InDesign muestra dos conjuntos de opciones: uno para los archivos en formato EPS o antiguas versiones del formato nativo de Illustrator y otro para archivos PDF o el actual formato de Adobe Illustrator. No hay opciones para archivos en formato WMF o EMF (ni falta que hace; ¡huya de ellos como de la peste!).

- EPS / Antiguo formato Illustrator. Un archivo EPS es lo más parecido a la versión digital de una hoja impresa. Lleva encapsulada toda la información necesaria para imprimirse en alta calidad: fuentes, dibujos, transparencia, etc. De hecho, puede enviar directamente un EPS a una impresora PostScript sin necesidad de abrirlo con ninguna aplicación. Antiguamente solo se podía guardar un trazado de recorte

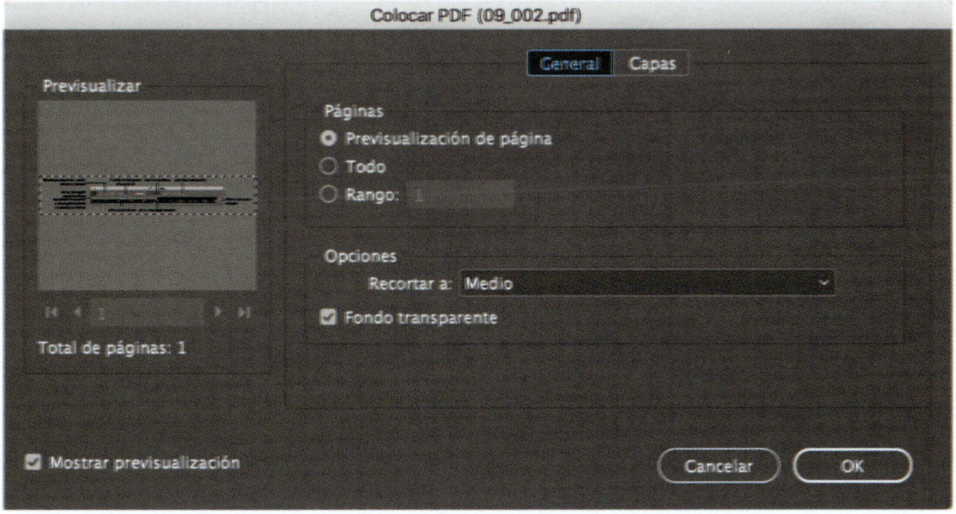

Figura 11.5. Opciones de importación de un archivo en formato PDF.

para un archivo de mapa de bits si se guardaba en formato EPS. Marque la casilla de verificación Aplicar trazado de recorte de Photoshop si desea importarlo. InDesign es capaz de mostrar una imagen en alta resolución del archivo importado. Para ello, marque la opción Rasterizar PostScript. Esta opción proporciona más calidad que la imagen Proxy por defecto del archivo, pero también empeorará el rendimiento de la aplicación en ordenadores de penúltima generación, o en documentos con cientos de páginas e imágenes.

- PDF / Illustrator CS5. Consta de dos paneles, General y Capas. En la sección Páginas del panel General, escoja las páginas que desea importar: la página mostrada en la sección Vista previa del cuadro de diálogo, todas o un rango. Seleccione en el menú desplegable Recortar a si debe recortarse el fondo y de qué forma. Por último, y sobre todo si el archivo que está importando es en formato Illustrator, marque la casilla de verificación Fondo transparente para evitar que el color blanco de la hoja sobre la que se asienta la ilustración sea opaco. En el panel Capas marque con el icono del ojo abierto las capas que desee importar.

Opciones de importación para archivos InDesign

Una de las grandes cualidades del programa es la capacidad de colocar otros documentos de InDesign como si de archivos PDF se tratase. Esto permite tratar al documento importado como un gráfico: no puede alterar el contenido de forma accidental y, lo mejor de todo, puede escalarlo o aplicarle cualquier otra transformación. Como se comporta igual que un gráfico vinculado, si el documento original se modifica, los cambios se aplicarán automáticamente en la versión importada.

Las opciones de importación de archivos InDesign son las mismas que las de archivos PDF, así que le remito al apartado anterior.

Figura 11.6. Gráfico de Illustrator pegado en un documento de InDesign. Como puede observar, es perfectamente editable.

Otras opciones de importación

Cuando necesite controlar hasta el más mínimo detalle las opciones de importación de un gráfico, el comando Colocar será su mejor aliado. No obstante, hay otras formas de colocar archivos que pueden resultar más prácticas tanto por su comodidad como por las opciones de edición extra que aportan.

Pegar

Los archiconocidos comandos Copiar y Pegar del menú Edición son la forma más rápida de intercambiar información entre aplicaciones y formatos compatibles. Si copia un gráfico colocado en un documento de InDesign en otro documento InDesign, este conserva todas sus propiedades, incluso el vínculo al archivo original. Sin embargo, si pega un archivo desde otra aplicación, este no se vincula, sino que se incrusta directamente en el documento, aumentando de forma considerable su tamaño.

En el caso concreto de archivos Illustrator, y siempre y cuando desactive la casilla de verificación Preferir PDF al pegar en el panel Administración del portapapeles del cuadro de diálogo Preferencias, podrá editar los vectores pegados como si se tratase de objetos creados con las herramientas de dibujo de InDesign. Si lo prefiere, puede arrastrar hasta el documento de InDesign las partes del archivo que quiera editar posteriormente. Las ilustraciones copiadas de esta forma se comportan igual que si se hubiesen pegado.

Arrastrar desde el escritorio

Puede arrastrar un archivo desde el escritorio o desde una carpeta abierta hasta la ventana de un documento de InDesign. El resultado final es similar a la utilización del comando Colocar: se establecerá un vínculo a la ruta del archivo original.

Arrastrar desde Adobe Bridge

Puede utilizar una ventana de Adobe Bridge y arrastrar directamente desde ella los archivos. InDesign establecerá un vínculo con los archivos originales. Este método es más práctico que arrastrar archivos desde el propio sistema operativo, porque Bridge

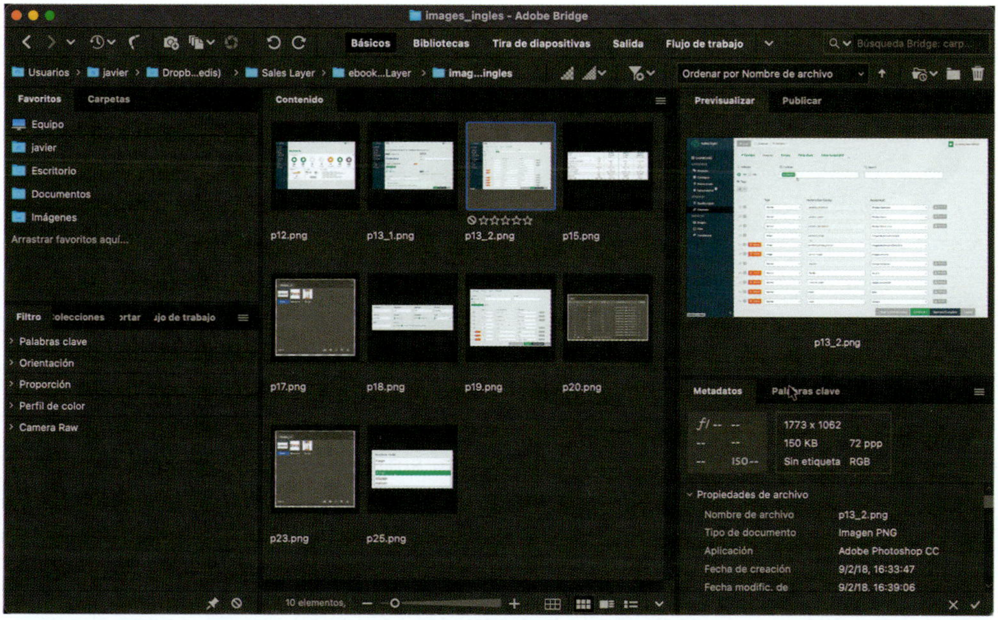

Figura 11.7. Ventana de Adobe Bridge.

aporta una forma mucho más cómoda de navegar y organizar los gráficos y, sobre todo, porque la ventana de Bridge puede flotar sobre el documento de InDesign como si de un panel más se tratase.

Manipular gráficos

Tras colocar un gráfico en el documento, puede modificar la imagen (el contenido) o bien el marco que la contiene (el contenedor). Las tres operaciones más habituales son reencuadrar, escalar y desplazar/mover.

Modificar el encuadre, posición y tamaño de una imagen

Cuando coloca una imagen dentro de un marco gráfico existente, se alinea por defecto a la esquina superior izquierda del marco. Como normalmente el tamaño de la imagen no coincide con el del marco, deberá reencuadrarla o reposicionarla para mostrarla por completo o bien visualizar solo una parte.

Para encuadrar (o recortar) una imagen modificando el tamaño del marco que la contiene, arrastre de cualquiera de los ocho manipuladores de selección del marco con la herramienta Selección.

Para cambiar la posición de una imagen dentro del marco gráfico que la contiene, haga clic con la herramienta Selección directa sobre la imagen y arrastre en cualquier dirección. También puede hacer clic sobre el icono del Capturador de contenido

Figura 11.8. Reencuadre de una imagen.

Figura 11.9. Modificación de la posición de una imagen dentro de su marco.

(Ver>Extras>Mostrar capturador de contenido) sin necesidad de cambiar de herramienta. Para cambiar la posición de forma numérica, introduzca los valores de la nueva posición en los campos X+ e Y+ del panel Control.

Como ha podido deducir, cambiar el tamaño de un marco gráfico no modifica el tamaño de la imagen que contiene. Para escalar la imagen sin alterar el tamaño del marco, haga clic en la imagen con la herramienta Selección directa o haga clic en el icono del Capturador de contenido con la herramienta Selección: esta mostrará el cuadro delimitador de la imagen. Ahora arrastre de cualquier manipulador de selección para modificar la escala del gráfico. Si quiere realizar la misma operación de forma numérica, utilice los campos Ancho y Alto del panel Control.

Para modificar el tamaño del marco y de su contenido al mismo tiempo, arrastre —con la herramienta Selección— de cualquier manipulador de selección del marco mientras mantiene pulsada la tecla Control (Comando). Añada la tecla Mayúsculas a la combinación para escalar ambos de forma proporcional.

Si lo prefiere, puede marcar el cuadro de verificación Encaje automático del panel Control para que el tamaño del contenido se ajuste automáticamente siempre que se modifique el de su marco contenedor.

Comandos de ajuste de marco y contenido

La forma más rápida de hacer que un gráfico sea tan grande como el marco que lo contiene —o que sea el marco el que se adapte al tamaño del gráfico— consiste en utilizar uno de los comandos de ajuste del menú Objeto>Encaje o los botones equivalentes en el panel Control.

- Llenar marco proporcionalmente. Modifica el tamaño del contenido para llenar completamente el marco conservando las proporciones del contenido. Las dimensiones del marco no cambian, pero si las proporciones del contenido y el marco son distintas, el cuadro delimitador del marco recortará una parte del contenido.
- Encajar contenido proporcionalmente. Modifica proporcionalmente la escala horizontal y vertical del gráfico para ajustarlo al ancho o al alto del marco que lo

11.10. Opciones de ajuste.
A. Encuadre original. **B.** Llenar marco proporcionalmente. **C.** Encajar contenido proporcionalmente. **D.** Encajar contenido en el marco.

contiene. Si las proporciones del marco y de la imagen son diferentes, quedarán áreas en blanco. Utilice este comando cuando quiera mostrar toda la imagen sin que esta se deforme.

- Encajar marco a contenido. Modifica las dimensiones del marco para mostrar la totalidad del gráfico que contiene. Si el gráfico es mayor que el marco, el marco se agranda. Si el gráfico es menor que el marco, el marco se hace más pequeño.
- Encajar contenido a marco. Modifica la escala horizontal y vertical del gráfico para ajustarlo exactamente al tamaño del marco. Si la proporción del marco y del gráfico son diferentes, el gráfico quedará deformado.
- Centrar contenido. Desplaza horizontal y verticalmente el gráfico para alinearlo con el punto central del marco.
- NUEVO Ajuste según el contenido. Mediante el uso de la inteligencia artificial, InDesign tratará de adivinar el contenido de la imagen y proponer un encuadre lo más adecuado posible. Esta opción de ajuste obra milagros con imágenes de personas y animales.

Opciones de encaje de marco

Los comandos vistos hasta ahora requieren de al menos dos pasos: uno para colocar el gráfico en el marco y otro para seleccionar una de las opciones de encaje. Imagine ahora crear los marcos gráficos de tal forma que, al colocar en ellos una imagen, esta se ajuste como por arte de magia. Esta maravillosa opción existe, y la usará hasta la saciedad. Seleccione un marco, escoja Objeto>Encaje>Opciones de encaje de marco y marque cómo quiere que se encaje automáticamente el contenido al marco.

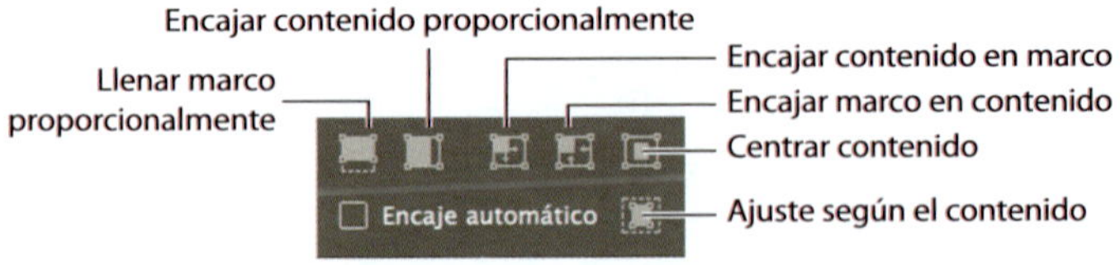

Figura 11.11. Botones de ajuste en el panel Control.

- Encaje automático. Marque esta casilla para que se redimensione el contenido cuando que se modifican las dimensiones del marco.
- Encaje. Si las proporciones del marco y del contenido son diferentes, seleccione una de las siguientes opciones para ajustar el contenido: Ninguno, Encajar contenido a marco, Encajar contenido proporcionalmente o Llenar marco proporcionalmente (para saber la función de cada una de las opciones, consulte el apartado anterior).
- Alinear desde. Decida cuál es el punto de referencia para calcular la alineación y el recorte de la imagen.
- Cantidad de recorte. Especifique en milímetros la cantidad de imagen que quedará fuera de los límites del marco.

Trazados de recorte

Un trazado de recorte es una figura vectorial que describe la forma de un objeto y que actúa como máscara, es decir, oculta el resto de la imagen a excepción del objeto silueteado. Los trazados de recorte pueden realizarse directamente en InDesign o bien en aplicaciones de edición de imágenes como Photoshop.
Podría obtenerse el mismo resultado borrando el fondo de la imagen una vez seleccionadas las partes que queremos conservar; sin embargo, el resultado del comando borrar es que los píxeles eliminados desaparecerán para siempre. Además, la porción borrada de la imagen continúa siendo opaca (a no ser que esté trabajando con capas, en cuyo caso permanecerá transparente). En cambio, un trazado de recorte solo añade unos pocos kilobytes al tamaño final del archivo y, por si fuera poco, siempre podemos decidir si queremos mostrar la imagen al completo o solo el área delimitada por el trazado. Puede adjuntar tantos trazados de recorte como quiera

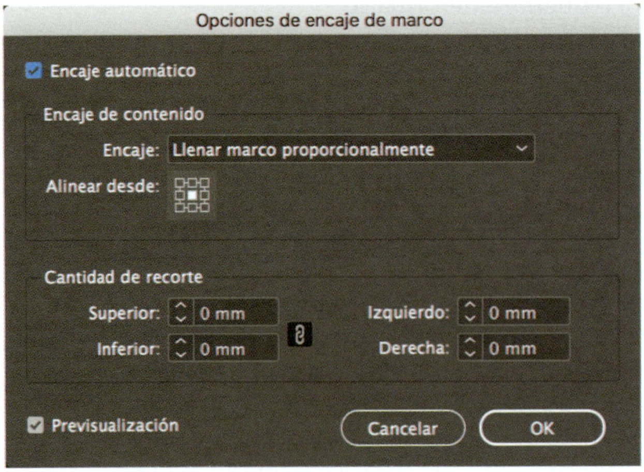

Figura 11.12. Cuadro de diálogo Opciones de encaje de marco.

Figura 11.13. Simpático *perrete* recortado. A la izquierda, el trazado de recorte que describe la silueta del perro. A la derecha, el trazado de recorte aplicado a la imagen para enmascarar el fondo.

a un mismo archivo. De esta forma, una sola imagen puede utilizarse varias veces en el mismo documento y mostrar un contenido diferente en cada marco.

El área de imagen enmascarada por el trazado de recorte se comporta como un área invisible, es decir, transparente.

Para utilizar el trazado de recorte de una imagen, active la casilla Mostrar opciones de importación en el cuadro de diálogo Colocar y seleccione la casilla de verificación Aplicar trazado de recorte de Photoshop. Solo las imágenes guardadas en formato TIF, EPS o PSD pueden incorporar un trazado de recorte. Podrá editar el trazado de recorte en cualquier momento con las herramientas Selección directa o Pluma. También puede crear un trazado de recorte en InDesign. Para ello:

1. Dibuje sobre la imagen la silueta del objeto que quiera recortar con la herramienta Pluma.
2. Seleccione la imagen y escoja Edición>Cortar.
3. Por último, haga clic en el trazado y escoja Edición>Pegar dentro para pegar la imagen en el interior del trazado. La imagen pegada conserva su posición original, por lo que el recorte será perfecto.

Opciones de trazados de recorte

Escoja Objeto>Trazado de recorte>Opciones para acceder al cuadro de diálogo Trazado de recorte. Encontrará las siguientes opciones:

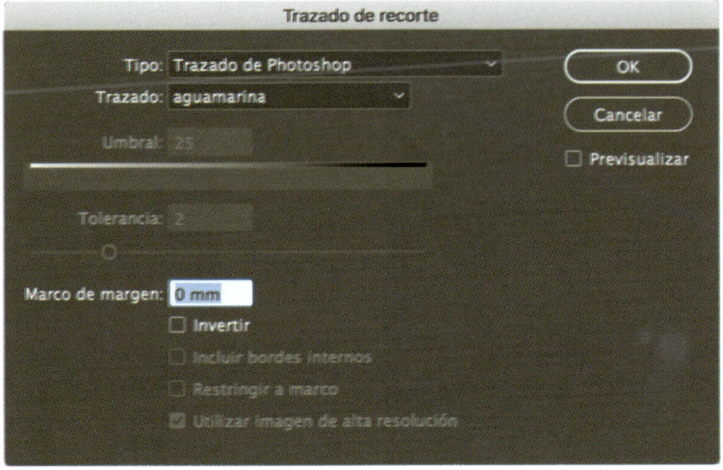

11.14. Opciones de un trazado de recorte.

- Tipo. Escoja si quiere utilizar el trazado de recorte importado con la imagen, un canal alfa, un trazado de Photoshop o un trazado modificado por el usuario. Si escoge la opción Detectar bordes, se activarán las opciones Umbral y Tolerancia. Utilice la opción Ninguno para desactivar el trazado de recorte.
- Trazado. Si en la opción anterior escoge trazado de Photoshop, seleccione el nombre del trazado de recorte que desea utilizar.
- Umbral. Se activa con la opción Detectar bordes. Especifica el número de colores diferentes a los del elemento silueteado que serán recortados automáticamente. A mayor umbral, se eliminarán mayor número de colores del fondo. Cuando el fondo es muy irregular, necesitará valores de umbral mayores que en fondos homogéneos.
- Tolerancia. La fidelidad con que el trazado debe seguir la silueta del objeto recortado. A menor tolerancia, más puntos tendrá el trazado de recorte, pero también seguirá de forma más fiel la silueta a recortar. Valores altos de tolerancia generan trazados de recorte suaves, con pocos puntos pero también menos fieles a la silueta del objeto a recortar.
- Marco de imagen. Es similar a un margen alrededor de la figura recortada. Cuanto mayor sea el valor de marco, menor cantidad de imagen recortada se mostrará. Literalmente, valores altos «se comen» la figura recortada. Utilice valores negativos para obtener el efecto contrario.
- Invertir. Muestra el área enmascarada y oculta el área recortada.
- Incluir bordes internos. Permite crear trazados de recorte con zonas transparentes en el interior, como el agujero de una rosquilla.
- Restringir a marco. Crea un trazado de recorte que se detiene en el borde visible del gráfico.

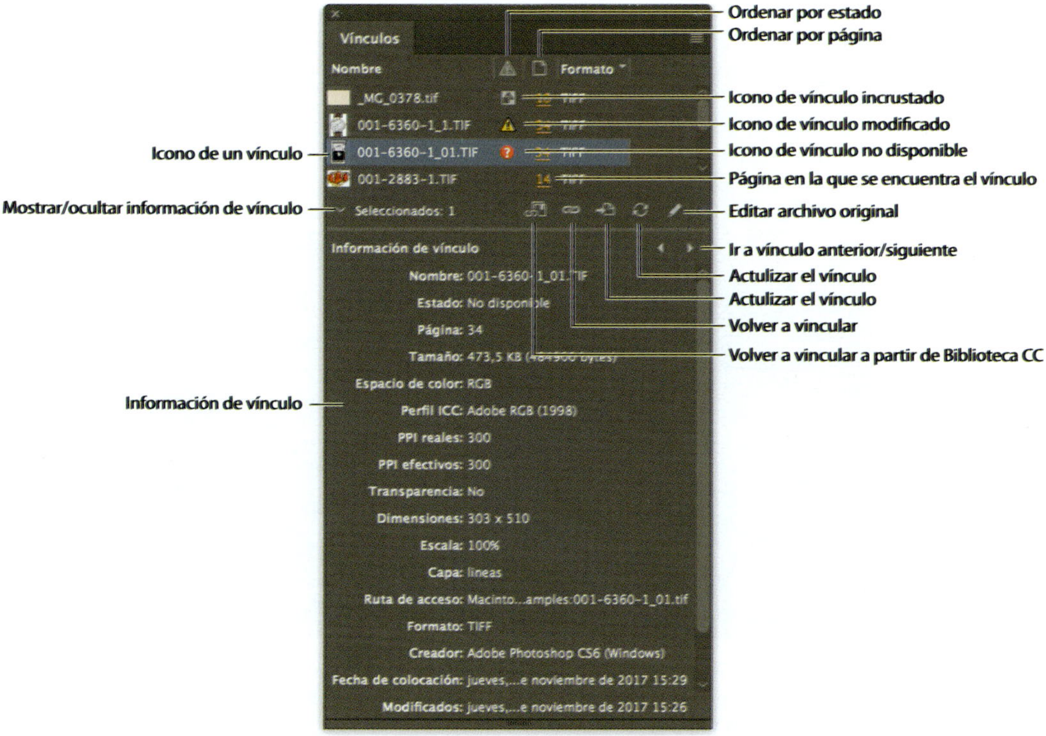

Figura 11.15. Panel Vínculos.

- Utilizar imagen de alta resolución. Si marca esta casilla, InDesign utilizará la versión de alta resolución de la imagen para crear más fielmente el trazado de recorte. De lo contrario trabajará con la versión *proxi* generada por defecto en el momento de colocar el archivo y el trazado obtenido será menos complejo (menos puntos de control) pero también menos fiel a la silueta original.

Administrar gráficos vinculados

Por defecto, cualquier gráfico que coloque de un tamaño superior a 48 Kb se vinculará al documento. Un gráfico vinculado es independiente del documento; InDesign simplemente almacena la ruta de acceso al mismo.

Por el contrario, un gráfico incrustado se copia en el documento a resolución completa. Un documento con gráficos incrustados se considera *autosuficiente*, es decir, no necesita de otros archivos para que su contenido se muestre e imprima correctamente; pero el precio a pagar es un tamaño de archivo mucho mayor y una menor flexibilidad a la hora de editarlos.

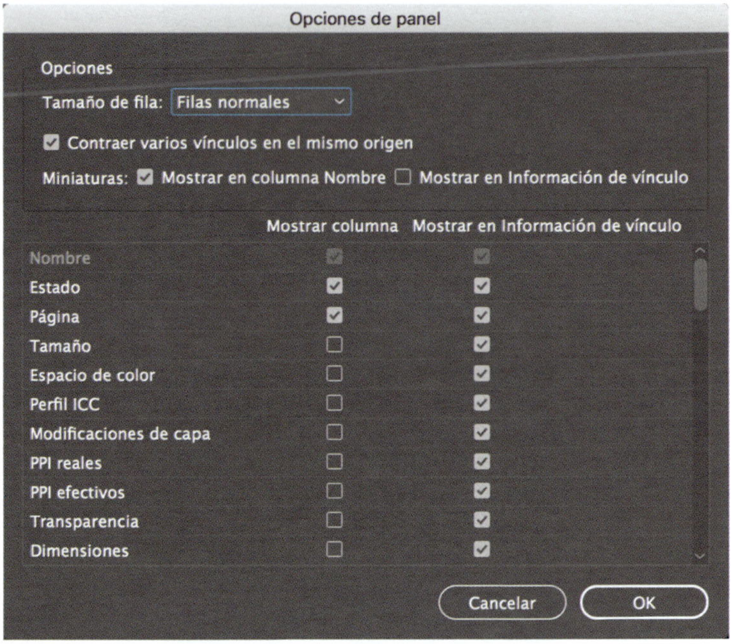

Figura 11.16. Cuadro de diálogo Opciones de panel del panel Vínculos. Haga clic en el cuadro de verificación correspondiente a la categoría que quiera mostrar en la porción superior (Mostrar columna) o inferior (Mostrar en información de vínculo) del panel Vínculos.

Por norma general, vincule siempre los archivos: evitará documentos de tamaño excesivo y podrá editar el gráfico en su aplicación original.

El panel Vínculos

El panel Vínculos permite gestionar los archivos enlazados: comprobar su estado, actualizarlos, sustituirlos, incrustarlos y volverlos a vincular. Un archivo puede aparecer en el panel Vínculos en cualquiera de estos cuatro estados:

- **Actualizado**. El gráfico está correctamente vinculado a la versión más reciente del archivo. Es el estado ideal de un gráfico, y el que deberían mostrar todos en el momento de imprimir o exportar el documento final.
- **Modificado**. El gráfico está correctamente vinculado al archivo original, pero ha sido modificado desde la última vez que se vinculó al documento. Para actualizar un archivo en este modo, selecciónelo en el panel Vínculos y haga clic en el botón Actualizar vínculo.
- **No disponible**. InDesign no puede encontrar el archivo original. Esto puede deberse a que lo ha cambiado de carpeta, ha modificado su nombre o lo ha borrado. Para devolver un gráfico al estado actualizado, selecciónelo, haga clic en el botón **Volver a vincular** y localice el archivo. Cuando cambia la ubicación de una carpeta

que contiene otros archivos vinculados, todos ellos mostrarán el icono de gráfico no localizado en el panel **Vínculos**. Si vuelve a vincular correctamente uno de ellos, InDesign detectará el resto de archivos y los actualizará automáticamente.

- **Incrustado**. Para incrustar un archivo, basta seleccionarlo y escoger **Incrustar vínculo** en el menú del panel Vínculos.

NOTA

Cuando un gráfico está vinculado, el marco que lo contiene muestra, en la esquina superior izquierda, el icono de una cadena —denominado insignia de vínculo—; que desaparece si incrusta el gráfico (o si selecciona Ver>Extras>Ocultar insignia de vínculo*).*

Para desincrustar un archivo, selecciónelo y escoja Vínculo no incrustado en el menú del panel, o haga clic en el botón Volver a vincular para localizar la ruta del archivo original.

Para saber en qué página está ubicado un gráfico, basta con mirar el número que aparece a la derecha del nombre del vínculo en el panel Vínculos. Haga clic en este número para desplazarse hasta esa página y seleccionar el archivo en cuestión, o seleccione el vínculo y haga clic en el botón Ir al vínculo.

Puede modificar la forma en que se ordenan los archivos enlazados haciendo clic en los diferentes títulos de columna del panel Vínculos: nombre, página o estado. Estas etiquetas se pueden reordenar si hace clic sobre su nombre y arrastra a izquierda o derecha. También es posible mostrar u ocultar más columnas de información si selecciona Opciones de panel... en el menú del panel Vínculos.

Para editar el archivo original, seleccione su nombre y haga clic en el botón Editar original. Se abrirá en la aplicación con que creó el archivo. Edítelo, quite, ponga, gire y transforme el gráfico a su antojo. Cuando acabe, guárdelo y vuelva a InDesign para que se actualice él solito. Si prefiere editar el archivo con otra aplicación y no con la que fue creado originalmente —opción por defecto— seleccione el vínculo y escoja una de las alternativas del menú desplegable Editar con del menú del panel Vínculos.

Los archivos vinculados no se pueden borrar desde el panel Vínculos; debe borrar el archivo en todas las páginas del documento en que aparece para que su nombre deje de mostrarse en el panel. Por último, si quiere saber más datos sobre un vínculo, haga doble clic en él y pulse el botón Mostrar/Ocultar información del vínculo. Para modificar la información que se muestra en el apartado Información de vínculo escoja Opciones de panel en el menú del panel Vínculos y haga clic en las casillas de verificación de los apartados que quiera activar.

Buscar vínculos no disponibles

Cada vez que abre un documento, InDesign comprueba el estado de los vínculos y, si no encuentra uno, trata de encontrarlo de forma automática. En el panel Preferencias>Administración de archivos>Vínculos existen dos opciones que determinan el comportamiento de la aplicación en el caso de encontrar vínculos no disponibles. Hallará una explicación detallada en el capítulo dedicado a las preferencias de la aplicación.

Volver a vincular a otra carpeta

El comando Volver a vincular a carpeta... en el menú del panel Vínculos es muy útil para, por ejemplo, trabajar con una carpeta de archivos en baja resolución y luego, a la hora de imprimir el documento o exportarlo en formato PDF, sustituirlos de forma automática por su versión de alta calidad. Puede incluso especificar una extensión de archivo diferente para cada una de las versiones. Por ejemplo, JPG para la versión en baja resolución y PSD para la de alta. Para utilizar el comando en InDesign, proceda de la siguiente forma:

1. Seleccione al menos un vínculo del panel Vínculos y escoja el comando Volver a vincular a carpeta... en el menú del panel Vínculos
2. Especifique la ubicación de la nueva carpeta.
3. Por último, seleccione Coincidir mismo nombre de archivo pero con la extensión y especifique la nueva extensión (TIFF o PSD, por ejemplo).
4. Cuando pulse el botón Seleccionar InDesign se encargará de sustituir unas imágenes por otras (siempre y cuando los nombres de archivo coincidan).

Copiar los archivos vinculados

Una opción muy útil a la hora de compartir documentos con otros usuarios consiste en copiar todos los vínculos de un archivo en una ubicación determinada, como un lápiz USB o una carpeta del servidor. Para ello, seleccione los archivos en el panel Vínculos y escoja Utilidades>Copiar vínculos en... del menú del panel Vínculos. InDesign volverá a vincular los archivos del documento a la nueva ubicación.

Ejercicios

1. Abra el documento Ejercicios>cap11>colocar1.indd. Asegúrese de trabajar en el modo Normal (tecla W). Observe el marco de imagen de la página 1. Selecciónelo y coloque en él la imagen Benlliure2.tif. Reencuadre la imagen hasta que su posición y tamaño sean similares al del documento colocar1_sol.indd.
2. Edite la imagen del ejercicio anterior con la aplicación de edición de archivos gráficos que tenga instalada por defecto en su ordenador; guárdela y compruebe cómo InDesign la actualiza.
3. Abra el documento Ejercicios>cap11>colocar2.indd. Localice los vínculos que faltan en la carpeta imágenes.
4. Abra el documento Ejercicios>cap11>silueta.indd. Seleccione la ilustración de la chica en la parte superior de la página 1. Aplique un trazado de recorte para eliminar el fondo blanco. Utilice el trazado de recorte como opción de ceñir texto de la imagen.

12 Elementos repetitivos: plantillas, páginas maestras, bibliotecas y fragmentos

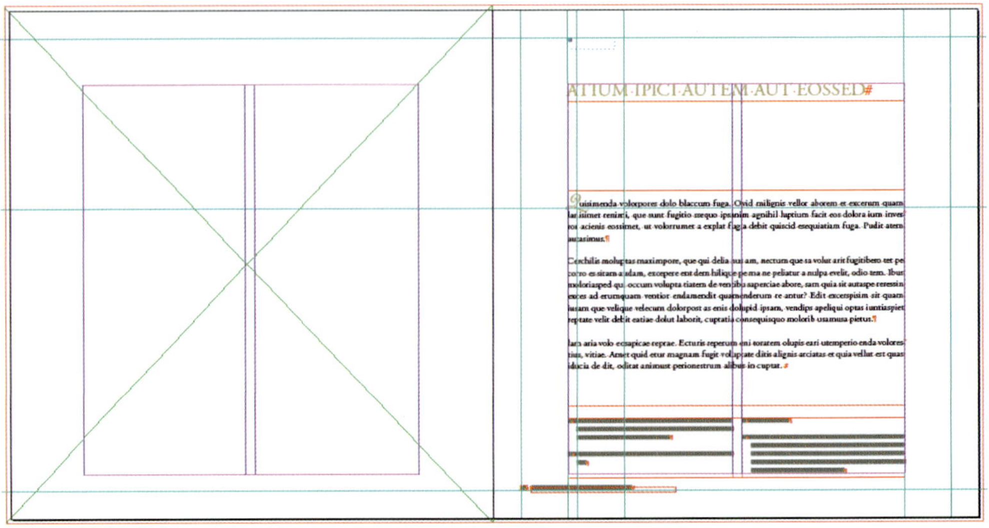

Figura 12.1. Una plantilla de documento con texto falso y marcadores de posición para imágenes.

Entre los múltiples usos de InDesign está el de la edición de documentos de publicación periódica, como colecciones de libros, revistas o diarios. En estos casos, un diseñador profesional se encarga de realizar un manual —conocido como libro de estilo— que contempla hasta el más mínimo detalle de la publicación: colores, tipos de fuente, tamaños de cuerpo e interlinea, número de columnas, dimensión de los márgenes, iconografía, membretes, pies de foto, numeración de páginas y un larguísimo etcétera. Como comprenderá, un trabajo así solo se hace una vez. La publicación contará ahora con una pauta de diseño única que se irá repitiendo de número en número y que, con el tiempo, podrá ir evolucionando para adaptarse a nuevos contenidos y apartados. La forma más efectiva de realizar este trabajo de manera consistente (mismos elementos de diseño, nuevo contenido cada mes) es mediante el uso de los elementos repetitivos que InDesign pone a su disposición, a saber: plantillas de documento, páginas principales (anteriormente denominadas páginas maestras), librerías y fragmentos.

Plantillas

Una plantilla es un documento especial de InDesign que se utiliza como punto de partida para crear múltiples versiones de este. Lo más frecuente es que la plantilla incorpore elementos con contenido *falso* utilizados como marcadores de posición —con estilos y colores ya aplicados— de modo que para realizar una nueva versión basta con sustituirlos por el contenido real. Para que se haga una idea, una revista típica consta de varias plantillas que cubren las necesidades de diseño de los diversos apartados que la componen: noticias de actualidad, bibliografía, artículo de portada, opinión, etc.

Crear una plantilla

Crear una plantilla es un proceso sencillo: defina todos los estilos de párrafo, carácter, objeto y tabla que vaya a necesitar; coloque los elementos gráficos pertinentes y cree las muestras de colores que formarán parte del diseño de la publicación. Por último, añada tantas páginas principales como vaya a necesitar y guarde el documento como una plantilla (Archivo>Guardar Como>Formato: Plantilla de InDesign 2022).

Opcionalmente, utilice el comando Texto>Llenar con texto falso cuando quiera aplicar una serie de estilos a un texto —para obtener una perspectiva más completa del diseño—, que luego será sustituido por el texto original. Por ejemplo, es típico para indicar la posición del título de un artículo, el autor y otros elementos fijos de la publicación.

TRUCO

El texto falso que aparece por defecto, latín, posiblemente incorpore palabras y reglas de partición diferentes a las del idioma del documento. Para que la simulación sea lo más fiel al original —y poder ajustar con precisión las reglas de partición y justificación—, cree un nuevo archivo de texto y guárdelo con el nombre TextoFalso.txt (sin espacio en blanco) en la misma carpeta en que se encuentra la aplicación. Utilice la codificación de texto Mac Roman (en un Macintosh) o Windows Latin 1 si su sistema operativo es Windows, para que los caracteres especiales, como acentos y signos de admiración, se muestren correctamente.

Crear documentos a partir de una plantilla

Cuando abre un archivo de plantilla (terminación .indt), InDesign crea una copia idéntica del documento y le asigna un título genérico, sin título 1. Trabaje normalmente con el nuevo documento, sustituyendo los elementos de la plantilla por el contenido definitivo. Asigne un nombre al documento y guárdelo.

Modificar una plantilla

Hay dos formas de modificar una plantilla existente:

- Ábrala como haría con un documento normal, para que InDesign cree un documento sin título basado en ella. Realice los cambios que crea oportunos y escoja Archivo>Guardar como. Guarde el documento como una plantilla en la misma ubicación y con el mismo nombre que la plantilla original, para sustituirla.
- Ábrala en modo original (marque el botón de radio Abrir original del cuadro de diálogo Abrir un archivo) realice los cambios oportunos y escoja Archivo>Guardar.

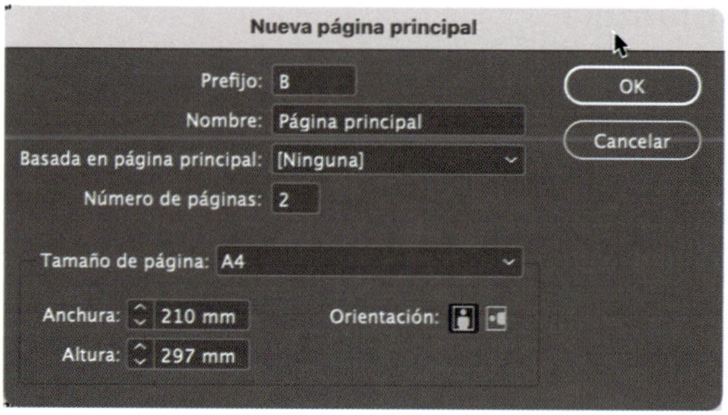

Figura 12.2. Cuadro de diálogo Nueva página principal.

Páginas principales

Las *páginas principales* —en versiones anteriores conocidas como *páginas maestras*— son uno de los elementos más importantes que proporciona InDesign y que lo diferencian de cualquier otra herramienta de edición de texto. Una vez las comprenda y domine, ya no habrá marcha atrás y, posiblemente, desee con fervor que, a partir de ese instante de iluminación, todas las aplicaciones que utilice permitan el uso de tan ilustres elementos.

Una página principal es lo más parecido a un motivo o patrón que puede aplicarse a múltiples páginas del documento de forma automática. Piense en una libreta escolar, como la que tenía de niño, con los márgenes ya definidos, su número de página, posiblemente un espacio para colocar la fecha o el nombre y una fina retícula de color azul celeste sobre la que escribir profundas reflexiones y grandes verdades, como «*mi mamá me mima, mi mamá me ama*». Absolutamente todas las páginas de la libreta eran iguales. Si por aquel entonces hubiera —o hubiese— existido InDesign, esos elementos comunes formarían lo que hoy denominamos una *página principal*.

Todos los elementos de una página principal aparecen en las páginas en las que esta se ha aplicado: logotipos, números de página, encabezados, pies de página, márgenes y guías de columna. También pueden contener texto vacío o marcos gráficos que sirven como marcadores de posición. Un elemento colocado en una página principal se denomina *elemento principal* y puede reconocerlo porque está delimitado por una fina línea de puntos. Por defecto son inaccesibles desde una página de documento y, por lo tanto, no se pueden seleccionar de la forma habitual. Cualquier cambio en una página principal se refleja automáticamente en las páginas en que esta se ha aplicado.

Las páginas principales, al igual que cualquier otra página del documento, pueden contener capas. Los elementos principales de una capa aparecen siempre por detrás de los objetos de la misma capa situados en una página de documento. Por lo tanto, si quiere que un elemento principal aparezca por encima de un objeto de página, debe colocarlo en una capa superior.

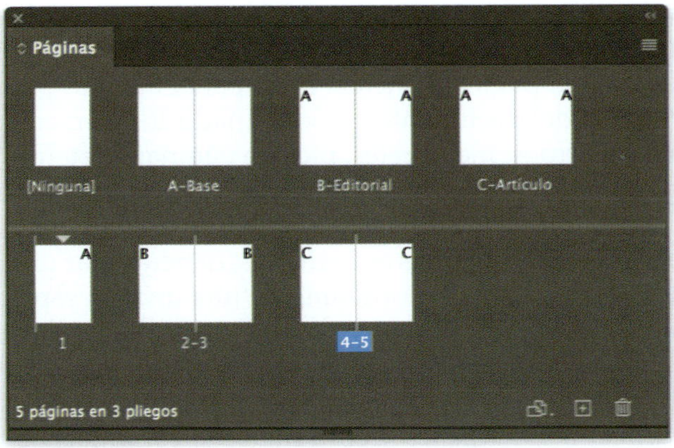

Figura 12.3. La parte superior del panel Páginas muestras las páginas principales. En la parte inferior, separada por una gruesa línea, se listan las páginas del documento. La página 1 tiene aplicada la página principal A, las páginas 2 y 3, la B, y las 4 y 5, la C. Las páginas principales B y C están basadas en la página principal A.

Creación de páginas principales

Sin que se haya dado cuenta, lleva trabajando con páginas principales desde la primera vez que abrió InDesign. Todos los documentos contienen una página principal por defecto, denominada *A-página principal*, que se aplica al resto de páginas normales. Si trabaja con documentos sencillos, puede ignorar su existencia. Pero si su publicación es extensa y requiere de elementos comunes repetitivos, las páginas principales le ahorrarán tiempo y le ayudarán a conseguir un diseño consistente. En la mayoría de los documentos simples basta con una sola página principal. Sin embargo, puede crear tantas como variaciones de diseño tenga la publicación. Para crear una página principal, seleccione Nueva página principal del menú del panel Páginas; se abrirá el cuadro de diálogo Nueva página principal.

En el campo Prefijo escriba una letra para identificar a la nueva página principal, o bien acepte la que propone InDesign. Esta letra será visible sobre los iconos de página del panel Páginas que tengan aplicada la página maestra. En el campo Nombre escriba un nombre descriptivo.

En el menú desplegable Basado en página principal seleccione, opcionalmente, el nombre de otra página principal en la que basar la nueva página. Esta sencilla acción permite trabajar de forma muy efectiva con múltiples páginas principales. Por ejemplo, puede crear una página principal que contenga todos los elementos comunes de la publicación —numeración, encabezado y pie de página— y aplicarla al resto de páginas principales. Así conseguirá un diseño complejo compuesto por la suma de otras páginas principales más simples, con lo que realizar un cambio global en todas ellas será tan fácil como modificar un único elemento en una de las páginas más básicas. Por último, escriba el número de páginas que deberá tener la página principal: 1 para documentos a una página, 2 para documentos con páginas enfrentadas, 3 para un tríptico o un desplegable, etc. La nueva página principal aparecerá en la ventana del documento y en la parte superior del panel Páginas.

Haga doble clic en una página principal en el panel Páginas para que se muestre en la ventana principal del documento y poder añadir los elementos comunes de su publicación, como logotipos, membretes, pies de página, etcétera.

Cuando cree páginas principales, tenga en cuenta las siguientes consideraciones:

- Si su documento contiene páginas enfrentadas, deberá crear una página principal para las páginas pares y otra —normalmente una imagen espejo de la primera— para las impares.
- Para que la numeración automática aparezca en las páginas del documento, debe insertar el código de numeración de página en cada una de las páginas principales.
- Si quiere modificar los márgenes y el número de columnas de una página principal, asegúrese primero de que esta se muestra en la ventana del documento (Maquetación>Ir a página o doble clic sobre su icono en el panel Páginas), y seleccione después Maquetación>Márgenes y columnas.

Si ya ha empezado a trabajar en un documento y decide que uno de los pliegos se ha ganado el honor de convertirse en página principal, selecciónelo (clic en el número de pliego) y escoja Guardar como página principal en el menú del panel Páginas.

Para duplicar una página principal, arrastre la miniatura de la página principal que quiera duplicar hasta el icono Crear nueva página, en la parte inferior del panel Páginas, o selecciónela y escoja Duplicar pliego principal en el menú del panel Páginas.

Para importar las páginas principales de otro documento, seleccione Cargar páginas principales del menú del panel Páginas y navegue hasta el documento en cuestión. También puede importarlas si arrastra las páginas de un documento a otro; al hacerlo, la página principal aplicada a las páginas del documento de origen aparecerá en la parte superior del panel Páginas del documento de destino.

Aplicar páginas principales

Aplique una página principal a las páginas del documento para que estas muestren los elementos principales. Puede aplicar una página principal a un pliego completo o a las páginas individuales que lo componen. Hay múltiples formas de hacerlo:

- Seleccione la miniatura de la página o pliego y escoja Aplicar página principal a páginas en el menú del panel Páginas o seleccione Maquetación>Páginas>Aplicar página principal a páginas...
- Al añadir nuevas páginas al documento mediante el menú Maquetación>Páginas>Insertar páginas, especifique una página principal en el menú desplegable Página principal del cuadro de diálogo Insertar páginas.
- Cuando añade nuevas páginas al documento arrastrando la miniatura de una página principal a la sección inferior del panel Páginas.

- Arrastrando la miniatura de la página principal sobre el icono de la página del documento. Suelte el ratón cuando resalte con un borde negro la página de destino. Si quiere aplicar la página maestra al pliego completo, arrástrela sobre el borde superior de la miniatura del pliego.

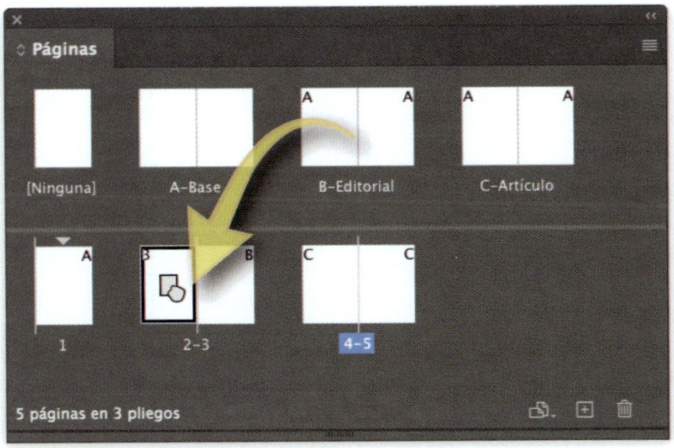

Figura 12.4. La forma más rápida de aplicar una página principal a una página del documento es arrastrar la miniatura de la primera sobre la segunda.

Recuerde que estos métodos también son válidos a la hora de aplicar una página principal a otra. Para eliminar la asignación de una página principal a una página de documento, aplíquele la página principal *Ninguno*.

Editar y desvincular elementos principales

Como dice el refrán: *hecha la ley, hecha la trampa*. En ocasiones no es práctico crear una página principal para todas y cada una de las variantes requeridas en las páginas del documento. Por ejemplo, puede que decida eliminar el número de página en las ocasiones en que una imagen ocupa la página entera. O cambiar puntualmente el texto de un elemento común, como el pie de página.

Puede eliminar, editar o desvincular los elementos principales de una página. A este tipo de modificaciones se las conoce con el nombre de *cambios locales*. Para realizar un cambio local a un elemento principal, antes deberá *liberarlo*: pulse Control+Mayús (Comando+Mayús) al hacer clic sobre él. Una vez seleccionado, puede:

- Eliminarlo de la página, si pulsa las tecla Borrar o Suprimir. Si más adelante se arrepiente, puede volver a aplicar la página principal para que reaparezca como si nada hubiese sucedido.
- Cambiar sus atributos. Al cambiar de forma local un elemento principal, se coloca una copia del mismo en la página del documento sin romper su asociación con la página principal. Los atributos modificados localmente no se actualizarán cuando lo haga el elemento principal, pero sí lo hará el resto de atributos. Por ejemplo, si modifica la posición de un elemento principal y luego cambia su color de relleno y opacidad en la página principal, la versión local también cambiará de color y opacidad, pero mantendrá la posición asignada localmente. En este caso, el cambio local es la nueva posición.

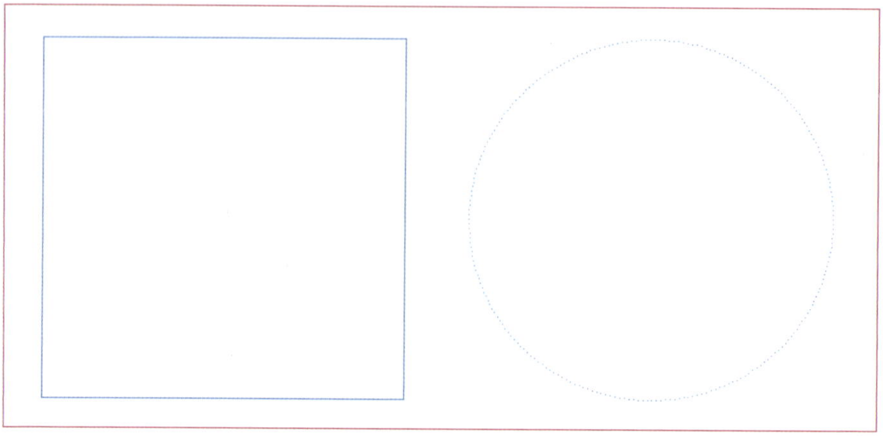

Figura 12.5. Bordes de marco de un elemento local (cuadrado) y de un elemento principal (círculo). Los bordes del cuadrado son sólidos y los del círculo, punteados.

- Desvincularlo de su página principal. Rompe el vínculo entre el elemento local y su página principal. A partir de entonces, ningún cambio de la versión principal afectará al elemento local.

Editar elementos principales

Puede editar un elemento principal si, al hacer clic, mantiene pulsadas las teclas Control y Mayús (Comando+Mayús+clic); de esta forma crea una copia local vinculada con la página principal. Pero si lo que desea es modificar todos los elementos principales de un pliego, escoja Modificar todos los elementos de la página principal en el menú del panel Páginas. Sabrá que un elemento principal se ha *liberado* porque el borde de su marco será sólido en vez de punteado.

Para deshacer los cambios locales en algunos elementos principales, selecciónelos y escoja Páginas principales>Quitar modificaciones locales en el menú del panel Páginas. Para devolverlos todos a su estado original, primero seleccione la página o pliego que contenga los cambios locales; luego escoja Edición>Deseleccionar todo para asegurarse que no hay nada seleccionado y finalmente escoja Páginas principales>Quitar todas las modificaciones locales en el menú del panel Páginas.

Si quiere impedir bajo cualquier concepto el cambio local de un elemento principal, navegue hasta su página principal, selecciónelo y desmarque la opción Páginas principales>Permitir modificaciones de elemento principal en selección en el menú del panel Páginas; por defecto esta opción está siempre marcada.

Desvincular elementos principales

Cuando cambia a nivel local un elemento principal y quiere impedir que, al editarlo en la página principal, se actualicen automáticamente sus atributos, debe desvincularlo por completo. Es decir, se trata de convertirlo en un objeto más de la página,

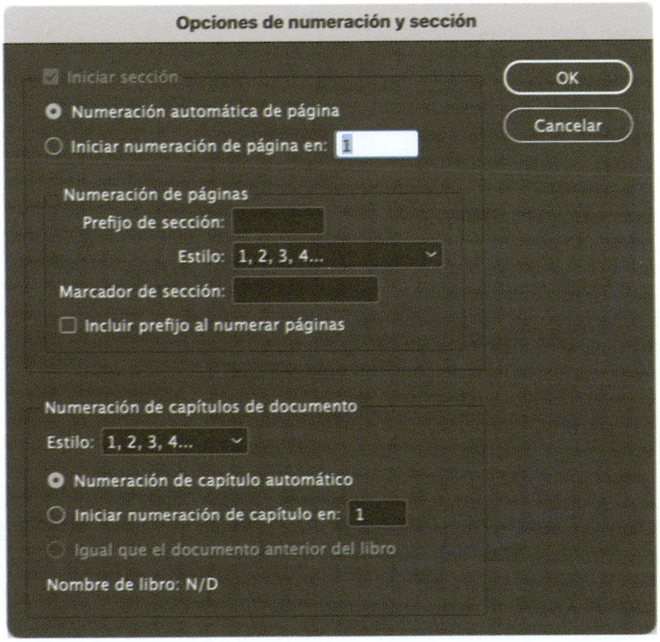

Figura 12.6. Cuadro de diálogo Opciones de numeración y sección.

sin relación alguna con la página principal de la que procedía. Para ello, selecciónelo y escoja Páginas principales>Desvincular selección de página principal en el menú del panel Páginas.

Para que un elemento desvinculado vuelva a comportarse como un elemento principal, borre la copia local y aplique nuevamente la página principal.

Números de página y secciones

Los números de página son la forma más sencilla de ubicarse en un libro. InDesign numera de forma automática las páginas de todos los documentos. La aplicación permite empezar un documento con la primera página a la izquierda, utilizar diferentes estilos de numeración e incluso reanudar la numeración varias veces en el mismo documento para, por ejemplo, utilizar estilos de numeración diferentes en el índice o la introducción. Sin embargo, para que el número de página sea visible en su página, debe indicar al programa dónde y cómo debe hacerlo. Asignar un número de página y hacer que este sea visible son dos tareas complementarias pero completamente diferentes.

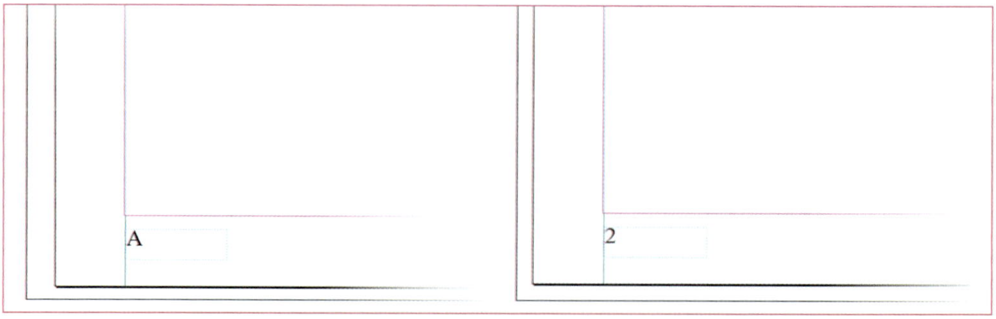

Figura 12.7. Código de numeración de página en la página principal (izquierda) y resultado en la hoja de documento (derecha).

Asignar números a las páginas

Por defecto, la primera página de todo documento es la número 1 y, si marca la opción Páginas opuestas, siempre aparecerá a la derecha. Puede hacer que la primera página sea izquierda simplemente haciendo que comience por número par. Para ello, seleccione la página 1 en el panel Páginas y escoja Maquetación>Opciones de numeración y sección (o acceda desde el menú del propio panel). InDesign le presentará el cuadro de diálogo homónimo.

Si marca el botón de opción Iniciar numeración de página en e introduce el número 2, la primera página de su documento ahora será par y, por lo tanto, izquierda.

Estilos de numeración

Los números que todos conocemos y manejamos en nuestra vida cotidiana son una herencia árabe, de ahí que se utilice el término *numeración arábiga* (también conocida como *decimal*). Este es el estilo que utiliza por defecto InDesign. Existen otros siete, a saber:

- Numeración arábiga precedida de uno, dos o tres ceros (0): 01, 02, 03...001, 002, 003...0001, 0002, 0003, etc.
- Numeración alfabética minúscula: a, b, c, d, etc.
- Numeración romana minúscula: i, ii, iii, iv, etc.
- Numeración alfabética mayúscula: A, B, C, D, etc.
- Numeración romana mayúscula: I, II, III, IV, etc.

Para cambiar el estilo por defecto, seleccione uno en el menú desplegable Estilo del cuadro de diálogo Opciones de numeración y sección.

Numeración automática de páginas

Incluir el número de página en cada hoja del documento es realmente sencillo: basta crear un marco de texto en la página principal e introducir el código especial de numeración de página escogiendo Texto>Insertar carácter especial>Marcadores>Número de página actual. Aparecerá la letra que asignó como prefijo a la página principal. Por ejemplo, si la página principal tiene como prefijo la letra A, aparecerá una letra A mayúscula dentro del marco de texto. Para que aparezca la numeración en las dos páginas de un documento con páginas enfrentadas debe insertar el mismo código en ambas.

Puede modificar los atributos del número de página si selecciona el código de numeración automática de página y cambia el tipo de letra, tamaño, alineación, color, etc., como si de un texto convencional se tratase. De forma opcional, puede escribir texto en el mismo marco, delante o detrás del código de numeración, para que aparezca en todas las páginas junto con su número.

Secciones

Cuando un documento es extenso, suele acompañarle un índice de materias y, en ocasiones, un índice alfabético. Las normas del correcto editor indican que no puede numerarse de la misma forma un índice que el contenido al que hace referencia puesto que, técnicamente hablando, no forma parte de la obra en sí. Por eso es tan habitual que los índices de los libros tengan una numeración romana independiente. Para conseguirlo, InDesign ha creado el concepto de *secciones*. Una sección no es más que un número consecutivo de páginas que recibirá una numeración diferente al de otras. Siguiendo con nuestro ejemplo, el índice de materias —o tabla de contenidos— sería la primera sección, el libro la segunda y el índice alfabético, la tercera. Puede reconocer la página de inicio de una sección por el pequeño triángulo negro en el borde superior del su icono en el panel Páginas.

InDesign trabaja por defecto con una única sección, por eso todas las páginas del mismo documento se numeran de forma consecutiva. Para crear una nueva sección:

1. Seleccione la que será la primera página de la nueva sección en el panel Páginas.
2. Escoja Maquetación>Opciones de numeración y sección. Marque la casilla de verificación Iniciar sección (está marcada por defecto). Esta casilla se verá gris si selecciona la primera página del documento.
3. Marque el botón de opción Numeración automática de página para continuar con la numeración de la sección anterior, o Iniciar numeración de página en si desea reanudar la numeración. Escriba el número de la primera página de la nueva sección en el cuadro de texto.
4. Opcionalmente, escriba un prefijo de sección —o acepte el nombre por defecto— en el cuadro Prefijo de sección. Este número —que no suele imprimirse— se utiliza como indicador de sección, y aparecerá en el cuadro de número de página, en la parte inferior izquierda de la ventana de documento.
5. Puede cambiar el estilo de numeración para la sección en el cuadro desplegable Estilo.
6. Si desea que aparezca un texto antes del número, escríbalo en el campo Marcador de sección. Cuando, más adelante, decida colocar los números de página, puede precederlos del marcador de sección. Por ejemplo, «*Tabla de contenidos iv*».

Para eliminar una sección, seleccione la página en la que comienza, escoja Maquetación>Opciones de numeración y sección y desmarque la casilla de verificación Iniciar sección. Las páginas seguirán ahora una numeración consecutiva.

Bibliotecas

Seguro que a estas alturas ha utilizado más de una vez los comandos Copiar y Pegar para pasar información de un documento a otro o entre distintas aplicaciones. El problema de este comando es que el sistema operativo limita a un único elemento la operación, de forma que si copia otro, el primero se desvanece del *portapapeles* —el portapapeles es el espacio de memoria temporal que almacena los elementos copiados—. Por si fuese poco, el portapapeles se borra cada vez que apaga o reinicia el ordenador.

Imagine ahora un portapapeles en el que pudiera almacenar toda la información que quisiese, darle un nombre a cada elemento para luego encontrarlo rápidamente y —esto es lo mejor—, que lo pudiese guardar de una sesión para otra... ¡Eso es una biblioteca!

Las bibliotecas pueden almacenar gráficos, marcos de texto, guías e incluso páginas completas. Puede crear tantas bibliotecas como necesite: una por proyecto, por cliente o según el tipo de elementos almacenados.

Crear una biblioteca

Es realmente sencillo. Escoja Archivo>Nuevo> Biblioteca y seleccione una ubicación en su ordenador. Los archivos de biblioteca tienen la terminación .indl. Cuando abre —o crea— una biblioteca, InDesign muestra un nuevo panel con el nombre asignado en el paso previo.

Para abrir una biblioteca existente, seleccione Archivo>Abrir e indique la ruta de la biblioteca. Puede abrir tantas bibliotecas como la memoria del sistema permita. Una biblioteca de objetos puede compartirse entre servidores y plataformas, pero solo una persona puede abrirla simultáneamente; para que otro usuario pueda acceder a su contenido, antes debe cerrarla (en esto su comportamiento es similar al de un documento).

Una biblioteca se comporta como un pequeño archivador que permite localizar rápidamente los elementos almacenados.

Añadir elementos a una biblioteca

Puede añadir elementos a una biblioteca de varias formas:

- Arrastre uno o más objetos de la página hasta el panel de una biblioteca abierta. InDesign creará una vista en miniatura del objeto.

Figura 12.8. Añadiendo de forma interactiva un elemento a la biblioteca.

- Seleccione uno o más objetos de una página y haga clic en el botón Nuevo elemento de biblioteca en la parte inferior de un panel de biblioteca o escoja Añadir elemento en el menú del panel Biblioteca de objetos.
- Para añadir de una vez todos los objetos de una página, escoja Añadir elementos en la página [número] como objetos separados en el menú del panel Biblioteca de objetos. Todos los elementos de la página activa se añadirán como objetos de biblioteca individuales.
- Si quiere añadir una página completa a la biblioteca, escoja Añadir elementos en la página [número] en el menú del panel Biblioteca de objetos.

Clasificar elementos de una biblioteca

Si una biblioteca consta de pocos elementos, no será necesario que los clasifique de forma especial. El nombre de la biblioteca y su imagen en miniatura son más que suficientes para identificarlos. Sin embargo, cuando las bibliotecas empiezan a ser grandes y sus elementos se cuentan por decenas o centenares, es fundamental utilizar una buena estrategia de clasificación.

Seleccione un elemento de la biblioteca y pulse el botón Información sobre elemento de biblioteca, en la parte inferior del panel Biblioteca para que InDesign presente el cuadro de diálogo Información sobre el elemento. Alternativamente, haga doble clic sobre el elemento.

TRUCO

Si mantiene pulsada la tecla Alt (Opción) *al hacer clic en el botón* Nuevo elemento de biblioteca, *aparecerá el cuadro de diálogo* Información sobre el elemento. *Es una forma rápida de clasificación de elementos.*

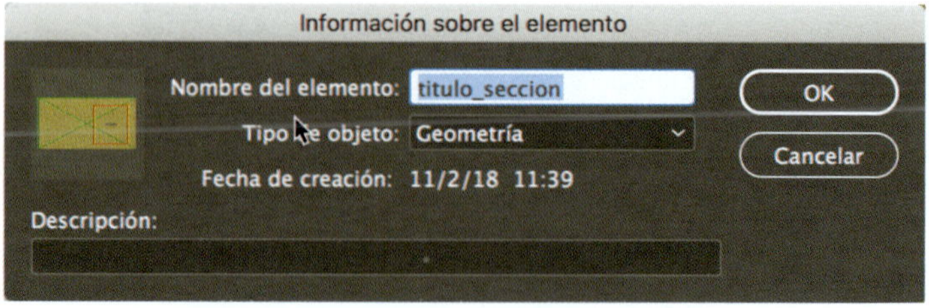

Figura 12.10. Cuadro de diálogo Información sobre el elemento.

Especifique un nombre, tipo de objeto (texto, gráfico, imagen, etc.) y añada una descripción o, mejor aún, una lista de palabras clave que luego le permitan encontrarlo con facilidad. Por ejemplo, yo clasificaría la fotografía de unos tulipanes amarillos utilizando palabras como «tulipán», «flor», «planta», «vegetal», «amarillo», etc.

Buscar elementos en una biblioteca

Si ha hecho un buen trabajo de clasificación, encontrar el elemento que busca en una biblioteca debería ser coser y cantar. Pulse el botón Mostrar subconjunto... y proceda de la siguiente forma:

1. Decida si quiere buscar en toda la biblioteca o solo en el subconjunto mostrado (refinando una búsqueda anterior) y marque el botón de radio correspondiente.
2. Elija una categoría en el primer menú de la sección Parámetros: nombre, fecha de creación, descripción o tipo de objeto.
3. En el segundo menú, decida si la categoría escogida en el primer menú debe ser incluida (contiene) o excluida (no contiene) de la búsqueda.
4. En el campo de texto escriba el término de búsqueda.
5. Añada más criterios de búsqueda pulsando el botón Más opciones. Puede añadir hasta cinco criterios de búsqueda; si hay dos o más, escoja si quiere que se cumplan todos los criterios (coincidir con todos) o solo alguno de ellos (coincidir con cualquiera).
6. Haga clic en el botón OK para iniciar la búsqueda.

Si la búsqueda devuelve demasiados elementos, puede refinarla siguiendo los pasos anteriores y asegurándose de marcar la opción Buscar en elementos mostrados. Para mostrar todos los objetos de nuevo, escoja Mostrar todos en el menú del panel Biblioteca.

Añadir elementos de biblioteca en un documento

Esta es la parte más divertida de todo el proceso. La manera más sencilla de hacerlo es arrastrar el elemento a la página del documento. Si quiere colocarlo en la misma

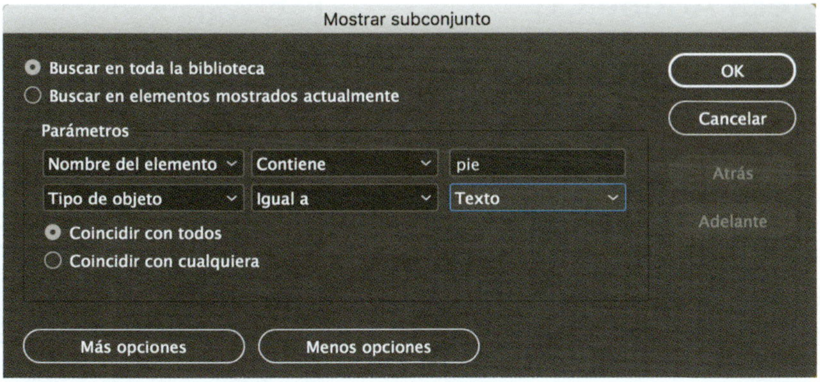

Figura 12.11. Cuadro de diálogo Mostrar subconjunto, con dos opciones de búsqueda.

posición que ocupaba cuando lo creó, escoja Colocar elemento(s) del menú del panel Biblioteca. Puede añadir un elemento tantas veces como crea oportuno.

El elemento recién añadido se comportará igual que si lo hubiese pegado desde el portapapeles, es decir, no guarda ningún vínculo con la biblioteca ni con el documento original desde el que fue creado.

También puede copiar elementos entre librerías; simplemente arrástrelos de una a otra. Si mantiene pulsada la tecla Alt (Opción) antes de soltar el botón del ratón, lo moverá, es decir, desaparecerá de la biblioteca de origen.

Modificar y borrar elementos de biblioteca

Puede que las versiones de los elementos que incluye en una biblioteca no sean definitivas o, simplemente, que a lo largo de la vida de una publicación estos vayan modificándose. Marque el elemento que quiera actualizar en la biblioteca, seleccione el objeto actualizado en el documento y escoja la opción Actualizar elemento de biblioteca en el menú del panel Biblioteca.

Para borrar un elemento de biblioteca, selecciónelo y haga clic en el icono de la papelera del panel Biblioteca.

Cerrar bibliotecas

Como vimos con anterioridad, uno de los pocos inconvenientes de las bibliotecas es que son *monousuario*, es decir, solo un usuario puede trabajar con una biblioteca al mismo tiempo. Por eso, acostúmbrese a cerrarlas cuando no las vaya a necesitar más. De esta forma, otros usuarios de su grupo de trabajo podrán abrirlas y utilizarlas en sus documentos. Para cerrar una biblioteca, solo tiene que hacer clic en el botón de cierre del panel Biblioteca.

Biblioteca Adobe CC

NUEVO Una de las ventajas del nuevo modelo de suscripción de Adobe Creative Cloud es el disponer de un espacio de almacenamiento en la nube de 20 GB. Entre las funciones de dicho espacio está la de servir de almacén de sus bibliotecas.

Las Bibliotecas CC permiten compartir recursos entre diferentes usuarios y dispositivos, siempre y cuando cuente con una conexión a Internet. Por ejemplo, si dispone de una tableta —como el iPad de Apple— podrá instalar el conjunto de herramientas de creación de Adobe. Utilice estas aplicaciones para crear bocetos, propuestas o diseños en cualquier lugar. Cuando necesite compartir dicha información con sus aplicaciones de escritorio, haga uso de las Bibliotecas CC. Abra el panel Bibliotecas CC desde el menú Ventana.

Una Biblioteca CC puede almacenar gráficos, estilos de texto y objetos y muestras de color. Para añadir un nuevo elemento a una Biblioteca CC:

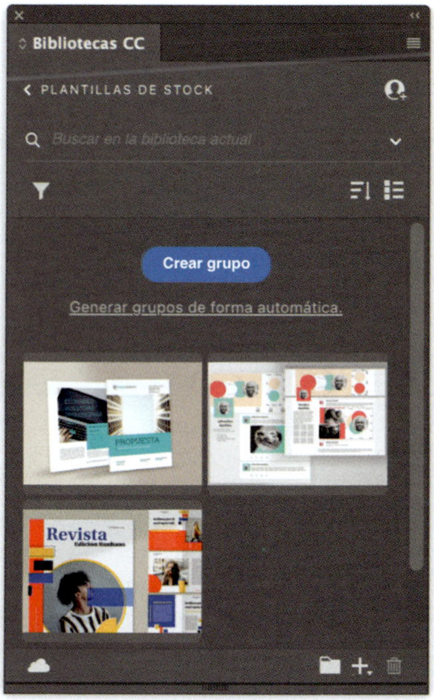

Figura 12.12. Panel Bibliotecas CC.

- Utilizando el icono Añadir a Biblioteca CC (icono) que aparece en diversos paneles y cuadros de diálogo, como los panales Muestras, Estilos de Párrafo o Estilos de Objeto.
- En el caso de objetos gráficos y marcos de texto, arrastrando el elemento desde el documento al panel Bibliotecas CC.
- Haciendo clic en el icono con signo más (+) de la esquina inferior derecha del panel Bibliotecas CC, y escogiendo una de las opciones del menú desplegable.

Puede gestionar los elementos almacenados en el panel Bibliotecas CC usando el menú del panel o bien accediendo a la página Web Mis activos cuando accede a su cuenta de Adobe Creative Cloud. Si no recuerda la URL exacta, seleccione Ver en el sitio web en el menú del panel. Como podrá comprobar, el sitio Web también le permite compartir sus elementos de biblioteca con otros usuarios.

Fragmentos

El nombre, una traducción poco agradecida del inglés *snippet*, no hace honor a tan tremenda utilidad. Si le gustó trabajar con bibliotecas, los fragmentos le gustarán todavía más. Recibe el nombre de fragmento cualquier porción de un documento de InDesign que puede arrastrar al escritorio o a una ventana abierta de Adobe Bridge. Un fragmento conserva la información de posición —incluyendo información de capas—, formato y efectos del documento original. Viene a ser como un copiar/pegar elevado a la máxima potencia. Los fragmentos se comportan básicamente como elementos de una biblioteca pero con una importante diferencia: cada fragmento es un archivo independiente.

Si es un usuario habitual de Adobe Bridge —si no lo es, debería— encontrará mucho más conveniente trabajar con fragmentos que con bibliotecas. Para empezar, una colección de fragmentos puede ser una carpeta que, almacenada en un servidor, permitirá que TODOS los usuarios de un grupo de trabajo puedan acceder a ella de forma simultánea (recuerde que la gran pega de las bibliotecas es que un archivo de biblioteca solo puede estar abierto por un usuario).

Y en cuanto a las posibilidades de clasificar archivos, Bridge es mucho más eficiente que una biblioteca; con esta aplicación puede añadir palabras clave, etiquetas de colores, puntuar los elementos con estrellas y acceder a un sinfín de campos de metadatos como autor, lugar y fecha de creación, resolución en píxeles del archivo, nombre del proyecto o del cliente, etc.

NOTA

Adobe Bridge es una potente herramienta pensada para organizar y clasificar miles de archivos en su ordenador o en un servidor. Por desgracia, para contarle todas sus bondades necesitaría otro libro como este. Si quiere aprender más sobre esta aplicación y cómo utilizarla con InDesign, consulte el tema de la ayuda Ayuda de Bridge.

Para crear un fragmento, seleccione uno o varios objetos del documento y a continuación utilice uno de los siguientes métodos:

- Escoja Archivo>Exportar. En el menú Guardar como tipo (Windows) o Formato (Mac OS X), elija Fragmento de InDesign. Escriba un nombre para el archivo y haga clic en Guardar.
- Arrástrelos al escritorio. Se creará un archivo con terminación .idms. Puede renombrarlo y guardarlo en cualquier carpeta.
- El tercer método consiste en abrir la aplicación Adobe Bridge y arrastrar sobre ella la selección; se creará un archivo con terminación .idms en la ubicación que muestre en ese momento el panel.

Para importar un fragmento a su documento, solo debe arrastrarlo sobre el área de trabajo. El fragmento ocupará automáticamente la posición que guardaba en el documento original. Si prefiere que los fragmentos se coloquen en el lugar en que se encuentre el cursor al soltar el botón del ratón, elija Ubicación de cursor, en el apartado Importación de fragmento del panel Administración de archivos en el cuadro de diálogo Preferencias. Para importar varios fragmentos de una vez, escoja Archivo>Colocar y seleccione más de un fragmento en el cuadro de diálogo. Ahora el cursor estará cargado con varios fragmentos; haga un clic de ratón para colocar un fragmento en el documento y prosiga hasta haber colocado todos los elementos. Pulse la tecla ESC para descartar el fragmento que muestre actualmente el cursor, o las flechas de dirección para cambiar el fragmento mostrado.

Ejercicios

1. Abra el documento Ejercicios>cap12>numeracion.indd. Utilice el panel Páginas para que la primera página del documento sea la número 40. Haga que todas las páginas del documento muestren el número de página en la esquina superior izquierda.
2. Siga trabajando con el documento del ejercicio anterior. Elimine los número de página de las páginas 40, 41, 60, 61 y 62. Una vez eliminados ¿cómo puede hacer que se muestren de nuevo?
3. Cree un nuevo documento en blanco. Abra la librería Ejercicios>cap12>acuarelas.indl. Utilice las opciones Mostrar subconjunto para localizar todos los archivos que contengan las palabras clave «instrumentos» y «acuarela». Arrástrelos a la página 1 del nuevo documento. Cree una nueva página de documento y realice el mismo procedimiento, esta vez filtrando por la palabra clave «fotos».
4. Cree un nuevo documento en blanco. Ahora abra Adobe Bridge. Navegue hasta la carpeta Ejercicios>Final>fotos>catalan (debe utilizar la columna de navegación, a la izquierda del panel). Haga clic el botón Filtrar elementos por calificación (tiene forma de un embudo) y marque la opción Mostrar 4 o más estrellas. Coloque los archivos mostrados en el documento.
5. Utilice la aplicación Adobe Bridge para navegar hasta la carpeta utilizada en el ejercicio anterior. Trate de aplicar estrellas, etiquetas de colores y palabras clave. Utilice la ayuda de Bridge para aprender a utilizar esta útil aplicación.
6. Trate de crear fragmentos arrastrando elementos de InDesign al escritorio, clasifíquelos mediante etiquetas y estrellas utilizando Adobe Bridge y luego fíltrelos para colocarlos en un nuevo documento.
7. Cree una nueva biblioteca en el panel Bibliotecas CC y acceda a ella desde su navegador Web. Comparta un elemento mediante un correo electrónico.

13 Trabajo con documentos extensos

Libros

La mejor forma de trabajar con archivos de cientos o miles de páginas consiste en aplicar la máxima de «divide y vencerás», es decir, subdividir el proyecto completo en documentos más pequeños, con un menor número de páginas y que, por lo tanto, consumirán menos recursos del ordenador. Puede organizarlos y gestionarlos como si de un único documento se tratase gracias a un tipo de archivo especial denominado *Libro*.

Un libro no es más que un panel de InDesign cuyo cometido es agrupar los múltiples documentos de un mismo proyecto y que, por lo tanto, comparten características comunes, como estilos de párrafo y carácter, muestras de color, numeración, pies de página y páginas principales.

Con el panel Libro podrá saber el estado de cada uno de los documentos, su orden, el total de páginas de la publicación completa y la numeración de cada uno de ellos. Además, podrá mantener todos los estilos y muestras sincronizados, de manera que si decide añadir o modificar un estilo en un documento, el resto incorporará los mismos cambios. Si trabaja en grupo, todos los usuarios pueden abrir el mismo archivo de libro y acceder a sus diferentes documentos. Yo suelo utilizar libros cuando trabajo en publicaciones de más de 40 páginas. Al trabajar con documentos más pequeños, los puedo abrir y modificar de forma ágil y, en caso de desastre, solo perderé una fracción del trabajo.

Crear un nuevo Libro

Es tan sencillo —o más, porque hay menos opciones— como crear un nuevo documento. Escoja Archivo>Nuevo>Libro, asígnele un nombre y una ruta, y haga clic en Guardar. InDesign abrirá un panel Libro por cada nuevo archivo de libro que cree. Los documentos de libro tienen la terminación .indb (*InDesign book*).

Para cerrar un libro, basta con cerrar el panel correspondiente. Y si desea abrirlo de nuevo, escoja Archivo>Abrir , localice un archivo de tipo libro y pulse Aceptar.

Añadir capítulos a un libro

Cuando crea un libro por primera vez, su panel correspondiente se mostrará vacío. Para añadir uno o más documentos —capítulos—, pulse el botón Añadir en la parte inferior del panel y seleccione un documento InDesign existente, o escoja Añadir documento en el menú del panel.

Tenga en cuenta que los capítulos se van ordenando según el orden en que los añade, aunque puede modificar su posición en el panel fácilmente: basta con arrastra y soltar.

Los documentos en InDesign se autonumeran por defecto. Esto implica la posibilidad de que una página que diseñó para ser par (página izquierda de un pliego), se convierta en impar (página derecha de un pliego) de forma automática al modificar su posición en el panel. Por eso, lo mejor es planificar con antelación el libro, crear los documentos en el orden correcto y por último, añadirlos al libro y realizar las tareas de sincronización final.

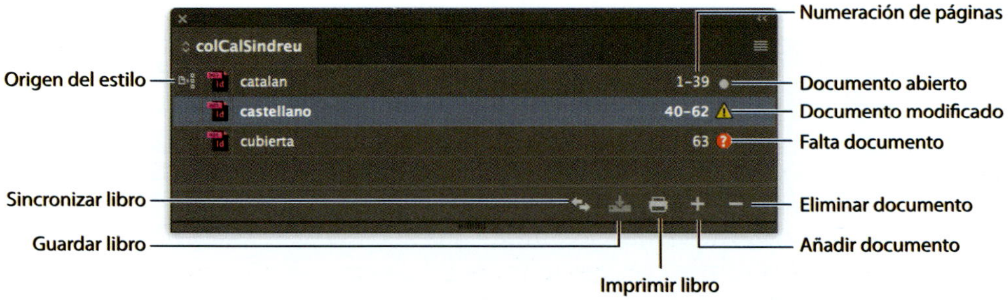

Figura 13.1. Panel Libro.

Para trabajar con los capítulos de un libro, abra primero el archivo de libro y luego haga doble clic en el nombre del documento en que quiere trabajar. Un icono —representando un libro abierto— aparecerá a la derecha del capítulo. Si un capítulo muestra un candado, significa que otra persona lo ha abierto y está trabajando en él. Si abre un capítulo directamente sin utilizar el panel Libro y lo modifica, la próxima vez que abra el libro dicho capítulo mostrará un signo de exclamación, indicando que hay modificaciones que el panel no ha registrado; deberá actualizar el libro para que el signo desaparezca. Si añadió páginas al capítulo, el resto de capítulos consecutivos se volverá a numerar.

Para eliminar capítulos, selecciónelos en el panel Libro y pulse el botón Eliminar. Este proceso no borra el archivo del ordenador, simplemente elimina la referencia que el panel Libro guarda del mismo. Cuando elimina un capítulo, el resto de documentos del libro se actualizará,por ejemplo, se volverán a numerar las páginas de los documentos que estén por debajo del que acaba de eliminar.

También puede sustituir unos documentos por otros. Marque el documento a sustituir y escoja Reemplazar documento en el menú del panel Libro.

Estados de un capítulo

El capítulo de un libro puede presentar diversos estados, reflejados mediante un icono a la derecha de su nombre en el panel:

- **Disponible**. El capítulo puede ser abierto, editado e impreso. Solo un usuario puede acceder al mismo archivo de forma simultánea.
- **Abierto**. Usted ha abierto el archivo. Puede editarlo e imprimirlo, pero nadie más podrá abrirlo hasta que lo vuelva a cerrar.
- **En uso**. Simbolizado por un icono en forma de candado, significa que otro usuario ha abierto el documento. Hasta que el usuario no lo cierre, no podrá abrir el documento.
- **Modificado**. El archivo ha sido modificado desde la última vez que abrió el panel Libro. Haga doble clic en él para actualizar su estado.
- **Desaparecido**. No se encuentra la referencia al archivo, bien porque ha cambiado su ubicación, bien porque lo ha borrado del ordenador.

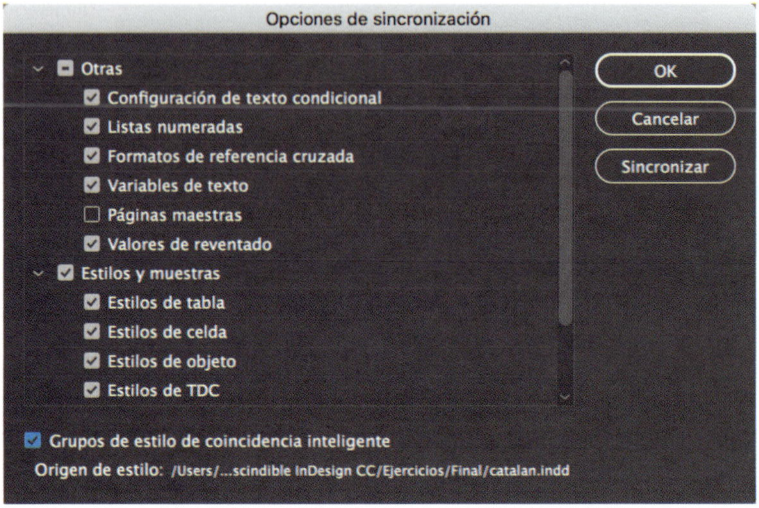

Figura 13.2. Cuadro de diálogo Opciones de sincronización.

Para obtener una información más detallada de un capítulo, como su estado, la fecha de modificación o su ruta de acceso, selecciónelo y escoja Información del documento en el menú del panel Libro.

Sincronizar capítulos

Sincronizar los capítulos de un libro consiste en hacer que todos tengan las mismas definiciones de estilo, muestras y páginas maestras, que la numeración sea consecutiva y que compartan otros elementos comunes como la Tabla de contenidos y el Índice. La cuestión es ¿cuál de los capítulos es el que debe marcar la pauta a la hora de decidir la definición correcta de los estilos o las muestras que deben compartir? Muy sencillo. Basta con marcar el icono Origen del estilo ( ) a la izquierda del nombre de un capítulo, para que el capítulo se convierta en la referencia de los demás. Así, si dos capítulos tienen definiciones de estilo diferentes, InDesign mantendrá las del documento marcado como origen del estilo y modificará las del otro documento para igualarlas al primero. Por supuesto, puede cambiar el origen del estilo tantas veces como crea conveniente.

Ahora que ya ha seleccionado el documento modelo, debe decidir qué elementos sincronizar. Escoja Opciones de sincronización en el menú del panel y marque las casillas de los elementos que quiera sincronizar.

Para iniciar la sincronización, seleccione en el panel Libro los capítulos que desee sincronizar, compruebe que su estado sea *disponible* y pulse el botón Sincronizar en la parte inferior del panel o escoja Sincronizar documentos seleccionados, en el menú del panel. Si quiere sincronizar todo el libro, asegúrese de no seleccionar ningún capítulo antes de pulsar el botón Sincronizar.

Al sincronizar el libro, InDesign compara los elementos marcados en el cuadro de diálogo Opciones de sincronización del documento origen con los de cada uno de los capítulos. Si se ha cambiado el color de la fuente en un estilo de párrafo de otro documento que no sea el de origen, esta modificación se eliminará. Si a algún capítulo le falta un elemento, como por ejemplo, una muestra de color o un estilo de carácter, se le añadirá. Si algún capítulo tiene un elemento que no existe en el documento origen, como un nuevo estilo de párrafo, lo conservará. Al concluir la sincronización, todos los capítulos del libro compartirán el mismo juego de características marcadas como básicas; las modificaciones locales de cada uno de ellos se conservarán.

Numerar páginas de un libro

Para numerar las páginas de un libro de forma consecutiva, antes debe asegurarse de que todos los documentos que lo componen tengan marcada la opción Numeración automática de páginas (en el menú del panel Páginas, Opciones de numeración y sección>Numeración automática de páginas). La numeración automática funciona de la siguiente forma:

- Al añadir un capítulo que no tiene secciones, la numeración es continua a lo largo del libro.
- Al añadir o eliminar páginas de un capítulo, InDesign abre y modifica la paginación de los documentos posteriores.
- Puede forzar la numeración automática del libro si selecciona Actualizar numeración en el menú del panel.

Cuando crea secciones en un capítulo, la numeración se reanuda en el mismo capítulo y será continua hasta encontrar otra sección. Por ejemplo, si el primer capítulo tiene ocho páginas y un estilo de numeración de página romana, que va de los números I al VIII, el segundo capítulo comenzará en la página XIX y así sucesivamente hasta encontrar un nuevo inicio de sección en ese u otro capítulo posterior. A partir de entonces, utilizará los números y el estilo de numeración que especifique en la nueva sección.

Imprimir y exportar libros

Antes de imprimir un libro completo, asegúrese de que no ha seleccionado ningún capítulo y de que todos están en estado *disponible*. Escoja Imprimir libro en el menú del panel Libro o haga clic en el icono Imprimir. Para imprimir capítulos individuales, selecciónelos primero. Puede hacer una selección consecutiva o escoger capítulos alternos.

Aparecerá el cuadro de diálogo Imprimir con las opciones típicas. Sin embargo, no podrá seleccionar un rango concreto de páginas; InDesign le obliga a imprimir los capítulos completos. Si el estado de algún capítulo es *modificado*, InDesign mostrará una advertencia; si es *desaparecido*, cancelará la impresión.

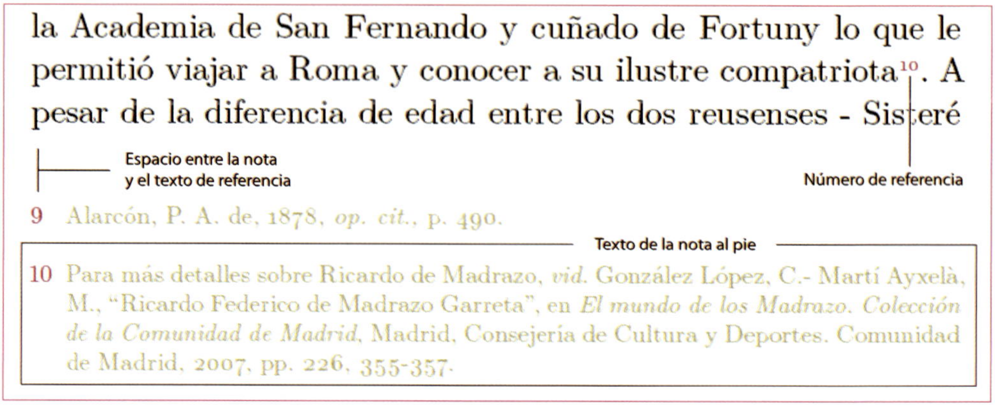

Figura 13.3. Anatomía de una nota.

Del mismo modo, puede seleccionar Exportar a PDF para generar un documento PDF de todo el libro o solo de los capítulos seleccionados, o exportarlo en formato EPUB.

Notas a pie de página

Si alguna vez ha consultado una revista científica, un ensayo, un informe o la traducción de un libro, habrá observado la cantidad de notas al pie que pueden llegar a ser necesarias. Las notas se suelen utilizar para:

- Indicar el origen de las citas.
- Añadir indicaciones bibliográficas.
- Añadir referencias externas e internas.
- Aclarar términos concretos.

Para que las notas sean útiles, deben estar numeradas consecutivamente y, a ser posible, acompañar al texto al que hacen referencia, generalmente en la misma página o al final del capítulo.

InDesign se encarga de gestionar automáticamente las notas al pie de página: las mantiene numeradas de forma correlativa aunque añada o elimine notas intermedias, modifica su posición en el artículo en caso de que una imagen o una corrección de última hora altere el flujo del texto, etc.

Una nota se compone de dos partes relacionadas entre sí: el *número de referencia*, que aparece en el cuerpo de texto, y el *texto de la nota* al final del marco o columna.

Añadir notas al pie

Añadir una nota al pie es muy sencillo. Coloque el cursor en la posición en que desee que aparezca el marcador de la nota (generalmente al final de una palabra) y escoja

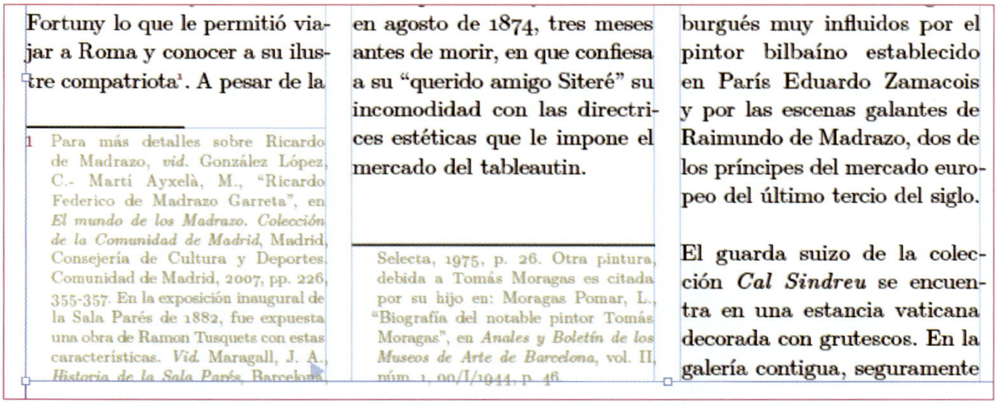
Fortuny lo que le permitió viajar a Roma y conocer a su ilustre compatriota[1]. A pesar de la

1 Para más detalles sobre Ricardo de Madrazo, *vid.* González López, C.- Martí Ayxelà, M., "Ricardo Federico de Madrazo Garreta", en *El mundo de los Madrazo. Colección de la Comunidad de Madrid*, Madrid, Consejería de Cultura y Deportes, Comunidad de Madrid, 2007, pp. 226, 355-357. En la exposición inaugural de la Sala Parés de 1882, fue expuesta una obra de Ramon Tusquets con estas características. *Vid.* Maragall, J. A., *Historia de la Sala Parés*, Barcelona,

en agosto de 1874, tres meses antes de morir, en que confiesa a su "querido amigo Siteré" su incomodidad con las directrices estéticas que le impone el mercado del tableautin.

Selecta, 1975, p. 26. Otra pintura, debida a Tomás Moragas es citada por su hijo en: Moragas Pomar, L., "Biografía del notable pintor Tomás Moragas", en *Anales y Boletín de los Museos de Arte de Barcelona*, vol. II, núm. 1, 00/I/1944, p. 46.

burgués muy influidos por el pintor bilbaíno establecido en París Eduardo Zamacois y por las escenas galantes de Raimundo de Madrazo, dos de los príncipes del mercado europeo del último tercio del siglo.

El guarda suizo de la colección *Cal Sindreu* se encuentra en una estancia vaticana decorada con grutescos. En la galería contigua, seguramente

Figura 13.4. Nota al pie dividida en dos columnas.

Texto>Insertar nota al pie de página. El cursor se desplazará automáticamente al final de la columna o página en la que se encuentra el marcador, esperando a que escriba el texto de la nota. Mientras la escribe, el área vertical que ocupa la nota aumentará hacia arriba. Si alcanza la línea en que aparece el marcador de referencia, se dividirá y continuará en la siguiente columna o marco de texto enlazado. Para volver al marcador de referencia de forma rápida, escoja Texto>Ir a referencia de nota al pie de página. Edite una nota como haría con cualquier otro texto: cambie el tipo de letra, la alineación, los estilos de párrafo y carácter aplicados, etc.

Si coloca un texto de Microsoft Word, puede importar las notas; estas se convertirán en notas nativas, es decir, en el formato propio de InDesign, y por lo tanto se comportarán de la misma forma que otras notas creadas directamente en la aplicación.

InDesign actualiza automáticamente la numeración al añadir o quitar notas. Por ejemplo, si en una columna ha introducido tres notas —1, 2 y 3— y elimina la nota número 2, la tercera nota pasará a ser la segunda y su número cambiará a 2. Del mismo modo, si corta la nota 1 y la pega después de la nota 3, la nota 1 pasará a ser la tercera, y la 3 se convertirá en la segunda.

Si el texto que contiene el marcador cambia de columna o página, la nota al pie correspondiente hará lo mismo y aparecerá en la parte inferior del nuevo marco de texto.

Modificar el aspecto de las notas al pie

Puede aplicar estilos de párrafo y carácter a las notas de forma manual. Sin embargo, resulta mucho más eficiente controlar el aspecto de todas de forma automática —sin necesidad de seleccionarlas individualmente— mediante el cuadro de diálogo Opciones de nota al pie de página del documento, en el menú Texto. Las opciones que especifique afectarán a todas las notas existentes y a las nuevas notas que cree. El cuadro de diálogo se divide en dos paneles: Numeración y formato, en el que podrá especificar el tipo de letra y los estilos de párrafo y carácter aplicados a las notas, y

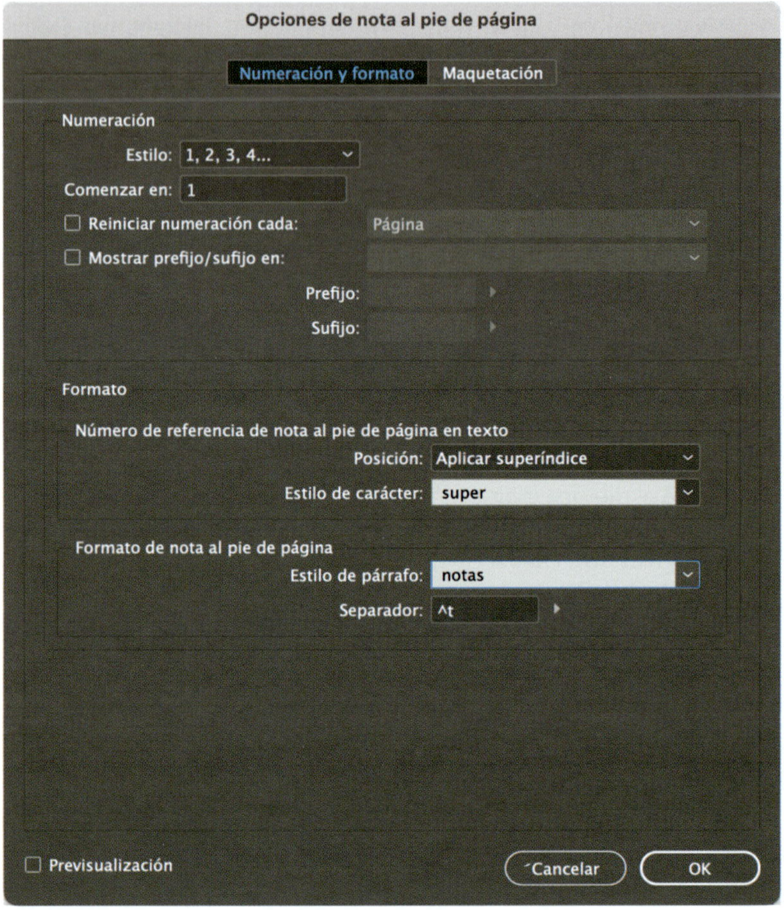

Figura 13.5. Pestaña Numeración y formato del cuadro de diálogo Opciones de nota al pie de página.

Maquetación, donde determinará características como la ubicación y espaciado de las notas.

Numeración y formato

El apartado Numeración contiene opciones que permiten controlar el aspecto de la cifra que actúa como identificador de la nota.

- Estilo. Si el documento contiene gran cantidad de notas, el estilo más efectivo es el seleccionado por defecto, la numeración arábiga. Otras opciones son la numeración alfabética mayúscula y minúscula, romana mayúscula y minúscula, asteriscos o signos de llamada.
- Comenzar en. Seleccione el número por el que empezará la numeración de las notas.

- Reiniciar numeración cada. Si marca esta casilla de verificación, puede establecer que InDesign reanude la numeración de notas para cada página, pliego o sección.
- Mostrar prefijo/sufijo en. Si introduce un texto como prefijo o sufijo en los campos Prefijo o Sufijo, escoja en qué ubicación deben aparecer: la referencia de nota, el texto de la nota o en ambos.
- El apartado Formato permite asignar un estilo de carácter a la cifra del marcador de posición, y un estilo de párrafo al texto que compone la nota al pie.
- Posición. El número de referencia puede aparecer con la línea de base desplazada hacia arriba (superíndice, es la opción por defecto), hacia abajo (subíndice) o sin desplazamiento.
- Estilo de carácter. Para distinguir el número de referencia del resto del texto, suele bastar con alterar su posición a superíndice o subíndice. Pero si quiere que además destaque de forma especial, cree entonces un estilo de carácter y selecciónelo en este menú desplegable. Por ejemplo, puede utilizar una fuente o color de texto diferentes.
- Estilo de párrafo. Seleccione un estilo de párrafo para aplicarlo automáticamente al texto de la nota al pie. El texto de las notas al pie suele ser de una medida inferior y utilizar un fuente diferente para evitar confundir al lector. Recuerde que las notas al pie son explicaciones opcionales, de lectura no obligada, por lo que deberían destacar menos que el texto principal.
- Separador. Seleccione un carácter para separar el número de la nota del texto que la compone. Por defecto, InDesign propone un tabulador, que es la mejor opción si quiere aplicar una sangría a sus notas. Sin embargo, cuando el espacio es muy ajustado, como en el caso de columnas de texto estrechas, yo le recomendaría un espacio largo o corto, equivalente al ancho de una letra m o n minúscula respectivamente.

Maquetación

En este apartado encontrará las opciones que permiten controlar el espacio que ocupa la nota, su ubicación en la página y la inclusión de un filete superior para separarla del texto principal.

- Distribuir notas al pie de página en columnas. Como su nombre indica, reparte equitativamente las notas entre las columnas de texto en una página en la que el marco de texto principal está dividido en columnas.
- Espacio mínimo antes de la primera nota al pie de página. Es la distancia que habrá, como mínimo, entre la última línea del texto principal y la primera nota al pie de página. Le aconsejo que utilice un valor múltiplo de la interlinea del texto principal. Por ejemplo, si el texto tiene un interlineado de 10 puntos, introduzca un valor de 5 o 10 puntos.
- Espacio entre notas al pie de página. Es similar al espacio entre párrafos. Tenga en cuenta que las notas no se leen de corrido, sino que se van consultando conforme aparecen sus referencias en el texto. Por lo tanto, y si el texto lo permite, introduzca un valor de al menos la mitad del interlineado del texto que compone las notas; facilitará enormemente su localización y lectura.

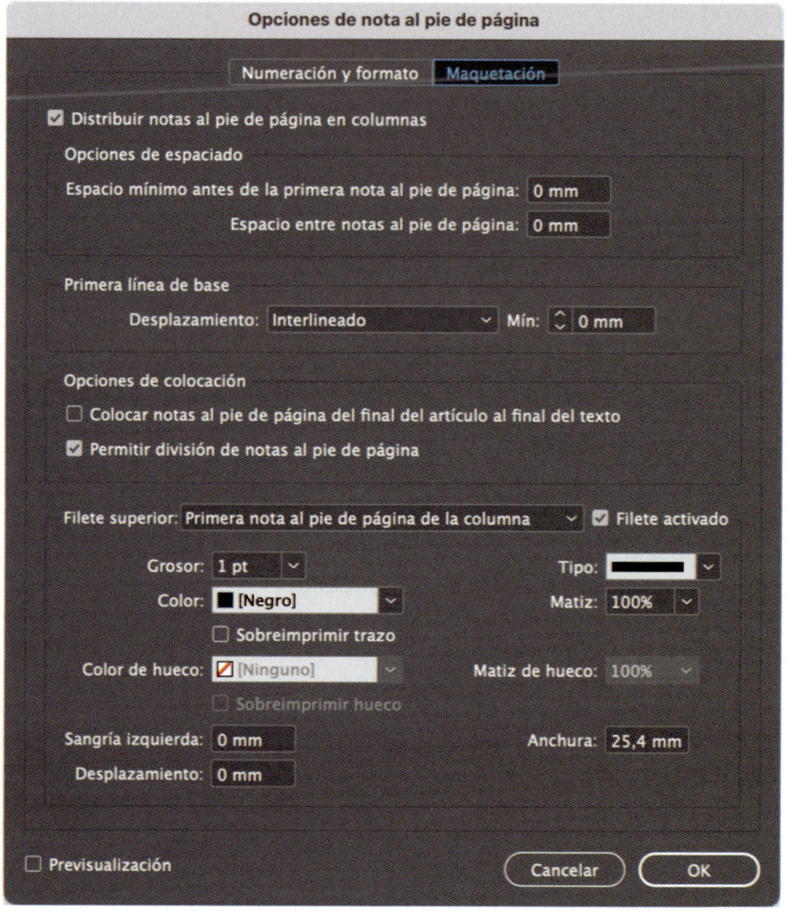

Figura 13.6. Pestaña Maquetación del cuadro de diálogo Opciones de nota al pie de página.

- Primera línea de base. Determina la distancia entre el comienzo del área de la nota al pie de página (donde suele aparecer la línea de división por defecto) y la primera línea del texto de la nota.
- Colocar notas al pie de página del final del artículo al final del texto. Seleccione esta opción si quiere que las notas al pie de página de la última columna aparezcan justo debajo del texto en el último marco del artículo, en vez de ocupar la posición inferior por defecto. Puede marcar esta opción si no le gusta que quede mucho espacio en blanco entre el final de un artículo y las notas al pie correspondientes.
- Permitir división de notas al pie de página. Marque esta casilla para que una nota al pie de página muy extensa pueda dividirse entre dos o más columnas de texto.
- Filete superior. Una forma muy efectiva de separar el texto principal de las notas al pie es la utilización de una línea divisoria. InDesign puede colocar dos tipos de

filetes, uno antes de la primera nota y otro en el caso de que las notas se dividan entre dos o más columnas. Seleccione una de las dos opciones y marque la casilla de verificación Filete activado para activarlo y poder modificar su grosor, color y tamaño.

Notas al final del documento

Puede hacer que una nota aparezca al final del documento o del artículo. Para ello, utilice el comando Texto>Nota al final. Modifique el aspecto, ubicación y características de las notas al final del documento en el cuadro de diálogo Texto>Opciones de notas al final del documento: son las misma opciones que para notas al pie, con la excepción de que ahora podrá escoger la ubicación de las notas, al final del documento o al final del artículo.

Tablas de contenido

La tabla de contenido, conocida también como índice de materias, es de vital importancia como elemento de referencia en una publicación. Puede crear una tabla de contenido a la antigua usanza, es decir, recorre el libro de principio a fin, copiando los títulos y subtítulos junto con el número de página en que aparecen y los va pegando en un marco de texto al principio de este. O puede utilizar la función de creación de tablas de contenido en InDesign, que es tremendamente potente y, con permiso de Adobe, ridículamente sencilla.

Una tabla de contenido no es más que una lista compuesta por los párrafos del documento que tienen aplicado un estilo de párrafo específico, seguidos del número de página en la que aparecen. Por lo tanto, solo es posible generar una tabla de contenido automática si antes ha definido y aplicado estilos de párrafo en el documento. La receta para generar una tabla de contenido consta de tres simples pasos:

1. Crear y aplicar estilos a los párrafos que deben figurar en la tabla de contenidos, generalmente títulos y subtítulos de varios niveles. Por ejemplo, títulos de capítulo, sección y subsección.
2. Crear un estilo de tabla de contenidos en el que especificará qué estilos de párrafo incluir y el formato final con el que aparecerán. Los estilos de tabla de contenido gestionan el texto que debe aparecer, en qué orden, cómo se añaden los números de página y qué formato se aplica a cada nivel en la tabla.
3. Escoger una ubicación para la tabla de contenidos, generarla y colocarla. InDesign recorrerá todo el documento (o documentos si está generando la tabla de contenidos desde un panel libro) en busca de los párrafos que tengan aplicados los estilos especificados en el punto 2, e irá anotando la página en que aparecen. El proceso puede llevar unos segundos o varios minutos, dependiendo de la extensión del texto.

Ahora estudiaremos en detalle los puntos 2 y 3. Para el primero, le remito a capítulos anteriores.

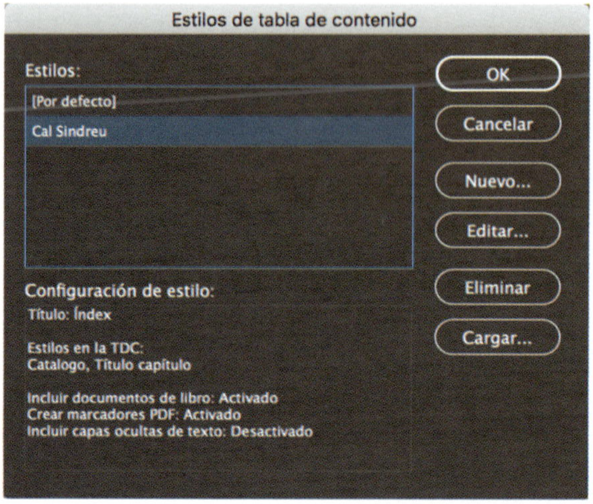

Figura 13.7. Cuadro de diálogo Estilos de tabla de contenido.

Crear estilos de tabla de contenido

Escoja Maquetación>Estilos de tabla de contenido; en el cuadro de diálogo que se abre podrá crear, editar, borrar o importar estilos de tabla de contenido. Para crear un nuevo estilo, haga clic en el botón Nuevo. Para modificar un estilo existente, haga doble clic en su nombre —o selecciónelo— y pulse el botón Editar. Si desea utilizar una definición creada en otro documento, haga clic en Cargar y seleccione el documento de InDesign que contenga los estilos que quiere importar.

Si escoge crear o editar un estilo de tabla de contenido, se abrirá el cuadro de diálogo Tabla de contenido.

- Estilo de TDC. Introduzca el nombre del estilo que va a crear o editar.
- Título. El texto que escriba en este campo aparecerá en la cabecera de la tabla de contenido cuando la coloque en el documento. Escriba un título que sea fácil de entender por cualquier lector, como «Tabla de contenido» o «Índice de materias».
- Estilo. Seleccione el estilo de párrafo que se aplicará al título que ha escrito en el punto anterior.
- Estilos de la tabla de contenido. En esta sección verá dos listados. A la derecha, bajo el epígrafe Otros estilos, InDesign muestra todos los estilos de párrafo definidos en el documento. Para añadir un estilo de párrafo a la tabla de contenido, selecciónelo en esta lista y haga clic en el botón << Añadir. Los estilos que haya añadido aparecerán en el listado de la izquierda, Incluir estilos de párrafo. Para eliminar un estilo de la tabla de contenido, selecciónelo y haga clic en el botón Quitar >>. Volverá al listado de la derecha.

Cuando haya escogido los estilos de párrafo que incluirá en la tabla de contenido, deberá decidir su aspecto final en el documento. Para ello, seleccione cada uno de los nombres de la lista Incluir estilos de párrafo y, en la siguiente sección del cuadro de diálogo, especifique el nivel, el estilo de párrafo que debe aplicarse y la posición y estilo del número de página. Si no ve todas las opciones que se muestran en la figura 135, pulse el botón Más opciones. La sección Estilo muestra el nombre del estilo de párrafo que ha seleccionado y cuyas propiedades editará:

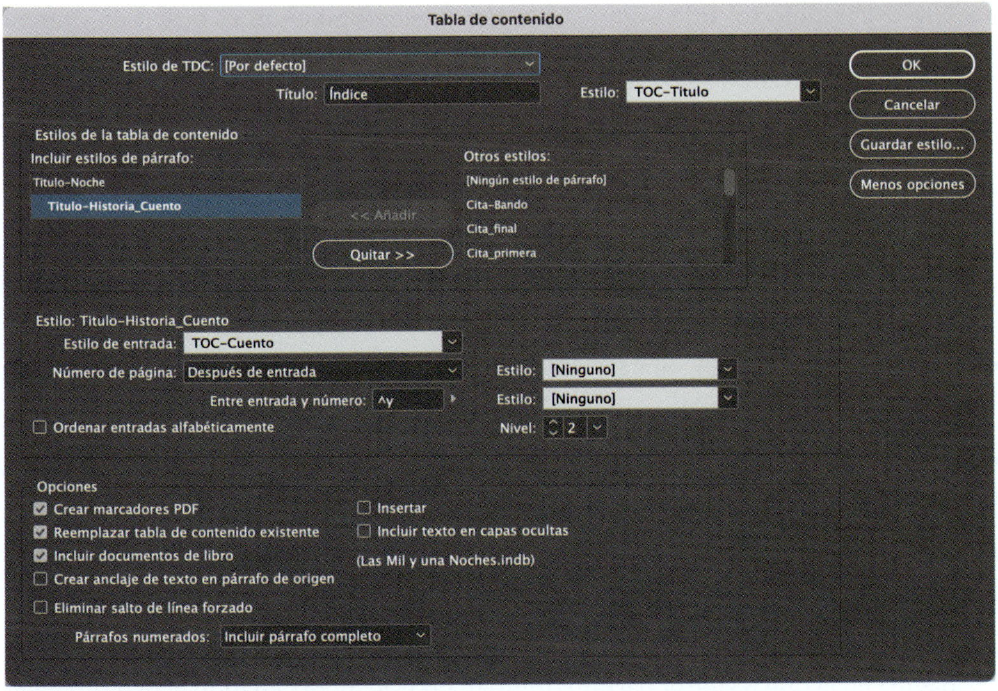

Figura 13.8. Cuadro de diálogo Editar Tabla de contenido.

- Estilo de entrada. Por defecto, InDesign propone aplicar el mismo estilo de párrafo a la entrada de la tabla de contenido que el del párrafo original. Le recomiendo que cree estilos específicos para las entradas de la tabla de contenido.
- Número de página. Seleccione si quiere que aparezca el número de página correspondiente a la entrada y en qué posición. Si decide mostrarlo, puede escoger entonces un estilo de carácter de la lista desplegable Estilo que se encuentra a su derecha. Por ejemplo, para hacer que el número de página aparezca en negrita, cree un estilo de carácter con el atributo *negrita* y selecciónelo.
- Entre entrada y número. Escriba cualquier texto o escoja de entre la multitud de caracteres especiales que propone InDesign. Por defecto se incluirá un carácter de tabulación, pero puede colocar una coma y un espacio, un espacio corto, un guion, etc. A este texto le puede aplicar el estilo de carácter que seleccione en la lista desplegable Estilo situada a su derecha. Si quiere que entre el texto de la entrada y el número haya una línea punteada, deberá definir un estilo en el que el tabulador tenga un carácter de relleno.
- Ordenar entradas alfabéticamente. Si desea que InDesign ordene alfabéticamente las entradas para el nivel seleccionado, marque esta casilla. Por ejemplo, imagine que está elaborando la tabla de contenido de un libro de recetas de cocina. Tal vez sea más práctico para el usuario consultarla si está ordenada alfabéticamente.

- Nivel. Por defecto, InDesign asigna los niveles siguiendo el orden en que ha pasado los nombres de los estilos de párrafo del listado Otros estilos al listado Incluir estilos de párrafo de la sección Estilos de la tabla de contenido. El nivel será utilizado por InDesign para ordenar correctamente la tabla de contenido. Por ejemplo, todos los párrafos de nivel 2 se agruparán por debajo de los párrafos de nivel 1 correspondientes.

Repita estos pasos para cada uno de los estilos que quiera incluir en la tabla de contenido. Por último, en la parte inferior del cuadro de diálogo hay una serie de opciones adicionales:

- Crear marcadores PDF. Si va a exportar el documento en formato PDF, InDesign creará de forma automática un vínculo entre cada entrada de la tabla de contenido y la página a la que hace referencia.
- Reemplazar tabla de contenido existente. Si ya ha generado la tabla de contenido, marque esta casilla para sustituirla cada vez que modifique el estilo. Perderá los ajustes manuales aplicados.
- Incluir documentos de libro. Marque esta casilla si está creando la tabla de contenido de un libro para que InDesign utilice todos sus capítulos y los tenga en cuenta a la hora de numerar las entradas.
- Crear anclaje de texto en párrafo de origen. Crea un hipervínculo que apunta a la página en la que reside el párrafo original. De este modo, cuando el usuario haga clic en la entrada de la tabla de contenidos, se desplazará rápidamente a la página de destino. Utilice esta opción siempre que exporte un libro en formato digital.
- Eliminar salto de línea forzado. En ocasiones, la mejor forma de componer un titular es utilizar saltos de línea forzados para dividir la línea original en dos o más líneas. Sin embargo, querrá que su tabla de contenidos no los tenga en cuenta, y muestre la entrada completa en una sola línea. En este caso, marque esta casilla.
- Insertar. Seleccione esta opción si deseas que todas las entradas de la tabla de contenidos se inserten en un único párrafo, es decir, que aparezcan como una sola línea de texto. Un ejemplo es la tabla de contenido de una revista con pocas secciones o bien una tabla de contenido de un solo nivel.
- Incluir texto en capas ocultas. Si marca esta casilla, InDesign incluirá las referencias al texto que se encuentre en capas ocultas.
- Párrafos numerados. Cuando la tabla de contenido utiliza un párrafo que incluye un estilo de numeración, escoja si desea que la entrada utilice el párrafo completo (número y texto), solo los números o solo el texto (excluir números).

Cuando esté conforme con la definición de su tabla de contenido, pulse el botón OK. Si el resultado no es el esperado, siempre podrá volver al cuadro de diálogo Estilos de tabla de contenido y editarlo.

Generar una tabla de contenido

Este paso es el más sencillo. Escoja Maquetación>Tabla de contenido. InDesign mostrará el cuadro de diálogo de la figura 135. La única diferencia es que ahora podrá escoger el nombre del estilo que quiere emplear en la lista desplegable Estilo de TDC. Seleccione el nombre del estilo que creó siguiendo los pasos del punto anterior y pulse el botón OK.

Si antes de escoger la opción Tabla de contenido seleccionó un marco de texto, InDesign la insertará en este; de lo contrario, aparecerá el cursor cargado de texto, listo para hacer clic en el marco de texto que elija o para crear uno nuevo. Dependiendo de la longitud del texto original, InDesign tardará más o menos tiempo en generar la tabla. Una vez generada la puede editar de dos formas: manualmente, seleccionando las entradas individuales y realizando los cambios oportunos en el texto o, mejor todavía, editando los estilos de párrafo que creó específicamente para la tabla de contenido.

Si crea la tabla de contenido al principio del documento y debe agregar páginas adicionales para dar cabida a todo el texto, los números de página de la tabla habrán quedado obsoletos, pues las páginas a las que hace referencia se habrán desplazado para hacer sitio a las páginas que ocupa la tabla. No pasa nada. Escoja Maquetación>Actualizar tabla de contenido para volver a generarla, esta vez con la numeración correcta. De hecho, cada vez que realice cambios en el documento, deberá actualizar la tabla de contenido.

Dado que el proceso que crea la tabla de contenido es, en realidad, un generador de listas, puede utilizarlo para generar otro tipo de contenido. De hecho, puede utilizar cualquier texto que utilice de forma regular un estilo de párrafo para generar una lista. Por ejemplo, si todos los pies de ilustración de una publicación utilizan el mismo estilo de párrafo, puede crear un índice de ilustraciones. También puede crear, al principio de cada capítulo de un libro o manual técnico, una lista no numerada con sus contenidos. Un documento de InDesign puede contener tantas listas —o tablas de contenido personalizadas— como crea oportuno; simplemente deberá crear un estilo de tabla de contenido para cada una de ellas y actualizarlas antes de dar por acabado el documento o libro.

Índices

Un índice alfabético es una lista ordenada de palabras —o frases— seguidas de un número que indica su ubicación en el libro. En un índice típico, las entradas incluirán nombres de personas, lugares, eventos y conceptos considerados como relevantes por el autor y, por lo tanto, de posible interés para un lector. Por ejemplo, en una guía de aves, el nombre común de cada una de las especies mencionadas en la obra —gorrión, paloma, águila real, avestruz— sería una palabra clave. Solo se puede crear un índice por documento o Libro.

Figura 13.9. Tabla de contenidos en la que se han aplicado estilos propios.

El primer paso para crear un índice en InDesign consiste en colocar los marcadores de índice en el texto. Cada marcador de índice asociado a la palabra que aparece en el índice se denomina *tema*. Al generar el índice, cada tema se mostrará seguido por los números de página en las que se ha encontrado. Los temas se ordenan alfabéticamente bajo los *encabezados de sección* (A, B, C, etc.). Una *entrada de índice* es pues un tema (el término que busca el lector) relacionado con una referencia cruzada o de página (número de página o intervalo). Una *referencia cruzada*, precedida por «Véase» o «Véase también», lleva a otras entradas de índice, no a un número de página.

Generar un buen índice alfabético no es una tarea sencilla. Debe planificarlo con antelación y presentar los temas de forma coherente, con cuidado de no mezclar entradas en mayúsculas y minúsculas o en plural y singular. Por ejemplo, InDesign considera como entradas diferentes los temas *gorrión, Gorrión* y *gorriones*. La forma más efectiva de generar el índice es escribir de antemano la lista de temas y luego buscar los lugares relevantes del documento donde aparecen. Los pasos para generar un índice son:

1. **Crear una lista de temas**. Puede ir modificando y añadiendo temas conforme vaya elaborando el índice, pero una lista previa ayudará a mantener la coherencia en las entradas del índice. Por ejemplo, en una guía de aves crearía primero el tema gorrión y luego añadiría al mismo las entradas del índice que hiciesen referencia a gorrión, Gorrión o gorriones.

En este capítulo:

Figura 13.10. Una tabla de contenido personalizada para presentar el contenido de un capítulo al principio de este.

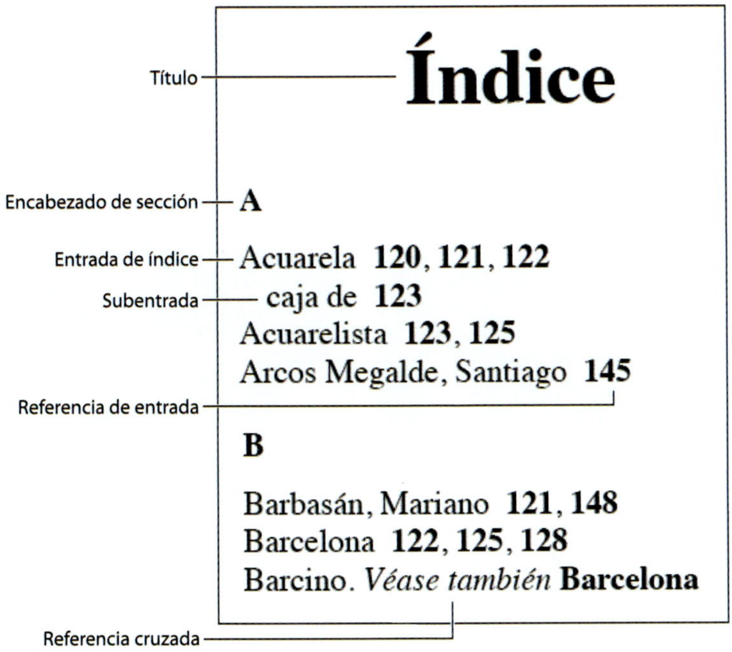

Figura 13.11. Elementos de un índice.

2. **Adición de los marcadores de índice**. Utilice el panel Índice para añadir marcadores de índice en las páginas del documento a las que desee que hagan referencia las entradas.
3. **Generación del índice**. Cuando haya terminado el paso anterior, escoja una ubicación para el índice, genérelo y colóquelo. Puede dar formato al texto del índice, modificar los estilos generados por defecto o asignar manualmente estilos de párrafo y carácter.

Crear una lista de temas

El panel Índice permite crear, editar y obtener una vista previa del índice (Ventana>Texto y tablas>Índice). Incluye dos modos: Referencia y Tema. En el modo Referencia, el área de vista previa muestra las entradas de índice completas del documento o libro actual. En Tema, solo muestra temas, sin números de página ni referencias cruzadas. El modo Tema se utiliza para crear la estructura del índice, mientras que en el modo Referencia se van añadiendo las entradas de índice.

- Para crear una lista de temas, ponga el panel Índice en modo Tema y haga clic en el botón Crear nueva entrada de índice. Se abrirá el cuadro de diálogo Nuevo tema.
- Escriba el nombre del tema en el primer cuadro del área Niveles de índice. Para crear una subentrada, escriba un texto en el segundo recuadro. Por ejemplo, puede crear el tema *huevo* y la subentrada *tortilla de*. Opcionalmente, puede escribir la subentrada en el segundo recuadro y seleccionar la entrada principal en la lista

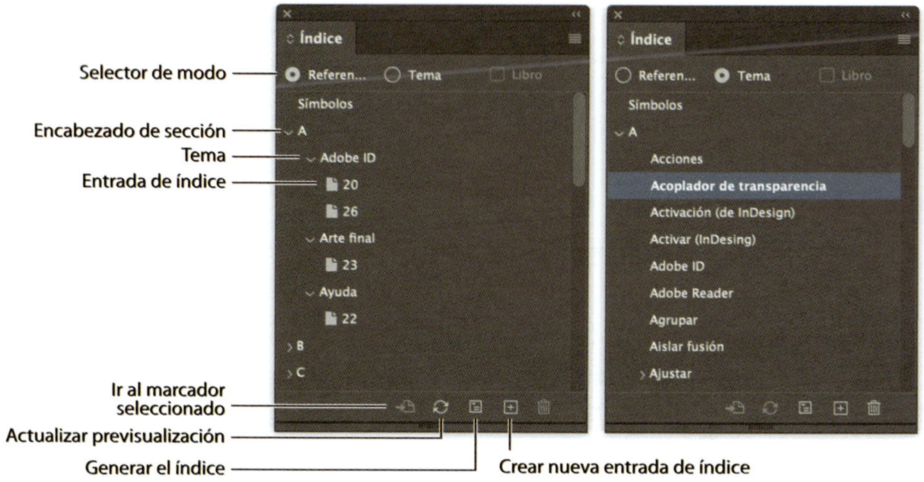

Figura 13.12. Panel Índice en modo Referencia (izquierda) y Tema (derecha).

inferior, haciendo doble clic sobre ella para que se introduzca automáticamente en el primer recuadro. Puede crear hasta cuatro niveles de subentradas.

- Si quiere alterar la ordenación alfabética para este tema, introduzca el término que debe utilizar en su lugar InDesign en el recuadro correspondiente del apartado Ordenar por. Por ejemplo, la entrada *Antoni Gaudí* debería ordenarse por *Gaudí*, que es como mejor se conoce al genial arquitecto catalán. La entrada *Antoni Gaudí* aparecería entonces bajo el encabezado de sección *G*, que es la primera letra del apellido del artista.
- Haga clic en el botón Añadir para añadir el tema, que ahora aparecerá en la lista de temas del panel Índice.
- Cuando haya acabado de introducir temas, haga clic en el botón Hecho.
- Si lo prefiere, puede importar una lista de temas de otro documento InDesign. Escoja el comando Importar temas del panel Índice.
- Haga doble clic en una entrada del listado de temas para editarla.

Añadir marcadores de índice

Una entrada de índice consta de dos partes, un tema y una referencia. Los temas son las palabras clave y las referencias los números de página o las referencias cruzadas a otro tema (del tipo *Véase también*).

- Para crear una referencia, debe localizar la palabra clave en el texto, colocar el cursor delante de ella (o seleccionarla completamente) e insertar un marcador de índice haciendo clic en el botón Crear nueva entrada de índice del panel Índice en modo Referencia. Se abrirá el cuadro de diálogo Nueva referencia de página.
- Si en el paso anterior seleccionó una palabra completa, esta aparecerá escrita en el primer recuadro de la sección Niveles de tema. Si insertó el cursor delante de la

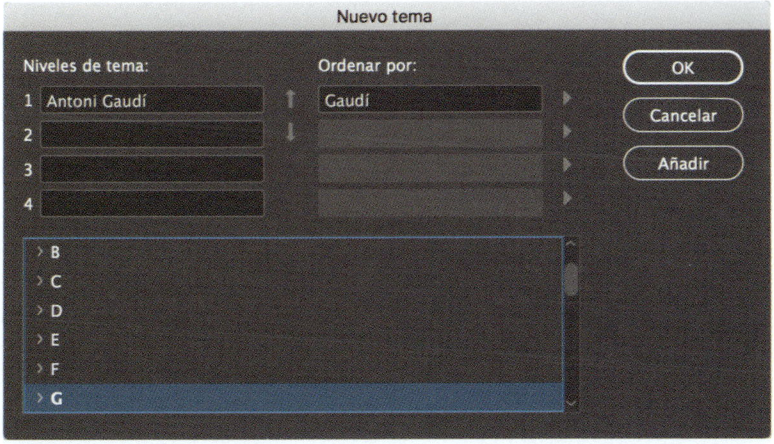

Figura 13.13. Cuadro de diálogo Nuevo tema.

palabra, el recuadro aparecerá en blanco. En ambos casos puede escribir o editar el texto de la referencia de página. Recuerde que, para que el índice sea coherente, lo mejor es hacer doble clic en el término del listado de la parte inferior del cuadro de diálogo. De esta forma todas las entradas, ya sea en mayúscula o minúscula, plural o singular, aparecerán escritas de forma idéntica en el índice.

- Para crear entradas y subentradas, escriba el nombre principal en el primer cuadro del apartado Niveles de tema y las subentradas en los cuadros posteriores. Puede usar las flechas Arriba/Abajo para cambiar el orden de los elementos, y convertir así la subentrada en entrada y viceversa.
- Para cambiar la clasificación de un tema, utilice los campos del apartado Ordenar por. Por ejemplo, para que aparezca *Salvador Dalí* en la *D* (en lugar de la *S*), escriba *Dalí* en el cuadro Ordenar por y *Salvador Dalí* en el cuadro Niveles de tema.
- Por último, especifique un tipo de entrada de índice. El más habitual es Página actual, pero también es interesante la opción Hasta el final del artículo, que introducirá un intervalo de números (del tipo 45-47) que abarca desde el número de página en el que se encuentra el marcador de índice hasta el número de página en la que acaba el artículo. Si la referencia es del tipo *Véase* o *Véase también*, escriba el nombre de un tema en el cuadro *Referencia* o, mejor, selecciónelo de la lista de temas de la parte inferior.
- Si quiere enfatizar una entrada, seleccione Ignorar estilo de número para que InDesign no aplique el estilo de carácter por defecto a esa entrada y escoja otro de la lista desplegable situada a su derecha.
- Pulse el botón Añadir para añadir la entrada actual y dejar el cuadro de diálogo abierto para ingresar más entradas, o Añadir todo para que InDesign busque y añada automáticamente todas las apariciones del texto seleccionado en el documento y cree un marcador de índice para cada una. Esta opción solo está disponible si

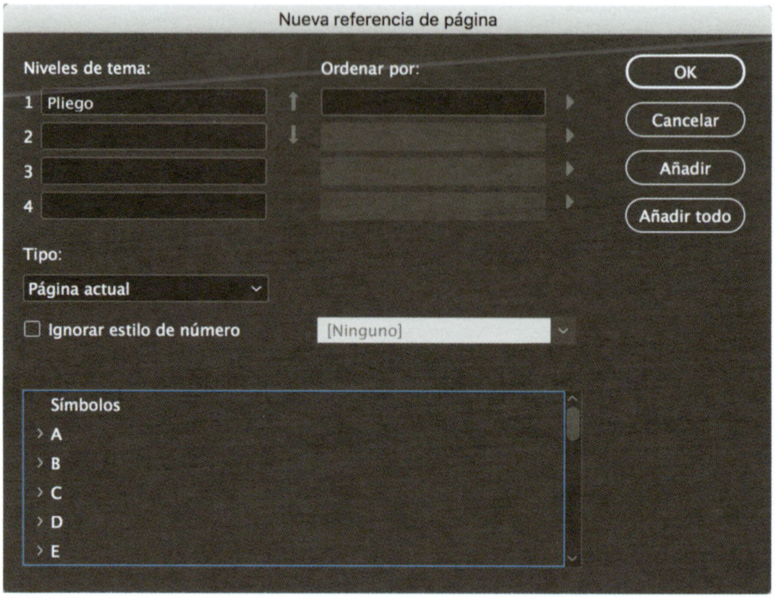

Figura 13.14. Cuadro de diálogo Nueva referencia de página.

previamente ha seleccionado texto en el documento. Haga clic en OK para añadir la entrada de índice y cerrar el cuadro de diálogo.

Generación del índice

Ahora que ya ha añadido, revisado y, en su caso, editado las entradas del índice mediante el panel Índice, ha llegado el momento de generar un artículo de índice y colocarlo en el documento. Puede colocar el texto de índice en el mismo documento o en un documento nuevo. Recuerde que cada vez que edite el texto, añada o quite páginas del documento, deberá volver a generar el índice para actualizarlo.

Escoja Generar índice en el menú del panel Índice (o haga clic en el botón equivalente). Se abrirá el cuadro de diálogo Generar índice. Haga clic en el botón Más opciones para mostrar las opciones adicionales:

- Título. Escriba el texto que desea que aparezca en la parte superior del índice y a continuación asígnele un estilo de párrafo mediante el menú desplegable Estilo de título. Si no escoge ninguno, InDesign creará y aplicará un estilo por defecto denominado Titulo de índice que luego podrá editar.
- Reemplazar índice actual. Marque esta casilla si está actualizando el índice y quiere que InDesign lo reemplace por el nuevo de forma automática. Cuidado con esta opción, porque perderá todas las modificaciones manuales que haya aplicado al artículo de índice. Si no la marca, podrá generar varios índices.

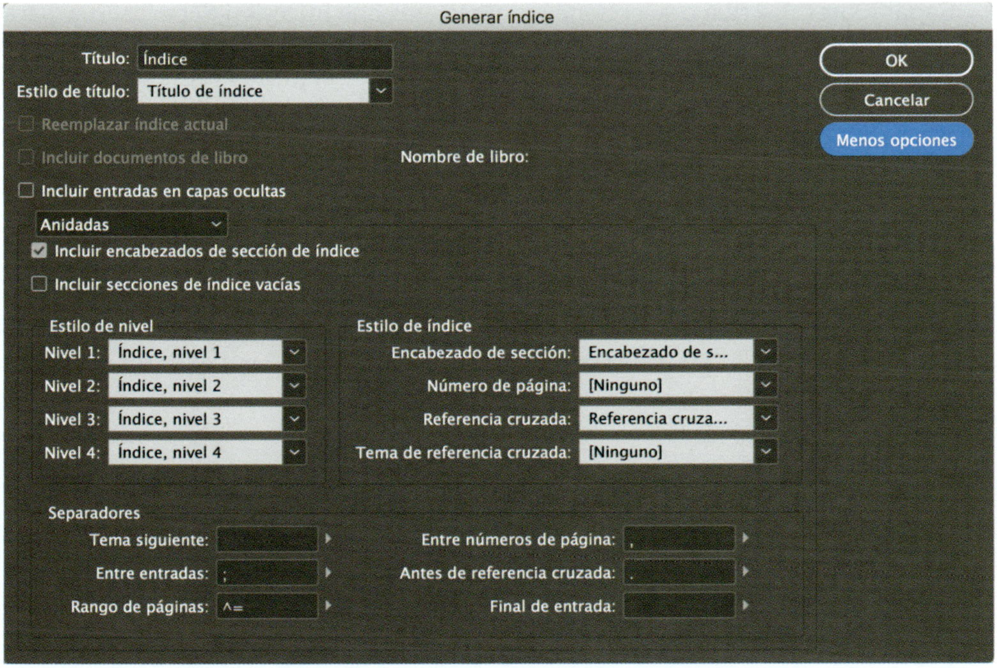

Figura 13.15. Cuadro de diálogo Generar índice.

- Incluir documentos de libro. Marque esta casilla para crear un solo artículo de índice para todos los documentos del libro.
- Incluir entradas en capas ocultas. Esta opción añade al índice los marcadores de índice de los artículos situados en una capa oculta.
- Anidadas o insertadas. Escoja anidadas para generar un índice por defecto, con las subentradas anidadas y *sangradas* bajo una entrada como párrafos independientes. Si quiere que las subentradas aparezcan en un único párrafo, unas al lado de las otras, escoja insertadas.
- Incluir encabezados de sección de índice. Esta opción, marcada por defecto, determina la inserción de caracteres alfabéticos (A, B, C, etc.) para separar una sección de otra.
- Incluir secciones de índice vacías. Marque esta casilla para generar encabezados de sección para todas las letras del alfabeto, incluso en el caso de secciones que no dispongan de entradas de índice que empiecen por su letra.
- Estilo de nivel. Escoja un estilo de párrafo para cada uno de los niveles de entrada y subentrada existentes en el índice. Los estilos generados automáticamente se pueden editar posteriormente en el panel Estilos de párrafo.
- Estilo de índice. Escoja un estilo de párrafo para el encabezado de sección (las letras A, B, C, etc.) o un estilo de carácter para el número de página, el texto de referencias cruzadas o el tema de una referencia cruzada.

- Separadores. Escriba o seleccione los caracteres que InDesign debe insertar para separar los distintos elementos que componen una entrada de índice. Por ejemplo, para dejar un *espacio m* entre el texto de la entrada y el primer número de página, seleccione espacio largo en el menú desplegable del cuadro Tema siguiente (InDesign utiliza por defecto dos espacios en blanco).

Haga clic en OK cuando haya terminado. Si es la primera vez que genera el índice, aparecerá un icono de texto cargado. Coloque el artículo generado como haría con otro texto. Si ya ha colocado el índice con anterioridad y está marcada la casilla Reemplazar índice actual, InDesign actualizará el contenido del artículo que contiene el índice.

Puede modificar los estilos de párrafo y carácter que InDesign ha generado de forma automática o editar directamente el texto del índice como editaría cualquier texto en el documento.

Ejercicios

1. Cree un nuevo libro y guárdelo en la carpeta Ejercicios>cap13. Añada los siguientes documentos en este orden: cortesia.indd, agradecimientos.indd, indice.indd, introduccion.indd, libro.indd, catalogo.indd. Compruebe que la numeración de páginas es correcta y observe cómo las páginas de los tres últimos documentos cambian de lado (de izquierda a derecha) al formar parte del libro.
2. ¿Cómo puede evitar que, al añadir documentos a un libro, sus páginas se autonumeren?
3. Cambie el estilo de párrafo *Cuerpo texto* del documento libro.indd (por ejemplo, cambie el color del texto de negro a verde). Ahora marque este documento como Origen de estilo en el panel libro que ha creado en el primer ejercicio. ¿Qué debe hacer para que el resto de documentos del libro se actualice de forma que en todos el texto principal sea de color verde?
4. Abra el documento Ejercicios>cap13>notas.indd. Observe cómo en la mesa de trabajo del primer pliego hay un marco de texto que contiene las notas. Busque las notas en el texto principal (un número entre paréntesis) e inserte notas en InDesign. Aplique el estilo de carácter *notas en el texto* a los marcadores de notas al pie, y el estilo de párrafo *nota al pie* en el texto de las notas. Si es necesario, cree una página nueva para acomodar todo el texto.
5. Abra el documento de libro que creó en el ejercicio 1. Vuelva a generar la tabla de contenido utilizando el estilo de párrafo *Titulo capítulo*.
6. Genere un índice alfabético para el libro del primer ejercicio en el que se incluyan los nombres de los autores de las obras del catálogo, ordenados por el primer apellido. Aplique estilos de párrafo y carácter acordes con el resto del documento.

14 Técnicas avanzadas

Recopilar y colocar contenido

La forma más inmediata de compartir información entre dos documentos en la utilización de los comandos Copiar y Pegar del menú Edición. Sin embargo, un objeto pegado desde otro documento es literalmente una nueva versión sin ninguna relación con el original; cualquier cambio que haga en el objeto original o en el recientemente pegado afectará solo a ese objeto. Cuando trata de mantener actualizadas varias versiones —o formatos de salida— de un mismo trabajo, lo interesante es que se mantenga el vínculo entre esos dos elementos, de forma que cualquier modificación en el original quede reflejada en la copia. Y esa es precisamente la función de las herramientas Recopilar y Colocar.

Recopilar contenido

Para recopilar contenido siga los siguientes pasos:

1. Seleccione la herramienta Recopilador de contenido en el cuadro de Herramientas.
2. Se abrirá de forma automática el panel Conversor de contenido, y el cursor cambiará para indicar que está seleccionada la herramienta Recopilador de contenido.
3. Haga clic sobre el elemento que pretende duplicar. Su miniatura aparecerá en el panel Conversor de contenido. Repita la acción para cada objeto que quiera duplicar. Un número entre paréntesis aparece a la derecha del cursor, para indicar la cantidad de elementos recopilados. Si quiere recopilar de una vez todo el contenido de la página, selecciónelo primero (Edición>Seleccionar todo) y haga clic en el botón Cargar conversor del panel Conversor de contenido. Puede cargar los elementos seleccionados o todos los elementos de todas las páginas del documento. Opcionalmente, marque la casilla Crear un único conjunto del cuadro de diálogo Cargar conversor para cargar todos los elementos como si de un grupo se tratase: cuando los coloque, se colocarán todos a la vez.
4. Ahora puede colocar los objetos recopilados en un área diferente de la misma página, en otra página o en otro documento.

Cuando copie un marco de texto, marque la casilla Recopilar todos los marcos enlazados para copiar de una vez todos los marcos de texto enlazados. Si no marca esta

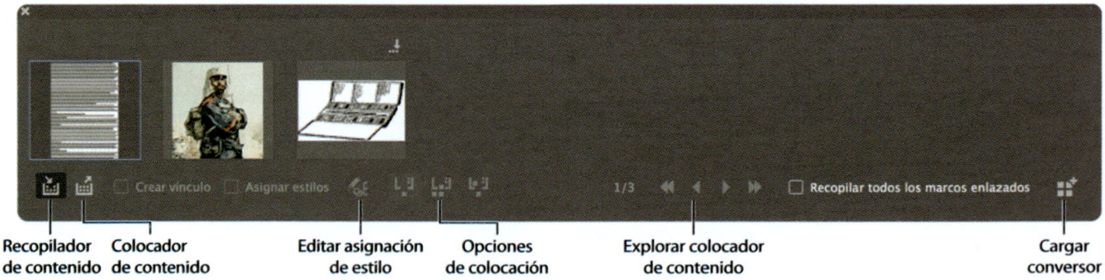

Figura 14.1. Panel Conversor de contenido.

opción, tan solo se copiará el marco de texto sobre el que haya hecho clic con la herramienta Recopilar contenido. Deberá entonces aumentar su tamaño o enlazarlo a otros marcos para mostrar todo el texto.

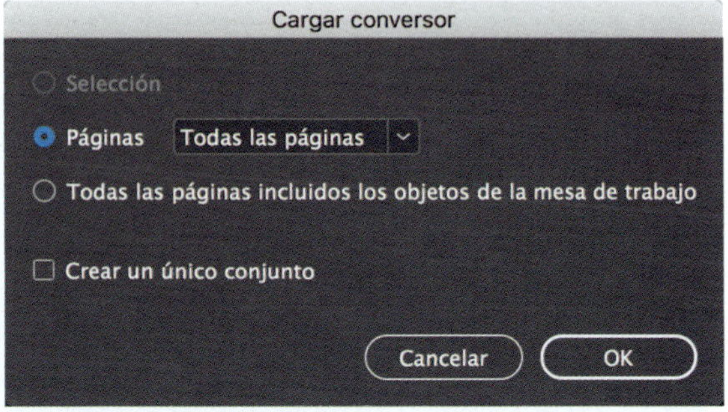

Figura 14.2. Cuadro de diálogo Cargar conversor.

Colocar contenido

Seleccione la herramienta Colocador de contenido del cuadro de Herramientas o del panel Conversor de contenido. A continuación, pulse las flechas de cursor izquierda y derecha de su teclado o los botones de exploración del panel Conversor de contenido para seleccionar el elemento que desee colocar, y lleve a cabo una de las siguientes acciones:

- Para vincular el elemento colocado a la versión original, de manera que cualquier modificación del elemento original quede reflejada en la copia, marque la casilla Crear vínculo en el panel Conversor de contenido y luego haga clic o arrastre en el lugar en que desee crear la copia: la misma página, una página diferente u otro documento.
- Si desea asignar un nuevo estilo —de párrafo, carácter, tabla o celda— al elemento colocado, seleccione la casilla Asignar estilos. Puede determinar qué estilos utilizar en los elementos copiados mediante el botón Editar asignación de estilo.

Existen tres opciones de colocación que podrá indicar con el botón correspondiente del panel Conversor de contenido:

- Colocar, eliminar del conversor y cargar siguiente. Seleccione esta opción si solo va a colocar una vez el elemento copiado.
- Coloque el elemento actual varias veces. El elemento permanece cargado en el cursor de colocación y no se elimina del panel Conversor de contenido. Puede seleccionar otros elementos con las flechas de cursor izquierda y derecha de su teclado.
- Colocar, mantener en el conversor y cargar siguiente. Esta opción es ideal si desea colocar la misma secuencia de elementos más de una vez, en diferentes documentos o páginas.

Asignar estilos

La opción Asignar estilo del panel Conversor de contenido le permite aplicar de forma automática un estilo diferente a los elementos de texto colocados. Es una opción muy interesante si planea hacer una publicación con diversos formatos de salida, como por ejemplo una revista en papel y una versión digital adaptada a una tableta.

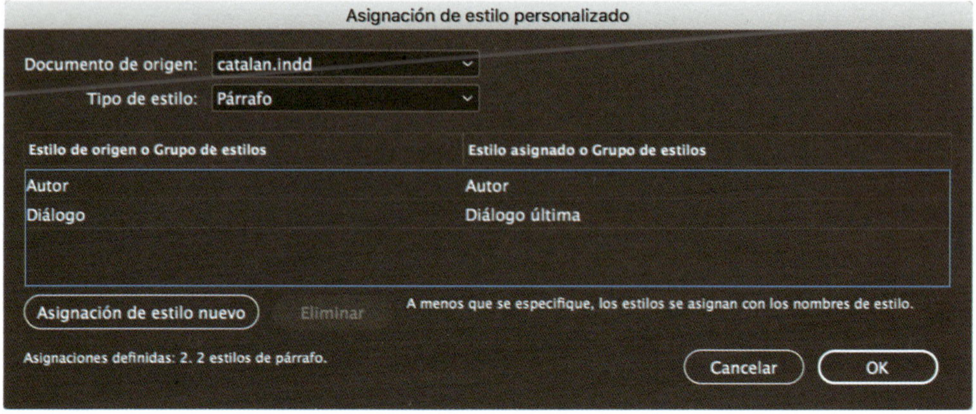

Figura 14.3. Cuadro de diálogo Asignación de estilos.

Para trabajar de forma coherente y efectiva en dos versiones de un mismo documento, mantenga siempre los mismos nombres en los estilos de texto y tablas que cumplan una misma función: *título*, *encabezado*, etc. De esta forma, cuando utilice las herramientas de colocación de contenido, solo deberá marcar la casilla Asignar estilos del panel Conversor de contenido para que InDesign aplique la nueva definición de forma automática. Por ejemplo, un tamaño de texto de 10 puntos es frecuente en un documento impreso, pero demasiado pequeño para una versión digital; puede definir un estilo de párrafo con el mismo nombre en los dos documentos, y hacer que InDesign aplique un tamaño mayor su homónimo digital.

Editar la asignación de estilos

Sucede con cierta frecuencia que las distintas versiones —o diferentes formatos de salida— de un documento utilizan nombres de estilos que no son idénticos. En estos casos podemos indicar a InDesign qué estilos del documento de destino aplicar a cada elemento de texto según su función en el documento original. Con la herramienta Colocador de contenido seleccionada, pulse el icono Editar asignación de estilo personalizado en el panel Conversor de contenido para mostrar el cuadro de diálogo Asignación de estilos. Para crear una asignación de estilo personalizada siga los siguientes pasos:

1. Seleccione el documento de origen. InDesign mostrará una lista desplegable con los nombres de todos los documentos abiertos. El documento de origen debe ser el que utilizará para copiar contenido.
2. Tipo de estilo. Decida si quiere crear una asignación de estilo de párrafo, carácter, tabla o celda.
3. Haga clic en el botón Asignación de estilo nuevo. Aparecerá una línea con el texto Seleccionar estilo de origen o Grupo de estilos en la parte izquierda de la tabla. Si

hace clic sobre ella, un menú desplegable le mostrará todos los estilos del tipo que haya escogido en el paso 2, correspondientes al documento seleccionado en el paso 1. Seleccione el nombre de un estilo o una carpeta de estilos.

4. Haga clic en la línea de texto Seleccionar estilo asignado o Grupo de estilos que aparece en la parte derecha de la tabla. InDesign mostrará un menú desplegable con el nombre de los estilos del documento actual, del tipo que haya seleccionado en el punto 2. Por ejemplo, si seleccionó Párrafo como tipo de estilo, verá todos los nombres de estilos de párrafo.
5. Repita los pasos del 1 al 4 para cada asignación.

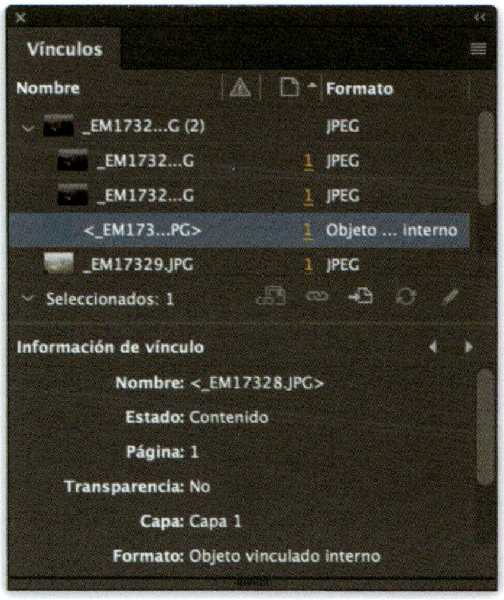

Figura 14.4. Aspecto de un vínculo en el panel Vínculos. Observe cómo la segunda entrada muestra, en la columna formato, el nombre «Objeto vinculado interno».

Si en el paso 3 escogió el nombre de una carpeta (grupo de estilos), e hizo lo propio en el paso 4, InDesign buscará los mismos nombres de estilo en cada grupo y reemplazará las especificaciones del estilo del documento original por las especificaciones del documento de destino. Por ejemplo, si crea un grupo de estilos con el nombre *Tablas* en ambos documentos, y dentro del grupo los estilos *cabecera* y *principal*, InDesign utilizará la definición del estilo *cabecera* del documento de destino cada vez que copie una tabla a la que aplicó ese mismo estilo en el documento de origen.

La asignación automática de estilos tiene una gran ventaja: aunque edite el contenido del texto en el documento original, ese mismo texto se actualizará en el documento de destino, pero conservará sus propias especificaciones de estilo.

Vincular elementos entre documentos

En el apartado anterior vimos la importancia de mantener actualizadas en todo momento las distintas versiones de un mismo documento. De este modo, cualquier cambio en el documento de origen quedará reflejado en el resto de documentos y, por lo tanto, el contenido de las diferentes versiones se mantendrá sincronizado y actualizado. Para que este mágico proceso pueda realizarse con éxito, antes deberá establecer vínculos entre las diferentes copias que realice de un mismo elemento. Es decir, en vez de copiar y pegar contenido, lo que hará será vincular el contenido de un documento de origen en un documento de destino.

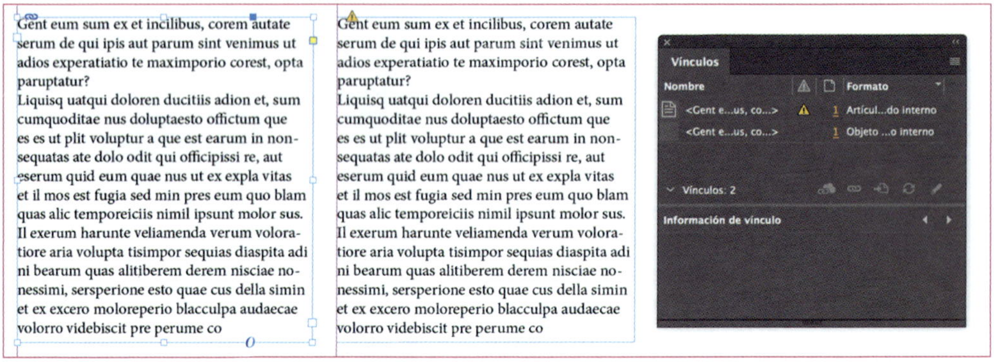

Figura 14.5. A la izquierda, el aspecto de un marco de texto vinculado; en el centro, el mismo marco de texto ha sido modificado en el documento de origen; a la derecha, aspecto del vínculo en el panel Vínculos.

Puede vincular contenidos entre documentos siguiendo cualquiera de estos dos procedimientos:

- Con la herramienta Colocar contenido, marque la casilla Crear vínculo del panel Conversor de contenido y a continuación haga clic o arrastre en la página de destino (que puede pertenecer al mismo documento o a documentos distintos).
- Copie un elemento, seleccione Edición>Colocar y vincular y a continuación haga clic o arrastre en la página de destino.

En ambos casos, el objeto que acaba de copiar mostrará el icono de una cadena en la parte superior izquierda de su marco contenedor (si no ve el icono, seleccione Ver>Extras>Insignia de vínculo). Además, aparecerá listado dos veces en el panel Vínculos: la primera como enlace al archivo original (en el caso de tratarse de una imagen o un gráfico) y la segunda como enlace al documento de origen.

Modificar y actualizar vínculos

Para modificar contenido vinculado:

1. Seleccione el elemento original.
2. Realice los cambios oportunos; por ejemplo, edite el texto o aplique un color de trazo.
3. El icono de elemento vinculado —una cadena situada en la esquina superior izquierda del marco contenedor— cambia a un signo de admiración en el documento de destino.
4. Si desea actualizar el vínculo a la versión más reciente, selecciónelo en el panel Vínculos y haga clic en el botón Actualizar vínculo situado en la parte inferior del panel. Mantenga pulsada la tecla Alt (Opción) al hacer clic para actualizar todos los vínculos de una vez. También puede hacer doble clic en el icono amarillo con

el signo de admiración que se muestra a la derecha del nombre del vínculo en el panel Vínculos.

NOTA

Si realiza cambios en un objeto vinculado en el documento de destino, el panel Vínculos *mostrará el icono de admiración. Si pulsa el botón* Actualizar vínculo, *¡perderá los cambios realizados! Por lo tanto, antes de modificar el archivo vinculado, debe romper el vínculo con el archivo original seleccionando* Desvincular *en el menú contextual del panel* Vínculos.

Diseños flotantes

La aparición del iPad de Apple supuso el nacimiento de una nueva plataforma de consumo de contenidos: las tabletas digitales. Adobe se ha subido rápidamente al carro y ahora su aplicación estrella es capaz de exportar documentos interactivos adaptados a estos dispositivos. Sin embargo, las tabletas se presentan en multitud de tamaños y formatos; es más, pueden utilizarse en posición horizontal o vertical. Así que la decisión del tamaño del documento final ahora es más compleja que nunca... Por suerte, InDesign guarda un As en la manga... ¡Diseño flotante al rescate!

En el momento en que usted modifica la configuración del documento —tamaño, orientación, márgenes o número de columnas— los marcos de texto y gráficos se mueven y cambian de tamaño para ajustarse a las nuevas posiciones relativas de guías de columna, márgenes de página y bordes de página. Recuerde que existen varias formas de modificar los valores de un documento:

- Mediante el cuadro de diálogo Ajustar documento..., en el menú Archivo.
- Introduciendo un número de columnas diferente o cambiando el tamaño de los márgenes en Maquetación>Márgenes y columnas.
- De forma interactiva, con la herramienta Página, si arrastra de alguno de los ocho manejadores mientras mantiene pulsada la tecla Alt (Opción).
- Editando el tamaño de página y su orientación con el botón Editar tamaño de página del panel Páginas.
- Si crea un diseño alternativo con la opción Maquetación>Crear diseño alternativo....

Reglas de página flotante

Cuando modifique el tamaño, la orientación o la proporción del documento, InDesign adaptará el contenido según las indicaciones marcadas por las denominadas Reglas de página flotante. Puede aplicar reglas diferentes a distintas páginas, aunque solo se puede aplicar una regla de página flotante cada vez.

Para aplicar una regla de página flotante, seleccione la herramienta Página y haga clic en una página del documento. A continuación, elija una regla de página flotante

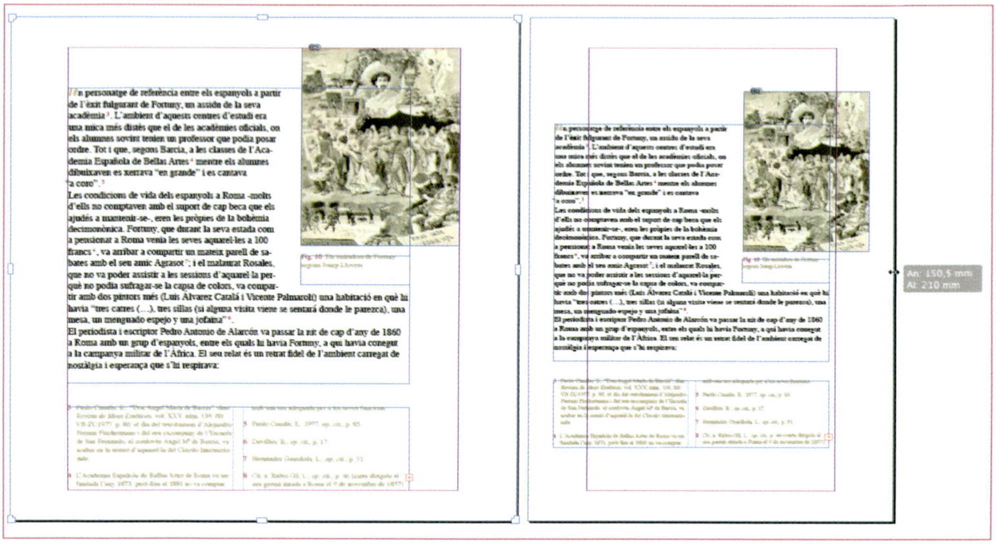

Figura 14.6. Regla de página flotante: Escala. A la izquierda la página original. A la derecha, después de haber modificado su escala horizontal (se ha estrechado). Observe cómo los elementos de la página son más pequeños pero mantienen su relación de aspecto.

en la barra Control o utilice la opción Maquetación>Diseño flotante. Puede ver una vista previa de los efectos de la regla aplicada si arrastra los manejadores de la página con la herramienta Página; cuando los suelte, la página regresará al tamaño original.

NOTA

Para modificar permanentemente las dimensiones de una página, arrastre de los manejadores con la herramienta Página *mientras mantiene pulsada la tecla* Alt (Opción).

Cada una de las reglas tiene un efecto diferente en los objetos de la página:

Escala

Trata todo el contenido de la página como un grupo, de forma que se mantiene la proporción entre los objetos, que se escalan para acomodarse a las nuevas dimensiones de la página. Modifica el tamaño de texto e imágenes. Utilícela cuando sea más importante mantener la apariencia del diseño que el tamaño absoluto de los elementos.

Volver a centrar

El contenido de la página se mantiene en el centro, sea cual sea el nuevo tamaño. Los elementos no cambian de tamaño. Si la página es más grande que el diseño original, aumenta el espacio blanco. Utilice esta regla cuando quiera mantener el tamaño y proporción de los elementos y no le importe añadir espacio blanco a los lados.

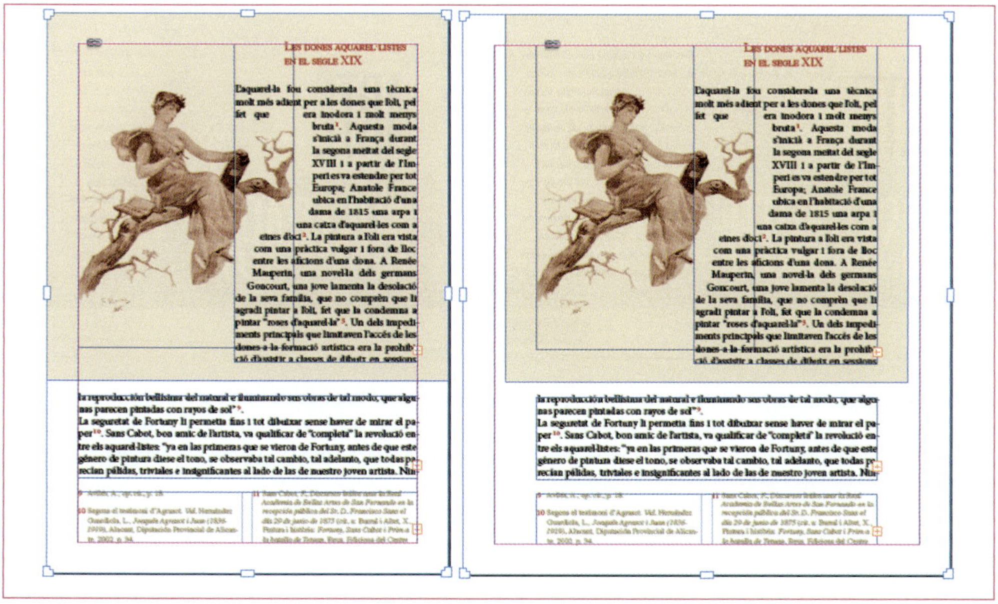

Figura 14.7. Regla de página flotante: Volver a centrar. A la izquierda la página original. A la derecha, después de haber modificado su escala horizontal (se ha ensanchado). El contenido no cambia de tamaño y se mantiene en el centro de la página, pero aumenta el espacio en blanco entre los elementos y los bordes de la página.

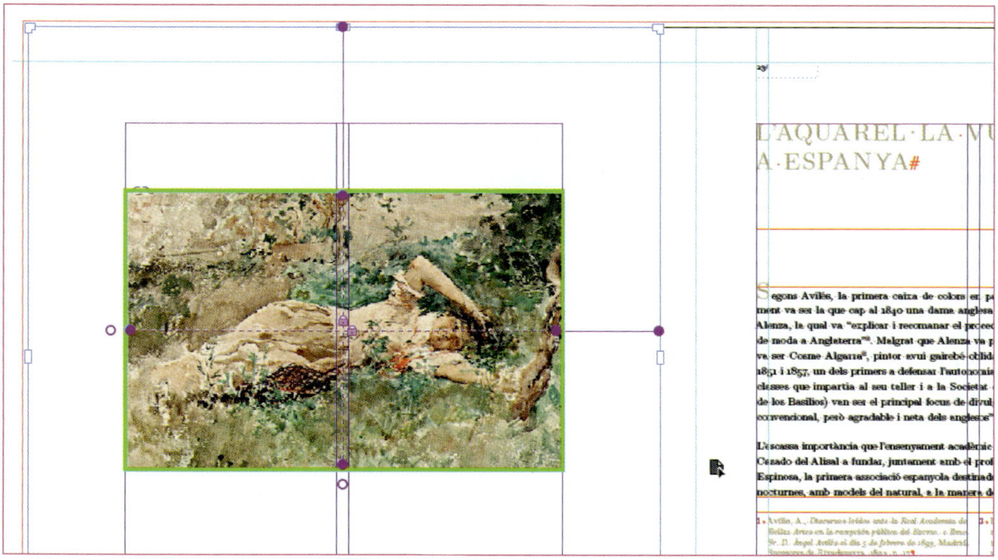

Figura 14.8. Regla de página flotante basada en objeto: controladores del objeto.

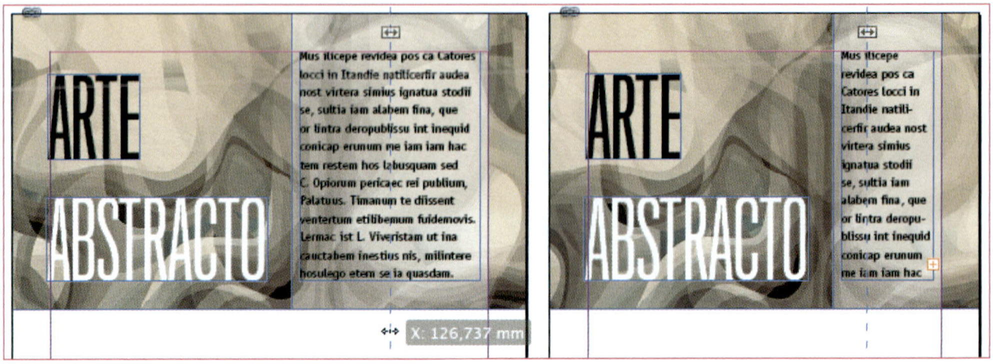

Figura 14.9. Regla de página flotante basada en guías. En la imagen de la izquierda se observa el diseño original; se ha colocado una guía en el centro del marco de texto. A la derecha, después de arrastrar con la herramienta página de derecha a izquierda. Observe cómo solo el ancho del marco de texto se modifica, sin alterar ningún otro elemento de la página ni el tamaño de los objetos.

Basado en objeto

Le permite decidir si se modifica el ancho o el alto de los objetos, manteniendo la distancia relativa entre estos y los bordes de la página. A cambio de otorgarle mayor control sobre los objetos, deberá especificar el comportamiento de cada uno de ellos de forma individual. Para modificar el comportamiento de cada uno de los objetos, puede utilizar los controladores de objeto interactivos (figura 14.5) o bien los cuadros de verificación del panel Diseño flotante. Dichos controladores le permiten determinar si el objeto debe modificar su anchura o altura para acomodarse a las nuevas dimensiones de página, y si debe permanecer a una distancia fija de cualquiera de los cuatro bordes de esta.

Se trata de la única regla que mantiene la relación de espacio entre los objetos y los bordes de la página. Utilícela cuando necesite un control fino de las modificaciones de los diferentes elementos.

Basado en guía

Esta regla utiliza guías para determinar si el ancho o el alto de un objeto debe modificarse y adaptarse a las nuevas dimensiones de página. La posición de las guías controla qué objetos estarán afectados. Con la herramienta Página seleccionada, arrastre una guía hasta la página. Dicha guía marcará el límite horizontal o vertical a partir del cual los objetos podrán modificar su anchura o altura respectivamente. Solo se modificarán los objetos que estén en contacto con cualquiera de las guías.

Esta regla requiere menos intervención manual que la anterior. Utilícela cuando solo necesite controlar el tamaño de los objetos, independientemente de la distancia del objeto a los bordes de la página.

NOTA

El aspecto de las guías líquidas es el de líneas discontinuas, para distinguirlas fácilmente de las guías de regla.

Controlado por página principal
Utiliza el ajuste de regla flotante que se haya aplicado a la página principal. Esta opción le permite aplicar rápidamente las mismas reglas de página flotante a un conjunto de páginas. Utilícela cuando no quiera —o no sea necesario— aplicar reglas de página flotante de forma individual a cada una de las páginas; basta con aplicar la regla a la página principal.

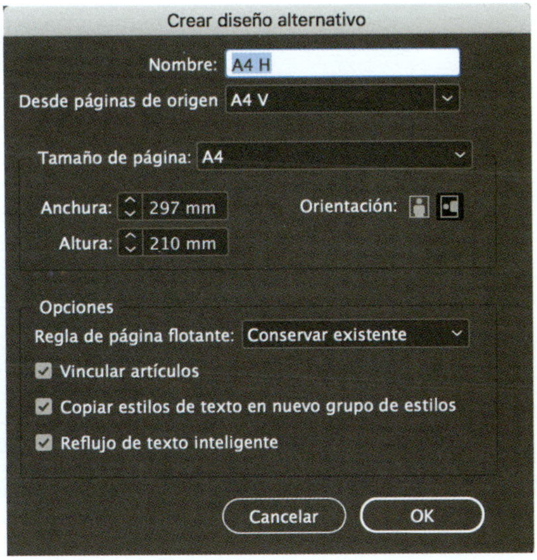

Figura 14.10. Cuadro de diálogo Crear diseño alternativo.

Diseños alternativos

Las primeras versiones de InDesign solo admitían un tamaño de página para todo el documento. Ahora no solo es posible combinar varios tamaños de página en un mismo documento, sino que además puede realizar diferentes versiones del mismo contenido. La característica Diseños alternativos facilita enormemente la creación de dos o más versiones de un mismo documento que pueden mantenerse actualizadas. Por ejemplo, la creación de una revista digital para tabletas en sus versiones horizontal y vertical puede realizarse con un solo documento y un diseño alternativo. Para crear un diseño alternativo:

1. Seleccione Maquetación>Crear diseño alternativo. Se abrirá el cuadro de diálogo Crear diseño alternativo.
2. Escriba un nombre para identificar el diseño alternativo. InDesign coloca por defecto las letras H (versión horizontal de un diseño vertical) o V (versión vertical de un diseño horizontal) al final del nombre del diseño.
3. Seleccione las páginas que debe utilizar como punto de partida para el diseño alternativo. El texto y las imágenes de las páginas de origen se duplicarán en el diseño alternativo.
4. En el menú desplegable Tamaño de página selecciones una de las opciones predefinidas o bien escriba los valores a medida en los campos Anchura y Altura.
5. Escoja una orientación haciendo clic en el icono correspondiente: Vertical o Apaisado (horizontal).

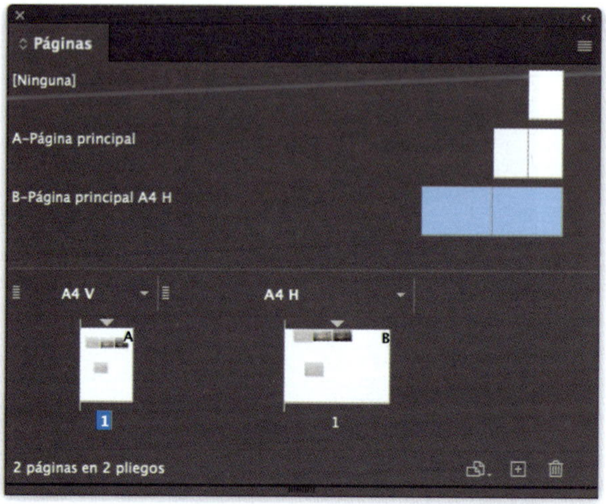

Figura 14.11. Panel Páginas que muestra dos diseños para un mismo documento.

6. En el apartado opciones, seleccione una Regla de página flotante.
7. Marque la casilla de verificación Vincular artículos para crear una copia vinculada de los marcos de texto.
8. Marque la casilla de verificación Copiar estilos de texto en nuevo grupo de estilos para crear una copia de los estilos de párrafo y carácter con los mismos nombres que los originales pero en un grupo nuevo. De esta forma podrá modificar los estilos en el diseño alternativo sin cambiar el diseño original.
9. Marque la casilla de verificación Reflujo de texto inteligente si quiere que InDesign añada páginas automáticamente si un marco de texto se desborda en el diseño alternativo.

El panel páginas mostrará ahora dos listados de páginas, uno para el diseño original y otro para el diseño alternativo.

Ejercicios

1. Abra el documento Ejercicios>cap14>recopilar.indd. Es un documento que contiene la versión abreviada del catálogo en catalán y en castellano. Utilice las herramientas Recopilar y Colocar para colocar una copia de las figuras 18 y 20 de la versión catalana en las páginas 12 y 14 de la versión en castellano.
2. Abra el documento Ejercicios>cap14>alternativo.indd. Experimente con las diferentes reglas de página flotante hasta dar con una que le permita crear un diseño alternativo correcto en formato A4, preservando el espíritu del diseño original.
3. A partir del documento anterior, trate de crear diseños alternativos de la portada en tamaño de iPad y de iPhone, y en orientaciones alta y apaisada.

15 Salida final: impresión y exportación

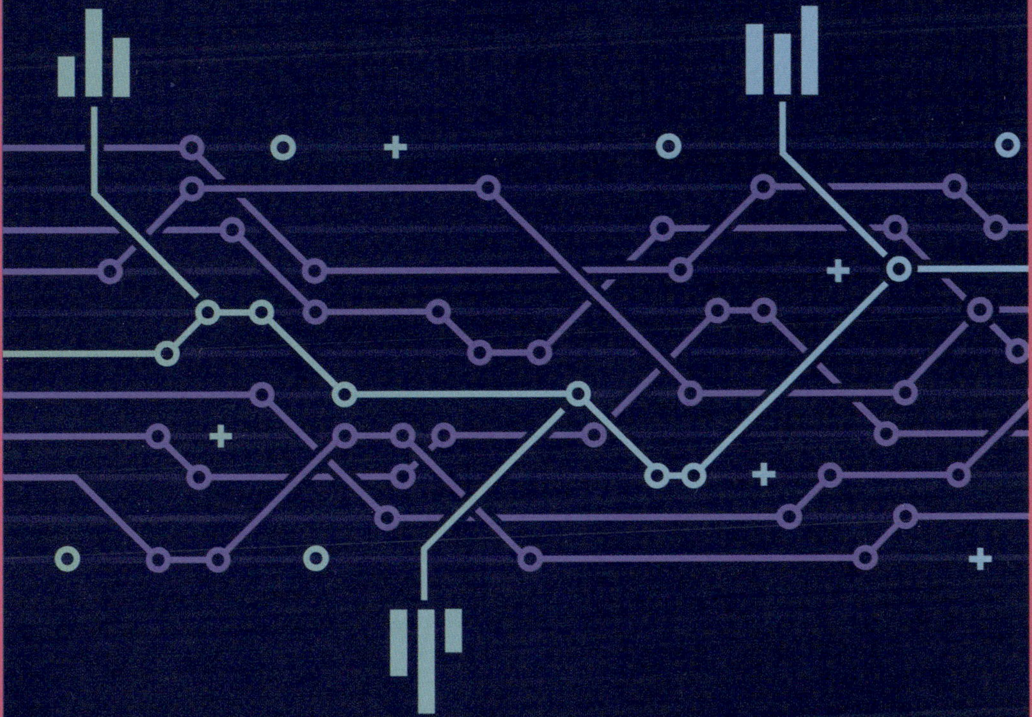

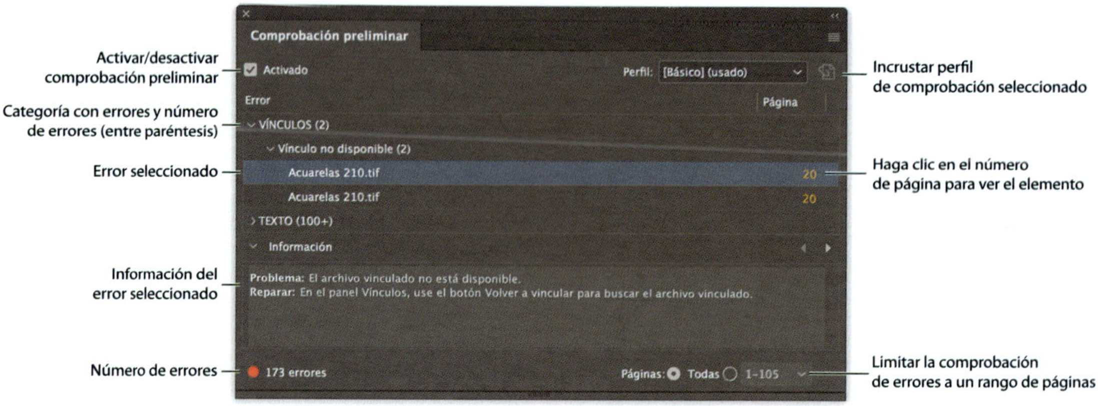

Figura 15.1. Panel Comprobación preliminar.

Comprobación preliminar del documento

El término inglés que define la comprobación preliminar de un documento para encontrar problemas que podrían ocasionar errores en el momento de su impresión se denomina *preflight*. Existen aplicaciones comerciales que se encargan de encontrar dichos errores y proponer la mejor solución. En cualquier caso, trabajar con disciplina y conocimiento de causa es la mejor forma de esquivar los problemas. La utilidad de *preflight* incluida en InDesign le ayudará a encontrar errores tales como la falta o modificación de archivos enlazados, fuentes inaccesibles, exceso de planchas de color, marcos de texto desbordados, imágenes en baja resolución... y, tal vez lo más importante, ¡todo ello en tiempo real!

Antes de proseguir, debería aclarar un concepto clave. ¿Qué se considera un error de salida para InDesign? Como en la vida misma, lo que para unos es un fallo, para otros es una virtud. Por eso, aparte de los errores típicos aceptados como tales por lo evidentes que son, como la ausencia de un archivo vinculado o la existencia de texto desbordado en un marco, debemos entrenar a InDesign para que nos alerte ante ciertas situaciones que consideremos errores en potencia. Para ello, definiremos un conjunto de opciones y a cada una de ellas le asignaremos un rango o valor que la identificará como correcta o como fallo. Cuando InDesign comprueba que una de las opciones no cumple los criterios establecidos, la considera en estado de error y nos muestra una alerta. Al conjunto personalizado de opciones de comprobación se le denomina Perfil de comprobación preliminar. Por defecto, la comprobación preliminar está activa y se utiliza el perfil [Básico].

Escoja Ventana>Salida>Comprobación preliminar para mostrar el panel Comprobación preliminar o haga doble clic en el icono de comprobación preliminar en la parte inferior izquierda de la ventana de documento; será de color verde si no ha encontrado errores o rojo en caso contrario.

La parte principal del panel Comprobación preliminar consiste en un listado que muestra la categoría a la que pertenece el error y el número total de errores encontrado.

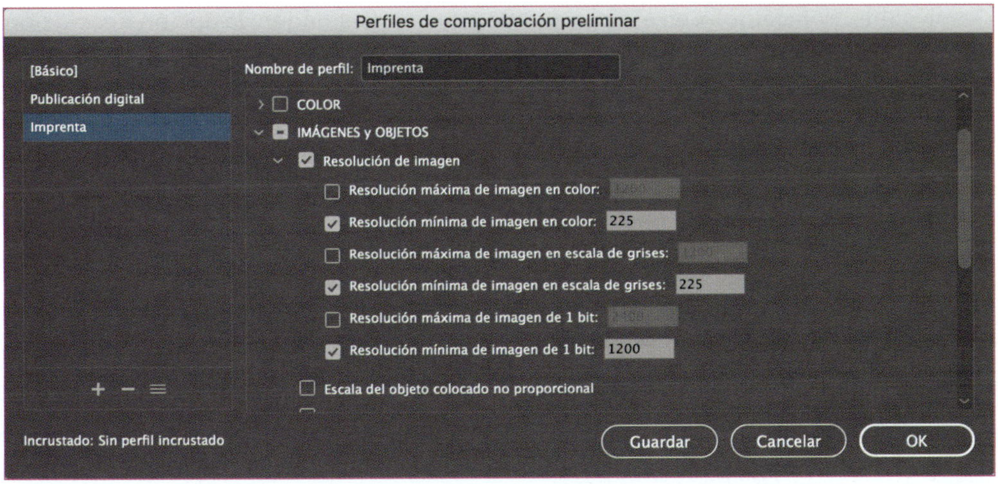

Figura 15.2. Cuadro de diálogo Perfiles de comprobación preliminar.

Haga clic en el triángulo situado a la izquierda de cada categoría para desplegar una lista con los elementos en estado de error, la opción de comprobación que incumplen y la página en que se encuentran. Si selecciona un error del listado, la parte inferior del panel mostrará la causa del error y una posible solución.

Haga clic en el número de página situado a la derecha del error para seleccionar el elemento en el documento y aplicar la solución propuesta. Por ejemplo, en el caso de una imagen colocada a baja resolución, lo primero que debe hacer es localizarla, seleccionarla y editarla para aumentar su resolución efectiva (disminuir su escala) o sustituirla por otra a mayor resolución.

Creación y edición de perfiles de comprobación preliminar

La clave de una comprobación eficaz es la creación de un perfil adecuado para cada opción de salida. Por ejemplo, la resolución ideal de una imagen es mayor en la impresión comercial que en una salida digital. Seleccione Definir perfiles en el panel Comprobación preliminar para abrir el cuadro de diálogo Perfiles de comprobación preliminar.

El cuadro de diálogo Perfiles de comprobación preliminar está dividido en dos secciones. En la izquierda se muestra un listado con los diferentes perfiles de comprobación definidos, y a la derecha, las opciones que puede editar para el perfil seleccionado. En la parte inferior del listado encontrará tres botones, que permiten añadir, eliminar o cargar perfiles de otros documentos InDesign.

Haga clic en el botón Nuevo perfil de comprobación preliminar (+) para añadir un nuevo perfil. Las opciones por defecto, heredadas del perfil [Básico], ya está marcadas.

Lea detenidamente cada una de las categorías de comprobación del panel de la derecha y marque aquellas que deba tener en cuenta InDesign a la hora de buscar de errores. En muchas deberá escribir un valor o seleccionar una opción desde un menú desplegable. Por ejemplo, en el apartado Resolución de imagen, la opción Resolución mínima de imagen en color requiere un valor por debajo del cual InDesign considerará esta característica en estado de error.

Puede editar los perfiles en cualquier momento. Cuando los guarde, InDesign volverá a comprobar el documento teniendo en cuenta las nuevas opciones marcadas y los valores que haya introducido.

Si va a enviar el documento a otro usuario o al servicio de impresión, puede incrustarle un perfil de comprobación; de esta forma, quien modifique su contenido sabrá en todo momento si incumple o no las opciones de comprobación que definió en su momento. Haga clic en el botón Incrustar perfil de comprobación seleccionado del panel Comprobación preliminar para adjuntar el perfil activo al documento. A esta acción se le denomina *perfilar un documento*. Nótese que, aunque un documento adjunte un perfil incrustado, no es obligatorio usarlo.

Puede intercambiar perfiles mediante las opciones Cargar perfil y Exportar perfil del cuadro de diálogo Perfiles de comprobación preliminar.

Cuando la lista de errores es extensa e incluye muchas referencias a archivos externos, le resultará más cómodo guardar un informe. Escoja Guardar informe en el panel Comprobación preliminar para guardar la lista de errores en un documento PDF o de texto.

Empaquetar

Cuando planea compartir el documento original con otro usuario o simplemente guardar una versión completa para su archivado, es recomendable reunir en una carpeta todos los recursos necesarios para reproducirlo fielmente: ilustraciones, fotografías, perfiles de color y fuentes. El comando Empaquetar, en el menú Archivo, se encarga de realizar esta ardua tarea por usted. Antes de empezar a reunir los archivos, InDesign realizará una comprobación preliminar del documento. Si todo está correcto, le preguntará una ruta en la que guardar el documento y los archivos asociados. Le pedirá también que rellene un pequeño formulario para adjuntar un archivo de texto (.txt) con las notas e indicaciones que considere oportunas. El resultado final será una copia del documento y de todos los archivos asociados. Por defecto, InDesign actualizará los vínculos del documento empaquetado, es decir, buscará los archivos necesarios en la nueva carpeta y no en su anterior ubicación.

En nuestra empresa utilizamos el comando Empaquetar para guardar una copia de seguridad de un trabajo ya entregado, y disponer así de todos los recursos necesarios en caso de que nos encarguen actualizar el mismo proyecto en años venideros.

El cuadro de diálogo Empaquetar exhibe una serie de apartados en la parte izquierda del panel. Cada uno de ellos mostrará una lista de los distintos tipos de recursos que se van a incluir: fuentes, imágenes y colores, así como las opciones de impresión seleccionadas. Si su documento contiene un gran número de archivos, marque el cuadro de verificación Mostrar solo los problemas para que pueda centrarse solo en resolver los errores detectados.

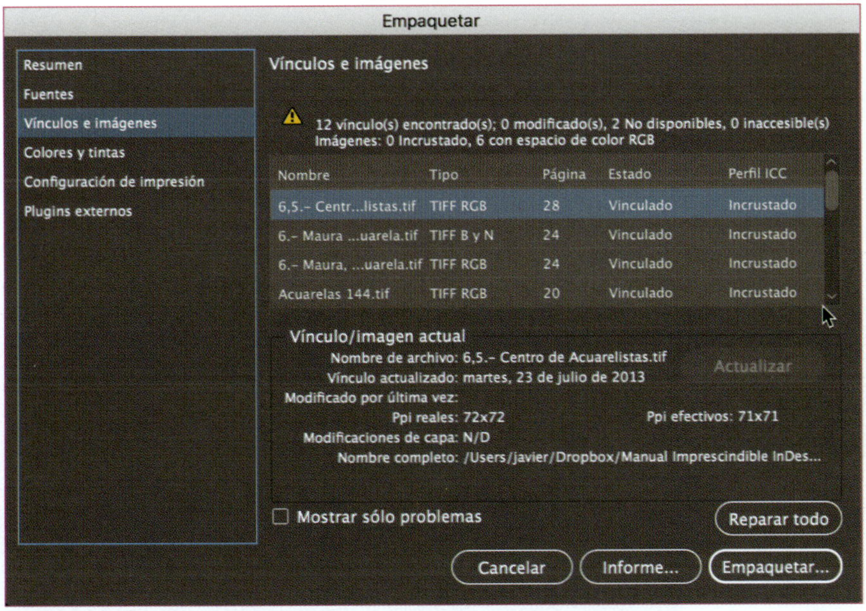

Figura 15.3. Cuadro de diálogo Empaquetar.

Impresión

La salida final de la mayoría de documentos generados con InDesign es una impresión comercial. Tanto si trabaja en una imprenta o servicio de preimpresión como si es un diseñador o editor que luego envía sus archivos a una empresa externa, debe conocer cuáles son las opciones del cuadro de diálogo Imprimir. Entender correctamente el proceso de impresión de un documento es la mejor manera de evitar problemas de última hora.

InDesign proporciona ajustes de impresión propios que dependen del controlador de impresora seleccionado. Puede acceder a características únicas de su dispositivo de salida si pulsa el botón Configuración (Impresora en Mac OS X). Un cuadro de alerta advertirá que cualquier ajuste que aplique en el cuadro de diálogo de su impresora puede entrar en conflicto con los especificados por la aplicación. Por ejemplo, puede indicar cómo realizar la gestión de color en el cuadro de diálogo Imprimir de InDesign, pero también puede modificar estos ajustes en los cuadros de diálogo propios de muchas impresoras en color.

Panel General

En este apartado encontrará opciones básicas como el número de copias, el rango de páginas a imprimir o las capas que deben omitirse.

- Valor de impresión. La mejor forma de ahorrar tiempo es crear un ajuste de impresión para cada tipo de trabajo. Todas las opciones que marque en el cuadro de

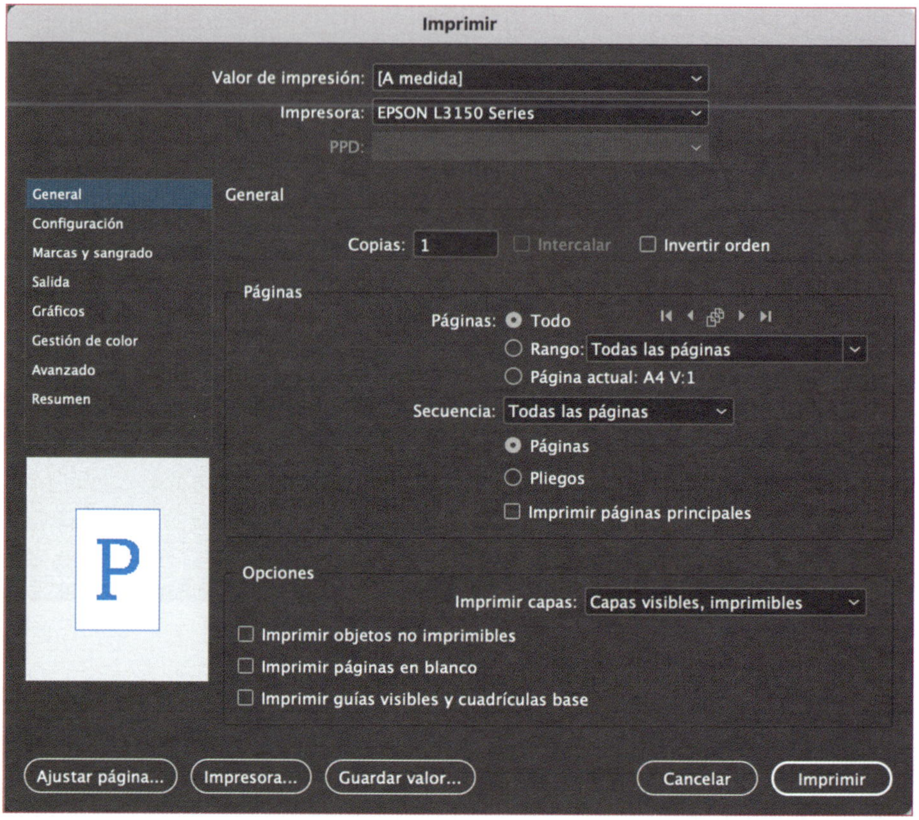

Figura 15.4. Opciones generales del cuadro de diálogo Imprimir.

diálogo quedarán almacenadas bajo el nombre de un ajuste. Luego bastará con seleccionarlo y hacer clic en el botón Imprimir.

- Impresora. Seleccione el controlador de la impresora que utilizará para realizar la impresión. Puede escoger también crear un archivo PostScript.
- PPD (PostScript Printer Description). Son archivos que definen cómo se comporta un dispositivo PostScript y las opciones que puede modificar el usuario. Estos archivos se guardan en el sistema operativo con la instalación del controlador de la impresora. Si instaló correctamente la impresora, cuando escoja su nombre en el menú anterior, InDesign seleccionará de forma automática el PPD correspondiente.
- Copias. Escriba el número de copias que desee imprimir. Si marca la casilla de verificación Intercalar, InDesign imprimirá primero una copia completa del documento, luego la siguiente y así sucesivamente (esta opción influirá negativamente en el tiempo de impresión de impresoras láser). La casilla de verificación Invertir orden imprimirá el documento a la inversa, empezando por la última página, de

manera que al recoger el trabajo de la impresora las hojas estarán dispuestas en el orden correcto.

- Páginas. Seleccione si quiere imprimirlas Todas, la Página actual o solo un Rango. Un rango es un intervalo de páginas. Para indicar un rango, separe los números de página mediante comas, por ejemplo, 1, 3, 5, 7. Si el conjunto de páginas es consecutivo, marque un rango escribiendo el número de la primera y última página separados por un guion. Por ejemplo, para imprimir todas las páginas comprendidas entre la 4 y la 7, escriba 4-7. Puede especificar varios rangos en una misma orden de impresión, por ejemplo, 1, 3, 5-7, 9-12, 15.
- Selectores de rango por tamaño. En documentos con páginas de diversos tamaños se activarán estos cinco botones. Permiten seleccionar de forma automática rangos de páginas por tamaño. De izquierda a derecha, el primer botón selecciona el primer rango de páginas del mismo tamaño; el siguiente, el rango anterior de páginas del mismo tamaño; el botón central seleccionará todas las páginas cuyo tamaño coincida con el de la página activa en el momento de acceder al cuadro de diálogo de impresión; los dos últimos botones seleccionarán el siguiente y último rangos de páginas del mismo tamaño.
- Secuencia. Escoja todas las páginas, solo las páginas pares o solo las impares. Si dispone de una impresora que imprime solo por una cara y quiere imprimir a dos caras, imprima primero las páginas impares, vuelva a colocar el papel por la cara no impresa e imprima las páginas pares.
- Pliegos. Imprimirá pliegos completos en vez de páginas individuales. Esta opción es muy interesante a la hora de hacer correcciones sobre papel para ver el aspecto final de las páginas enfrentadas. Idealmente utilice páginas de mayor formato, como A3, para imprimir pliegos de páginas de tamaño A4 o inferior.
- Imprimir páginas principales. Como su nombre indica, la impresión incluirá las páginas principales. Esta opción es ideal en las primeras fases del diseño de una publicación para comprobar las propiedades de los elementos repetitivos.
- Imprimir capas. Por defecto, InDesign solo imprimirá las capas visibles marcadas como imprimibles. Seleccione si quiere imprimir también capas ocultas y/o no imprimibles.
- Imprimir objetos no imprimibles, imprimir páginas en blanco e imprimir guías visibles y cuadrícula base. Las tres casillas de verificación tienen un nombre suficientemente elocuente.

Panel Configuración

Este panel muestra las opciones de manejo del papel, plancha o película (según sea el dispositivo de salida seleccionado). Podrá especificar el tamaño del papel sobre el cual imprimir, su orientación y su escala.

- Tamaño del papel. Seleccione la medida del papel en el que va a imprimir el documento. Si va a imprimir marcas de corte, el tamaño de papel que especifique deberá ser mayor que la hoja del documento (o bien, deberá especificar una escala

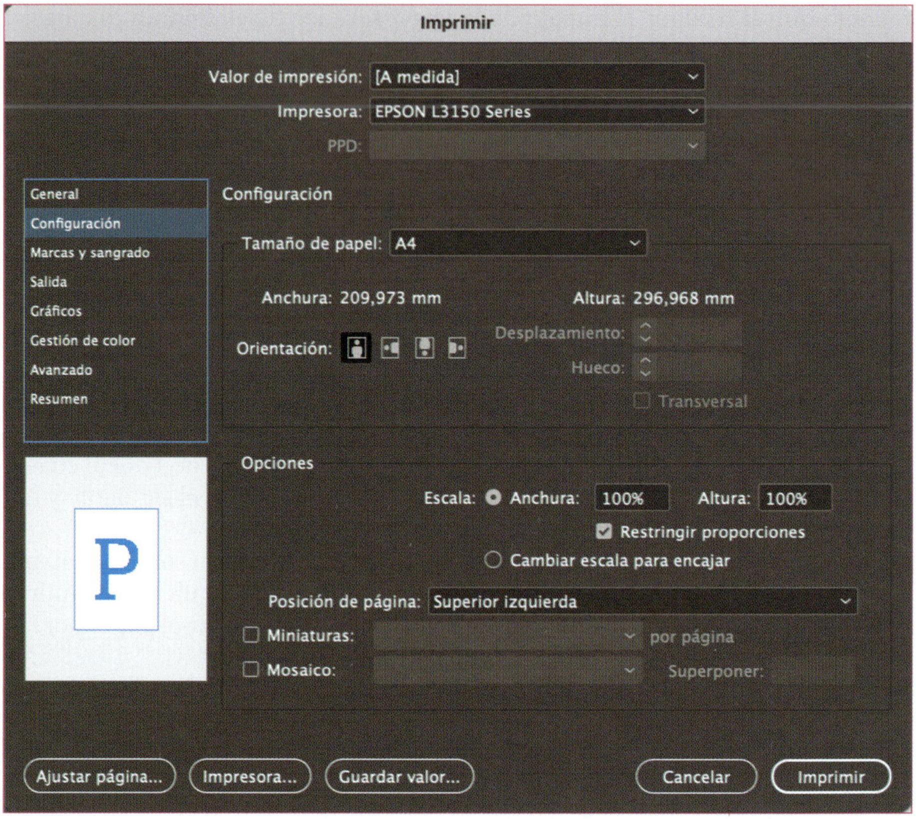

Figura 15.5. Panel Configuración del cuadro de diálogo Imprimir.

de reducción del documento para que quepa en el tamaño del papel seleccionado). Las opciones Anchura, Altura, Desplazamiento y Hueco se activarán si selecciona un tamaño de papel a medida (solo disponible para algunos tipos de impresora y en dispositivos de impresión comercial).

- Orientación. Puede imprimir el documento en recto, apaisado o boca abajo
- Escala. Generalmente imprimirá el documento a tamaño real. Pero si quiere hacer pruebas o imprimir el documento con marcas de corte, puede reducir su tamaño. Para que InDesign calcule la escala correcta para imprimir el documento completo en el tamaño de página seleccionado, marque la opción Cambiar escala para encajar.
- Posición de página. Si el documento es más pequeño que el soporte sobre el que se imprime, escoja la posición más conveniente.
- Miniaturas. Esta opción es ideal para impresiones previas o pruebas de maquetación. Puede imprimir hasta un total de 49 miniaturas por página (7 filas x 7 columnas).
- Mosaico. Si el tamaño del papel no es suficiente para imprimir una hoja completa con una escala del 100 %, utilice esta función para imprimir la hoja en fragmentos

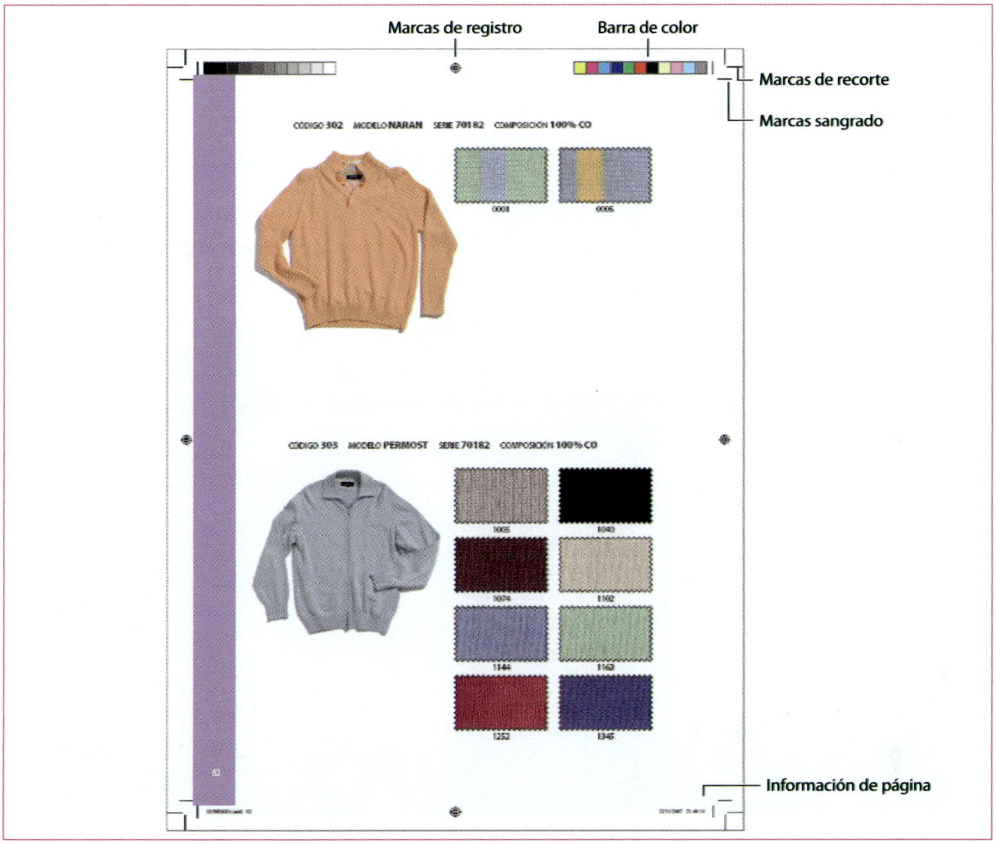

Figura 15.6. Marcas de un documento.

que luego puede unir. Esta opción es muy útil para imprimir pósteres o banderolas. Si escoge imprimir en mosaico, introduzca en la casilla Superponer la cantidad de superposición que debe haber entre dos o más porciones. Un valor de 1 o 2 centímetros será más que suficiente.

Panel Marcas y sangrado

Las marcas de impresión son fundamentales para los proveedores de impresión. Cada una tiene una función específica: delimitar los bordes de la página para cortarla a medida, permitir registrar las diferentes planchas de color o conocer la cantidad y el nombre de las tintas empleadas.

- Marcas de recorte. Son las más utilizadas. Cuando imprime un documento *a sangre*, las marcas de recorte indican al impresor por dónde debe cortar la hoja para obtener el tamaño final del documento. Los cuadros desplegables Tipo, Grosor y Desplazamiento permiten crear marcas de recorte a medida.

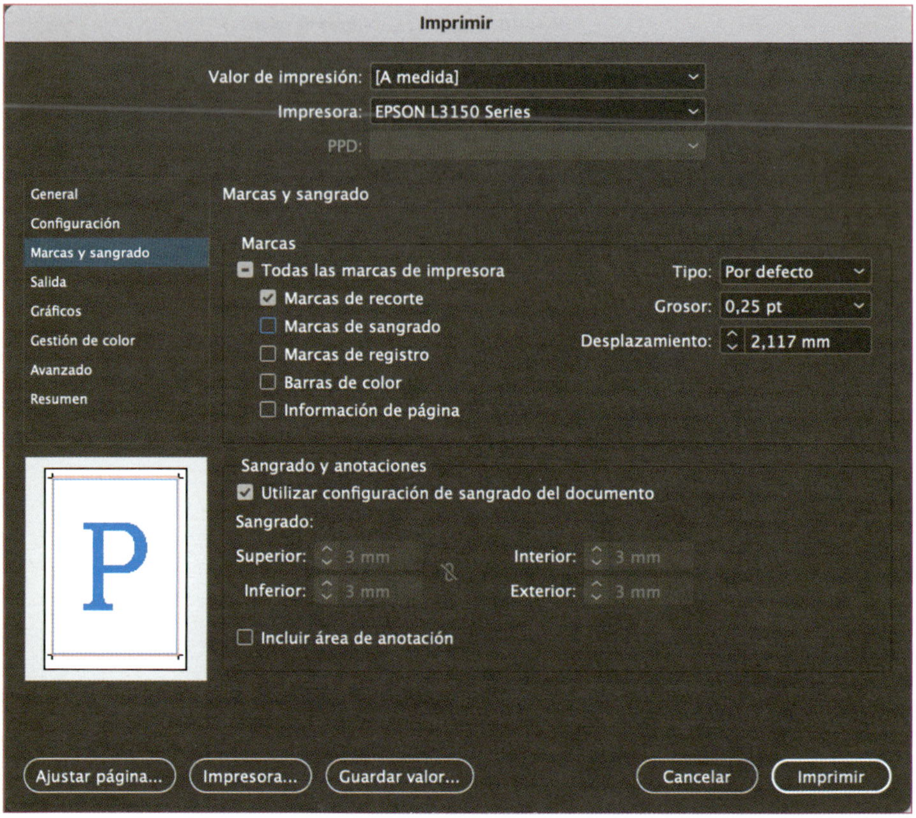

Figura 15.7. Imprimir. Panel Marcas y sangrado.

- Marcas de sangrado. Indican el área de sangrado del documento. Lo normal es que las marcas de sangrado y recorte coincidan.
- Marcas de registro. Útiles cuando el documento se imprime en separación de color. Las marcas de registro se utilizan para hacer coincidir perfectamente cada una de las planchas de color que forman la hoja final. Cuando una o más planchas de color están fuera de registro el texto y las imágenes se ven borrosos.
- Barras de color. Se suelen utilizar en imprentas como referencia a la hora de ajustar los colores de las máquinas de impresión o de calcular la densidad de las tintas. Cuando empieza la impresión, las primeras hojas que salen de la imprenta se *densitan* —se mide la densidad de la tinta— con un aparato especial, denominado *densitómetro*. El operario va corrigiendo los valores de tintas en la imprenta y desechando las hojas hasta alcanzar los valores adecuados; es entonces cuando se inicia el verdadero proceso de impresión.
- Información de página. Se imprimirá información en el área de sangrado, como el nombre del documento o la fecha y hora de impresión.

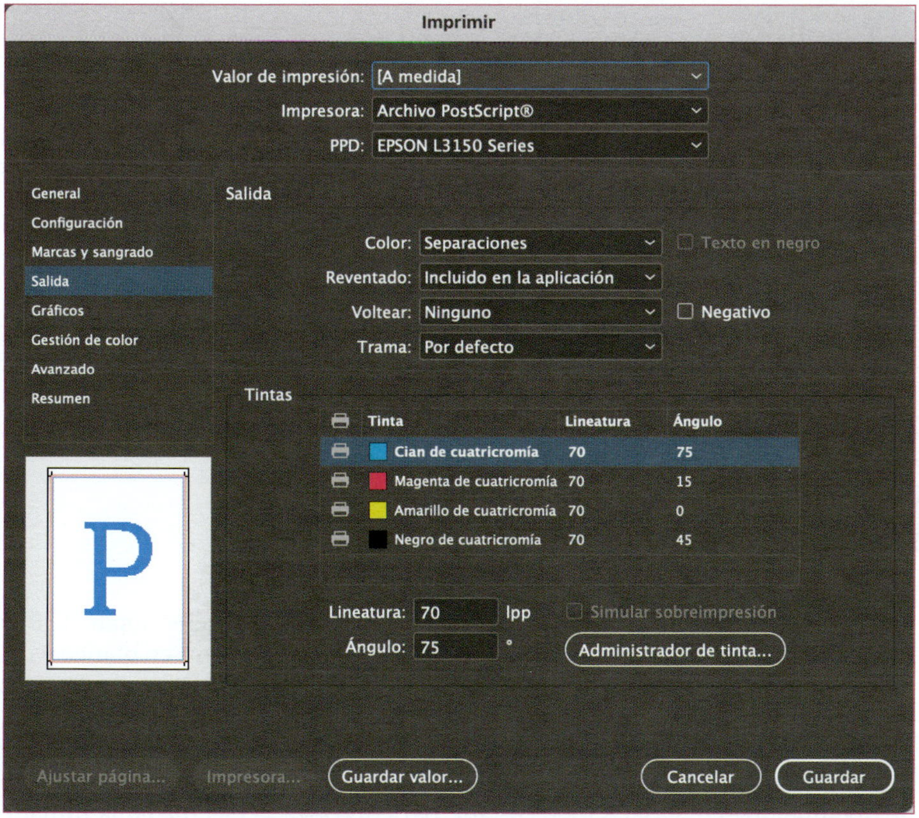

Figura 15.8. Imprimir. Panel Salida.

- Configuración de sangrado del documento. Como vimos en el primer capítulo, cuando crea un nuevo documento puede especificar también el valor de la sangre. Para imprimir la hoja con el valor del área de sangre que indicó, marque el cuadro de verificación Utilizar configuración de sangrado del documento. Puede modificar el sangrado en los cuatro cuadros de texto siguientes.
- Incluir área de anotación. Más allá del área de sangrado se imprimirán los elementos que se encuentren en el área de anotación. No marque esta casilla si no es estrictamente necesario, puesto que aumentará considerablemente el gasto de papel.

Panel Salida

El panel Salida reúne los ajustes necesarios para un correcto procesado del color en filmadoras e imprentas. Si está imprimiendo el documento en una impresora doméstica o de escritorio, solo tendrá que preocuparse por una opción: si imprime o no en color.

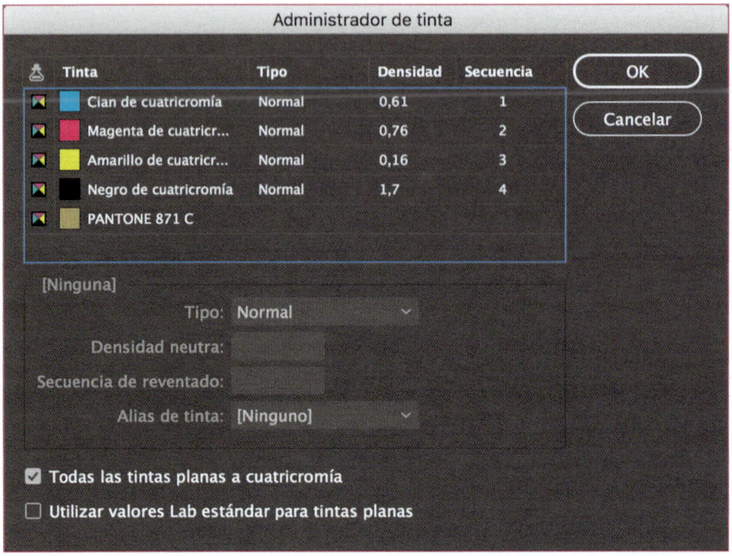

Figura 15.9. Cuadro de diálogo Administrador de tinta. Fíjese en el icono situado a la izquierda de cada una de las planchas. En este caso, el documento constará de 4 planchas, puesto que el Pantone 871 C se imprimirá como cuatricromía.

- Color. Si su impresora es de inyección de tinta, solo podrá seleccionar RGB compuesto para imprimir en color o Gris compuesto para imprimir en blanco y negro. La casilla de verificación Texto en negro se encargará de evitar que el texto se imprima como una mezcla de colores y que, por tanto, pierda legibilidad. Si el dispositivo de salida es PostScript, podrá escoger la opción Separaciones para que InDesign imprima una separación de color —normalmente, 4 hojas por cada hoja de documento— o Separaciones en RIP para que esta se efectúe en la filmadora.
- Reventado. Cuando imprime separaciones, si un texto o un gráfico de color oscuro se imprime sobre un fondo más claro o viceversa, y el registro no es perfecto, se verán áreas blancas entre el fondo y el gráfico. Para evitar este efecto, se emplea el *reventado*, técnica que consiste en hacer ligeramente más grande un objeto para que se superponga a otro durante la impresión. Puede utilizar el reventado por defecto de InDesign o, si sus documentos son relativamente complejos, dejar esta tarea a un programa especializado, como Adobe TrapWise o similares.
- Voltear. Estas opciones, así como la casilla de verificación Negativo son útiles para tipos especiales de impresión, como serigrafía o huecograbado. Consúltelas con su impresor.
- Trama. La trama viene a ser el equivalente a la resolución en dispositivos de salida de gama alta. Los valores que puede seleccionar dependerán de las especificaciones indicadas por el archivo PPD del dispositivo de impresión. En impresión de alta calidad sobre papel estucado se suele utilizar el valor 175 lpi/2400 dpi (lineatura de 175 líneas por pulgada a una resolución de 2400 puntos por pulgada).
- Tintas. El listado muestra las planchas de color que se imprimirán. Si ha utilizado tintas planas, estas también aparecerán. El icono con forma de impresora a la

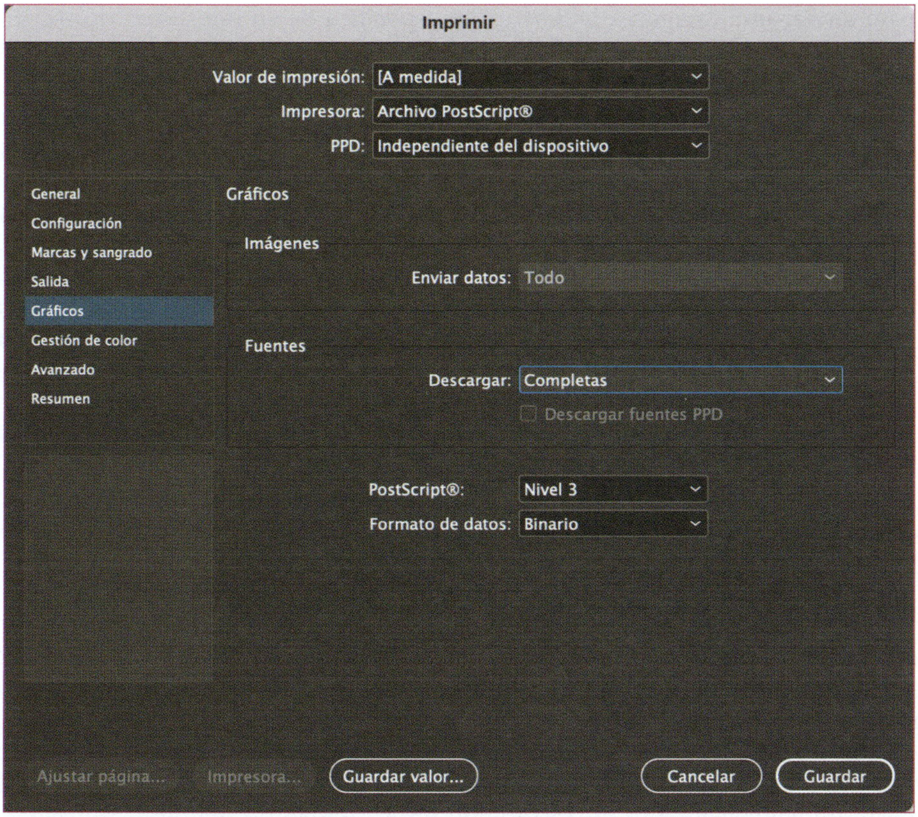

Figura 15.10. Imprimir. Panel Gráficos.

izquierda del nombre de la plancha permite decidir si debe o no imprimirse el color seleccionado. Para que una tinta plana se imprima por separación, haga clic en el botón Administrador de tinta y marque la casilla de verificación Todas las tintas planas a cuatricromía o, si quiere conservar alguna tinta plana, marque el icono tinta plana/cuatricromía, a la izquierda del nombre de cada plancha, para indicar si debe imprimirse como plancha individual o como separación de color. En este panel podrá modificar los valores de Densidad neutra y la Secuencia de reventado (qué tinta debe reventar sobre las demás).

Panel Gráficos

En este panel puede controlar cómo se imprimen los gráficos y cómo se descargan las fuentes utilizadas en el documento.

- Enviar datos. Dependiendo del dispositivo de salida y del tipo de impresión, puede escoger: Todo para enviar gráficos a la máxima resolución; Submuestreo optimizado, para enviar una imagen a la resolución específica de su impresora de escritorio, Proxy, para que se envíe una imagen de baja calidad que se imprimirá muy rápido —ideal acelerar la impresión y ahorrar tinta— o Ninguna, para que en lugar de imágenes se muestren cuadros grises (indicado para realizar correcciones de texto).

- Fuentes. Si la impresora seleccionada es PostScript, se activará el menú desplegable Descargar. Este ajuste se utiliza cuando envía un documento a un RIP o una filmadora en los que ya hay cargados un conjunto de fuentes. Utilice la opción por defecto Completo para descargar toda la fuente. Es la más segura pero también produce archivos de mayor tamaño. Subconjunto solo envía a la impresora los caracteres específicos que se utilizan en el documento en vez de descargar la fuente completa. Utilice la opción Nada cuando el archivo de la fuente ya esté almacenado en el disco duro de la impresora o RIP y quiera acelerar el proceso de impresión.
- PostScript. En la actualidad la mayoría de dispositivos son compatibles con PostScript nivel 3, pero en algunas ocasiones deberá enviar información a dispositivos de nivel inferior para evitar errores de impresión.
- Formato de datos. Si el dispositivo de salida es realmente antiguo, seleccione ASCII para evitar errores. Es más lento pero más seguro. El formato binario es más rápido, pero también requiere de impresoras más modernas.

Panel Gestión de color

En este panel es donde se gestiona la salida de color. Las opciones que marque pueden alterar de forma drástica el resultado de salida. Una vez más, consulte con su impresor cuáles son los ajustes óptimos.

- Imprimir. Seleccione el botón de radio Documento para que InDesign utilice el perfil de color asignado al documento en el cuadro de diálogo Configuración de color del menú Edición. Si va a hacer una prueba de color en una impresora, puede marcar Prueba y escoger el perfil de la imprenta que realizará el trabajo en alta resolución.
- Administración del color. InDesign puede determinar los perfiles de entrada y salida para un dispositivo en concreto. No obstante, muchos servicios de impresión prefieren que la gestión del color se realice a nivel del RIP, que se encargará de la separación de color para homogeneizar y controlar la salida de documentos para diferentes clientes. La opción por defecto, Dejar que InDesign determine los colores suele ser la más segura y habitual.
- Perfil de impresora. Seleccione el perfil de color de la impresora que utilizará para imprimir el documento.
- Conservar valores RGB/CMYK. Marque esta casilla para que los objetos que utilizan colores que ha definido en InDesign conserven su valor en vez de ser convertidos por el perfil de color seleccionado en el paso anterior. Esta casilla también mantendrá el valor de imágenes colocadas en modo CMYK. Si no la marca, InDesign puede modificar los valores CMYK al utilizar el perfil de salida para convertir los

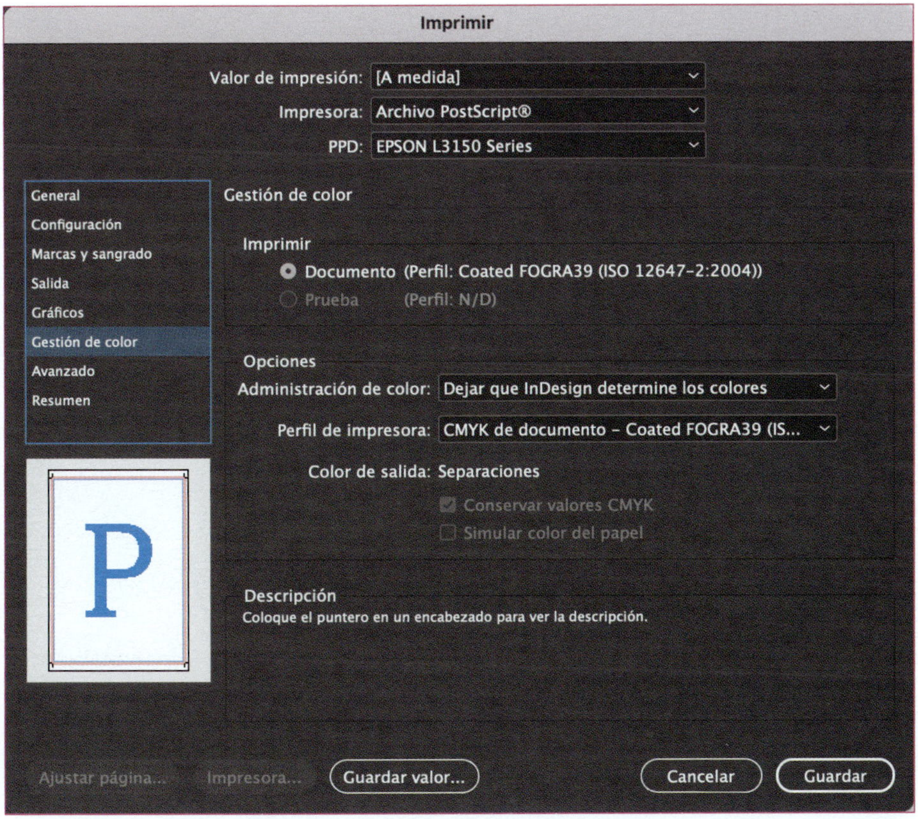

Figura 15.11. Imprimir. Panel Gestión de color.

colores y tratar de mantener el aspecto que presentan en pantalla. Deje marcada esta casilla siempre a no ser que le indiquen lo contrario.

- Simular color del papel. Esta casilla se activará si selecciona Prueba en el apartado Imprimir. Como su nombre indica, emulará el color del papel indicado en el perfil de salida para obtener una prueba lo más fiel posible al documento final. Esta casilla tiene efectos dramáticos cuando utiliza perfiles para papel prensa.

Panel Avanzado

Aquí podrá escoger si utilizar tecnología de sustitución de imágenes (OPI) o decidir la calidad con que se acoplará la transparencia.

- Imprimir como mapa de bits. Si marca esta casilla, podrá seleccionar la resolución a la que InDesign convertirá la información vectorial en una imagen. Esta opción puede resolver problemas con documentos PostScript complejos en impresoras con poca memoria. En impresoras de escritorio, la opción marcada por defecto es 300 ppp (puntos por pulgada).

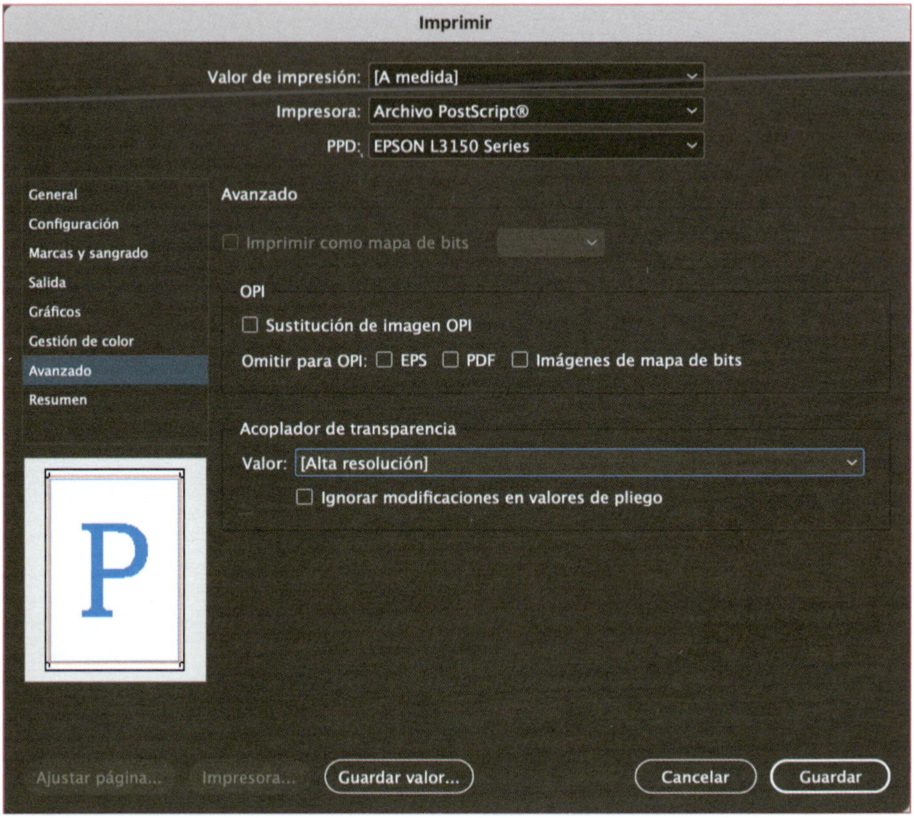

Figura 15.12. Imprimir. Panel Avanzado.

- OPI. Es una tecnología utilizada en grandes departamentos editoriales consistente en generar dos ficheros para cada imagen, uno de alta resolución que se almacena en el servidor y otro, en baja calidad, que es el que se utiliza para componer el documento. A la hora de imprimir, el proceso OPI se encarga de sustituir los archivos de baja calidad, más ligeros y fáciles de manejar, por sus equivalentes en alta resolución. Este apartado permite decidir qué formatos de archivo serán sustituidos por la versión almacenada en el servidor.
- Acoplador de transparencia. Los efectos de transparencia —como opacidad y sombras— se deben *resolver* antes de enviar a la impresora. Escoja uno de los tres modos por defecto. A mayor resolución, aumentará la posibilidad de generar errores de impresión en dispositivos de penúltima generación, pero también se incrementará la calidad del documento final.
- Ignorar modificaciones en valores de pliego. Si seleccionó unas preferencias de acoplador de transparencia específicas para un pliego, marque esta casilla para no tenerlas en cuenta y utilizar solo el ajuste marcado en el menú desplegable anterior.

Panel Resumen

Cuando esté probando un nuevo dispositivo de salida o quiera establecer los ajustes óptimos para enviar los documentos a un proveedor de impresión concreto, será de gran utilidad guardar, junto con el trabajo de impresión, una hoja con los ajustes utilizados. De esta forma le resultará más sencillo encontrar los errores o los puntos que requieran mayor atención. El botón Guardar resumen generará un documento de texto con todas las opciones marcadas en cada uno de los paneles del cuadro de diálogo Imprimir.

Creación de archivos PDF

Los archivos PDF son la solución ideal para compartir e imprimir documentos InDesign entre cualquier ordenador y plataforma. Son compactos —porque ocupan mucho menos espacio que el documento de InDesign original junto con los vínculos y fuentes necesarios para reproducirlos— y completos —ya que no hace falta más que un archivo, el propio PDF, para abrirlos e imprimirlos correctamente—. Un lector de archivos PDF (Acrobat Reader o cualquier otro programa compatible, como Vista Previa en Mac OS X) es el único requisito necesario para disfrutar de tanta ventaja. Dada la versatilidad del formato, los archivos PDF se suelen utilizar para:

- Imprimir en alta calidad un documento en una imprenta profesional con separación de color.
- Distribuir documentos electrónicos que ocupan muy poco espacio y, por lo tanto, son fáciles de enviar por correo electrónico o mediante una descarga en Internet.
- Crear documentos interactivos con botones de navegación, cuadros de diálogo, sonido y vídeo.
- Crear presentaciones.
- Distribuir documentación protegida con contraseña de forma segura, gracias a la incorporación de cifrado de alto nivel (RC4 de 128 bits o AES).
- Archivo de documentos de larga duración, gracias a que el formato PDF es un estándar independiente compatible con cualquier plataforma y accesible desde multitud de aplicaciones.

Dependiendo del uso que vaya a dar al archivo, deberá escoger unos ajustes concretos. InDesign incorpora de serie 6 ajustes preestablecidos para la generación de archivos PDF. Estos valores juegan con el equilibrio entre la calidad y el tamaño del documento final: para la salida impresa de alta resolución primará la calidad sobre el tamaño, mientras que para la distribución electrónica se hará hincapié en conseguir un tamaño mínimo a costa de perder calidad en la reproducción. El objetivo de cada uno de estos ajustes es el siguiente:

- Calidad de prensa. Genera archivos PDF para impresión de alta resolución. La calidad del contenido es lo más importante. Utilice este ajuste como punto de partida cuando quiera enviar un documento a imprenta en formato PDF. El formato de salida es un PDF versión 1.4. Convierte los colores a CMYK, reduce la resolución de las imágenes en color y en escala de grises a 300 puntos por pulgada, y a 1.200 puntos por pulgada las imágenes monocromas (o de un bit), incrusta subconjuntos de todas las fuentes y conserva la transparencia. Los PDF creados con este ajuste solo pueden abrirse con versiones de Adobe Acrobat o Adobe Reader 5.0 o superiores.

- Impresión de alta calidad. Produce archivos PDF con calidad suficiente para impresión comercial, impresoras de escritorio y dispositivos de pruebas de color. Es un ajuste similar al anterior pero que no separa los colores en CMYK, es decir, envía la información de color como color compuesto que debe separarse en el dispositivo de salida mediante la utilización de perfiles de color. Es el estándar que recomiendo para impresión comercial.
- Estándares PDF/X (1a, 3 y 4). De mayor a menor antigüedad, según el número de características avanzadas que soporta. El propósito de los estándares PDF/X es el de unificar los requisitos que debe cumplir un archivo PDF para ser impreso correctamente en una imprenta comercial. Por ejemplo, si envía un archivo PDF/X-1a:2001 a una imprenta que cumple con dicha especificación, el archivo debe imprimirse sin problemas. Aunque la idea de crear estándares para evitar problemas es muy buena, lo malo es que se basan en un mínimo denominador común, es decir, en las características suficientes que debe cumplir el archivo para no generar problemas a la hora de ser reproducido. Por ello los creadores del estándar han eliminado características avanzadas de los archivos PDF, como el soporte de transparencia o de imágenes en modo RGB. Por suerte, cada vez se están elaborando versiones del estándar más avanzadas que soportan más y más características de los nuevos formatos PDF. Por ejemplo, la versión PDF/X-4:2010 ya soporta transparencia dinámica. Si quiere utilizar un estándar PDF/X, consúltelo primero con su impresor.
- Tamaño de archivo más pequeño. Sacrifica la calidad del contenido a cambio de reducir de forma considerable el tamaño del archivo final. El formato de salida es un PDF versión 1.5, incrusta todas las fuentes, convierte los colores al modo sRGB (el perfil más común en monitores de ordenador), disminuye la resolución de las imágenes y las comprime en modo JPEG con pérdida. Además, optimiza el archivo para permitir la descarga inmediata desde un servidor Web.

Puede que alguno de los ajustes preestablecidos se adapte exactamente a sus necesidades; no obstante, son un buen punto de partida para elaborar un ajuste a medida. Veamos ahora con toda suerte de detalles las opciones de generación de archivos PDF. Muchas son idénticas a sus homónimas en el cuadro de diálogo Imprimir, así que no las volveré a comentar.

Opciones comunes

En todos los paneles del cuadro de diálogo Exportar Adobe PDF existen una serie de opciones comunes, a saber:

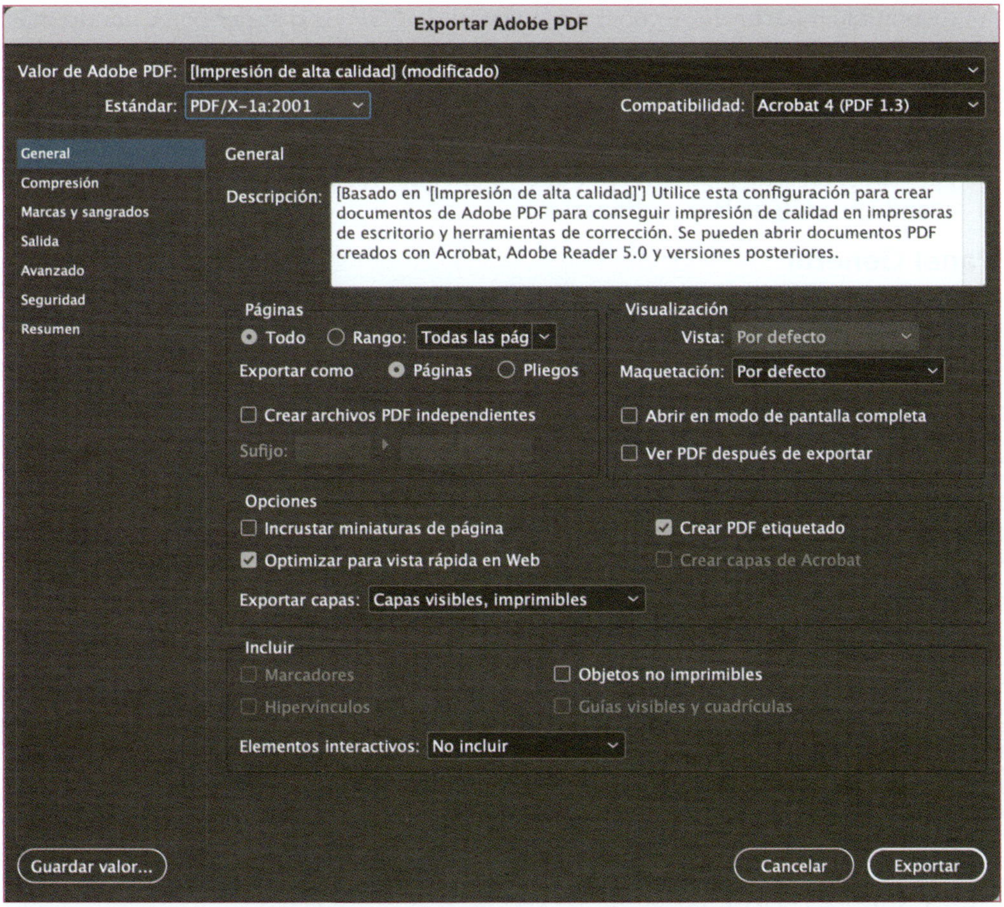

Figura 15.13. Exportar Adobe PDF. Panel General.

- Valor de Adobe PDF. Muestra un listado con los ajustes de creación de archivos PDF que incorpora por defecto InDesign, más los que usted haya creado con la opción Guardar valor (en la parte inferior izquierda del cuadro de diálogo). Si escoge un ajuste como punto de partida y lo modifica, el menú desplegable mostrará el nombre del ajuste y le añadirá el texto (modificado) al final.
- Estándar. Listado con las diferentes versiones del estándar PDF/X. Si su archivo PDF debe cumplir con alguna de ellas, selecciónela en este menú desplegable.
- Compatibilidad. Si planea distribuir su documento online, seleccione la versión más baja (1.3, compatible con Acrobat versión 4 o superior), pues será la más extendida entre todos los ordenadores y plataformas. Si su documento incorpora elementos multimedia o quiere conservar características avanzadas, seleccione versiones mayores. Por ejemplo, el soporte de transparencia dinámica solo está

disponible a partir de Acrobat 5.0 (versión de PDF 1.4 o superior). Cuando más moderna es la versión, mayor ratio de compresión conseguirá (tamaños de archivo más pequeños) y más características avanzadas se conservarán.

- Guardar valor. Permite guardar el subconjunto de opciones que haya seleccionado en los diferentes paneles del cuadro de diálogo. Introduzca un texto descriptivo para saber en todo momento por qué y para qué creó el ajuste: será de gran ayuda cuando necesite volver a utilizarlo.

Panel General

Utilice las opciones del panel General para determinar qué elementos deben exportarse.

- Descripción. Muestra un resumen de los ajustes preestablecidos y una serie de indicaciones que le ayudarán a determinar el valor correcto para el tipo de documento que está generando.
- Páginas. Son las mismas opciones que el apartado homónimo del cuadro de diálogo Imprimir.
- Crear archivos PDF independientes. Esta opción le permite exportar cada página del documento como un archivo PDF individual. Utilice el campo Sufijo para crear de manera automática un nombre de archivo que utilice el número de página o un número incremental, y escriba, en el cuadro de la derecha, el nombre de archivo al que se agregará dicho sufijo. Por ejemplo, si escribe como nombre de archivo ficha y selecciona número de página, InDesign creará archivos con el nombre ficha01.pdf, ficha02.pdf, etc.
- Vista y Maquetación. Seleccione el modo de visualización en que se abrirá el documento en un lector PDF, y si se mostrará una sola página o el pliego completo.
- Incrustar miniaturas de página. Crea una vista preliminar en miniatura de cada página exportada. Son visibles en el panel Páginas de Acrobat Reader y facilitan la navegación visual por el documento cuando se consulta en pantalla. Utilícelas si va a distribuir el PDF de forma electrónica. Tenga en cuenta que cualquier versión de Adobe Reader puede generar las miniaturas en tiempo real, y que estas aumentan el tamaño del archivo. Por lo tanto, son útiles para evitar que ordenadores lentos deban generarlas pero a costa de aumentar el tiempo de descarga del archivo.
- Optimizar para vista rápida en Web. Active esta casilla para que los usuarios que accedan al archivo desde una página Web puedan ver las páginas conforme se van descargando, de forma progresiva; si esta casilla no está marcada, el documento se deberá descargar completamente en el ordenador del usuario antes de poder consultar su contenido.
- Crear PDF etiquetado. Esta opción es útil para crear libros en formato EBOOK o XML. Permite que el texto se redistribuya —para adaptarse al tamaño de pantalla del dispositivo— sin perder la estructura del documento. Un ejemplo son los lectores de PDF para dispositivos portátiles, como teléfonos inteligentes o lectores digitales: al aumentar el tamaño de la fuente para permitir una lectura cómoda, el texto y las imágenes se redistribuyen de forma inteligente.

- Ver PDF después de exportar. Cuando acaba la exportación, el documento generado se abre automáticamente en el visor PDF por defecto de su sistema operativo.
- Crear capas de Acrobat. Si la versión de PDF que ha escogido en el menú desplegable Compatibilidad es igual o superior a la 1.5 (Acrobat 6.0 o superior), podrá convertir las capas de InDesign en capas de Acrobat. Es una forma muy conveniente de imprimir un manual en varios idiomas. Permite además exportar las marcas de impresión a una capa de marcas.
- Exportar capas. Seleccione si desea exportar en el PDF final todas las capas del documento —independientemente de si son visibles o imprimibles—, solo las capas visibles o solo las capas visibles marcadas como imprimibles. Recuerde que puede determinar si una capa es visible y/o imprimible modificando las opciones de capas en el panel Capas.

En la siguiente sección, Incluir, puede determinar qué elementos adicionales se incluyen en el PDF:

- Marcadores. Utiliza la información incluida en la tabla de contenidos del documento para generar de forma automática los marcadores del documento PDF. Los marcadores pueden visualizarse en el panel Marcadores de Adobe Reader y son la forma más práctica y rápida de consultar la información en un documento electrónico. Se comportan como un índice de materias que salta automáticamente a la página seleccionada. No distribuya nunca documentación electrónica sin incluir marcadores; no hay nada más tedioso que tener que consultar página a página un PDF extenso.
- Hipervínculos. Mantiene los hipervínculos creados en InDesign.
- Objetos no imprimibles. Incluye en el documento PDF los objetos marcados como no imprimibles en el panel Atributos.
- Guías visibles y cuadrículas. Permite la visualización de las guías y las cuadrículas. Utilice esta opción solo como referencia cuando esté trabajando en la maqueta de un documento, nunca en el archivo final.
- Elementos interactivos. Exporta sonidos, películas y botones definidos en el documento InDesign. Como habrá podido imaginar, estas opciones son solo aplicables en el caso de que distribuya los PDF de forma electrónica, no para archivos que deben imprimirse.

Panel Compresión

En este panel encontrará las opciones clave que determinarán el tamaño y la calidad del documento PDF final. Se divide en tres grupos de opciones, uno para cada tipo de imágenes: en color, en escala de grises e imágenes monocromas o de 1 bit. Tenga en cuenta que, para reproducir en alta calidad imágenes en color o en escala de grises, necesita una resolución de 300 dpi. Para reproducir imágenes de 1 bit, es necesaria una resolución de como mínimo 1.200 dpi.

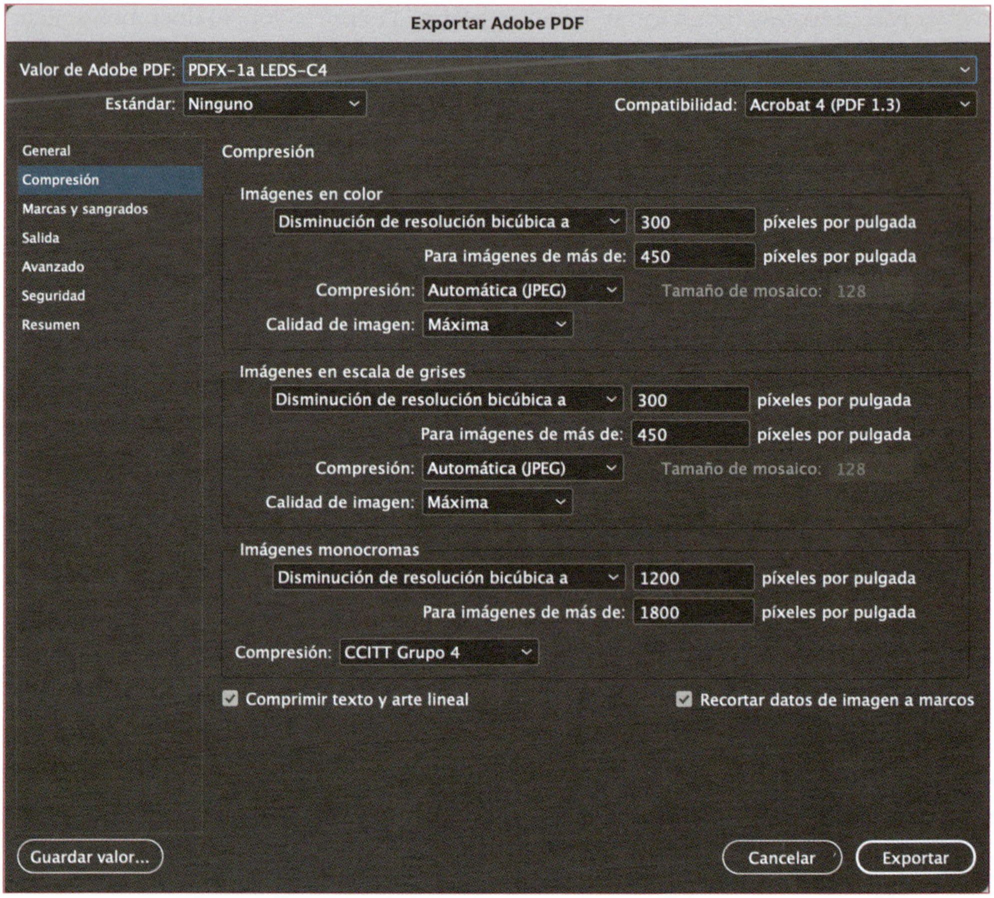

Figura 15.14. Exportar Adobe PDF. Panel Compresión.

- Disminución de resolución. Cuando coloca una imagen, lo más probable es que modifique su escala y posición para que se adapte al diseño del documento. Si selecciona un marco gráfico y consulta el apartado Información del vínculo del panel Vínculos, podrá ver el tipo de imagen colocada, la resolución real del archivo y la resolución efectiva que alcanzará una vez aplicadas las transformaciones. Por ejemplo, si coloca una imagen de 10x15 cm a una resolución de 300 dpi y cambia sus dimensiones a la mitad, 5x7,5 cm, la resolución efectiva se habrá doblado a 600 dpi, puesto que el mismo número de puntos ocupan ahora la mitad de espacio. Como la resolución idónea para imprimir una imagen en alta resolución es de 300 dpi, todos los puntos en exceso que envíe a la impresora o filmadora serán desechados o, lo que es lo mismo, enviará a la imprenta archivos más grandes de lo estrictamente necesario. Igualmente, si quiere distribuir un PDF de forma electrónica y que luego pueda imprimirse con calidad suficiente en impresoras domésticas,

150 dpi de resolución serán suficientes. Para un PDF que solo va a ser consultado en la pantalla del ordenador, basta con una resolución de 72 dpi. InDesign puede utilizar diversos métodos para reducir la resolución de imágenes. La única que debería utilizar es Disminución bicúbica, puesto que produce los mejores resultados, aunque a costa de aumentar el tiempo de procesado en comparación con los demás métodos. Si quiere enviar las imágenes con toda su resolución y que sea la impresora o el RIP el encargado de hacer la disminución, seleccione Ninguna. La disminución solo se efectúa cuando la resolución efectiva de la imagen es igual o mayor a la indicada en el cuadro Para imágenes de más de.

- Compresión. Si quiere disminuir de forma drástica el tamaño de un PDF, utilice un método de compresión. La que mejores resultados proporciona es la compresión Automática (JPEG) cuando ajusta la Calidad al valor Máxima, puesto que disminuye el tamaño del archivo pero las imágenes conservan una calidad suficiente para ser reproducidas correctamente en alta resolución. Si no quiere comprimir las imágenes para evitar artefactos de compresión, escoja Ninguna. Puede comprimir mínimamente el archivo si perder calidad utilizando la compresión ZIP. Por último, para distribuir documentos de forma electrónica, una compresión JPEG con calidad Media —¡incluso Baja!— es más que suficiente.
- Calidad de imagen. Se refiere a la cantidad de compresión que aplica a la imagen si se ha seleccionado el método Automático o JPEG en el menú desplegable anterior. Una calidad Baja equivale a una mayor compresión.
- Comprimir texto y arte lineal. Marque esta casilla de verificación para comprimir el texto y los gráficos vectoriales sin pérdida de calidad.
- Recortar datos de imagen a marcos. Si marca esta casilla, cuando una imagen es más grande que el marco que la contiene, InDesign solo tendrá en cuenta la porción visible al exportar el archivo en formato PDF. Esta opción reduce de forma considerable el tamaño de un archivo sin afectar para nada a la calidad del resultado final. Déjela marcada (opción por defecto) a no ser que quiera enviar la información completa de las imágenes en el documento generado para que, al editarlo posteriormente con aplicaciones como Adobe Acrobat Professional, pueda modificar la escala o el encuadre de las imágenes en el PDF sin necesidad de utilizar el archivo InDesign original.

Marcas y sangrado

Las opciones son las mismas que en el apartado equivalente del cuadro de impresión. A él le remito.

Panel Salida

El panel Salida consta de dos apartados, Color y PDF/X. Las opciones que escoja pueden afectar de forma dramática a la calidad de la reproducción del color en el documento final, así que consúltelas con su impresor si va a generar un documento PDF para imprimir en alta resolución. En este caso, recuerde el dicho, «los experimentos, mejor con gaseosa»...

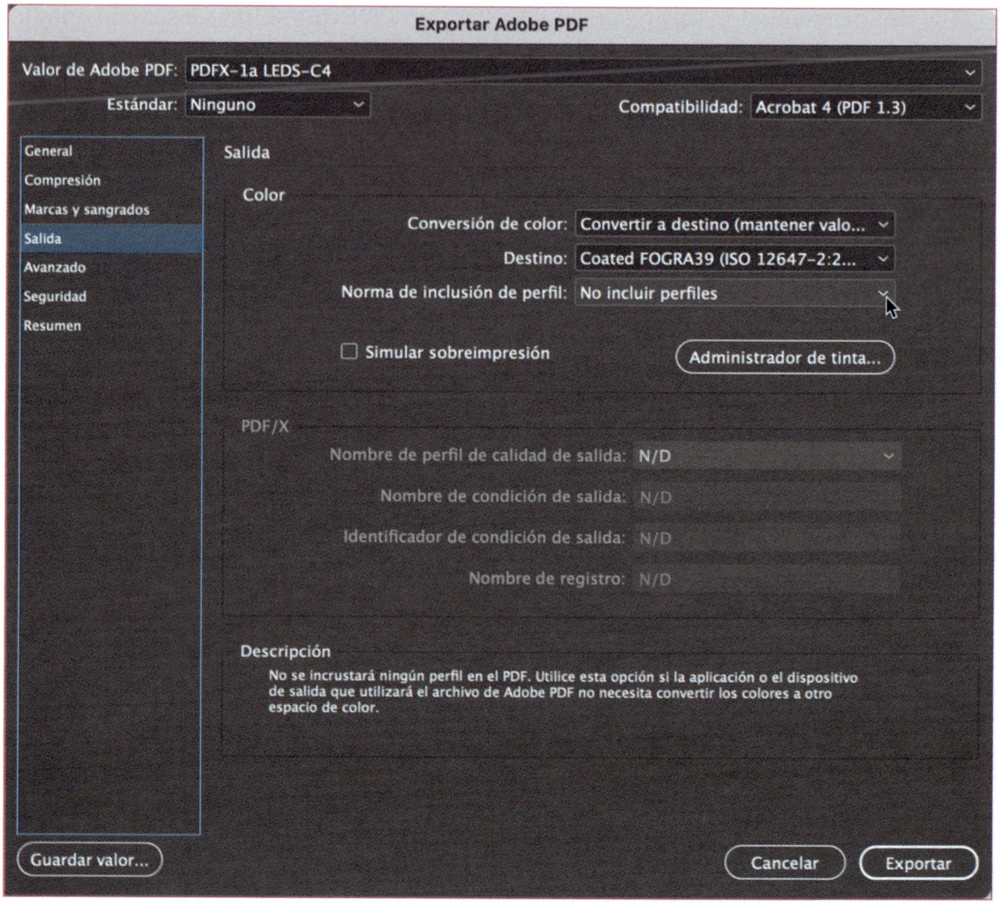

Figura 15.15. Exportar Adobe PDF. Panel Salida.

- Conversión de color. Escoja si desea las imágenes al perfil de destino que especifique en el siguiente menú. Si colocó imágenes RGB en el documento y selecciona la opción Convertir a destino (conservar valores) InDesign convertirá las imágenes al modo CMYK utilizando el perfil que marque como destino, que suele ser el de la imprenta o filmadora con la que trabajará.
- Destino. Escoja el perfil de salida que utilizará InDesign para hacer la conversión de color seleccionada en la opción anterior. Si no tiene —o no conoce— el perfil de la imprenta, obtendrá buenos resultados si escoge como perfil de destino Coated FOGRA 39 cuando imprima en Europa en papel estucado o U. S. Web Coated (v2) si imprime en América con papel estucado.
- Norma de inclusión de perfil. Seleccione si quiere o no incluir el perfil de color con el documento.

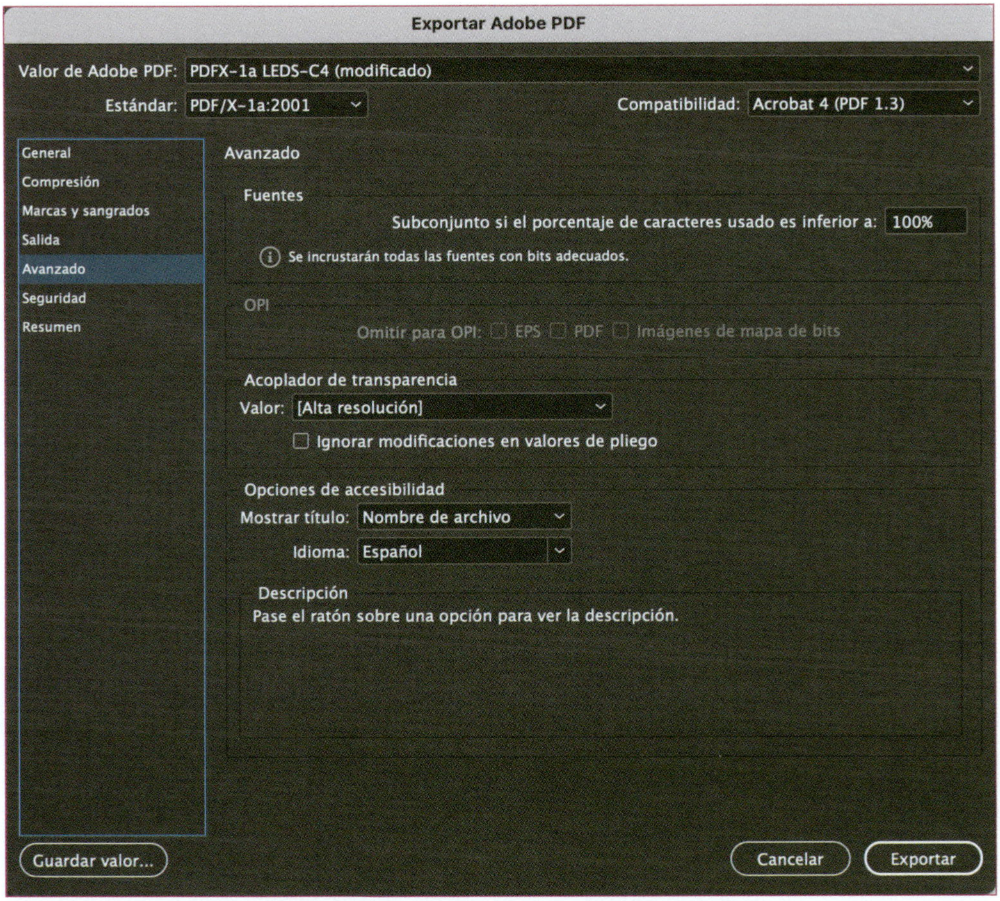

Figura 15.16. Exportar Adobe PDF. Panel Avanzado.

- Administrador de tintas. Permite escoger qué planchas de color incluir, convertir una tinta plana a cuatricromía o cambiar los valores de densidad y orden de reventado de las tintas. No es necesario modificar los valores de este panel a no ser que lo indique su impresor.
- PDF/X. Este conjunto de opciones solo se activará si escoge un estándar PDF/X en el menú desplegable Estándar. Sus valores variarán según el estándar que seleccione y los ajustes de color que haya especificado para el documento. Para más información sobre los estándares PDF/X y cómo afectará el perfil de color que escoja, consulte la ayuda del programa o la página Web de Adobe.

Panel Avanzado

Las opciones de este panel son similares a las que vimos en el apartado equivalente del cuadro de impresión. Es importante tener en cuenta que los ajustes del acoplador

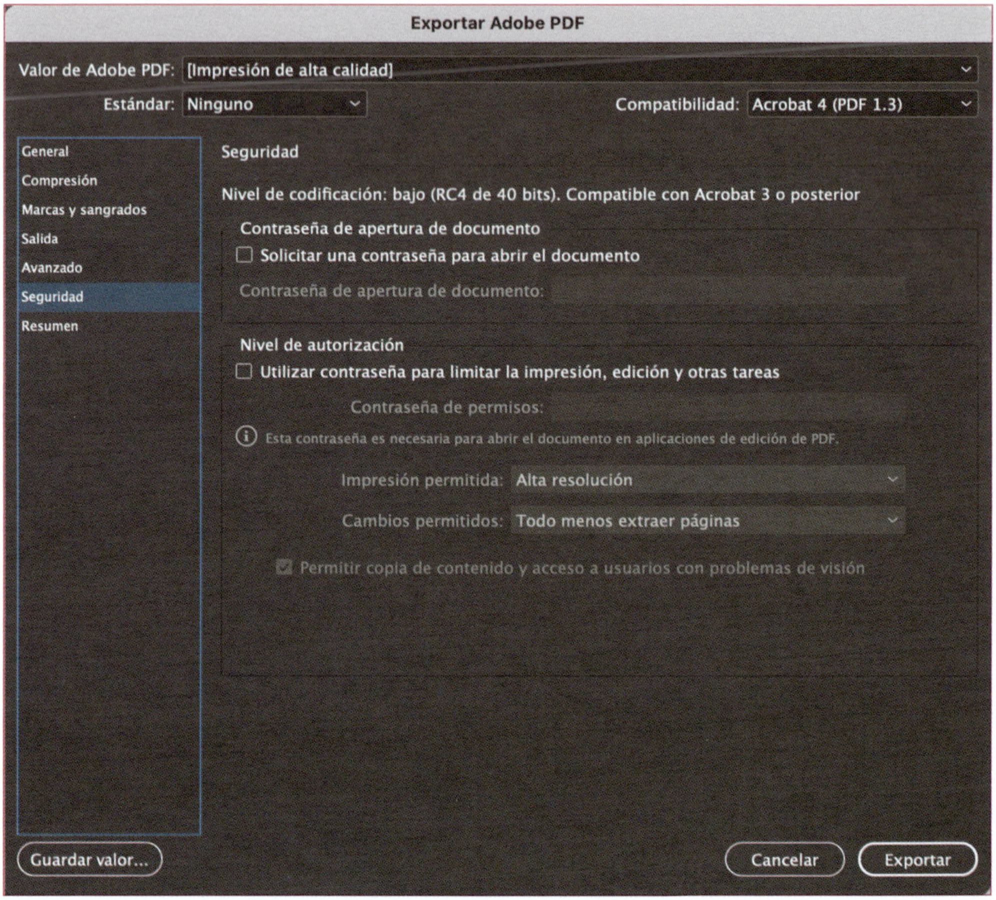

Figura 15.17. Exportar Adobe PDF. Panel Seguridad.

de transparencia solo serán accesibles si escoge una versión de PDF 1.4. La misión del acoplador de transparencia es simular el efecto de transparencia para un formato de archivo que no la soporta. Para ello, InDesign modifica los objetos a los que afecta la transparencia y los convierte en imágenes de mapa de bits. Un ajuste de alta resolución genera archivos complejos que pueden ocasionar problemas de filmación en impresoras antiguas. Las versiones 1.5 o superiores utilizan transparencia dinámica, por lo que no es necesario acoplarla.

Panel Seguridad

Los ajustes de seguridad se utilizan en documentos PDF que deben ser distribuidos de forma electrónica. Mediante una contraseña segura puede limitar la capacidad del archivo para ser abierto, modificado o impreso por un usuario anónimo. El nivel de codificación alto es solo compatible con versiones 1.4 o superiores.

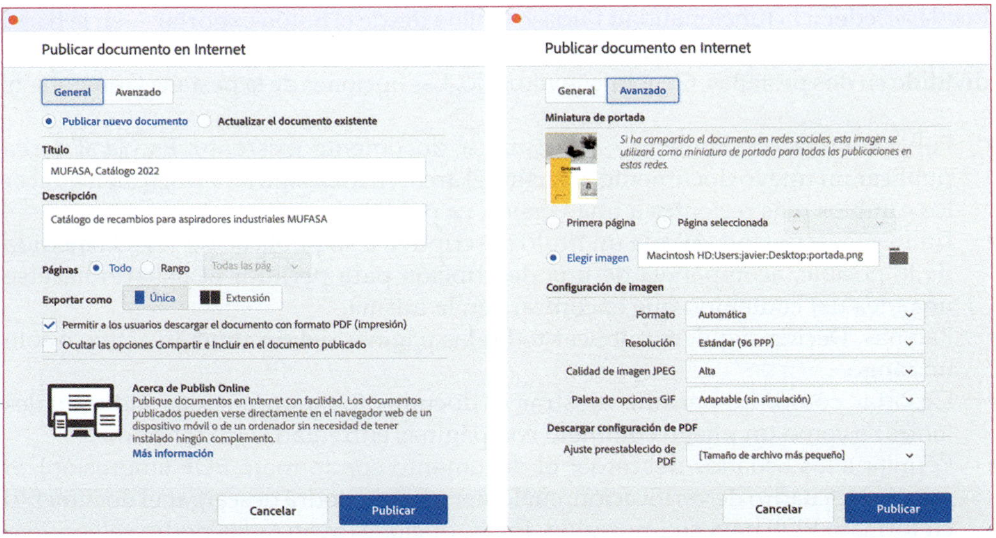

Figura 15.18. Panel Publish Online en modo General y Avanzado.

- Solicitar una contraseña para abrir el documento. Si marca esta casilla, escriba una contraseña en el campo Contraseña de apertura del documento. A partir de este momento, deberá introducir la contraseña para acceder al contenido del archivo PDF.
- Utilizar contraseña para limitar la impresión, edición y otras tareas. Marque esta casilla para limitar, mediante el uso de una contraseña, las capacidades de edición e impresión del documento. Esta contraseña será necesaria para abrir el documento en aplicaciones de edición de archivos PDF.
- Impresión permitida. Si utiliza una contraseña para otorgar privilegios de impresión, seleccione una calidad de impresión del menú desplegable. Si escoge Ninguna, el documento no se podrá imprimir.
- Cambios permitidos. Escoja qué nivel de cambios pueden realizar los usuarios que introduzcan la contraseña.
- Permitir copia de contenido y acceso a usuarios con problemas de visión. Marque esta casilla si quiere que cualquier usuario pueda copiar el contenido de su archivo PDF mediante los comandos de edición copiar y pegar.

Publish Online

NUEVO Si quiere compartir sus documentos en formato HTML5, compatible con dispositivos móviles y ordenadores de escritorio, Adobe le proporciona, junto con su suscripción a Adobe CC, un espacio de almacenamiento en la *Nube* en el que publicarlos. Cada vez que exporta un documento en formato PDF o HTML5, un menú flotante le propone publicarlo también online.

Puede acceder a la funcionalidad Publish Online desde el botón exportar —en la barra Control— o directamente en el menú Archivo. El cuadro de diálogo Publish Online está dividido en dos pestañas, General y Avanzado. Las opciones de la pestaña General son:

- Publicar nuevo documento / Actualizar el documento existente. Escoja si desea publicar un nuevo documento a partir del archivo InDesign abierto, o bien aplicar los cambios más recientes a una versión ya publicada.
- Título y Descripción. Añada un título descriptivo a su publicación y, en la medida de lo posible, acompáñela de una descripción para permitir al usuario hacerse una idea del contenido que encontrará en la misma.
- Páginas. Decida si quiere publicar todas las páginas del documento activo o solo un rango.
- Exportar como. Le permite mostrar el documento como páginas individuales (única) o como un pliego completo con páginas enfrentadas (Extensión).
- Permitir a los usuarios descargar el documento con formato PDF (impresión). Si marca este cuadro de verificación, cualquier usuario podrá descargar el documento en formato PDF para su impresión. En las opciones avanzadas podrá seleccionar un perfil de exportación de PDF.
- Ocultar opciones de Compartir e incluir en el documento publicado. De forma predeterminada, Adobe supone que desea compartir su publicación con todo el mundo, y por ello incluye un botón específico en la versión online. Marque este cuadro de verificación para que no se muestre dicha opción.

La pestaña Avanzado le permitirá acceder a las siguientes opciones de configuración:

- Miniatura de portada. Por defecto, Adobe Publish utiliza la primera página del documento como portada. Le recomiendo que la sustituya por una imagen más adecuada. Marque el botón de radio Elegir imagen y busque en su ordenador un archivo en formato png o jpg. Recuerde que la portada de una publicación es su carta de presentación.
- Configuración de imagen. En el caso utilizar una página del documento como portada, seleccione aquí el formato, resolución, calidad y, si escogió el formato GIF, la paleta de colores que utilizará para generar dicha imagen.
- Ajuste preestablecido de PDF. Si en la pestaña General seleccionó la opción de incluir una versión en formato PDF de su publicación, seleccione aquí el ajuste que desea utilizar. Para una versión ligera y de calidad suficiente en impresoras de escritorio, escoja el perfil Tamaño de archivo más pequeño. Si desea incluir valores personalizados, antes deberá definir un ajuste a medida mediante la opción Archivo>Valores de PDF>Definir.

Revisión y corrección de documentos

Cuando trabaja de manera profesional para un tercero, comprobará que una de las tareas más tediosas es la aplicación de correcciones. Tradicionalmente se envía el documento en formato PDF para que el cliente lo imprima, lo llene de comentarios, lo escanee (o fotografíe) y lo envíe de vuelta por correo electrónico. Luego usted tendrá que aplicar las correcciones —si las entiende—, hacer una nueva versión del PDF, y volver a repetir el ciclo tantas veces como sea necesario hasta obtener el ok definitivo por parte del cliente.

NUEVO Por suerte, Adobe ha incorporado un nuevo flujo de trabajo, al que denomina Compartir para revisión, que facilita enormemente ese proceso. Consta de tres pasos:

1. Enviar una versión del documento para su revisión mediante la opción Compartir para revisión.
2. Inserción de notas y comentarios por parte del cliente directamente en la versión online.
3. Aplicación de las correcciones del paso anterior directamente en InDesign, mediante el panel Revisión.

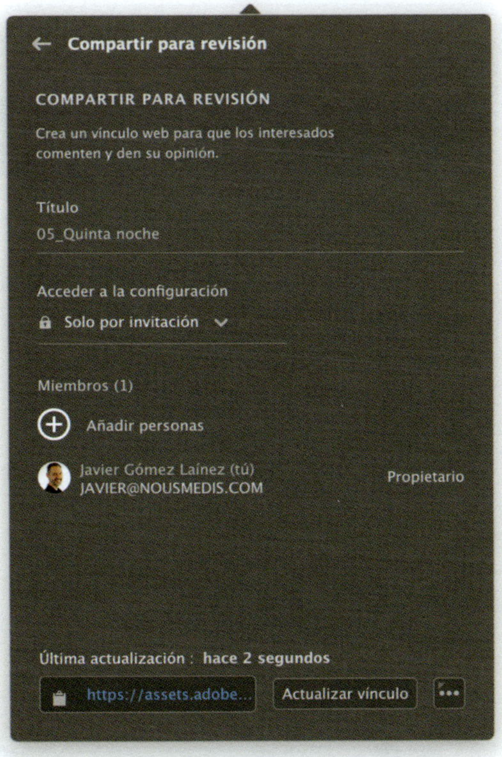

Figura 15.19. Panel Compartir para revisión.

Veamos ahora cada uno de los pasos con más detalle.

Compartir para revisión

En el menú control encontrará el icono compartir (). Al pulsarlo, un menú desplegable mostrará diversas opciones de compartición y exportación de documentos. Seleccione Compartir para revisión... Se mostrará el panel de la figura 15.19.

- Título. InDesign utiliza por defecto el nombre del documento. Cámbielo si lo estima oportuno para añadir, por ejemplo, un número de versión o una fecha.
- Acceder a la configuración. Decida si cualquier persona con el vínculo puede acceder al documento o solo aquellas a las que usted haya invitado expresamente, utilizando para ello el botón Añadir personas. Ni que decir tiene que le aconsejo encarecidamente que solo utilice la segunda opción para salvaguardar el documento de miradas ajenas.
- La parte inferior del panel muestra el vínculo a la página Web que aloja el documento. Haga clic en él para copiarlo al portapapeles y poder enviarlo por correo electrónico.

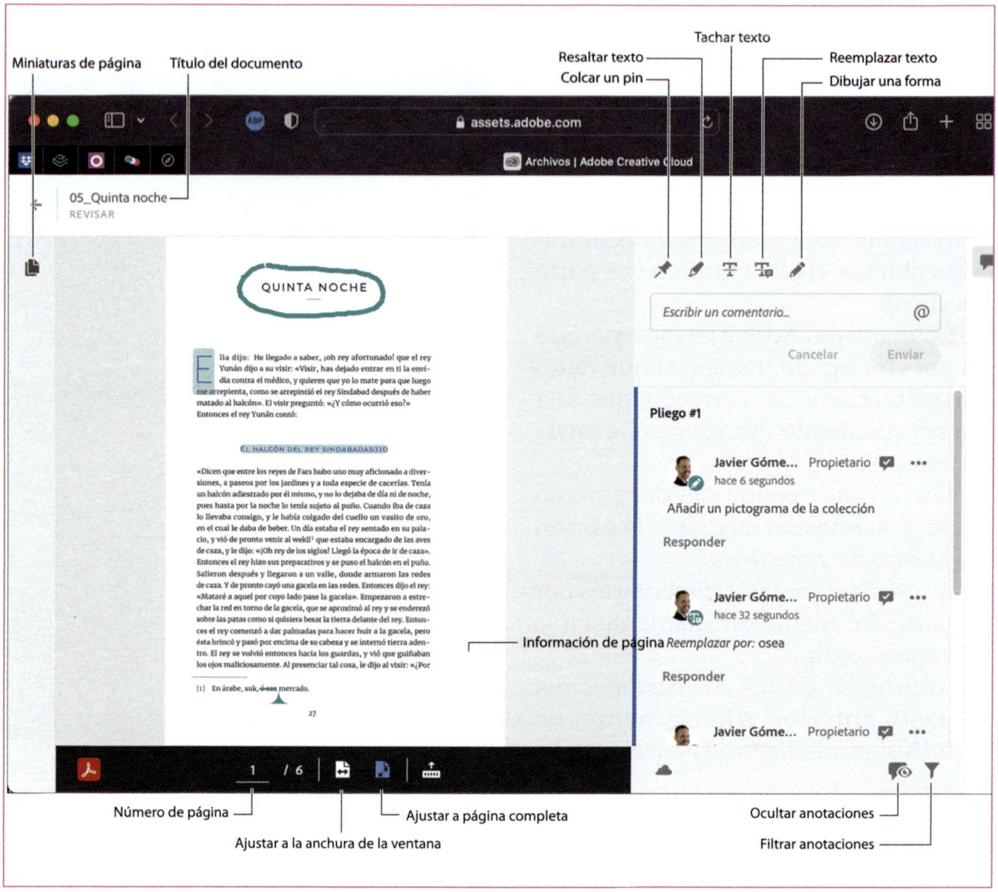

Figura 15.20. Página web Revisar mostrando los comentarios y anotaciones en un documento.

- Actualizar vínculo. InDesign crea una nueva versión del documento online a partir de los cambios introducidos en el documento.
- Otras opciones. Si pulsa el icono en forma de diéresis, podrá acceder a tres opciones adicionales: crear nueva revisión (crea una versión actualiza del documento sin borrar la anterior), eliminar revisión (borra la versión actual del documento online) y Organizar revisiones en la página Web (abre un navegador web con la página que aloja las diferentes revisiones del documento).

Añadir notas y comentarios online

La segunda fase del proceso de revisión correrá a cargo del cliente. En vez de recibir un documento PDF que deberá descargar, anotar y volver a enviarle por el mismo medio, bastará con que acceda al vínculo que habrá recibido por parte de Adobe en el momento en el que usted le agregó como destinatario del documento.

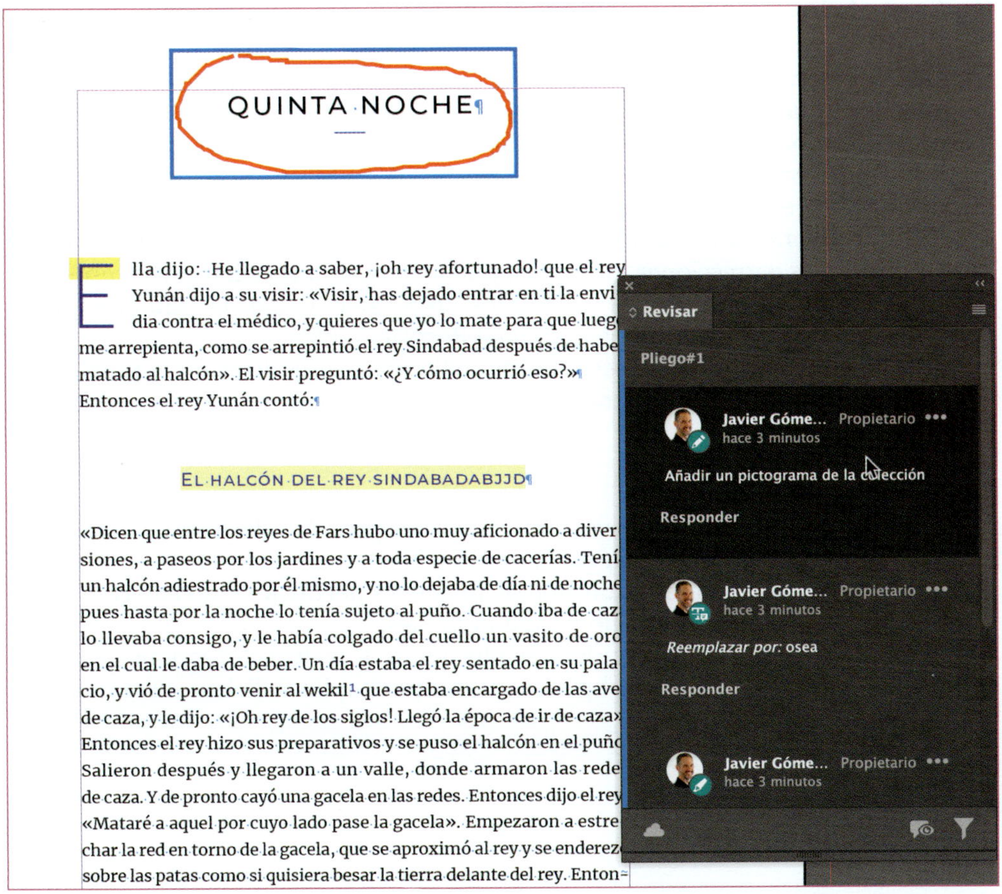

Figura 15.21. Revisión de un documento con el panel Revisar.

La página de revisión es realmente sencilla. En el centro, ocupando gran parte del espacio, se muestra la primera página del documento. Puede utilizar el icono en forma de página situado a la izquierda para acceder al panel de páginas, desde el que podrá acceder al resto de páginas. A la derecha, una barra muestra las herramientas disponibles para comentar y anotar el contenido (ver figura siguiente).

Cada tipo de anotación puede acompañar de un comentario opcional. Si el documento consta de múltiples comentarios, puede mostrar solo aquellos que le interesen mediante el botón Filtrar comentarios, en la parte inferior derecha de la ventana. Utilice el botón Ocultar anotaciones para previsualizar el documento sin las marcas de corrección.

Revisar el documento

Si accede al menú Ventana>Comentarios>Revisión, InDesign le mostrará el panel Revisión, con una lista de las anotaciones y comentarios que ha realizado el cliente en su documento. Para poder visualizar las anotaciones y marcas directamente sobre el documento, recuerde cambiar al modo Normal (Ver>Modo de pantalla>Normal).

El proceso de revisión es realmente sencillo y muy eficaz. Seleccione en el panel la revisión que quiera realizar para que InDesign la destaque en el documento. Cuando haya aplicado las correcciones indicadas, puede marcar la revisión como resuelta si hace clic en el icono con forma de tres puntos suspensivos (...) de la esquina superior derecha de cualquier anotación y selecciona Resolver o Eliminar.

Lo mejor de todo es que el proceso sucede en tiempo real, es decir, usted puede estar aplicando las correcciones mientras que el cliente sigue marcando nuevas revisiones.

Ejercicios

1. Genere un documento PDF en versión optimizada para Web del libro colCalSindreu.indb que encontrará en la carpeta Ejercicios>Final.
2. Modifique los ajustes de compresión de imágenes del documento anterior y compruebe cómo afectan al tamaño y calidad finales.
3. Comparta una versión de su documento online y realice correcciones en el navegador Web. Utilice ahora el panel Revisar para aplicar dichas correcciones al documento InDesign.

A

Preferencias

La primera vez que utilice InDesign, los ajustes por defecto le parecerán los más acertados. No obstante, conforme vaya ganando experiencia, será usted quien decida cuál debe ser el funcionamiento predeterminado de la aplicación. Las preferencias determinan el comportamiento inicial de los documentos y objetos en InDesign. Para modificar un determinado valor, seleccione Edición>Preferencias [nombre del panel] (InDesign>Preferencias>[nombre del panel]) o teclee Control-K (Comando-K).

El cuadro de diálogo Preferencias consta de veinte paneles distintos, cada uno con sus respectivas opciones. No se asuste ante la abrumadora cantidad de menús, cuadros y botones que puede modificar; en el caso de InDesign, más es mejor, pues aumenta la flexibilidad del programa y, por lo tanto, la probabilidad de que este se ajuste a sus necesidades concretas.

En general, las preferencias que modifica cuando un documento está abierto afectan solo a ese documento. Pero si no hay ningún documento abierto, entonces se tomarán como *valores predeterminados* del programa y se aplicarán a todos los documentos que cree desde ese momento en adelante. De la misma forma, si cambia la configuración de cualquier elemento de menú, panel o cuadro de diálogo cuando no hay ningún objeto seleccionado, los cambios definen la configuración predeterminada para los nuevos objetos creados a partir de ese instante.

General

Aquí encontrará un conjunto de preferencias bastante heterogéneo (para entendernos, aquí están todas las que no han sabido a qué panel asignar).

- NUEVO Mostrar pantalla de "inicio" si no hay documentos abiertos. InDesign muestra una ventana, a modo de resumen de su actividad reciente, que permite también crear nuevos documentos o acceder a los archivos almacenados en su cuenta de Creative Cloud. Desmarque la casilla para que InDesign deje de mostrarla cada vez que abre el programa o cuando no hay ningún documento abierto.
- NUEVO Use el diálogo "Nuevo documento" heredado. Adobe InDesign 2022 introduce un nuevo cuadro de diálogo para la creación de documentos. Si prefiere las opciones del antiguo cuadro de diálogo, marque esta casilla.

Numeración de páginas

La opción Numeración de sección mostrará, bajo el icono de cada una de las páginas del panel Páginas, el número de página según las secciones definidas en el cuadro de diálogo Opciones de numeración y sección (del menú del panel Páginas). Por ejemplo, en un documento con dos secciones, una de cinco páginas con numeración romana y otra de treinta con numeración arábiga, mostrará las primeras cinco páginas numeradas del I al V y el resto del 6 al 35. Por el contrario, si selecciona Numeración absoluta, el panel mostrará los números del 1 al 35.

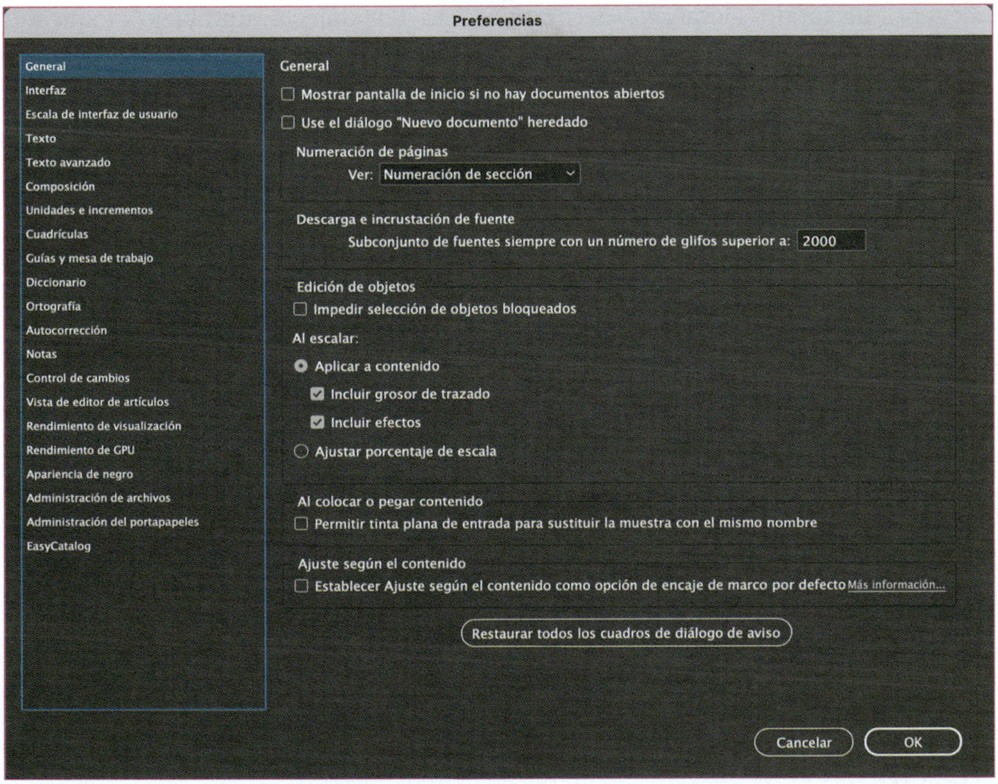

Figura 16.1. Panel de preferencias General.

Descarga e incrustación de fuente

La cifra determina el número de pictogramas máximo que puede tener una fuente para ser incrustada por completo en el documento cuando lo exporta en formato PDF o lo imprime. Si sobrepasa dicho límite, InDesign incrustará solo los pictogramas de dicha fuente que aparecen en el documento.

NOTA

Los pictogramas de una fuente son las letras, números, signos de admiración y puntuación, etc. No todas las fuentes tienen el mismo conjunto de pictogramas. Por ejemplo, el signo del Euro solo aparece en las fuentes relativamente recientes.

Impedir selección de objetos bloqueados

InDesign permite bloquear de forma individual cualquier objeto en una página. Es una técnica muy útil para evitar la edición accidental de ciertos elementos, como imágenes de fondo, elementos decorativos, etc. Por defecto, un objeto bloqueado no puede seleccionarse y, por lo tanto, tampoco puede ser editado. Sin embargo, es posible desactivar momentáneamente el bloqueo de objetos si desmarca este cuadro de verificación. De esta forma podrá editar los objetos bloqueados —escribir texto, cambiar las opciones de relleno y trazo, etc. pero no modificar su posición ni sus dimensiones— sin necesidad de desbloquearlos. Bastará con volver a marcar la opción para retornar al comportamiento por defecto.

Al escalar

Cuando cambia la escala de un marco, puede escoger que el valor de escala —el número que se muestra— se modifique solo para el contenido (Aplicar a contenido) o también para el objeto escalado (Ajustar porcentaje de escala). Utilice la segunda opción para saber en todo momento si una imagen colocada ha sido o no escalada, y en qué cantidad.

NOTA

En el caso de marcos de texto, la segunda opción le resultará incómoda pues, al seleccionar el texto escalado, el panel Control *indicará el tamaño que tenía la letra originalmente y, entre paréntesis, el real: especificar un valor en puntos concreto le resultará imposible, puesto que al número que usted escriba le aplicará el nivel de escala del marco. Por ejemplo, si escala al 150 % un marco con texto de 10 puntos, el texto aumentará hasta 15 puntos, y el panel* Control *indicará 10 pt (15); si ahora introduce 14 en la casilla* Tamaño de texto, *el tamaño final del texto no será de 14 puntos, que es lo que esperaría, sino de ¡21 puntos! (14 al 150 %).*

Al colocar o pegar contenido

Cuando utiliza tintas planas en un documento de InDesign y coloca gráficos en formato vectorial que incluyen la misma tinta, puede marcar esta casilla para que la definición del color del gráfico sustituya a la del documento InDesign, siempre y cuando los nombres de ambas coincidan.

Ajuste según el contenido

NUEVO InDesign es capaz de recocer los objetos que aparecen en una imagen y proponer el mejor encuadre de forma automática. Si desea que este sea el comportamiento por defecto cada vez que coloca una imagen en un marco gráfico, marque este cuadro de verificación.

Restaurar todos los cuadros de diálogo de aviso

La primera vez que utiliza InDesign, el programa le irá advirtiendo cuando ciertas acciones entrañen algún riesgo de pérdida de datos o de calidad en la salida final de sus documentos. Muchas de estas advertencias pueden considerarse exageradas para

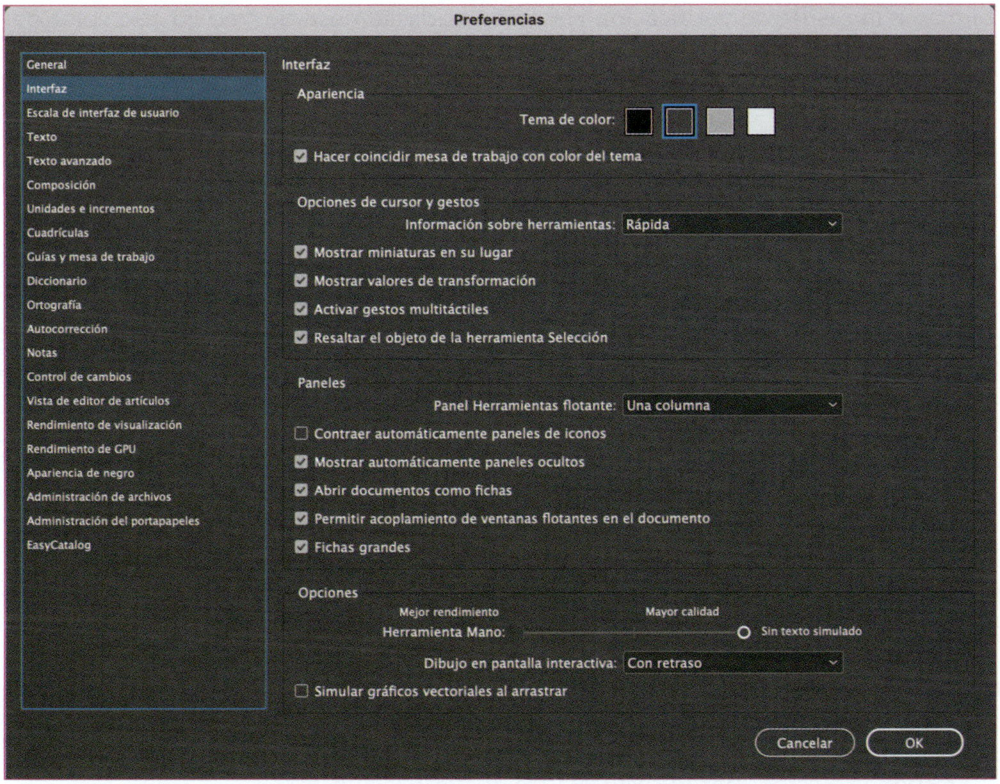

Figura 16.2. Panel de preferencias Interfaz.

un usuario avanzado, de manera que se pueden desactivar si, al mostrarse el cuadro de diálogo, marca el cuadro de verificación No volver a mostrar. Para que InDesign vuelva a mostrar todas las advertencias que desactivó, pulse este botón.

Interfaz

Si ha utilizado otras versiones de InDesign, habrá notado que el aspecto de la aplicación ha cambiado por completo. En vez de utilizar un color gris claro, ahora los paneles y barras de herramientas utilizan un tema oscuro que es, además, compatible con pantallas de alta resolución. En este panel podrá modificar el color del tema, así como otras opciones que afectan al aspecto de la aplicación.

Apariencia

Seleccione una de las opciones del menú desplegable Tema de color para modificar el tono de las ventanas y paneles de la aplicación.

Si marca la casilla de verificación Hacer coincidir la mesa de trabajo con color del tema el color de la mesa de trabajo no será blanco, sino un tono de gris más o menos oscuro dependiendo del color que haya escogido como tema de color.

Opciones de cursor y gestos

Permiten controlar el aspecto que presenta el cursor en pantalla según la acción que lleve a cabo así como activar el uso de gestos en dispositivos de entrada táctiles como los *TrackPad* de ordenadores portátiles.

- Información sobre herramientas. Si coloca el cursor sobre cualquier herramienta y espera unos segundos, verá aparecer una pequeña ayuda en forma de etiqueta amarilla. Escoja si quiere una información Rápida (aparecerán de forma casi inmediata), Normal (tardarán un poco más en aparecer) o Ninguna (no aparecerán por más que espere).
- Mostrar miniaturas en su lugar. Cuando coloca una imagen o un texto en InDesign, este muestra una pequeña miniatura en el cursor para que sepa exactamente qué es lo que va a colocar. Es muy útil, sobre todo al colocar más de un archivo de forma simultánea. Si prefiere no verla, desmarque la casilla.
- Mostrar valores de transformación. Permite activar y desactivar los cursores inteligentes. Al transformar objetos, el cursor muestra las posiciones X e Y, la anchura, altura y el ángulo de rotación.
- Activar gestos multitáctiles. Ciertos dispositivos señaladores, como los *TrackPad* de los ordenadores portátiles de última generación o el ratón *Magic Mouse* de Apple permiten gestos complejos como arrastrar, agrandar o girar. Si desea que InDesign responda a estos, marque este cuadro de verificación.
- Resaltar el objeto de la herramienta Selección. Seleccione esta opción para resaltar los bordes de marco de los objetos al mover la herramienta Selección directa sobre ellos. Le resultará muy útil para seleccionar objetos superpuestos.

Paneles

Este conjunto de preferencias determina el comportamiento de los paneles de herramientas.

- Panel Herramientas flotante. Seleccione el aspecto que presentará el panel Herramientas por defecto. Una columna, Dos columnas o Una fila (esta opción muestra los botones en horizontal). Recuerde que puede acceder a la misma funcionalidad desde el botón Expandir/Contraer de la parte superior del panel Herramientas.
- Contraer automáticamente paneles de iconos. Es muy útil si trabaja en un monitor pequeño o prefiere disponer de un espacio de trabajo despejado. Cuando está seleccionada, cada vez que acceda a un panel situado en el conjunto acoplado de la derecha, este desaparecerá de forma automática al hacer clic en cualquier

otra parte del documento. Desmárquela si prefiere que los paneles permanezcan expandidos en la pantalla incluso cuando no los esté utilizando.

- Mostrar automáticamente paneles ocultos. Si pulsa la tecla Tabulador cuando no está editando un marco de texto o introduciendo valores en un campo, todos los paneles de la aplicación desaparecerán como por arte de magia. Vuelva a pulsar Tabulador para que aparezcan o, si desea acceder momentáneamente a una herramienta, marque esta casilla y acerque el cursor al borde derecho de la pantalla (para mostrar temporalmente los conjuntos de paneles acoplados) o al izquierdo (para hacer lo propio con el panel Herramientas).
- Abrir documentos como fichas. Abre los documentos en modo apilado y muestra la pestaña correspondiente a cada uno de ellos en la barra de pestañas. Si prefiere que InDesign muestre una ventana independiente para cada documento, desmarque esta opción.
- Permitir acoplamiento de ventanas flotantes en el documento. Con esta casilla marcada podrá arrastrar la ventana de un documento sobre otra para crear un conjunto de ventanas acopladas. Cuando acopla dos o más ventanas de documento, el conjunto acoplado muestra la barra de pestañas bajo el panel Control para que pueda desplazarse entre ellos.
- Fichas grandes. Seleccione esta opción para incrementar la altura de las fichas de documentos y panel.

Opciones

Se agrupa aquí un conjunto misceláneo de preferencias, a saber:

- Herramienta Mano. La herramienta Mano es muy útil para desplazarse de forma visual por los documentos. Sin embargo, la fluidez del desplazamiento dependerá de la calidad de previsualización y de las características del ordenador. El indicador de calidad permite mejorar el rendimiento a costa de simular texto y gráficos, y viceversa. Cualquier ordenador moderno debería poder lidiar con el ajuste Mayor calidad.
- Dibujo en pantalla interactiva. Al arrastrar un objeto en la página, InDesign muestra una previsualización del contenido —en el caso de imágenes y gráficos— o el reflujo de texto en tiempo real —en caso de verse afectada la composición del texto. Este comportamiento se corresponde al valor Inmediato del menú desplegable, que es la opción marcada por defecto. Sin embargo, este ajuste puede hacer que, en ordenadores de penúltima generación, un simple movimiento de elementos se convierta en una tortura. Si prefiere que en su lugar se muestre solo el contorno del marco gráfico y se desactive el reflujo de texto interactivo, escoja Nunca. Para conseguir un término medio, seleccione Con retraso. De este modo, si arrastra normalmente un objeto solo verá su marco pero si mantiene pulsado el botón del ratón durante un segundo antes de comenzar la acción de arrastrar, podrá ver una previsualización del objeto o el reflujo interactivo del texto.

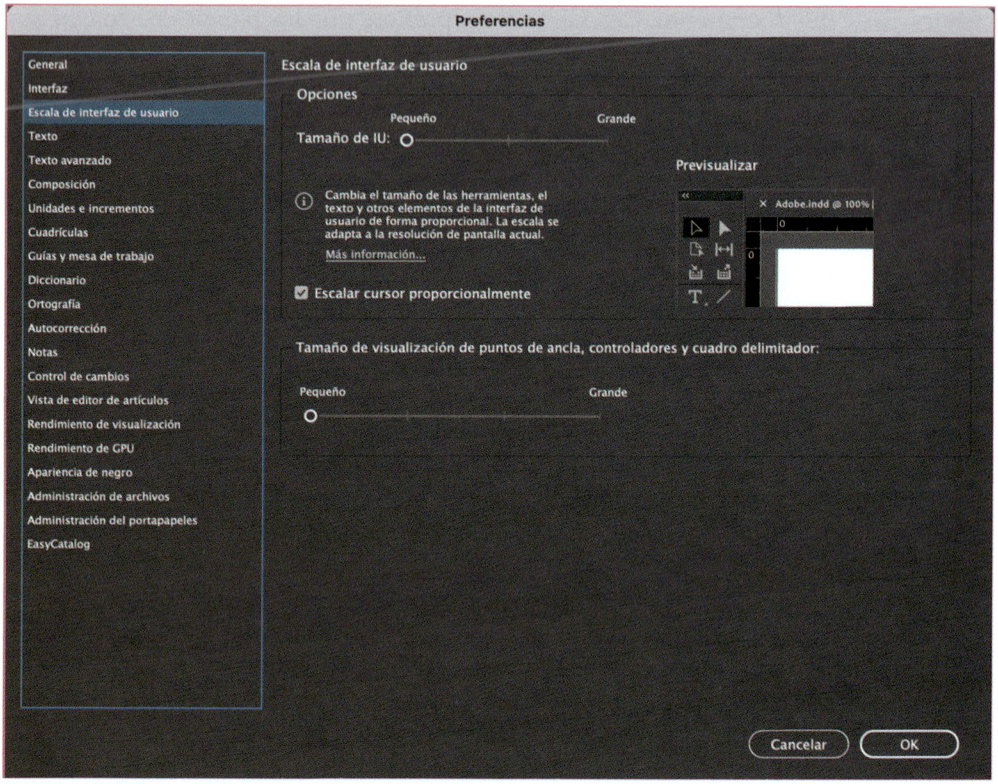

Figura 16.3. Panel de preferencias Escala de interfaz de usuario.

- Simular gráficos vectoriales al arrastrar. Si marca esta opción, en vez de previsualizar en alta calidad un gráfico vectorial, mostrará una imagen simulada de su contorno, lo que mejorará el rendimiento del ordenador.

Escala de interfaz de usuario

Hasta hace relativamente poco tiempo, la resolución estándar de una pantalla era de 72 puntos por pulgada. Sin embargo, con la popularización de tecnologías como las pantallas retina de Apple, que incorporan el doble de resolución pero mantienen el tamaño aparente de los elementos de la interfaz, las aplicaciones compatibles muestran ahora el contenido con una nitidez inigualable.

- NUEVO Tamaño de IU. Utilice el deslizador para aumentar el tamaño de los iconos y paneles de InDesign. Es una opción muy útil para monitores de alta resolución y tamaño: le permite trabajar cómodamente con la aplicación y aún así mostrar una gran cantidad de elementos en sus páginas. Marque la casilla de verificación

Escalar cursor proporcionalmente para que este mantenga una relación de aspecto normal con el resto de elementos de la interfaz.

NUEVO Tamaño de visualización de puntos de ancla, controladores y cuadro delimitador. Los marcos de texto y gráficos muestran una serie de iconos que informan de ciertas propiedades del contenido o bien permiten transformar sus dimensiones e inclinación de forma interactiva. Si, como yo, los encuentra excesivamente pequeños, arrastre el deslizador hacia la derecha.

Texto

Es este panel encontrará ajustes referentes al trabajo con texto.

Opciones de texto

Permiten controlar diversas opciones que afectan a la forma en que escribe texto directamente en InDesign.

- Usar comillas tipográficas. La forma tipográficamente correcta de entrecomillar un texto es utilizar comillas de apertura y de cierre (“”). Si marca esta opción, al pulsar la combinación de teclas para insertar comillas (Mayús+2) delante de una palabra, InDesign añade una comilla de apertura; después de escribir la o las palabras que deben entrecomillarse, vuelva a pulsar la misma combinación de teclas para que InDesign inserte comillas de cierre de forma automática. De lo contrario, la aplicación utilizará el mismo carácter en ambas, una comilla recta.
- La herramienta Texto convierte marcos en marcos de texto. Con esta opción marcada, puede hacer clic en cualquier marco o figura con la herramienta Texto para convertirla automáticamente en un marco de texto. Si no marca esta casilla, deberá seleccionar la opción de menú Objeto>Contenido>Texto para poder introducir texto en un marco gráfico o una figura.
- NUEVO Asignar tamaño óptico a tamaño de fuente en fuentes variables. Algunas fuentes *Variables* (una nueva tecnología de fuentes consistente en posibilitar la transformación de los caracteres sin que estos pierdan legibilidad) incluyen un eje de tamaño óptico que permite utilizar una fuente específicamente diseñada para obtener una lectura óptima en un tamaño concreto. En general, el tamaño óptico de una fuente pequeña, por ejemplo de 10 puntos, está diseñado con trazos y remates más gruesos, caracteres más anchos, menos contraste entre líneas finas y gruesas, mayor altura y más espacio entre letras que el tamaño óptico de una fuente grande (por ejemplo, de 72 puntos). Marque esta opción para que las fuentes variables corrijan su tamaño óptico al hacerlas más o menos grandes.
- Hacer tres clics para seleccionar una línea. Márquela para poder seleccionar líneas completas al hacer triple clic. Haga cuatro clics para seleccionar el párrafo completo.
- Aplicar interlineado a párrafos enteros. Si esta opción está marcada, cuando cambia el ajuste de interlineado entre dos líneas, también se aplicará al resto de líneas del párrafo.

- Ajustar espaciado automáticamente al cortar y pegar palabras. Añade un espacio en blanco antes y después de la palabra recién pegada o los elimina al cortar una palabra (y eso que se ahorra).
- NUEVO Activar la previsualización de las fuentes en el menú. Si le resulta difícil reconocer una fuente por su nombre, seleccione esta opción; a partir de ahora, en los listados de fuentes verá, al lado del nombre, una muestra con el aspecto que tienen.
- Número de fuentes recientes para mostrar. Los listados de fuentes, a los que puede acceder desde el panel Control o desde el menú Texto>Fuente, pueden llegar a ser interminables. Y como usted sabe, un buen diseño no utiliza más que unas pocas fuentes de manera consistente. Por eso Adobe ha decidido colocar las fuentes que más utiliza al principio de la lista. En este cuadro puede especificar el numero de fuentes recientemente utilizadas que debe mostrar la aplicación en las primeras posiciones de la lista.
- Activar previsualización de fuentes japonesas en "Buscar más". Permite previsualizar los caracteres de fuentes compatibles con el idioma japonés.
- Ordenar lista de fuentes recientes alfabéticamente. Como su nombre indica, permite mostrar las fuentes que ha utilizado recientemente ordenadas de la A a la Z.
- NUEVO Previsualizar fuentes al pasar el puntero por encima. Marque este cuadro de verificación para que, al seleccionar un texto y acceder al menú fuentes, InDesign aplique momentáneamente la fuente sobre la que se encuentra el cursor del ratón. Haga clic en el nombre de la fuente para que el cambio sea permanente.

Modificar texto con arrastrar y soltar

Si marca estas dos casillas podrá arrastrar y soltar texto (un método mucho más cómodo que copiar y pegar): seleccione un bloque de texto, coloque el cursor sobre la selección hasta que cambie al icono de cursor de desplazamiento de texto (un triángulo con una T minúscula a su derecha), haga clic y arrástrelo a una nueva ubicación. Puede escoger si quiere utilizar este método en la vista de maquetación y/o en la vista del editor de artículos (Edición>Editar en Editor de artículos).

Reflujo de texto inteligente

Esta opción permite añadir o quitar páginas al mismo tiempo que escribe o edita el texto, de forma similar a como lo haría una aplicación de procesamiento de textos. Marque esta casilla si utiliza InDesign como editor de textos y quiere que se añada una nueva página de forma automática al escribir más texto del que cabe en la página actual.

Por defecto, la opción Reflujo de texto inteligente está limitada a los marcos de texto principales, es decir, a los marcos de texto que hay en una página principal. Si el documento incluye páginas opuestas, los marcos de texto principales deben aparecer en las páginas principales izquierda y derecha y, además, deben estar enlazados.

- Añadir páginas a. Decida si prefiere que las nuevas páginas se añadan de forma automática al final del artículo, al final de la sección actual o al final del documento. Imagine un documento compuesto por dos páginas; la primera con un marco de

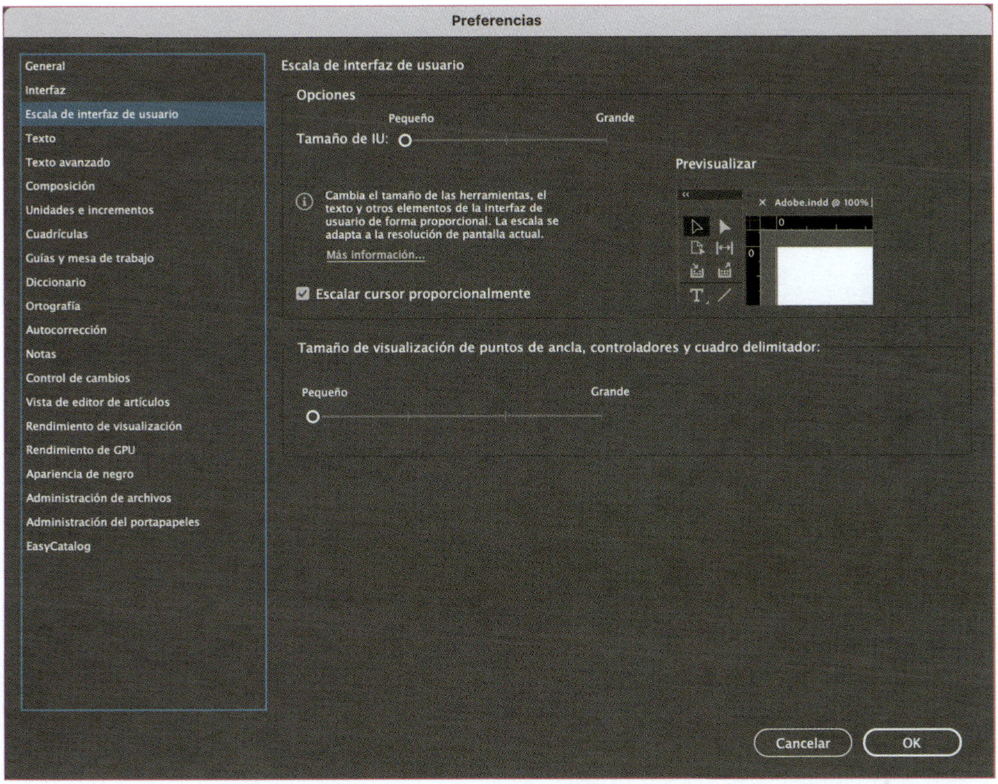

Figura 16.4. Panel de preferencias Texto.

texto y la segunda con un gráfico a página completa. Si escoge la opción Final del artículo, InDesign añadirá una nueva página entre las dos existentes, es decir, será la segunda página. Por el contrario, si escoge Final del documento, la nueva página será la tercera.

- Limitar a marcos de texto principales. Si desactiva esta opción, también se pueden añadir o quitar páginas al editar marcos de texto que no estén basados en páginas principales. A fin de evitar reajustes no deseados del texto, Reflujo de texto inteligente solo se aplica si el marco de texto que edita está enlazado a, como mínimo, otro marco de texto en otra página.
- Conservar pliegos de páginas opuestas. Esta opción determina si se conservan los pliegos de páginas opuestas al reajustar el texto en medio de un documento. Si esta opción está seleccionada y se ajusta el texto por la mitad del documento, se añade un nuevo pliego de dos páginas; si no está seleccionada, se añade una sola página y las siguientes se reorganizan en consecuencia, con lo que puede suceder que el documento final acabe con las páginas de la derecha a la izquierda, y viceversa.

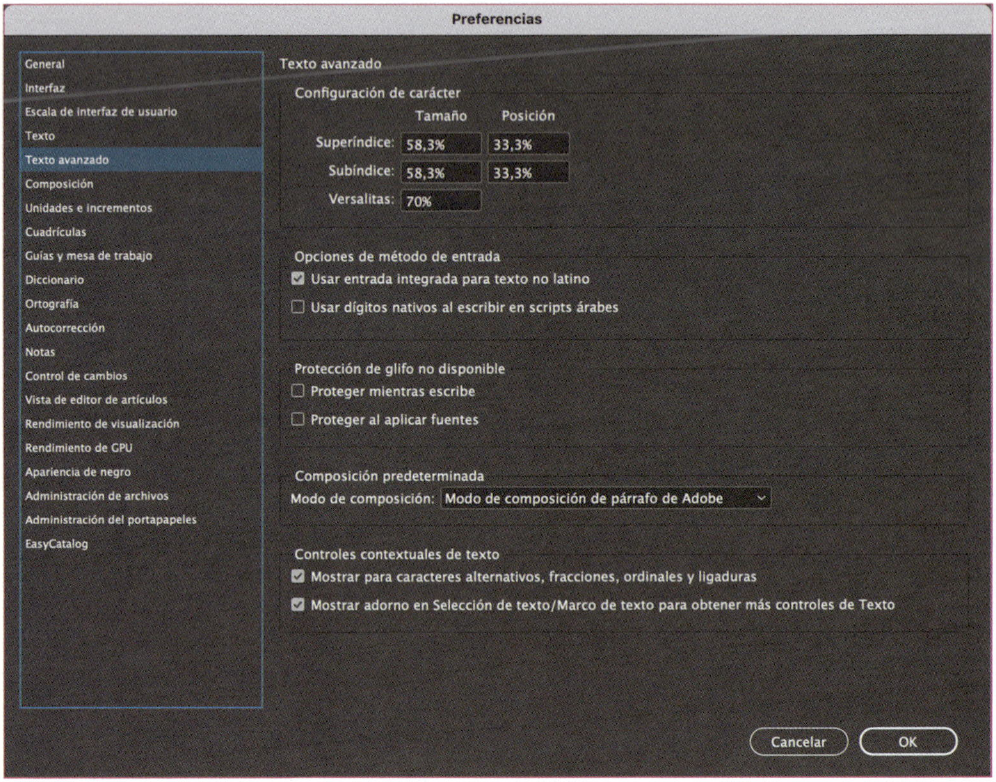

Figura 16.5. Panel de preferencias Texto avanzado.

- Eliminar páginas vacías. Del mismo modo que InDesign puede crear de forma automática páginas para dar cabida al nuevo texto, también es capaz de eliminarlas cuando, al quitar texto, quedan páginas vacías. Por ejemplo, imagine un documento con dos páginas de texto. Si elimina suficiente texto en la primera como para que el marco de texto de la segunda página quede vacío, InDesign eliminará la segunda página (pero no se asuste, lo hará siempre y cuando el único objeto en la página sea un marco de texto vacío; si ha colocado otros elementos de diseño, la página permanecerá en el documento).

Texto avanzado

Configuración de carácter

Muchas tipografías antiguas —y algunas modernas— carecen de caracteres diseñados específicamente para comportarse como superíndices, subíndices o versalitas. En estos

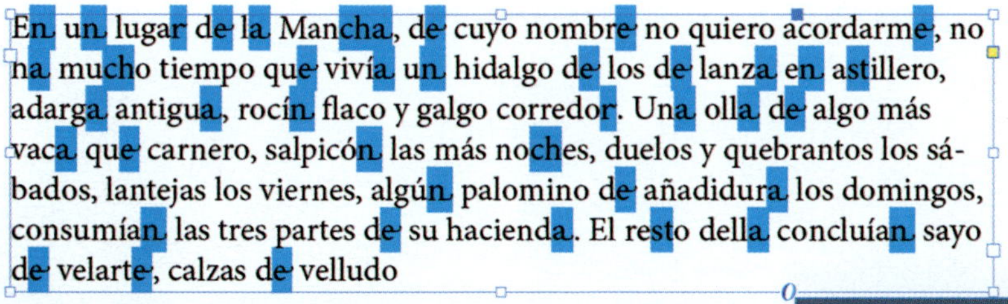

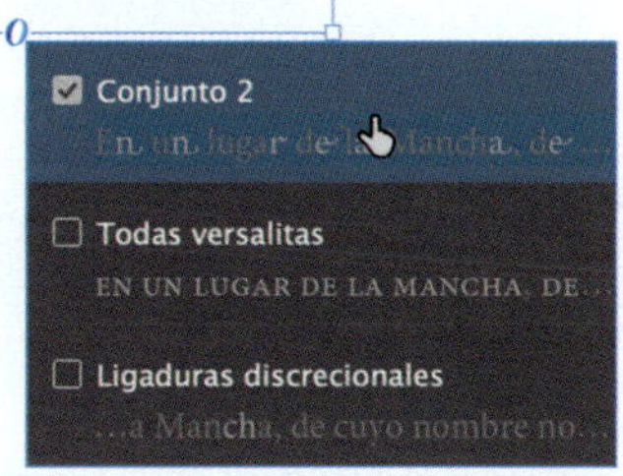

Figura 16.6. Cuando una tipografía contiene variantes estilísticas, InDesign muestra el denominado «adorno», tanto al seleccionar una palabra como un marco de texto. En la figura puede ver cómo la aplicación indica los caracteres que se reemplazarán por el conjunto estilístico 2 de la fuente.

casos, al aplicar uno de los estilos mencionados, InDesign modificará el porcentaje de tamaño y posición (desplazamiento con respecto a la línea de base) del carácter según indique en los campos de texto correspondientes.

Opciones de método de entrada

Marque esta casilla para habilitar la escritura con un teclado oriental o árabe (caracteres de 2 y 4 bytes).

Protección de glifo no disponible

La protección de glifo evita que aparezcan caracteres incorrectos o ilegibles si introduce texto en otros alfabetos (por ejemplo, japonés o cirílico) después de seleccionar una fuente latina. Esta opción le permite eludir el error al escribir nuevo texto —Proteger mientras escribe— o bien al aplicar una fuente nueva a un texto que ya está escrito de antemano —Proteger al aplicar fuentes.

Composición predeterminada

El aspecto del texto en una página depende de una compleja interacción de procesos denominada *composición*. Con las opciones seleccionadas de espaciado entre palabras y entre letras, la escala de pictograma y la separación por sílabas, InDesign compone el texto de modo que se ajuste al máximo a los parámetros especificados. La aplicación cuenta con dos métodos de composición principales: de párrafo y de línea única, que a su vez tienen las variantes idiomáticas internacional y japonesa, específicos para idiomas que utilizan caracteres no latinos.

Los métodos de composición de párrafo tienen en cuenta una red de puntos de salto para todo un párrafo de manera que puede optimizar las líneas anteriores del

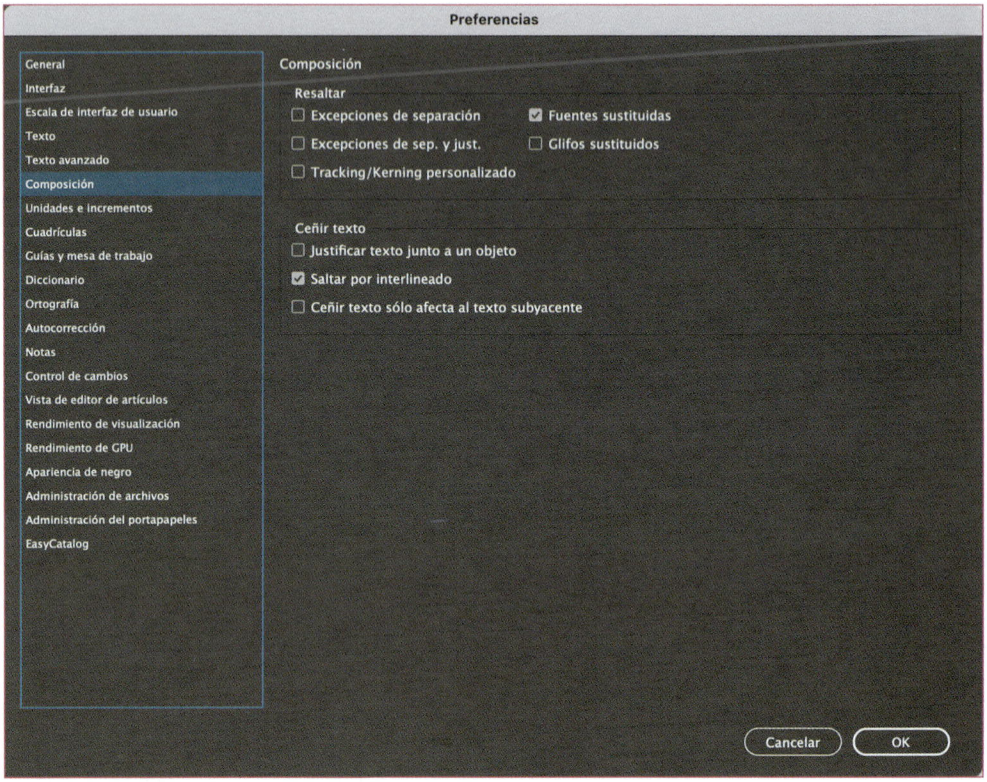

Figura 16.7. Panel de preferencias Composición.

párrafo para eliminar los saltos que no se deseen y que puedan aparecer más tarde. El resultado es un espaciado más uniforme y menos guiones.

Los métodos de composición de línea única ajustan el texto línea a línea. Los párrafos no son tan regulares, pero a cambio a penas se producen cambios en la composición del texto (ideal en la etapa final de un diseño).

Escoja cuál de ellos debe aplicarse por defecto para los nuevos marcos de texto. Más adelante podrá cambiarlas para cada párrafo o bien para todos los párrafos que tengan aplicados un mismo estilo.

Controles contextuales de texto

Cuando selecciona un texto que dispone de caracteres alternativos, InDesign mostrará un menú contextual con el resto de variantes. Haga clic en una de ellas para aplicarla inmediatamente en el texto sin tener que acceder al panel Glifos.

Composición

En este panel encontrará opciones que le ayudarán a controlar con precisión la composición de texto (es decir, colocar y modificar el texto en un documento).

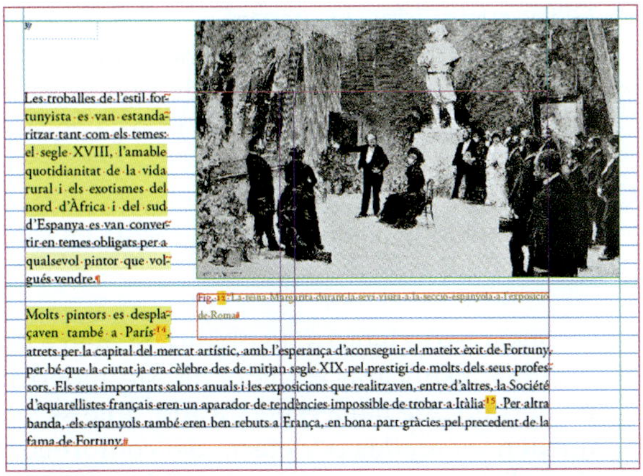

Figura 16.8. Página de documento que muestra resaltadas varias líneas que no cumplen estrictamente los criterios marcados en el cuadro de diálogo Justificación.

Resaltar

Los cuadros de verificación de este apartado controlan si InDesign debe destacar en pantalla posibles problemas tipográficos, dibujando para ello una gruesa línea de color sobre el texto, a modo de rotulador de resaltar. Por defecto todos están desmarcados —excepto el indicador de fuentes sustituidas— para evitar teñir su documento de colores que usted no ha aplicado. Pero cuando sea un experto, querrá activar más de uno.

- Excepciones de separación. Resalta la última línea de un párrafo cuando este no puede cumplir los ajustes especificados en el cuadro de diálogo Opciones de separación del menú desplegable del panel Párrafo. Es decir, avisa de la existencia de líneas viudas o huérfanas.
- Excepciones de sep. y just. InDesign utiliza tres niveles de amarillo (a más amarillo, más problemático) para marcar líneas muy «apretadas» (caracteres muy juntos) o muy «sueltas» (caracteres muy separados) que no pueden ceñirse a los límites marcados por los cuadros de diálogo Justificación y Separación por sílabas, en el menú desplegable del panel Párrafo.
- Tracking/kerning personalizado. Resalta las líneas en las que ha sido modificado el *Tracking* y/o *Kerning* de forma manual. Es útil cuando trabaja con más colaboradores y quiere saber si alguien está abusando de estos ajustes (¡o si ha sido usted mismo el que se ha dejado llevar!). Lo ideal es modificarlos mínimamente y dejar al programa la aplicación de los ajustes pertinentes gracias a una correcta configuración de las opciones de Justificación y Separación por sílabas.
- Fuentes sustituidas. Si al abrir un documento InDesign es incapaz de encontrar las fuentes utilizadas, un cuadro de diálogo le propondrá buscarlas y reemplazarlas; si no lo hace, se usará una fuente de sustitución en su lugar, que tratará de ajustarse a las características ópticas de la fuente sustituida. Para resaltar que lo que se muestra en pantalla no es el resultado final, las destaca en color rosa. Deje marcado este cuadro siempre, sobre todo si trabaja con colaboradores (es fácil olvidar adjuntar las fuentes con el documento).

- Glifos sustituidos. Destacará en color rosa cualquier glifo (carácter especial, como el símbolo del Euro) que no encuentre. Este problema suele aparecer cuando se utilizan diferentes versiones de una misma fuente. Como en el punto anterior, déjelo marcado si alguien más trabaja en sus documentos.

Ceñir texto

Estas tres opciones determinan la forma en que fluye el texto al contornear marcos gráficos y figuras.

- Justificar texto junto a un objeto. Si marca este cuadro, el texto que contornea un objeto se justificará alrededor de este, independientemente del modo de alineación de párrafo que haya especificado. Solo se verán afectadas las líneas de texto que queden separadas por efecto del contorneo. Por ejemplo, si contornea la imagen de un lápiz con texto alineado a la izquierda, algunas líneas quedarán divididas en dos; son las que se justificarán. Active esta opción para hacer que el texto «dibuje» con mayor fidelidad la forma de la figura contorneada.
- Saltar por interlineado. Utiliza el interlineado para determinar cuánto espacio en blanco sigue a un objeto contorneado por texto. Cuando está activa, mueve el texto contorneado hasta el próximo incremento de interlineado disponible debajo del objeto. Por ejemplo, en un marco de texto con dos o más columnas, si decide que el contorneo de un objeto tenga un margen inferior de 5 mm y activa la opción Omitir por interlineado, InDesign puede dejar un espacio inferior mayor de 5 mm para asegurarse que las líneas de texto situadas debajo del objeto están a una distancia vertical idéntica a las líneas de texto de la columna contigua. Si no selecciona esta opción, puede que la altura vertical de las líneas de texto debajo del objeto contorneado no coincida con la de la columna de al lado.
- Ceñir texto solo afecta al texto subyacente. Marque esta opción para que solo se contornee el texto que se encuentre debajo de un objeto (Objeto>Organizar>Detrás).

Unidades e incrementos

En este panel puede escoger el sistema métrico que utilizará por defecto InDesign, así como la posición de las reglas y la cantidad de desplazamiento aplicado a los objetos cuando utilice las flechas de cursor para moverlos.

TRUCO

Puede acceder rápidamente a estos ajustes si hace clic con el botón derecho del ratón sobre una de las reglas.

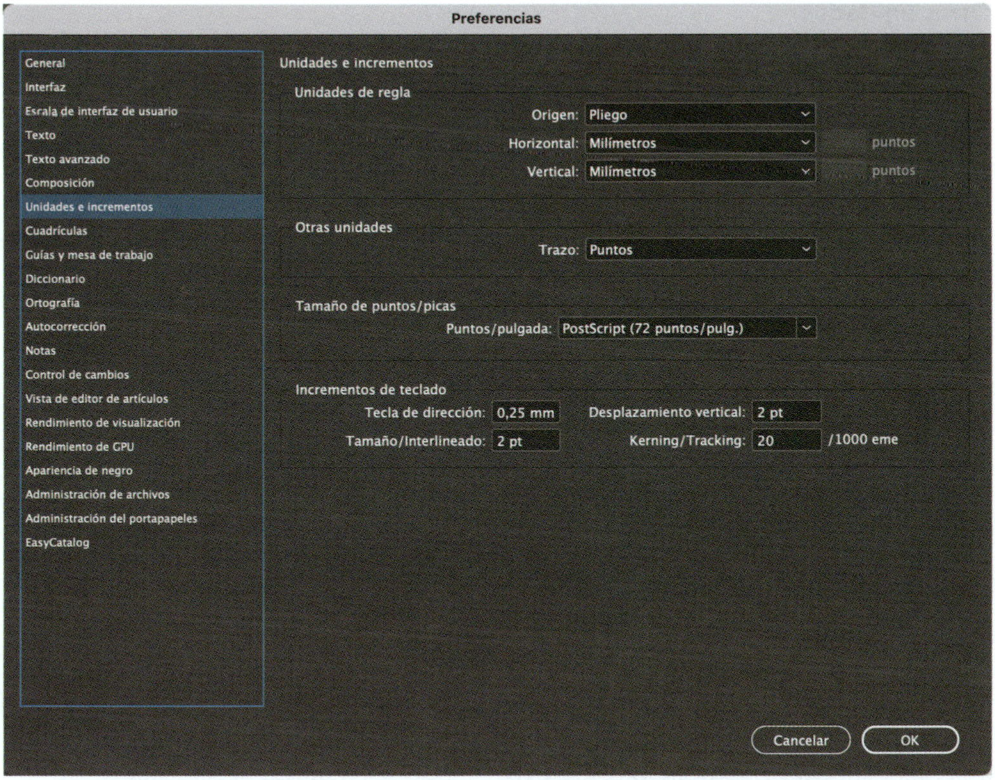

Figura 16.9. Panel de preferencias Unidades e incrementos.

Unidades de regla

- Origen. Escoja cuál debe ser el origen de las reglas (ubicación del punto cero). Si selecciona Página, la posición de los objetos será relativa a la esquina superior izquierda de cada página; seleccione Pliego si quiere que la posición sea relativa a la esquina superior izquierda del pliego completo (un objeto en la página derecha de un pliego usará como referencia la esquina superior izquierda de la página izquierda, pues coincide con el origen del pliego); por último, escoja Lomo si prefiere que el punto de referencia sea relativo a la parte superior central de un pliego, es decir, a la línea vertical que divide las dos páginas de un pliego.
- Horizontal y Vertical. Permiten escoger las unidades de medidas de las reglas (milímetros, puntos, pulgadas, etc.). Si selecciona Personalizada, introduzca el número de puntos que separará cada marca de incremento (esta opción es muy útil en la regla vertical, si hace que el número de puntos coincida con el interlineado del texto; entonces puede contar fácilmente las líneas o hacer que el tamaño y posición de los objetos guarde una relación vertical con el texto).

Otras unidades

Seleccione las unidades por defecto que debe utilizar el programa para determinar el tamaño del texto y el grosor de los trazos. Por defecto, y por seguir la tradición, se utilizan puntos.

Tamaño de puntos/picas

Seleccione si prefiere que una pulgada contenga 72 puntos (sistema PostScript) o si desea mantener el valor tradicional de la pulgada de 72,27 puntos. Esta opción, reservada a los más puristas, es útil en caso de trabajar con rotativas antiguas (en las que se componía en tipos de plomo utilizando como unidad base el punto tradicional) o si utiliza un tipómetro con cierta solera.

Incrementos de teclado

InDesign es una herramienta de precisión, y como tal nos permite escoger los incrementos numéricos al utilizar las teclas de dirección. Utilice el campo Tecla de dirección para controlar cuánto se desplaza un objeto si lo mueve pulsando repetidas veces las teclas de dirección (las cuatro flechitas del teclado que apuntan arriba, abajo, derecha e izquierda). Los campos Tamaño/Interlineado, Desplazamiento vertical y Kerning/Tracking indican los respectivos incrementos de tamaño y/o desplazamiento del texto cuando utilice las combinaciones de teclas correspondientes.

Cuadrículas

InDesign puede ayudarle a trabajar con mayor precisión mostrándole una cuadrícula y/o una rejilla base, a modo de referencia.

Cuadrícula base

En documentos de múltiples columnas es fácil reconocer el trabajo de un profesional: las líneas de texto de columnas adyacentes coinciden en su altura vertical. La cuadrícula base es la herramienta que le permitirá controlar de forma automática esa distancia, independientemente de los gráficos, tablas y demás elementos decorativos que pueblen la página.

- Color. Seleccione un color que le resulte cómodo y no interfiera en su trabajo. Si ninguno de los que ofrece por defecto es de su agrado, escoja la última opción de la lista, A medida... y defínalo utilizando el selector de color de su sistema operativo.
- Inicio. Escoja el origen vertical de la Cuadrícula base con respecto a la siguiente opción.
- Respecto a. La cifra que introduzca en el campo Inicio se toma a partir del Principio de la página (borde superior) o del Margen superior.
- Incremento cada. Decida cada cuántos puntos quiere que aparezca una línea. Para que la Cuadrícula base sea de utilidad, el incremento debe ser igual a la interlínea del texto que va a apoyarse en ella.

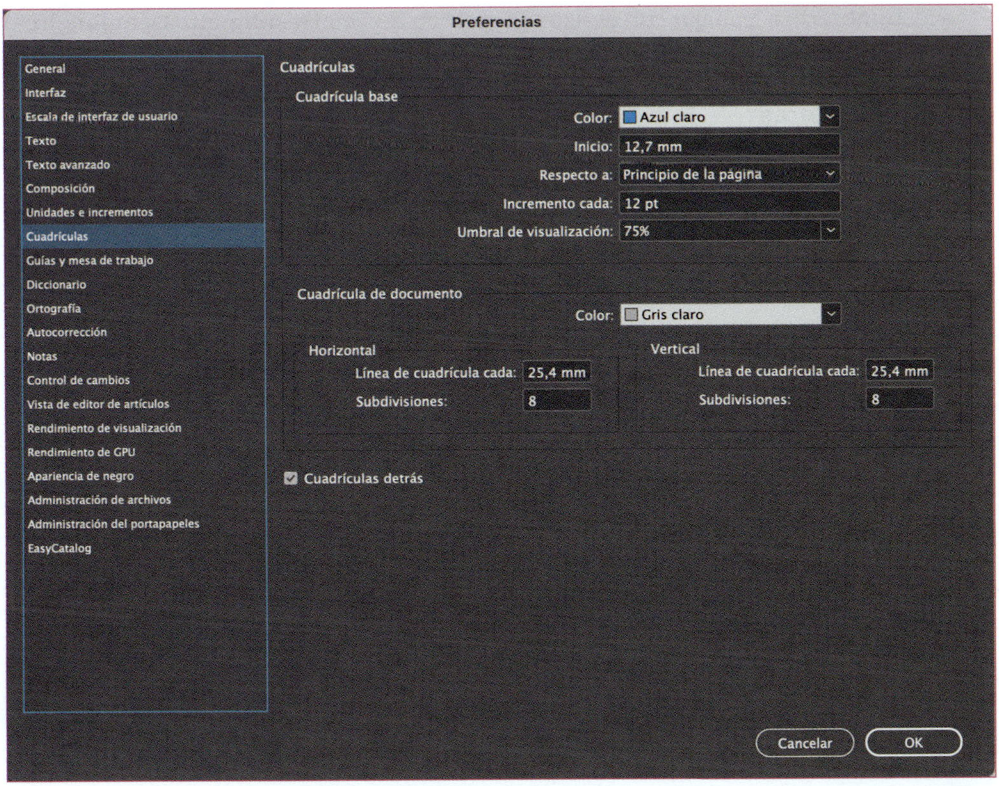

Figura 16.10. Panel de preferencias Cuadrículas.

- Umbral de visualización. Cuando mira un documento a un porcentaje inferior al cien por cien, las líneas de la Cuadrícula base están tan próximas unas de otras que en su lugar verá una mancha de color sólida. Para evitarlo, indique a partir de qué porcentaje de ampliación debe comenzar a mostrarse la cuadrícula. En valores inferiores al introducido, la cuadrícula no se mostrará, aunque seguirá activa.

Cuadrícula de documento

La Cuadrícula de documento consiste en un entramado de líneas horizontales y verticales que se entrecruzan, gruesas para indicar las divisiones principales o más finas para marcar las subdivisiones.

- Color. Seleccione un color predeterminado o cree uno personalizado con la opción A medida...
- Horizontal y Vertical. Escoja el incremento horizontal y vertical entre las líneas de división principales en el campo Línea de cuadrícula cada. Seleccione el número de subdivisiones entre dos líneas principales en el cuadro Subdivisiones. Si está

acostumbrado a trabajar con el sistema métrico decimal (centímetros y milímetros), escoja líneas de cuadrícula cada 10 mm y 10 subdivisiones.

Cuadrículas detrás

Si marca este cuadro de verificación, los objetos cubrirán las líneas de división de las cuadrículas. Desmarque esta opción si prefiere que las cuadrículas sean siempre visibles por encima de cualquier elemento situado en la página.

Guías y mesa de trabajo

En este panel puede especificar el color de diversos elementos de la interfaz del programa. Por ejemplo, el verde que se aplica por defecto a las guías inteligentes las hará invisibles si trabaja sobre la imagen de un bosque; seleccione un color con más contraste, como el magenta, para poder verlas.

Color

Seleccione un color para guías de márgenes, columnas, sangrado, área de anotaciones, guías inteligentes o para el color de la mesa de trabajo mostrado cuando visualice el documento en modo Previsualización.

Marque la casilla Hacer coincidir con color del tema del apartado Previsualización de fondo para que el fondo del documento en modo previsualización coincida con el color del tema de la interfaz definido en el apartado Interfaz del cuadro de diálogo Preferencias. De lo contrario se utilizará el color que escoja en el menú desplegable situado justo debajo del cuadro de verificación (por defecto gris claro).

Opciones de guías

El Ajuste magnético es la distancia mínima en píxeles a la que se debe encontrar un objeto para ser atraído por las guías cuando la opción Ver>Cuadrículas y guías>Ajustar a guías está seleccionada. Si quiere que las guías aparezcan por detrás de los demás elementos de la página, marque la opción Guías atrás.

Opciones de guías inteligentes

En este apartado se listan cuatro opciones que modifican el comportamiento de las Guías inteligentes.

- Alinear con centro de objeto. Con esta opción activada, las Guías inteligentes utilizarán como referencia de alineación y distribución de objetos el centro geométrico de los mismos.
- Alinear con bordes de objeto. Marque esta casilla si quiere que las Guías inteligentes utilicen los bordes de los objetos como referencia para la alineación y distribución de objetos.
- Dimensiones inteligentes. Al crear, cambiar de tamaño o rotar un objeto, InDesign muestra la anchura, altura y/o ángulo de rotación del objeto, y resalta cuando las dimensiones o la rotación coinciden con los objetos cercanos.

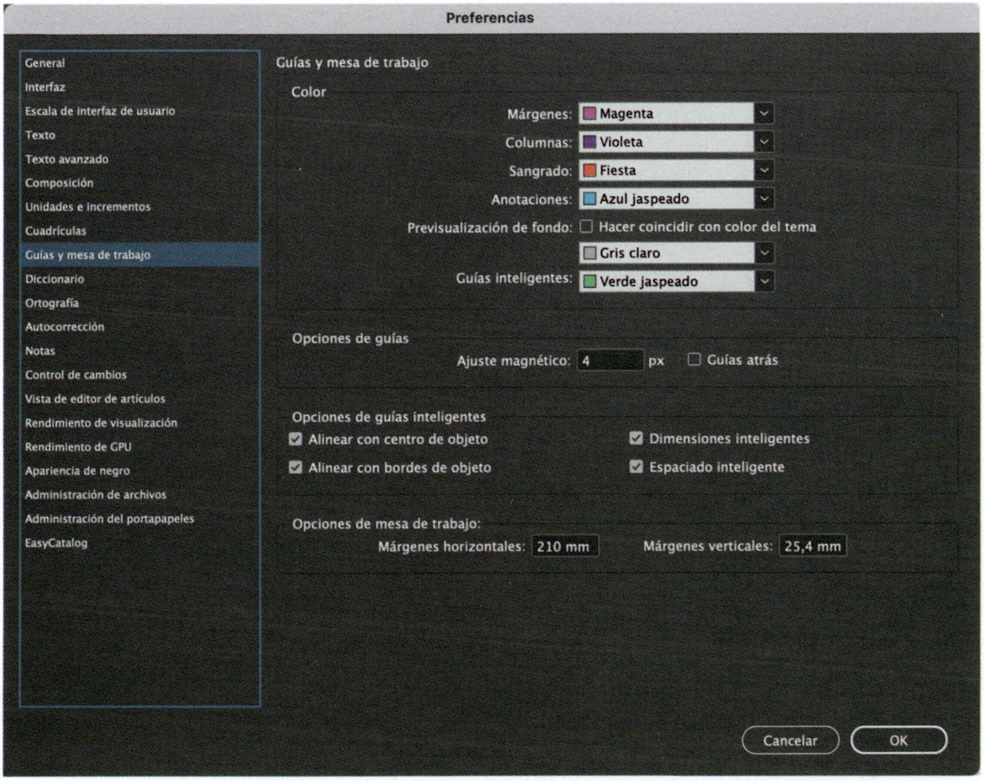

Figura 16.11. Panel de preferencias Guías y mesa de trabajo.

- Espaciado inteligente. Marque esta casilla para distribuir de manera uniforme varios elementos de la página «a mano alzada», sin necesidad de utilizar el panel Alinear. Cuando la distancia entre dos o más objetos coincide, se mostrarán guías inteligentes para indicarlo.

Opciones de mesa de trabajo

Si las dimensiones por defecto de la mesa de trabajo le parecen demasiado pequeñas, puede ampliar el tamaño vertical especificando aquí el valor. Este número se refiere a la distancia entre los bordes superior e inferior del pliego y los bordes respectivos de su mesa de trabajo. Es útil agradar el tamaño vertical de la mesa de trabajo a la hora de, por ejemplo, ampliar un objeto más allá de los límites superior e inferior de la página.

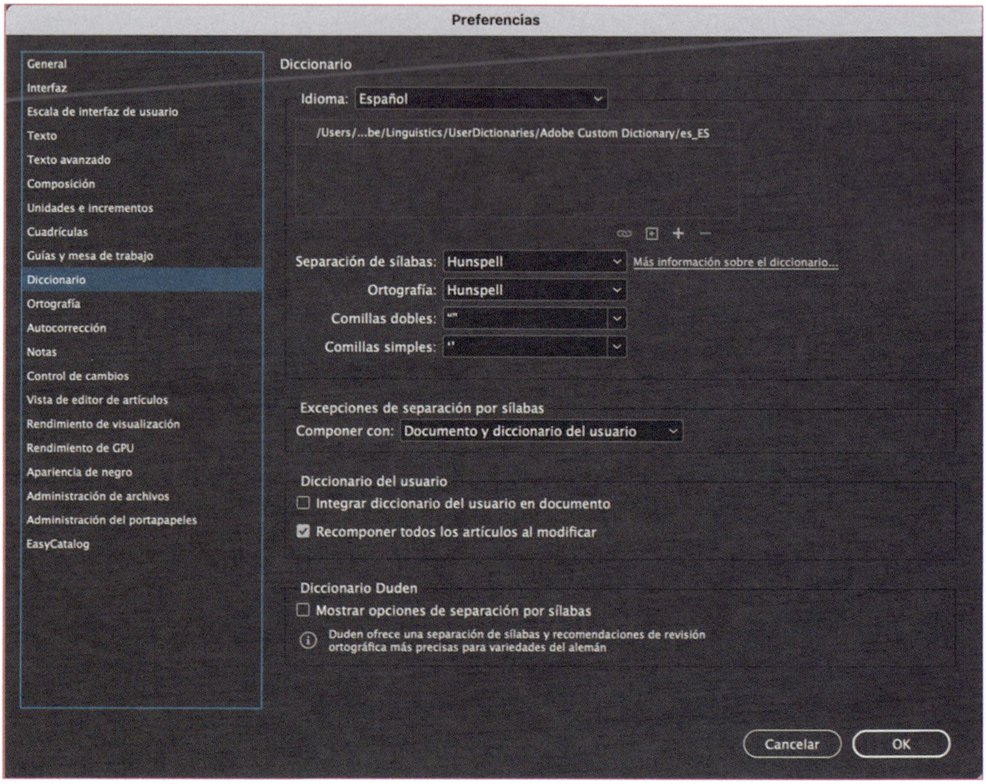

Figura 16.12. Panel de preferencias Diccionario.

Diccionario

InDesign es una aplicación multilingüe, capaz de trabajar con más de un idioma en el mismo documento. Veamos cómo modificar las preferencias que controlan el uso de los diccionarios.

Idioma

Seleccione el idioma cuya configuración desea editar o para el que quiere cambiar el proveedor de separación por sílabas u ortografía.

- Cree, añada o elimine diccionarios de usuario. En este recuadro se muestra una lista de los diccionarios de usuario activos para el idioma especificado. Pulse el botón Nuevo diccionario de usuario para crear un nuevo diccionario. El icono Añadir añade otro diccionario y el icono Eliminar diccionario elimina el diccionario seleccionado. Pulse el icono Volver a vincular el diccionario del usuario (se activa solo cuando hace clic en un diccionario de la lista) para seleccionar otro archivo de diccionario de usuario. Esta opción es interesante si trabaja en grupo; en este caso, lo más útil

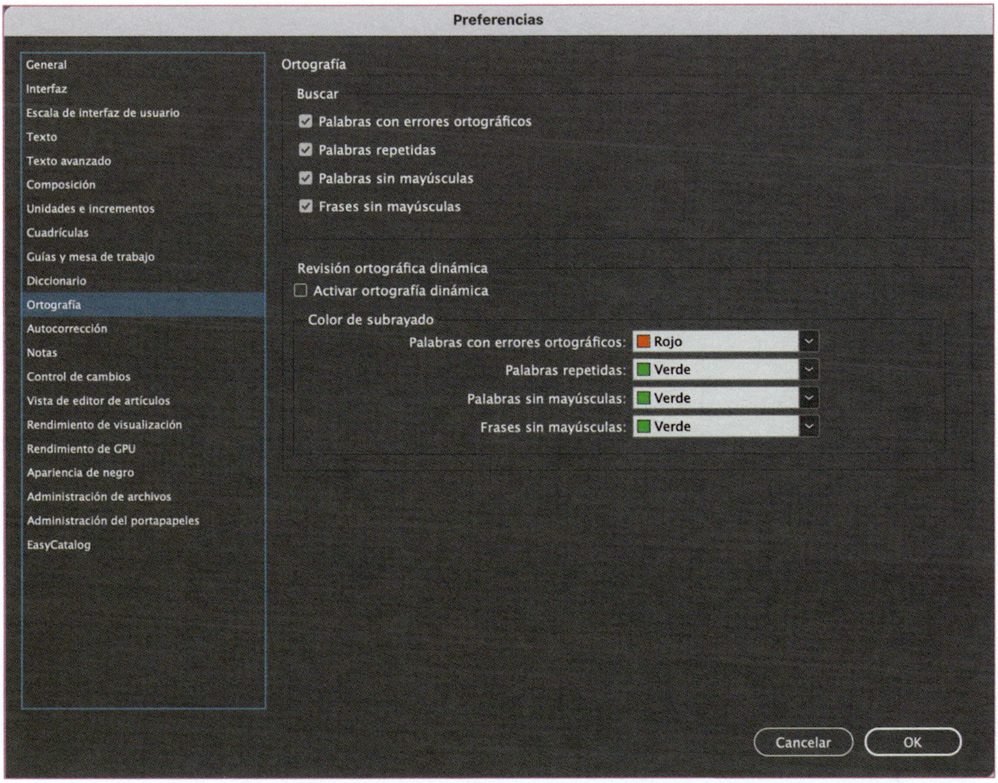

Figura 16.13. Panel de preferencias Ortografia.

es que todos utilicen el mismo diccionario de usuario al que añadir, modificar y eliminar palabras para que las publicaciones tengan una ortografía consistente.

- Separación de sílabas y Ortografía. InDesign utiliza por defecto un plug-in con la adaptación del motor de corrección de código abierto Hunspell, tanto para la corrección de palabras como para la separación por guiones. Si lo prefiere, puede utilizar el plug-in de Proximity, que utilizaban versiones anteriores del programa. Puede escoger uno diferente para cada idioma.
- Comillas dobles y Comillas simples. Escoja el tipo de comillas tipográficas que prefiera que utilice InDesign cuando entrecomilla automáticamente un texto. Para que la sustitución sea automática al escribir texto, debe marcar la casilla Usar comillas tipográficas del apartado Texto.

Excepciones de separación por sílabas

Cuando InDesign se ve *obligado* a separar palabras en sílabas al componer el texto, puede utilizar las excepciones introducidas en el diccionario definido por el usuario

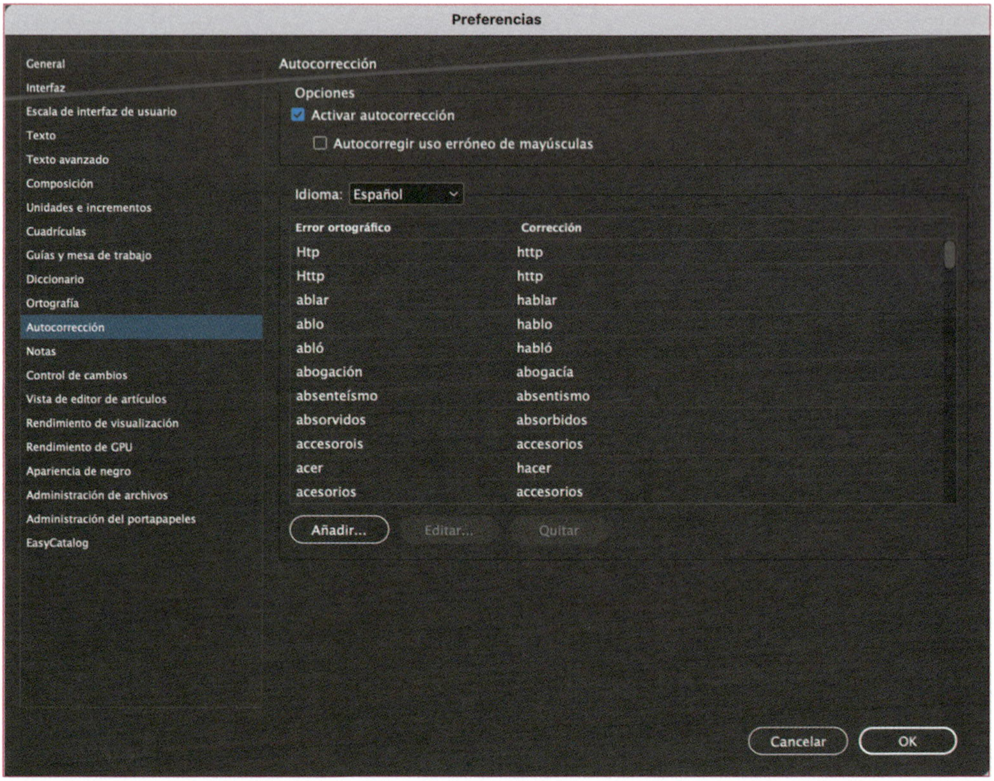

Figura 16.14. Panel de preferencias Autocorrección.

(Diccionario del usuario), las excepciones específicas que haya introducido en el documento actual (Documento) o ambas (Documento y Diccionario del usuario).

Diccionario del usuario

Marque el cuadro de verificación Integrar diccionario del usuario en documento cuando alguna persona ajena a su empresa (por ejemplo, el servicio de impresión) deba trabajar con sus documentos; de esta forma, utilizarán su lista de palabras nuevas y excepciones de partición para componer correctamente el texto. Seleccione Recomponer todos los artículos al modificar si quiere que InDesign tenga en cuenta las nuevas palabras y excepciones de partición que añade al documento, aun cuando ya existan artículos maquetados. La recomposición de todos los artículos puede llevar unos minutos, según la cantidad de texto del documento. Aunque debería marcar siempre esta casilla para asegurar la consistencia ortográfica de sus documentos, tenga cuidado, porque esto podría hacer que el flujo de texto de un artículo ya maquetado se modifique; nunca estará de más una revisión final antes de dar por bueno el trabajo.

Diccionario Duden

NUEVO El diccionario Duden está integrado en InDesign de forma nativa. Puede utilizar Duden para obtener recomendaciones más precisas de revisión ortográfica y separación por sílabas del alemán.

Ortografía

Buscar

Al seleccionar el comando Edición>Ortografía>Revisar ortografía, InDesign detecta como errores las opciones que marque a continuación:

- Palabras con errores ortográficos. Si una palabra está mal escrita o no consta en ninguno de los diccionarios de InDesign, se marcará como error ortográfico.
- Palabras repetidas. Marque esta opción si considera incorrecto que se repita dos veces seguidas la misma palabra, como «de de».
- Palabras sin mayúsculas. Señala como errores nombres propios (por ejemplo, Francia) que no están en mayúsculas.
- Frases sin mayúsculas. Busca palabras sin mayúsculas después de un punto, un signo de interrogación o un signo de exclamación, y las señala como error.

Revisión ortográfica dinámica

Si quiere que InDesign vaya marcando los errores ortográficos que detecta mientras escribe, marque la casilla Activar ortografía dinámica y, opcionalmente, cambie los colores que utilizará para resaltar cada tipo de error.

Autocorrección

Si escribe con frecuencia en InDesign, active la autocorrección para que el programa corrija de forma automática los errores que comete con mayor frecuencia.

TRUCO

Puede usar la autocorrección para introducir automáticamente palabras complejas e incluso frases completas con solo teclear unos pocos caracteres. Escriba como error ortográfico los caracteres que quiere utilizar a modo de atajo y en el cuadro corrección la palabra o frase completa. Por ejemplo, puede escribir Unión de Repúblicas Socialistas Soviéticas con solo teclear urss.

- Activar autocorrección. Marque esta casilla de verificación para activar la autocorrección y acceder al resto de opciones.
- Autocorregir uso erróneo de mayúsculas. Se asegura de que la primera letra después de un punto sea un carácter en mayúsculas.

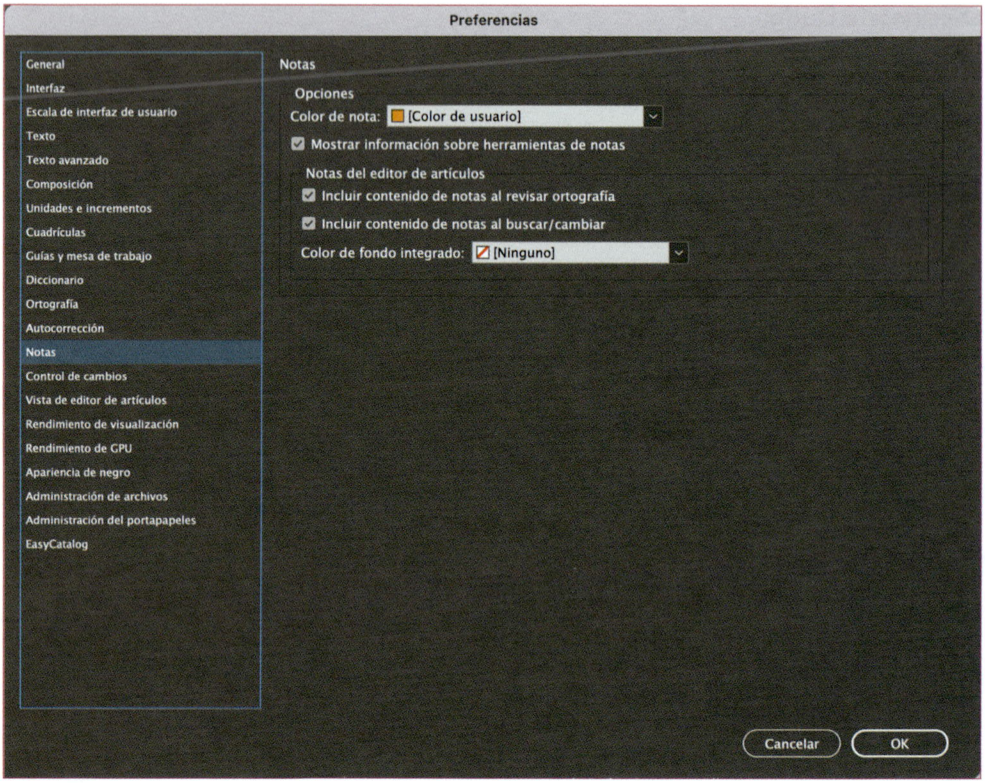

Figura 16.15. Panel de preferencias Notas.

- Idioma. Seleccione el idioma para el cual quiera editar la lista de palabras de autocorrección. Pulse el botón Añadir y escriba el error ortográfico que comete con frecuencia en el cuadro de arriba y debajo su forma correcta.

Notas

La herramienta Notas facilita enormemente el trabajo en equipo, pues permite añadir comentarios en documentos creados por o para otros usuarios. Estos comentarios pueden pasar a formar parte del documento definitivo.

- Color de nota. Para identificar al autor de una nota, InDesign nos permite seleccionar un color de la lista desplegable. De esta forma, cada uno de los trabajadores del grupo sabrá quién a hecho qué comentarios a su trabajo.
- Mostrar información sobre herramientas de notas. Si esta casilla de verificación está marcada, al colocar el cursor sobre una nota InDesign le mostrará una etiqueta

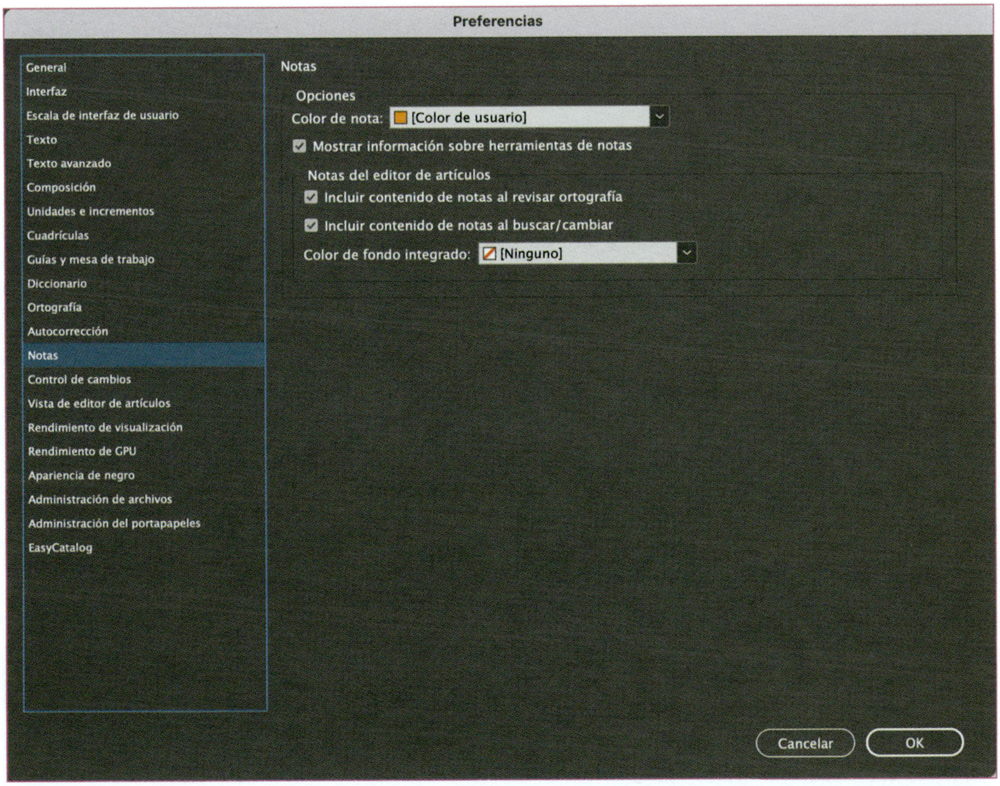

Figura 16.16. Panel de preferencias Control de cambios.

con el nombre del autor, la fecha y hora de creación y, entrecomillado, el contenido de la nota.

- Notas del editor de artículos. Cuando trabaja en el modo *editor de artículos* con un texto anotado, InDesign permite Incluir el contenido de las notas al revisar la ortografía e Incluir el contenido de las notas al buscar/cambiar, opciones ambas que no necesitan más explicación. Un consejo: marque ambas casillas si utiliza las notas como texto que luego podrá ser incorporado en el documento definitivo.

Control de cambios

El control de cambios mejora el trabajo en equipos con diferentes perfiles profesionales: por un lado, los diseñadores se encargan de dar forma al contenido; los redactores corrigen e incorporan mejoras en el texto; y finalmente, los correctores pueden aprobar y controlar los cambios a lo largo de todo el proceso. En este apartado puede determinar el aspecto que presentará cada tipo de cambio.

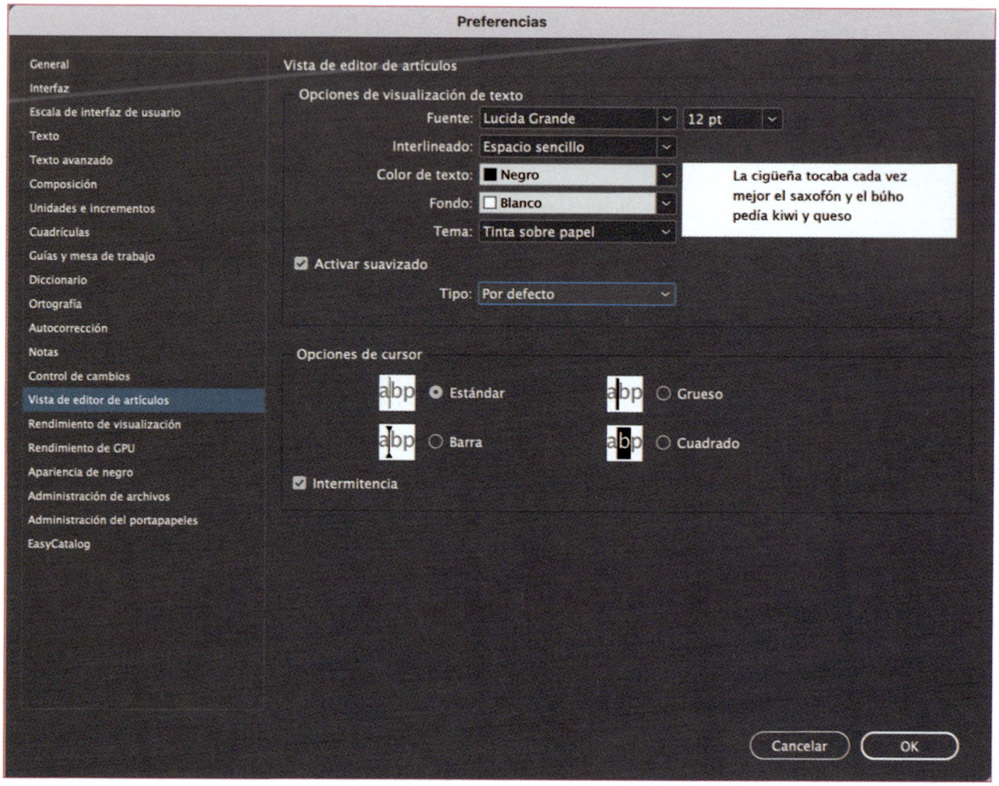

Figura 16.17. Panel de preferencias Vista de editor de artículos.

Mostrar

Escoja un color para cada uno de los tipos de modificaciones de texto. Dado que solo se muestran en la vista editor de artículos, y esta presenta siempre un fondo de color uniforme (blanco por defecto) puede especificar, además del color del texto, sobre qué fondo quedará resaltado. Seleccione también si debe incorporar alguna de las tres marcas siguientes: tachado, subrayado o contorno (dibuja una línea de color alrededor del texto marcado).

Seleccione Evitar duplicación de colores de usuario para garantizar que se asignan colores diferentes a cada usuario y, de este modo, saber quién ha introducido o aprobado los cambios.

Barras de cambios

Con el fin de facilitar la detección rápida de cambios, InDesign muestra por defecto —en el visor de artículos— una gruesa barra en el margen izquierdo de las líneas en las que se ha realizado algún tipo de cambio. Puede modificar el color y ubicación de esta barra, o bien desactivarla por completo.

Incluir texto eliminado durante la revisión ortográfica

Marque esta casilla si desea que InDesign incluya en la revisión ortográfica el texto marcado para eliminar. Si lo piensa bien, tiene su lógica, puesto que más adelante un revisor puede decidir aprobar un texto que en su momento marcó para eliminar; si la revisión ortográfica no lo tuvo en cuenta, entonces podrían aparecer errores ortográficos en la versión definitiva.

Vista de editor de artículos

Al trabajar con gran cantidad de texto en un documento, lo más cómodo es hacerlo en el modo Editor de artículos (Edición>Editar en editor de artículos). Se trata de una sencilla aplicación dentro de InDesign que se comporta como un procesador de textos básico. Su función es la de dar énfasis al contenido por encima de la forma. Tanto es así, que el Editor de artículos muestra un único tipo de letra para evitar distracciones de cualquier tipo.

Opciones de visualización de texto

Los cambios introducidos en el siguiente apartado solo afectarán a la forma en que se muestra el texto en el Editor de artículos, pero para nada modificarán el aspecto final del documento impreso.

- Fuente. Seleccione la fuente y el tamaño que le resulten más cómodos para trabajar en pantalla. Tenga en cuenta que la fuente seleccionada debe permitir distinguir entre el texto normal, cursivas y negritas. Me permite aconsejarle fuentes como San Francisco (SF Pro) en Mac OS o Segoe UI en Windows.
- Interlineado. Un espacio doble es más cómodo si trabaja con notas.
- Color de texto y Fondo. Negro sobre blanco es una opción idónea, pero si al final de una dura jornada de trabajo su vista se resiente, pruebe otras combinaciones, como texto amarillo sobre fondo azul o texto blanco sobre fondo negro.
- Tema. Los ingenieros de Adobe han creado una serie de combinaciones de texto y fondo óptimas para trabajar largas horas ante la pantalla. Seleccione la que más le guste.
- Activar suavizado. Muestra la letra en pantalla de forma más redondeada, mediante el uso de una técnica conocida como *antialiasing*. El suavizado puede ser más o menos intenso; escoja un valor de la lista desplegable Tipo. Si la letra llega a verse demasiado borrosa, desactive el suavizado o seleccione otro valor.

Opciones de cursor

Seleccione entre uno de los cuatro posibles cursores. Marque la casilla de verificación Intermitencia si quiere que el cursor indique su posición (¡eh, que estoy aquí!) mediante un discreto parpadeo.

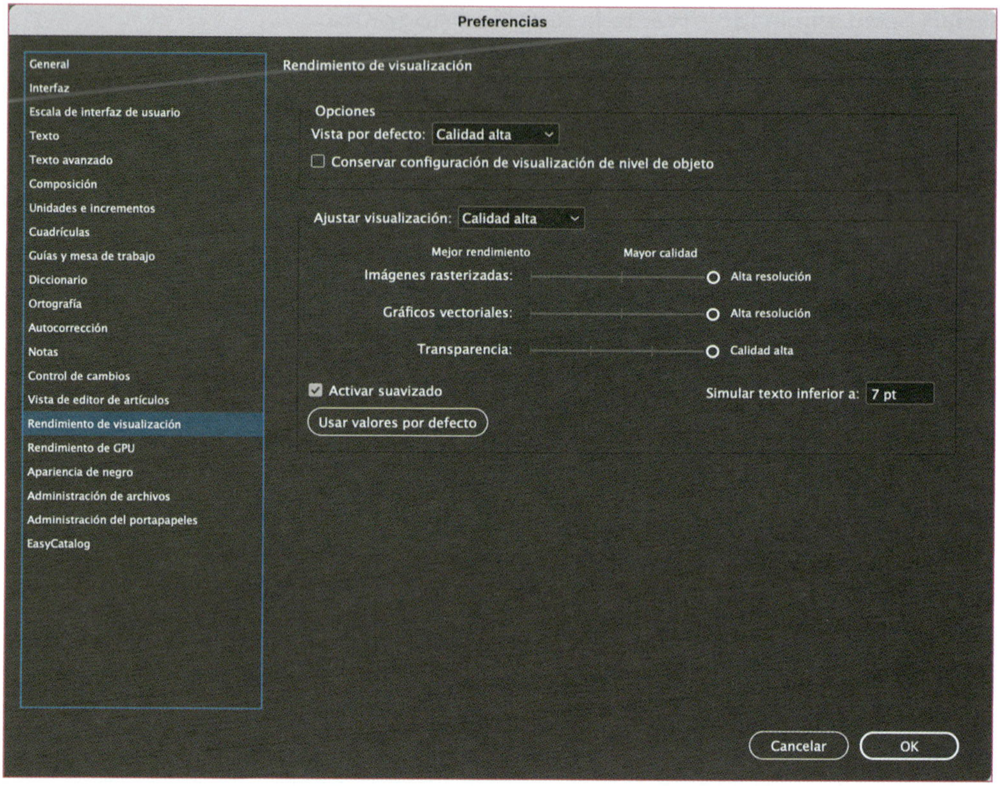

Figura 16.18. Panel de preferencias Rendimiento de visualización.

Rendimiento de visualización

InDesign ha sido la primera aplicación de maquetación en mostrar una página en toda su gloria, al permitir la visualización en tiempo real de imágenes en alta resolución o efectos como sombras y transparencias. Pero, como dice el refrán, *quien algo quiere, algo le cuesta*. Y en este caso, el precio a pagar es el rendimiento de la máquina, sobre todo en ordenadores que cumplen «por los pelos» los requisitos mínimos para ejecutar el programa. Cuando trabaja con la máxima calidad de visualización, puede que empiece a notar que el ordenador pierde «agilidad»: le cuesta pasar de una página a otra, mover un gráfico se convierte en una tarea no apta para cardiacos, etc. En este panel encontrará opciones que le ayudarán a encontrar el equilibrio perfecto entre calidad y rendimiento.

Opciones

- Vista por defecto. De forma predeterminada está seleccionada la visualización Calidad alta, que muestra imágenes y efectos de transparencia en todo detalle.

La vista Rápida es ideal para trabajar en ordenadores con recursos limitados o, simplemente, si no quiere que las imágenes le distraigan. Entre ambas opciones, la vista Típica es la más equilibrada.

- Conservar configuración de visualización de nivel de objeto. InDesign permite aplicar una opción de visualización para todo el documento pero también para objetos individuales. Por ejemplo, puede escoger la opción de visualización Rápida para todo el documento y de Calidad alta para una imagen en concreto (Objeto>Rendimiento de visualización). Si quiere que la configuración individual se mantenga al abrir y cerrar el documento, marque esta casilla.

Ajustar visualización

Si ninguna de las opciones por defecto se adecua a su forma de trabajo —o al rendimiento de su ordenador—, puede modificarlas a su antojo. Seleccione primero en la lista desplegable la configuración que va a modificar y luego ajuste el resto de los campos según estas indicaciones:

- Imágenes rasterizadas. Se refiere a imágenes de mapas de bits, como las procedentes de un escáner, una cámara fotográfica o aplicaciones como Photoshop. Las tres opciones posibles son, de menor a mayor calidad y, por lo tanto, de mayor a menor rendimiento: En gris (sustituye la imagen por una figura gris), Proxy (muestra la imagen en baja resolución) y Alta resolución.
- Gráficos vectoriales. Un gráfico vectorial está formado por vectores cuyo aspecto viene determinado por ciertas funciones matemáticas complejas. Illustrator es un ejemplo de aplicación que genera ilustraciones vectoriales. Los tres ajustes posibles son: En gris, Proxy (representación aproximada) y Alta resolución. Tenga en cuenta que un gráfico vectorial en alta resolución requiere un cálculo intensivo por parte del ordenador, y penaliza mucho más el rendimiento que una imagen rasterizada.
- Transparencia. Visualizar la transparencia con precisión ralentiza mucho el ordenador, pues InDesign debe calcular el color de los objetos transparentes al interactuar con otros que están debajo suyo. Por eso disponemos de una cuarta opción, Desactivado, que permite aliviar a ordenadores que no sean de última generación. El resto de opciones son Calidad baja, media y alta.
- Activar suavizado. El suavizado permite ver con mayor precisión la representación de una fuente en pantalla. A no ser que su ordenador sea realmente antiguo, deje siempre marcada esta casilla.
- Simular texto inferior a. Cuando el tamaño efectivo del texto en pantalla sea inferior a su equivalente impreso de 7 puntos (valor por defecto) este se mostrará como bloques de color gris. Es una opción útil porque, de todos modos, a ese tamaño poco va a ver. Para calcular el tamaño del texto, InDesign tiene en cuenta la escala de visualización. Es decir, aunque el tamaño de su texto sea de 24 puntos, si el porcentaje de ampliación de la página es del 10 %, el texto se simulará, pues su tamaño efectivo en pantalla será inferior a los 7 puntos marcados por defecto. Si tiene vista de lince o, simplemente, le molesta la simulación de texto, escriba un valor de 6 puntos o menos.

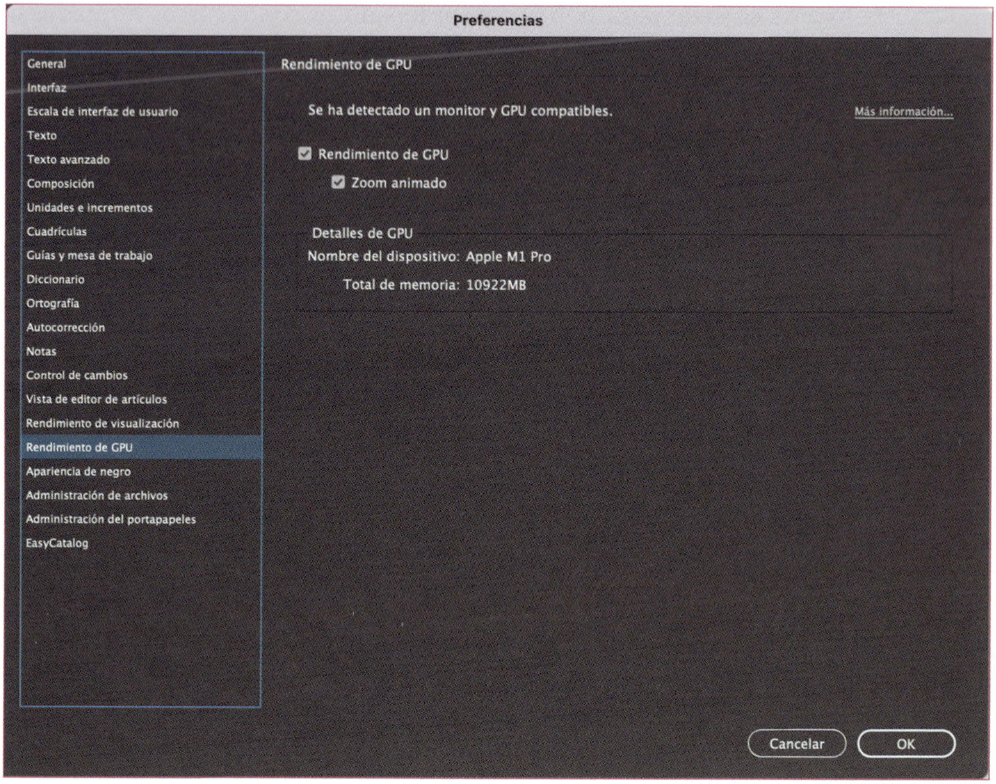

Figura 16.19. Panel de preferencias Rendimiento de GPU.

- Usar valores por defecto. Si se lía a hacer cambios en este panel, no le gusta el resultado final y quiere dejar las cosas como estaban, haga clic en este botón.

Rendimiento de GPU

Si su ordenador cuenta con una tarjeta gráfica soportada (NUEVO o un procesador Apple Silicon, como el M1), marque la casilla Rendimiento de GPU para que InDesign utilice el procesador gráfico en tareas intensivas como el refresco de pantalla con imágenes a alta resolución o efectos de transparencia complejos. Marque la casilla Zoom animado para que la herramienta Zoom muestre de forma interactiva el documento en operaciones de redibujado de pantalla, como acercar o alejar la mesa de trabajo.

Apariencia de negro

¿Por qué, de entre los millones de colores que podemos percibir, es precisamente el negro el que tiene un tratamiento especial en InDesign? Porque es el único que, en

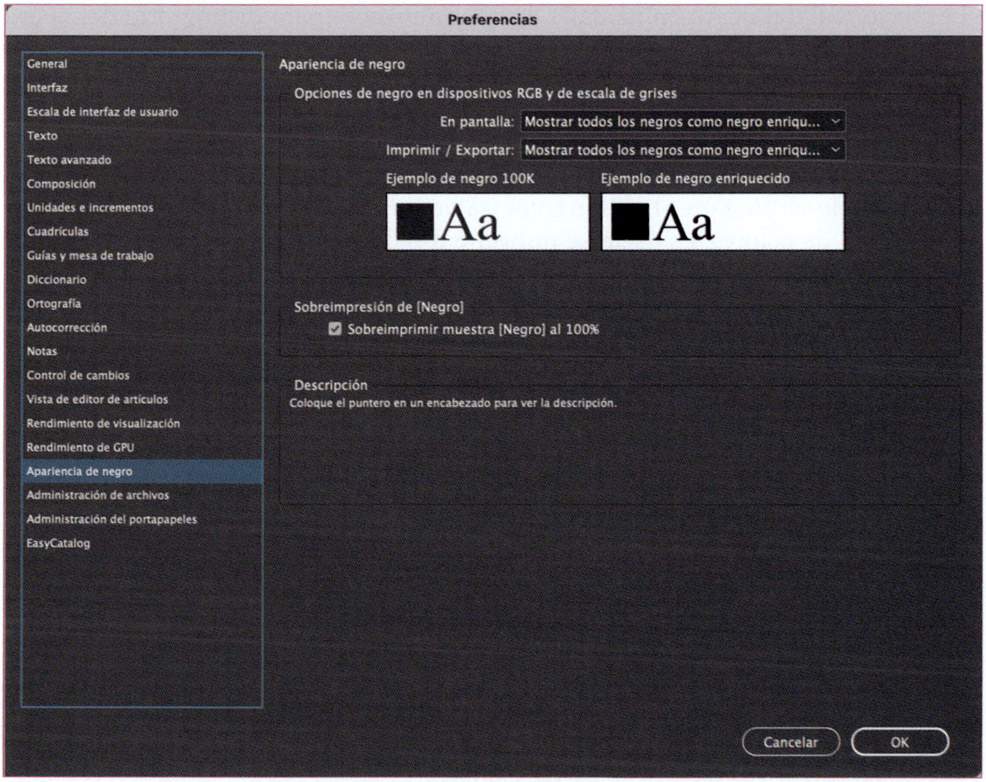

Figura 16.20. Panel de preferencias Apariencia de negro.

una imprenta comercial de cuatricromía, tiene asignada una tinta específica. El resto de colores del espectro visible se simulan mediante la mezcla de las tintas cian, magenta, amarillo (colores primarios) y negro. La teoría nos dice que todos los colores deben poder reproducirse mediante la mezcla de los tres colores primarios pero, en el mundo real, y sobre todo porque es prácticamente imposible obtener un cian perfecto, debe añadirse negro puro para obtener reproducciones a color con buen contraste. El negro, además, es el color más utilizado para reproducir texto, de ahí su importancia.

Opciones de negro en dispositivos RGB y de escala de grises

Cuando imaginamos el color negro, solemos imaginar un negro azabache. Sin embargo, el negro al máximo porcentaje, o 100K, que reproducen las imprentas comerciales de cuatricromía es más bien un gris muy oscuro. Para conseguir ese negro ideal se mezclan diferentes porcentajes del resto de colores primarios. Al color resultante se le conoce como *negro enriquecido*. Los monitores RGB y las impresoras de chorro de tinta muestran el negro 100k como negro enriquecido. Pero InDesign es capaz de simular el aspecto real del negro en pantalla o en la impresora para distinguirlo del negro enriquecido. Para ello, seleccione la opción Mostrar todos los negros con exactitud en los menús desplegables En pantalla e Imprimir/Exportar.

Sobreimpresión de [Negro]

En una imprenta comercial es muy importante el orden en que se imprimen las tintas. El negro suele ser siempre el último color (salvo raras excepciones). Cuando un color *pisa* al resto de colores, es decir, se imprime directamente encima de ellos, se dice que ese color se *sobreimprime*. Como expliqué en el punto anterior, cuando el negro se mezcla con otros colores produce un negro enriquecido. Así que, como siempre querrá ese negro azabache, marque la casilla de verificación Sobreimprimir muestra [Negro] al 100%. Es más, si no domina el mundo de la impresión comercial, deje siempre marcada esta casilla a menos que le indiquen lo contrario.

Administración de archivos

En este apartado encontrará opciones para determinar cómo gestiona InDesign el intercambio de información con otras aplicaciones así como la gestión de documentos.

Datos de recuperación de documento

InDesign crea de forma automática un archivo de seguridad de los documentos abiertos, y lo va actualizando de forma regular. Cuando guarda el documento y cierra el programa, este archivo se elimina. Sin embargo, ante un fallo del suministro eléctrico o un cierre inesperado de la aplicación, InDesign le propondrá, la próxima vez que lo abra, recuperar el documento que estaba abierto. El proceso es automático y se puede desentender. No obstante, si da algún problema, es bueno conocer la ubicación de los archivos de seguridad. Puede cambiar su ubicación si hace clic en el botón Elegir...

Guardar archivos de InDesign

La opción Número de elementos recientes para mostrar permite indicar cuántos documentos muestra la aplicación en el menú Archivo>Abrir recientes. Si marca la opción Guardar siempre imágenes de previsualización con documentos, InDesign generará un icono del tamaño especificado en la lista desplegable Tamaño de previsualización. De esta forma, otras aplicaciones compatibles, como Adobe Bridge, o el propio Finder de Mac OS X, mostrarán esta útil vista previa que le ayudará a navegar visualmente en carpetas con varios documentos de InDesign. Escoja el número de páginas que InDesign utilizará para generar la previsualización en el menú desplegable Páginas.

Importación de fragmento

Los fragmentos son, literalmente, una selección de objetos de un documento de InDesign que han sido arrastrados al escritorio o a la ventana de la aplicación Adobe Bridge. Su función es similar a una acción copiar y pegar, con la ventaja de que ese conjunto de objetos puede guardarse para un uso posterior. Cuando coloca un

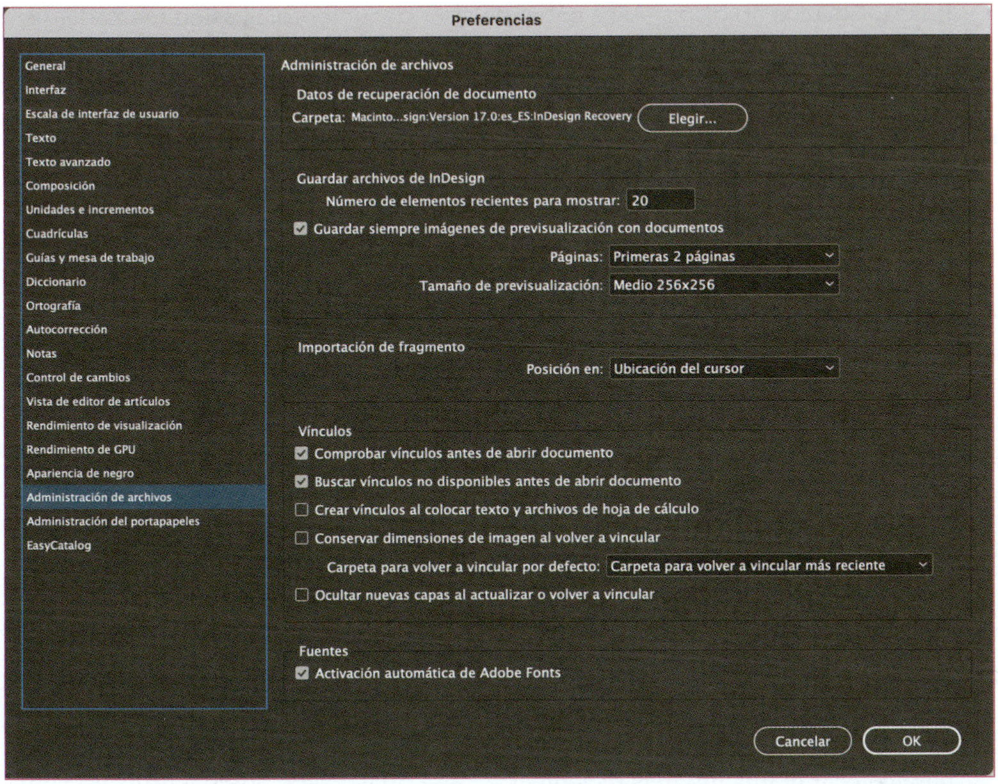

Figura 16.21. Panel de preferencias Administración de archivos.

fragmento en otro documento, puede escoger que se sitúe en la ubicación exacta que ocupaba en el documento de origen (ubicación original) o en el lugar en que suelte el botón del ratón (ubicación del cursor).

Vínculos

Vínculo es el nombre que recibe un archivo colocado en un documento y que hace referencia a la ruta del archivo original (es decir, a la carpeta en la que reside en el ordenador). Un vínculo está conectado al documento pero es independiente de él. InDesign muestra diversas opciones para su correcta gestión.

- Comprobar vínculos antes de abrir el documento. Al abrir un documento InDesign comprobará que los archivos utilizados siguen en su ubicación original con respecto al documento y que no se han modificados. De lo contrario, le propondrá localizarlos y, en el caso de haber sido editados, también actualizarlos.

- Buscar vínculos no disponibles antes de abrir documento. Si están marcadas esta y la opción anterior, InDesign tratará de resolver de forma automática los casos de vínculos no disponibles. Si trabaja con un servidor de archivos, tenga en cuenta que esta opción puede aumentar el tiempo de apertura de los documentos.
- Crear vínculos al colocar texto y archivos de hoja de cálculo. Cuando coloca un documento de texto u hoja de cálculo en InDesign, este queda incrustado en la aplicación, es decir, se convierte en un texto que no tiene ninguna relación con el archivo original (similar a copiar y pegar). Pero si marca esta casilla, cuando el archivo original cambie, InDesign lo actualizará automáticamente. Esta opción resulta muy útil para la elaboración de catálogos en los que las descripciones de los productos pueden cambiar a última hora.

NOTA

Si actualiza un texto vinculado, los cambios que haya realizado en InDesign (sustitución de fuentes, interlineado, edición del texto, corrección ortográfica, etc.) se perderán.

- Conservar dimensiones de imagen al volver a vincular. Al volver a vincular o actualizar un archivo colocado en un documento, se conservarán las transformaciones realizadas en InDesign. Por ejemplo, si coloca un gráfico y lo rota 30 grados, cuando lo sustituya por otro, el nuevo gráfico seguirá rotado.
- Carpeta para volver a vincular por defecto. Cuando InDesign no encuentra un vínculo, lo buscará por defecto en la ubicación que seleccione en el menú desplegable. Carpeta para volver a vincular más reciente utilizará la carpeta que ha utilizado para colocar el vínculo más reciente. Carpeta de vínculos original utilizará como ruta la ubicación original del archivo vinculado.

Fuentes

NUEVO Marque la casilla de verificación Activación automática de Adobe Fonts para que, en el caso de que InDesign detecte que una fuente faltante está disponible en la colección Adobe Fonts, se descargue y active de forma totalmente automática. Tenga en cuenta que las fuentes activadas de esta forma no se guardarán durante el proceso de empaquetado del documento, por lo que si comporte el documento con otro usuario, este deberá disponer de una suscripción activa a Adobe Fonts.

Administración del Portapapeles

El portapapeles es un espacio temporal de memoria —reservada por el sistema operativo— que comparten todas las aplicaciones. Se utiliza durante las operaciones de edición Cortar, Copiar y Pegar, tanto en la propia aplicación como entre distintos programas. Para maximizar la compatibilidad con otras aplicaciones, InDesign permite especificar los formatos de copiado y pegado.

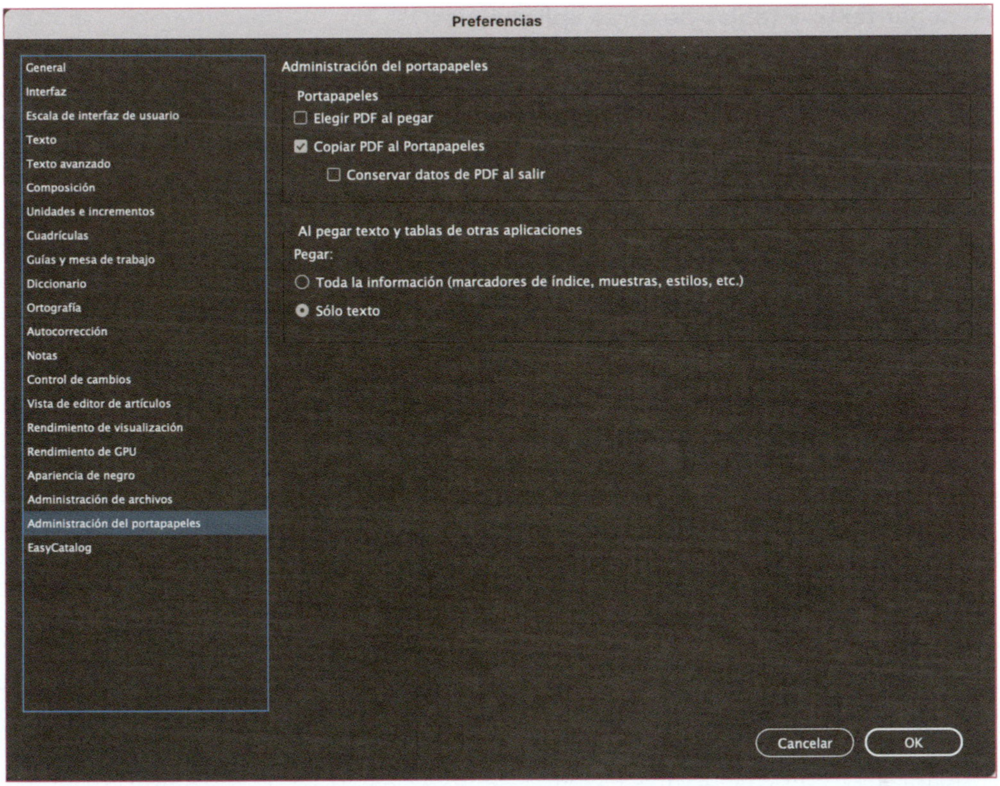

Figura 16.21. Panel de preferencias Administración del Portapapeles.

Portapapeles

- Elegir PDF al pegar. Las aplicaciones de Adobe, en especial Illustrator, pueden copiar los datos en formato PDF. Entre las ventajas del formato PDF está la facultad de conservar toda la información del archivo original en alta resolución, incluidas sombras y transparencia, la capacidad de mostrarse en alta calidad en la aplicación y, además, el ser compatible con multitud de aplicaciones profesionales. Sin embargo, un PDF no es editable desde InDesign. Para conservar la capacidad de edición de un archivo vectorial copiado de Illustrator, desmarque esta casilla.
- Copiar PDF al portapapeles. Con esta opción seleccionada, cualquier elemento que copie en InDesign lo hará en formato PDF, con las ventajas de compatibilidad y portabilidad que comporta.
- Conservar datos de PDF al salir. Si ha copiado algún elemento, en el momento en que cierre InDesign los datos del portapapeles se eliminarán para liberar memoria del sistema... a no ser que marque esta casilla.

Al pegar texto y tablas de otras aplicaciones

Seleccione una de las dos opciones posibles. Si escoge la opción Toda la información, InDesign hará lo posible por preservar el formato original del archivo. Por ejemplo, con este botón de opción marcado, puede copiar una tabla de Microsoft Word y pegarla tal cual en InDesign. Si prefiere que se pegue solo en formato de texto simple, seleccione la opción Solo texto.

Volver a los valores de preferencias por defecto

Puede que haya modificado tantas opciones en los paneles de preferencias que no sepa cómo volver al punto inicial. Nada más sencillo:

- En Microsoft Windows: Pulse la combinación de teclas Mayúsculas+Control+Alt mientras se inicia la aplicación. Un cuadro de diálogo le pedirá confirmación para reemplazar los actuales ajustes por las preferencias por defecto.
- En Mac OS X: Presione Mayúsculas+Comando+Alt+Control al arrancar el programa. Un cuadro de diálogo le preguntará si desea eliminar los archivos de preferencias actuales.

B

Añadir nuevas funciones a InDesign

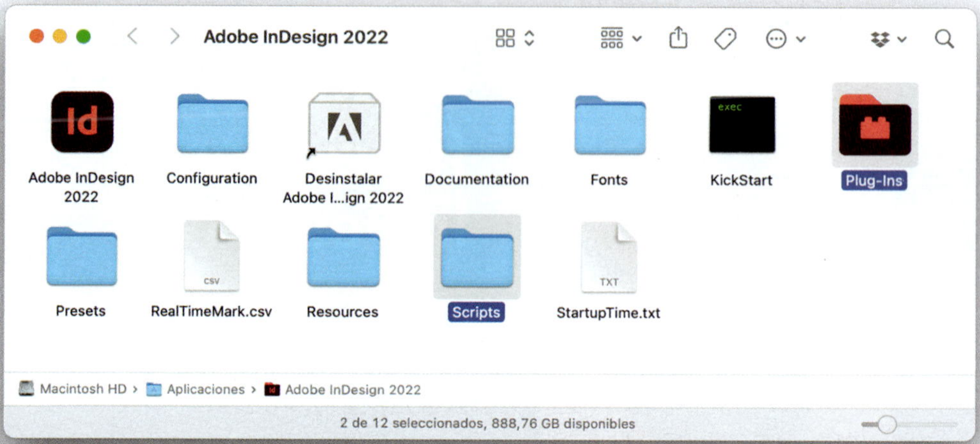

Figura B.1. Carpeta de instalación de InDesign en Mac OS X. Obsserve las carpetas Plugins y Scripts, a las que deberá acceder para añadir nuevas funcionalidades al programa.

Si ha llegado hasta este capítulo, habrá podido comprobar que la ingente cantidad de herramientas y funciones incorporadas de serie en InDesign son suficientes para acometer con éxito cualquier proyecto editorial. No obstante, cierto tipo de trabajos comportan una serie de tareas tediosas o muy repetitivas, como la elaboración de catálogos, tarifas de precios, diccionarios, documentación técnica, publicaciones científicas con fórmulas matemáticas o guías de viajes. En estos casos, puede optar por añadir nuevas funcionalidades que le ayudarán a acortar el tiempo de producción y al mismo tiempo mejorarán la calidad de su trabajo.

Plugins y Scripts

InDesign apostó, ya desde sus orígenes, por una arquitectura modular. Así, podríamos describir a la aplicación como un contenedor, con funciones básicas, que se nutre de una serie de accesorios —denominados plugins y scripts— para dotarla de funcionalidades avanzadas, como la corrección ortográfica, exportación e importación de multitud de formatos gráficos, y un largo etcétera.

Un plugin es una aplicación completa, en formato binario, que puede modificar completamente el aspecto de InDesign, añadiendo paneles, menús y herramientas adicionales. Existen muchos plugins gratuitos, aunque la mayoría suelen necesitar un desembolso económico previo para obtener un número de serie o código de activación que desbloquee sus funciones.

Un Script es un archivo de texto con instrucciones precisas que permiten reproducir tareas repetitivas o bien añadir cierta funcionalidad a la aplicación. InDesign es compatible con scripts escritos en cualquiera de estos tres lenguajes de programación:

- **AppleScript**. Es el lenguaje de script incorporado por defecto en Mac OS . Se trata de un lenguaje de muy alto nivel, es decir, el tipo de oraciones y sentencias utilizadas para programar es muy similar al inglés hablado. Mac OS es muy eficiente a la hora de ejecutar un script en este lenguaje, que además proporciona acceso a ciertas funciones propias de este sistema operativo.
- **JavaScript**. Es el lenguaje de programación más utilizado en el desarrollo de páginas y aplicaciones Web, por lo que existe una ingente cantidad de documentación para todos los niveles de usuario. Su gran virtud es que se trata de un lenguaje multiplataforma, es decir, compatible con las versiones de Macintosh y Windows de InDesign.
- **Visual Basic Script**. Es un lenguaje de programación exclusivo de Windows, capaz de comunicarse con las aplicaciones más utilizadas en la plataforma, como Microsoft Word o Excel.

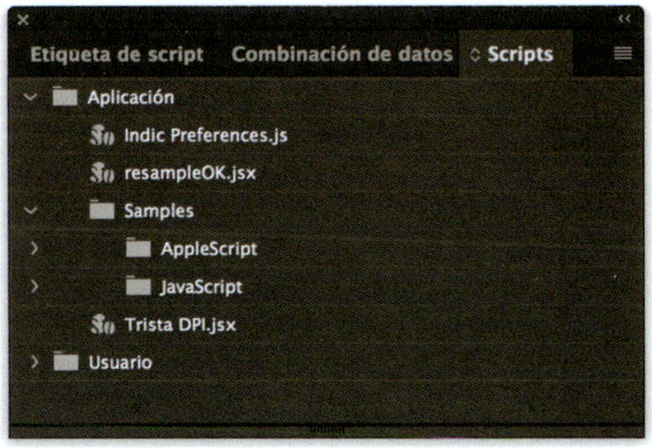

Figura B.2. Panel Scripts, mostrando las dos carpetas por defecto, Aplicaciones y Usuario.

Existen cientos de scripts gratuitos que realizan tareas sencillas y que se proporcionan de forma abierta, es decir, se pueden editar para adaptarlos a necesidades concretas o modificar su comportamiento. Otros, generalmente de pago, están en formato binario, y no es posible acceder a su contenido ni, por lo tanto, añadir funcionalidades adicionales.

Instalar un script en el panel Scripts de InDesign

Existen dos ubicaciones en las que instalar scripts: la carpeta de la aplicación y la carpeta scripts del usuario. La forma más sencilla de acceder a estas carpetas consiste en abrir el panel Scripts (Ventana > Utilidades > Scripts), hacer clic con el botón derecho del ratón en las carpetas Aplicación o Usuario y seleccionar Mostrar en Windows Explorer (o Mostrar en el Finder). Utilice la carpeta Aplicación para instalar scripts a los que podrá acceder cualquier cuenta de usuario del ordenador o cópielos en la carpeta Usuario para que solo sean accesibles desde su cuenta de usuario.

Cualquier script que arrastre a la carpeta Scripts se mostrará inmediatamente en InDesign; no es necesario reiniciar la aplicación.

Ejecutar un script desde el panel Scripts de InDesign

Para ejecutar un script, abra un documento en InDesign y haga doble clic en el nombre del script en el panel Scripts. Algunos scripts requieren que haya una selección previa, puesto que actúan sobre los elementos seleccionados. Consulte la documentación que acompaña al script —si es que existe— para saber cómo utilizarlo.

Si al hacer doble clic en el script no se ejecuta ninguna acción o bien se muestra un documento de texto, posiblemente sea necesario modificar la extensión del archivo. Esto es debido a que ciertos navegadores Web incluyen la extensión .txt. Cámbiela por .jsx para scripts en formato JavaScript, .applescript para el formato AppleScript o .vbs para Visual Basic Script.

Scripts imprescindibles

A continuación, listaré una serie de scripts que resultan realmente útiles para mi trabajo diario. Se trata de una pequeña muestra, pero es más que suficiente para demostrar cómo un pequeño script es capaz de tener consecuencias tan drásticas (y positivas) en ciertos flujos de trabajo. Descargue e instale aquellos que crea conveniente. En el caso de las versiones de pago, generalmente tienen una versión de demostración para que sepa si se ajustan o no a sus requerimientos.

Color2Gray

Permite convertir imágenes colocadas en un documento InDesign a escala de grises sin modificar el archivo original en color. Funciona mejor con imágenes en formatos JPEG y TIFF.

Vínculo de descarga: https://www.rorohiko.com/wordpress/indesign-downloads/color2gray/
Distribuidor: Rorohiko.
Precio: 58 dólares.

Combinar tablas

Combina todas las tablas seleccionadas en una única tabla. La selección puede consistir en un marco de texto o bien dos o más tablas seleccionadas en un mismo marco de texto. Para que el script funcione correctamente ambas tablas deben tener el mismo número de columnas.

Vínculo de descarga: https://creativepro.com/files/kahrel/indesign/table_merge.html
Distribuidor: Peter Kahrel.
Precio: Gratuita.

Compare two documents

Compara dos documentos y encuentra las diferencias entre ellos, por pequeñas que sean, como una coma faltante. Para que el Script funcione correctamente, deben cumplirse un mínimo de condiciones, como, por ejemplo, que el tamaño de la página de ambos documentos coincida.

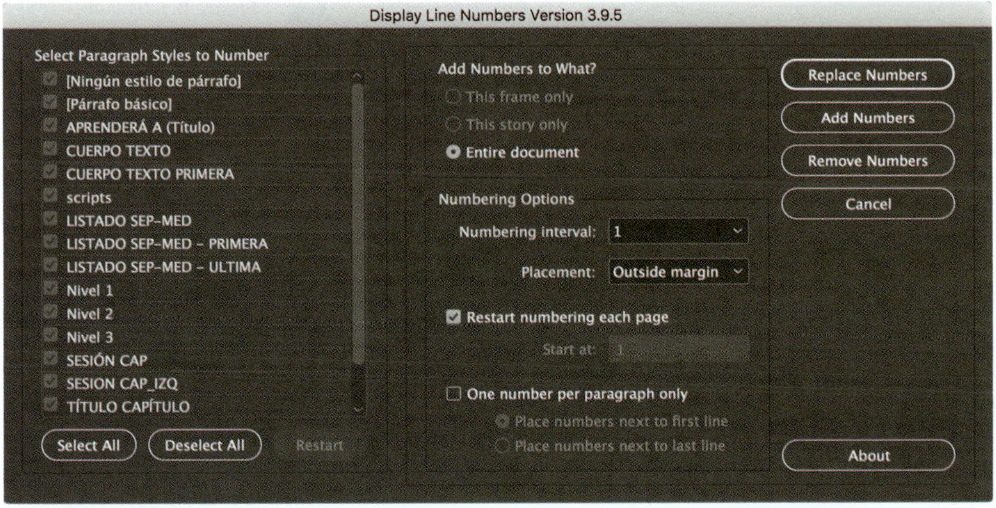

Figura B.3. El Script Display Line Numbers dispone de un completo cuadro de diálogo.

Vínculo de descarga: http://kasyan.ho.ua/indesign/all/compare_two_documents.html
Distribuidor: Kasyan Servetsky.
Precio: Gratuita.

Display Line Numbers

Numera las líneas de todo el texto de un documento. Permite filtrar por estilo de párrafo. Añade un número a cada línea o solo cada cierto incremento, por ejemplo, 5... 10... 15... etc. Permite una numeración consecutiva para todo el documento o reiniciar la numeración cada página o columna.

Vínculo de descarga: http://www.id-extras.com/products/line-numbers
Distribuidor: ID Extras.
Precio: 49 dólares.

TextExporter

Exporta todo el texto del documento activo como un único archivo de texto. Para ello el script crea un nuevo documento temporal, combina todos los artículos y finalmente exportar todo el texto.

Vínculo de descarga: https://www.rorohiko.com/wordpress/indesign-downloads/text-exporter/
Distribuidor: Rorohiko.
Precio: 58 dólares.

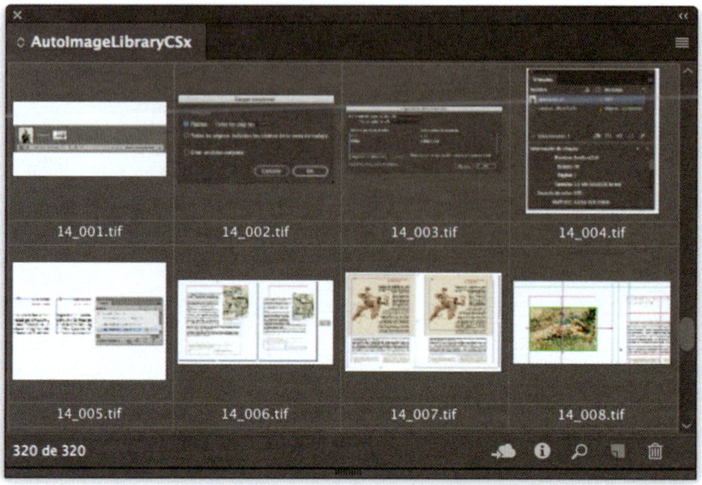

Figura B.4. Biblioteca de imágenes creada automáticamente por el plugin Image Library Loader. Basta con escoger una carpeta para que el programa liste todos los archivos gráficos, listos para ser utilizados en su documento.

Export to split PDFs

Exporte un documento InDesign en formato PDF, creando archivos individuales para cada página o rango de páginas.

Vínculo de descarga: https://www.adobeexchange.com/creativecloud.details.12634.html
Distribuidor: Colin Flashman.
Precio: Gratuita.

Image Library Loader

Esta herramienta proporciona un panel flotante con una librería de imágenes que se recuperan de forma automática desde una o más carpetas, listas para ser colocadas mediante la técnica de arrastrar y soltar.

Vínculo de descarga: https://www.rorohiko.com/wordpress/indesign-downloads/image-library-loader/
Distribuidor: Rorohiko.
Precio: Gratuita.

Import what you want

Le permite importar estilos de párrafo, carácter, tabla, celda u objeto, páginas maestras y muestras de color desde el documento que seleccione.

Vínculo de descarga: https://corullon.com.br/scripts/product/import-what-you-want
Distribuidor: L. F. Corullón.
Precio: 7,9 dólares.

PDF Individuals

Si selecciona la opción «Exportar libro a PDF» en el menú contextual de un panel libro, InDesign genera un único PDF con todos los documentos del libro combinados. Utilice este script para exportar cada uno de los documentos como un archivo PDF independiente.

Vínculo de descarga: https://creativepro.com/files/kahrel/indesign/pdf_individuals.html
Distribuidor: Peter Kahrel.
Precio: Gratuita.

Trista DPI

Ejecuta acciones en lote para las imágenes de mapa de bits colocadas en un documento de InDesign. Por ejemplo, pasar a modo de color CMYK, remuestrear y aplicar una máscara de enfoque, modificar la resolución efectiva a 300 dpi, o cambiar el formato de los archivos.

Vínculo de descarga: https://www.adobeexchange.com/creativecloud.details.394.html
Distribuidor: Denis Libit.
Precio: Gratuita.

Instalar un plugin

Un plugin se distribuye de dos formas: como un archivo que debe colocar directamente en la carpeta Plugins de InDesign, o bien en forma de instalador, como una aplicación más de su sistema operativo. Existen ciertas extensiones que se pueden gestionar, es decir, instalar o desinstalar, directamente desde su cuenta de Adobe Exchange.

Seleccione Ventana > Buscar extensiones en Exchange... e introduzca sus datos de registro de Adobe: su Adobe ID y la contraseña. La página principal le permitirá buscar extensiones por su nombre o descripción, y filtrarlas por aplicación. Cuando encuentre una extensión que quiera probar, haga clic en su icono para ir hasta la página que describe su función y pulse el botón Free —si es gratuita— o Buy —si es de pago. La aplicación Adobe Creative Cloud se encargará de descargar a instalar la extensión en su ordenador. Dependiendo del tipo de extensión, deberá reiniciar InDesign para poder utilizarla.

Plugins imprescindibles

En el caso de las extensiones, las más potentes suelen ser aplicaciones de pago. Esto es así porque ofrecen una forma completamente nueva de trabajar con InDesign, con paneles y menús a medida, y generalmente se acompañan de un completo manual de usuario. Casi todas ellas disponen de una versión de demostración, así que no está de más que, antes de comprarlas, las descargue y compruebe si le resultan útiles.

Active Tables

Convierte las tablas de InDesign en tablas dinámicas que pueden ordenarse o calcular fórmulas. Es lo más parecido a tener una versión en miniatura de una hoja de cálculo directamente en su documento de InDesign.

Vínculo de descarga: https://www.dtptools.com/product.asp?id=atid
Distribuidor: DTP Tools.
Precio: 79 dólares.

Blatner Tools

Se trata en realidad de un conjunto de plugins formado por 12 utilidades que permiten, por ejemplo, encontrar qué gráficos vinculados de su documento contienen una determinada tinta plana, aplicar un atajo de teclado a una muestra de color, convertir modificaciones locales en estilos de párrafo y carácter, colocar un script en el menú para facilitar su acceso o acceder a una lista de todas las acciones que ha realizado en un documento, con la posibilidad de hacer/rehacer múltiples pasos con un solo clic de ratón.

Vínculo de descarga: https://dtptools.com/product.asp?id=blid
Distribuidor: DTP Tools.
Precio: 91 euros al año (modelo suscripción).

IDMarkz para Mac OS

Esta utilidad ofrece dos funcionalidades muy interesante para usuarios del sistema operativo Mac OS. Por un lado, habilita la posibiliad de previsualizar documentos de InDesign, IDML o InCopy directamente desde el Finder, sin necesidad de abrir la aplicación; por otro, permite exportar documentos de InDesign a versiones antiguas de la aplicación (a partir de CS4), pero también a otras aplicaciones como Affiniy Publisher, Adobe Acrobat (directamente, sin necesidad de disponer de Adobe InDesign) o Adobe Illustrator.

Vínculo de descarga: https://markzware.com/products/idmarkz/
Distribuidor: Markzware.
Precio: 179 euros.

iziExport

Exporta el texto e imágenes de un artículo de InDesign a una publicación de WordPress. Funciona con una instalación propia de WordPress o bien con un sitio alojado en Wordpress.org.

Vínculo de descarga: https://www.iziexport.com
Distribuidor: Revolumedia
Precio: 69,95 dólares.

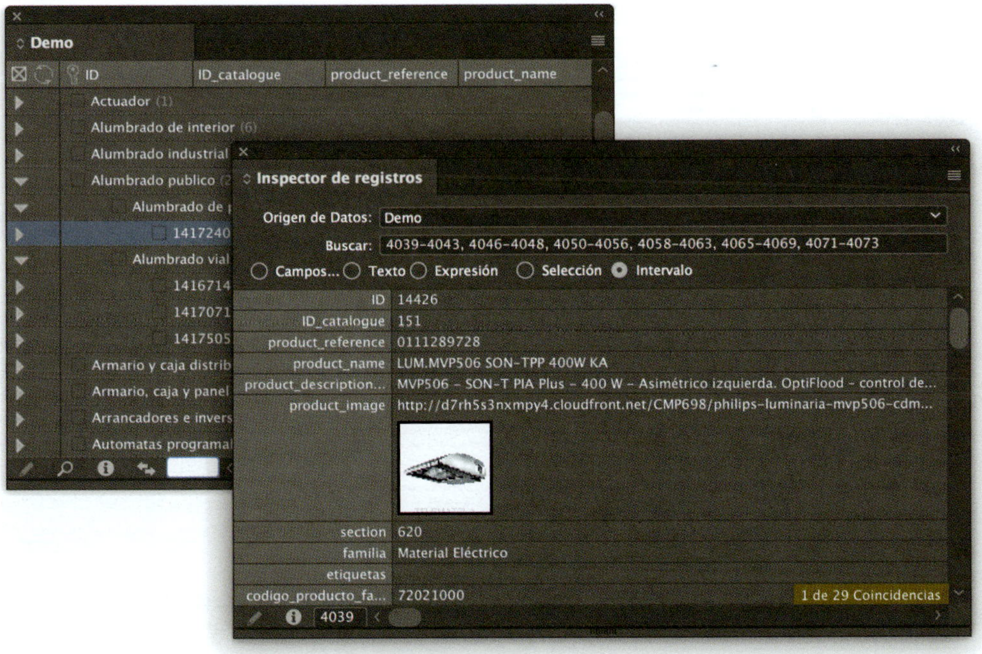

Figura B.5. La interfaz de EasyCatalog consta de seis paneles —se integran perfectamente con InDesign— que le permitirán gestionar los datos de una hoja de cálculo de Excel, una base de datos o un PIM desde el propio documento para generar un catálogo de forma completamente automatizada.

EasyCatalog

Completa herramienta que se ha convertido en el estándar de facto para la generación automática catálogos, folletos, tarifas, listas de precios, fichas de producto... a partir de los datos almacenados en una base de datos, un documento de texto separado por comas, un documento Excel, un archivo XML o un PIM (*Product Information Manager*). Es extremadamente versátil y potente, por lo que se acompaña de un manual de referencia de más de 300 páginas. Se compone de diversos módulos opcionales que la dotan de funcionalidad adicional, como la conexión directa a una base de datos mediante el protocolo ODBC, o la posibilidad de ejecución de scripts en diversos lenguajes de programación.

Para usuarios realmente avanzados o empresas de cierto tamaño, existe una versión específica que se ejecuta en un servidor (requiere una suscripción adicoinal a InDesign Server).

Vínculo de descarga: https://www.nousmedis.com/easycatalog/descarga/
Distribuidor: 65bit (versión en inglés) y Nousmedis (versión en español).
Precio: 1.199 euros.

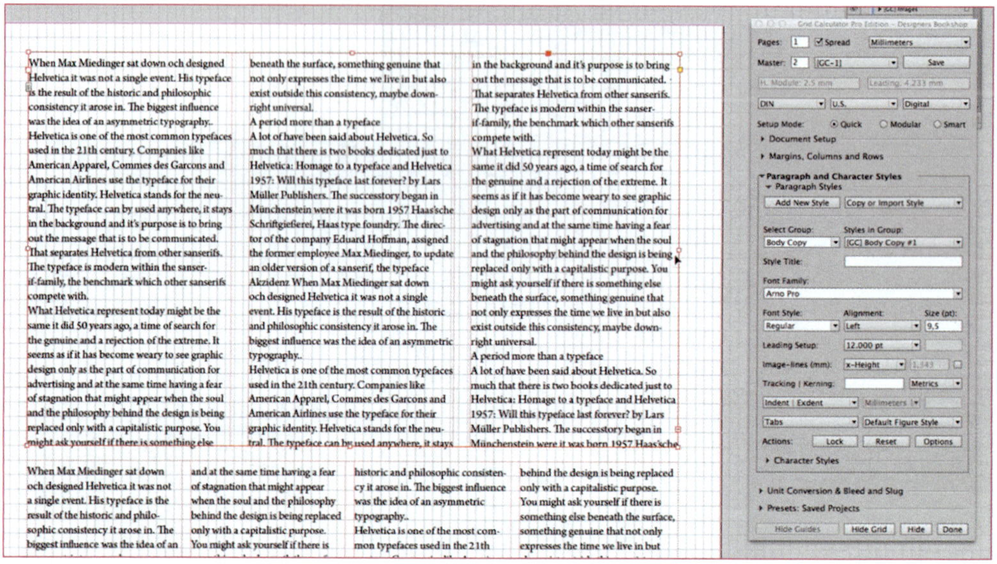

Figura B.6. Grid Calculator Pro durante el proceso de creación de una retícula

Ajar Producions in5

Permite crear páginas Web interactivas, revistas digitales, aplicaciones móviles o banners animados (entre otros) directamente desde InDesign.

Vínculo de descarga: https://ajarproductions.com/pages/products/in5/
Distribuidor: Paymo.
Precio: desde 18,95 euros al mes.

Grid Calculator Pro

Permite crear diseños basados en retículas que siguen los principios fundamentales de la proporción y armonía, por complejas que estas sean, en cuestión de segundos.

Descarga: https://www.designersbookshop.com/grid-calculator-pro-edition.html
Distribuidor: Designer bookshop.
Precio: 175 dólares al año.

MathMagic

Puede escribir cualquier tipo de ecuación en MathMagic de forma rápida y sencilla, y luego enviarla a InDesign dentro de un cuadro de texto como un objeto en línea o bien como un gráfico flotante en formato EPS. Una vez creadas, InDesign trata las fórmulas como cualquier otro objeto gráfico en formato vectorial, pero basta con un doble clic para acceder nuevamente al editor de fórmulas. Reconoce la línea de base

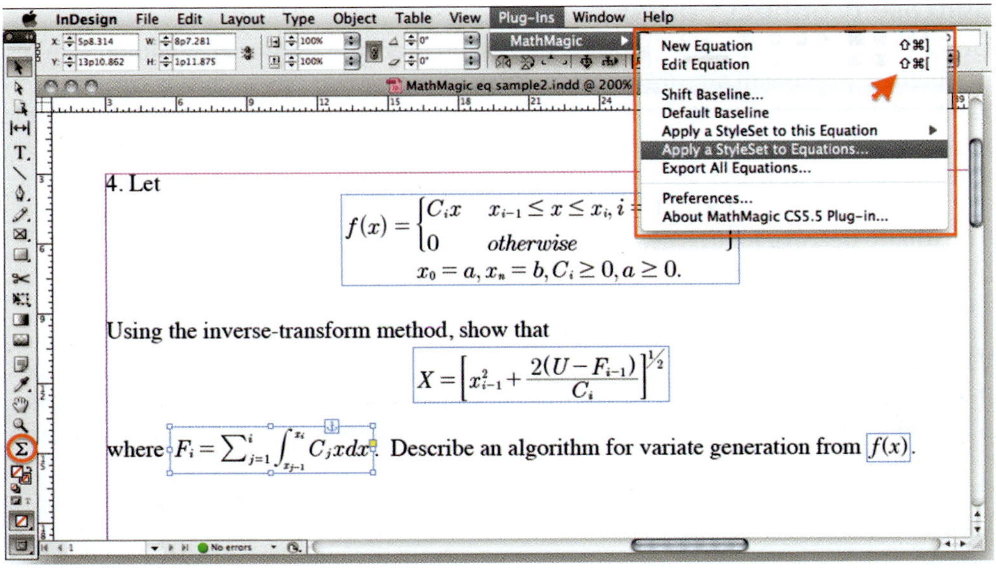

Figura B.7. MathMagic durante el proceso de edición de una fórmula

del texto para que las fórmulas queden perfectamente alineadas con el resto de líneas del párrafo.

Vínculo de descarga: http://www.mathmagic.com
Distribuidor: Infologic.
Precio: Diferentes versiones, a partir de 69 dólares.

Patternmaker

Genere de motivos y bordes PostScript desde el propio InDesign.

Vínculo de descarga: http://www.teacupsoftware.com/product/patternmaker/
Distribuidor: Teacup Software.
Precio: Gratis. Paquete de patrones opcional.

PDF2DTP

Transfiere todos los elementos de un archivo PDF a un nuevo documento de Adobe InDesign, para obtener un documento editable que mantiene —en la medida de lo posible— el mismo aspecto que el archivo PDF original. PDF2IND mantiene prácticamente todos los elementos del archivo original: fuentes, imágenes, etc.

Vínculo de descarga: https://markzware.com/products/pdf2dtp/
Distribuidor: Markzware
Precio: Servicio de suscripción por 199 dólares al año.

Suitcase (Connect Fonts)

Un veterano en agencias y estudios de diseño. Permite gestionar fácilmente miles de fuentes: previsualizar, organizar, activar y sincronizar sus archivos tipográficos. También es compatible con el resto de aplicaciones de Adobe Creative Suite: Illustrator y Photoshop. Incluye una utilidad para verificar el estado de una fuente y evitar así un sistema inestable por culpa de un archivo corrupto.

Vínculo de descarga: https://www.extensis.com/connect/fonts
Distribuidor: Extensis.
Precio: 9 dólares al mes por usuario.

World Tools Pro

Permite a InDesign trabajar con texto en idiomas que utilizan caracteres no latinos o bien se escriben de derecha a izquierda: hebreo, arábigo, chino, japonés o coreano.

Vínculo de descarga: http://in-tools.com/products/plugins/world-tools-pro/
Distribuidor: IN-Tools.
Precio: 179 dólares.

TRUCO

Puede consultar una completa lista de plug-ins de terceros para InDesign en la página https://helpx.adobe.com/es/indesign/plug-ins.html

E

F

P

Q

R

S